PRÓLOGO

Cuando sus conciudada   ıs
últimas palabras de Sócrates fueron,

"Crito, le debo un gallo a Asclepio; ¿te acordarás de pagar la deuda?"

Un caballero es responsable de sus obligaciones, y este libro es el reembolso de los esfuerzos de tres grandes hombres que me eligieron como su protegido - Ezra Pound, la figura literaria dominante de nuestro tiempo; George Stimpson, el periodista más respetado de Washington (el título ha estado vacante desde su muerte); y H. L. Hunt, cuyo espectacular éxito empresarial cegó al público ante sus brillantes logros filosóficos Fue H. L. Hunt quien inventó el término "El Equivocado" para los miembros autocorrumpidos de la nueva clase que ahora controlan nuestro mundo - podría haber añadido que también podrían ser descritos como "Los Deformes", debido a su retorcido y pervertido sentido de los valores.

El presente trabajo es también una expresión de otra actitud griega, la gratitud por la vida. Michael Lekakis me introdujo este asombroso atributo griego hace unos treinta años. Lo describo como "asombroso", porque nadie hoy en día piensa en estar agradecido por la vida. ¿Quién puede concebir la "gratitud por la vida" en una existencia de esclavitud eterna y mundial impuesta a la humanidad por los secuaces del Orden Mundial?

En *La Vía Griega*, Edith Hamilton dice,

"La tragedia fue una creación griega porque en Grecia el pensamiento era libre."

No tenemos tragedia hoy en día por el control de pensamiento impuesto por el Orden Mundial. En su lugar, tenemos "Newspeak" y "doublethink" en el mundo de *1984*. Tuve el privilegio de participar en una serie de conversaciones entre Edith Hamilton y Ezra Pound, en las que la conversación fue desinhibida y de gran alcance - ¡libertad de pensamiento en una institución federal en la que uno de los hablantes fue retenido como prisionero político! Pound describe estas conversaciones en *"Los Cantos"*,

"¿Y quieren saber de qué hablamos? 'de litteris et de armis, praestanti busque ingeniis'."

Nietzsche también habló del "placer trágico", que ya no existe, porque el Orden Mundial, en su ansiedad por mantener el control de cada aspecto de nuestras vidas, ha prohibido la pasión. Como un pobre sustituto, nos da drogas y degeneración.

Hay muchos hechos en este libro que usted, el lector, no querrá aceptar. Le pido que no acepte nada, pero que haga sus propias investigaciones. Puede que encuentre hechos verdaderos más sorprendentes que los que yo he conseguido recoger en treinta y cinco años de intensa y profunda investigación.

Finalmente, tenemos la interpretación de Edith Hamilton de la admonición más notable de Sócrates,

"Ponte de acuerdo conmigo si te parece que digo la verdad; o, si no, resiste mi voluntad y mantente firme para que no te engañe tanto como a mí en mi deseo, y como la abeja deje mi aguijón en ti antes de que muera. Y ahora procedamos."

Eustace Mullins,
1 de noviembre de 1984

EUSTACE MULLINS

EL ORDEN MUNDIAL

NUESTROS GOBERNANTES SECRETOS

Un estudio sobre la hegemonía del parasitismo

EUSTACE CLARENCE MULLINS
(1923-2010)

EL ORDEN MUNDIAL
NUESTROS GOBERNANTES SECRETOS
UN ESTUDIO SOBRE LA
HEGEMONÍA DEL PARASITISMO

THE WORLD ORDER
OUR SECRET RULERS
A study in the hegemony of parasitism
1985 & 1992

Traducido del americano por Omnia Veritas Ltd.

© Omnia Veritas Ltd - 2022

Publicado por
OMNIA VERITAS LTD

www.omnia-veritas.com

Dedicado a los patriotas americanos
y su pasión por la libertad

AGRADECIMIENTOS

Deseo agradecer al personal de las siguientes instituciones su indefectible cortesía, cooperación y asistencia en la preparación de este trabajo:

LA BIBLIOTECA DEL CONGRESO, WASHINGTON, D.C.

BIBLIOTECA NEWBERRY, CHICAGO, ENFERMO.

LA BIBLIOTECA PÚBLICA DE LA CIUDAD DE NUEVA YORK,

LA BIBLIOTECA DEL CONCEJAL DE NUEVA YORK,

BIBLIOTECA DE LA UNIVERSIDAD DE VIRGINIA MCCORMICK,

UNIVERSIDAD DE WASHINGTON Y LEE

PREFACIO A LA SEGUNDA EDICIÓN

M i búsqueda de los nombres y direcciones de los gobernantes secretos del mundo se convirtió en una búsqueda medieval para encontrar el Santo Grial que abriría las puertas de la libertad a los pueblos oprimidos y traicionados del mundo, en particular los de mi propio país. Estos secuaces del Orden Mundial temen la exposición más de lo que temen a la fuerza armada o a un sistema legal que los castigue por sus crímenes contra la humanidad. Descubrí que los manipuladores ocultos del Orden Mundial habían mantenido su poder mediante una técnica muy simple, que he comparado con un baile de máscaras. El baile de máscaras permite a los gnósticos, los sabios, identificar a sus amigos y enemigos porque sólo ellos saben quién lleva qué disfraz. Es una mascarada que depende enteramente del disfraz, es decir, de cosas que no son lo que parecen. H.T. Martineau escribió en 1833, en *Three Ages*, 1.1

> "Una tropa de caballeros, cuyo país no podía ser adivinado por su complexión, ya que cada uno llevaba una máscara."

Las personas cuyo país no puede ser adivinado desde su cutis - los bandidos llevaban una máscara para evitar que sus víctimas los identificaran. Los bandidos del Orden Mundial han logrado robar al mundo entero mediante la técnica del bal masque, el disfraz que les permite llevar a cabo su trabajo satánico sin ser identificados y perseguidos.

El bal masque es el vehículo ideal para este programa, porque el Orden Mundial ganó su actual poder en la Europa del siglo XIX. Era una obviedad entre la antigua aristocracia europea que "Los bailes se dan para los que no están invitados". Los invitados asisten por deber o por carrera, para pasar una noche en compañía de personas aburridas cuando preferirían estar en otro lugar. La recompensa de ser invitado a una mascarada de baile es ser uno de los Sabios, aquellos que saben qué mascarada escondió la cara del Rey, qué disfraz es el del Gran Visir. Los otros invitados nunca supieron si hablaban con un simple cortesano, o con un personaje poderoso. Las masas, con sus caras presionadas contra las ventanas del salón de baile, no conocen a ninguno de los celebrantes, y nunca lo sabrán. Esta es la técnica del Orden Mundial, estar enmascarado en el misterio, con su jerarquía protegida por su anonimato y sus máscaras, para que los que se rebelan ataquen a los objetivos equivocados, funcionarios insignificantes que son prescindibles.

El récord del Orden Mundial es de horror, mientras los fantasmas de los miles de millones masacrados claman por una retribución. Su verdadera naturaleza es descrita por el maestro de lo macabro, Edgar Allan Poe, en *La Máscara de la Muerte Roja*,

"Mientras la peste se propagaba con furia por el mundo, el Príncipe Próspero entretenía a sus mil amigos en un baile de máscaras de la más inusual magnificencia. Y ahora se reconoció la presencia de la Muerte Roja. Había llegado como un ladrón en la noche. Y uno por uno dejaron caer a los fiesteros en los salones ensangrentados de su fiesta, y murieron cada uno en la desesperada postura de su caída. Y la oscuridad, la decadencia y la Muerte Roja dominaban todo."

Lo que Poe describe es lo que realmente está sucediendo en el mundo actual bajo las ministraciones y conspiraciones del Orden Mundial: una creciente contaminación, enfermedades y hambrunas que terminan en la desolación mundial y la desaparición de nuestra especie. ¿Cuál es la alternativa? Podemos sobrevivir arrancando la máscara del rostro de la Muerte Roja, y enviándolo de vuelta a ese infierno del que vino. Dios hizo la tierra para los vivos, y estamos atrasados en nuestro ataque a la Hermandad de la Muerte. No debemos ser inducidos a más guerras artificiales para el beneficio del Orden Mundial, ni podemos permitirnos seguir siendo engañados por su control sobre los medios de comunicación, el proceso educativo, y nuestras instituciones gubernamentales.

CAPÍTULO UNO

EL "NUEVO" ORDEN MUNDIAL

En 1985, como secuela de la historia del Sistema de la Reserva Federal[1], este escritor publicó *El Orden Mundial* como un compendio de información adicional sobre este tema. Nunca se me ocurrió llamarlo "El Nuevo Orden Mundial" porque mis investigaciones habían rastreado sus depredaciones por unos cinco mil años. Tal vez en respuesta a lo expuesto en este volumen, el portavoz de la Hermandad de la Muerte hizo público sus reclamos de un "Nuevo Orden Mundial", que esencialmente era el Valiente Nuevo Mundo descrito por Aldous Huxley en su innovadora novela. Detrás de todas las demandas de este nuevo orden estaban los mismos imperativos, enumerados por el profesor Stanley Hoffman, en *Primacía u Orden Mundial,*

> "Lo que tendrá que ocurrir es una adaptación gradual del sistema social, económico y político de los Estados Unidos a los imperativos del orden mundial."

Como señala el profesor Hoffmann, los Estados Unidos son el objetivo principal de los misiles del Nuevo Orden Mundial porque todavía conserva, sin embargo, pervertida y distorsionada, la maquinaria esencial de una república que proporciona la libertad de sus ciudadanos. Los objetivos actuales del Orden fueron originados por Lord Castlereagh en el Congreso

---

[1] *Los Secretos de la Reserva Federal*, Omnia Veritas Ltd, www.omnia-veritas.com.

de Viena en 1815, cuando entregó Europa al victorioso Poder del Dinero, como lo ejemplifica la presencia de la Casa de Rothschild. Este era "el equilibrio de poder", que nunca fue un equilibrio de poder en absoluto, sino más bien un sistema mundial de control para ser manipulado a gusto de los conspiradores. Henry Kissinger ha estado muy ocupado reviviendo este programa para renovar el control, como escribió en un artículo de opinión para *Newsweek*, el 28 de enero de 1991,

> "Ahora nos enfrentamos a 'un nuevo equilibrio de poder'. Hoy en día, se traduce en la noción de 'un nuevo orden mundial', que surgiría de un conjunto de acuerdos legales que deben ser salvaguardados por la seguridad colectiva."

Cuando los subordinados del Orden Mundial como Henry Kissinger llaman a la "seguridad colectiva", lo que realmente buscan es una orden de protección detrás de la cual puedan llevar a cabo con seguridad sus depredaciones contra toda la humanidad. Esto fue identificado con gran reticencia por el Presidente George Bush, después de meses de esquivar las preguntas sobre el "nuevo orden mundial" que había pedido públicamente, cuando finalmente declaró que era realmente "una fuerza de mantenimiento de la paz de las Naciones Unidas". Esto nos llevó de vuelta a la Segunda Guerra Mundial, que dio lugar a las Naciones Unidas. Walter Millis, en Road *to War, America 1914-17* llevó este programa a la Primera Guerra Mundial, cuando escribió,

> "La única justificación del Coronel (Casa de Edward Mandel) para preparar tal baño de sangre para sus compatriotas era su esperanza de establecer un nuevo orden mundial de paz y seguridad como resultado."

Obsérvese el llamamiento a la "seguridad"; una vez más, este es el grito de los criminales internacionales para que se les proteja mientras llevan a cabo su trabajo universal de sabotaje y destrucción. House había establecido por primera vez el programa para este "orden mundial" en su libro, *Philip Dru-Administrador*, en el cual Dru, (House mismo) se convirtió en la fuerza guía detrás del gobierno y lo dirigió a las metas del orden mundial. Las mismas fuerzas establecieron una Segunda Guerra Mundial, de la cual las Naciones Unidas emergieron como el nuevo garante de la "seguridad colectiva". El diccionario Random House nos dice que las Naciones Unidas fueron creadas en Washington el 2 de enero de 1942, cuando veintiséis naciones se aliaron contra el Eje, o las Potencias "fascistas". En *The American Language*, H.L. Mencken dice que el Presidente Roosevelt acuñó el término "Naciones Unidas" en una conferencia con el Primer Ministro Winston Churchill en la Casa Blanca en diciembre de 1941, en la víspera del ataque a Pearl Harbor que nos manipuló para que entráramos en la Segunda Guerra Mundial. Las Naciones Unidas se convirtieron en una entidad activa en la conferencia de Dumbarton Oaks en 1944, cuando Gran Bretaña, Estados Unidos y Rusia la pusieron en marcha como dictador financiero.

Si las Naciones Unidas fueron creadas para luchar contra el "fascismo", su misión terminó en 1945, cuando el fascismo fue derrotado por la fuerza militar. El fascismo deriva su nombre del manojo de varas que los antiguos oficiales romanos llevaban a los tribunales para castigar a los infractores. Así, el fascismo históricamente significa ley y orden, el imperio de la ley y la intención de castigar a los delincuentes. Esto, por supuesto, es lo que los conspiradores del Orden Mundial desean evitar a toda costa. El Oxford English Dictionary define el fascismo como "uno de un cuerpo de nacionalistas italianos que se organizó en 1919 para oponerse al comunismo en Italia. "Otras definiciones establecen simplemente que los fascistas fueron organizados "para luchar contra el bolchevismo". Así, las Naciones Unidas se crearon esencialmente para luchar contra los "anticomunistas", como lo ejemplifican Alemania, Italia y Japón. Cuando este objetivo tuvo éxito en 1945, las Naciones Unidas ya no tenían una misión histórica. Sin embargo, continuó funcionando, y los Rockefeller donaron la parcela más cara de bienes raíces en Manhattan para su sede mundial. En este contexto, el Gobernador de Nueva York, Nelson Aldrich Rockefeller, se dirigió a una reunión en el Hotel Sheraton Park el 26 de julio de 1968, en la que pidió la creación de "un nuevo orden mundial".

Rockefeller ignoró el hecho de que fue Adolf Hitler quien se adelantó a este título como "Mi Nuevo Orden" para Europa. La frase era atractiva para nuestros políticos, como reveló el

Presidente Bush cuando se dirigió al Congreso el 11 de septiembre de 1990, en un discurso transmitido nacionalmente por televisión, en el que pidió "un nuevo mundo ... Un mundo bastante diferente del que hemos conocido... un nuevo orden mundial. "Continuó reiterando esta demanda en posteriores discursos en televisión, declarando el 29 de enero de 1991 en su discurso anual sobre el Estado de la Unión,

"Es una gran idea - un nuevo orden mundial, donde diversas naciones se unen en común para lograr las aspiraciones universales de la humanidad, la paz y la seguridad, la libertad y el imperio de la ley."

Repitió esta toxina el 1 de febrero de 1991 en tres discursos separados el mismo día, en los que destacó la llamada del nuevo orden mundial. Modestamente se abstuvo de señalar que no era una frase nueva, y que había sido adoptada por el Congreso en 1782 para el Gran Sello de los Estados Unidos, la pirámide incompleta con su ojo oculto, y la frase "Novus Ordo Seclorum" debajo de ella, identificando a esta nación como comprometida con "un nuevo orden mundial" o un nuevo orden para las épocas que aparentemente dependían del poder de la pirámide para su cumplimiento. Este símbolo data de 1776, cuando Adam Weishaupt, fundador de la secta de los Illuminati, formuló un programa notablemente similar al de los conspiradores del orden mundial actual. Weishaupt pidió:

1. Abolición de todas las monarquías y todos los gobiernos ordenados.

2. Abolición de la propiedad privada y las herencias.

3. Abolición del patriotismo y el nacionalismo.

4. La abolición de la vida familiar y la institución del matrimonio, y el establecimiento de la educación comunal para los niños.

5. Abolición de toda religión.

No fue casualidad que los Rothschild, cuando contrataron a Karl Marx y a la Liga de los Hombres Justos para formular un programa, recibieran el Manifiesto Comunista de 1848, que contenía la fórmula anterior. Los activistas de Weishaupt se habían apoderado del movimiento masónico en 1782, el cual se convirtió en uno de los vehículos para la promulgación de este programa. Su verdadero origen en el antiguo despotismo oriental fue revelado en la página editorial del *Washington Post* el 5 de enero de 1992, cuando el filósofo Nathan Gardels advirtió que "el área ideal para el nuevo orden mundial sería China, no los Estados Unidos". "Gardels señala que el marxismo era un producto de la filosofía occidental, es decir, de Hegel, pero que un orden mundial produciría despotismo oriental. Apoyó su tesis con citas del Primer Ministro japonés, que se quejó de que las "nociones abstractas de derechos humanos" no debían interferir con la política exterior, y de los líderes chinos que denunciaron las demandas de libertad independiente como "basura".

El presidente Bush señaló modestamente a uno de sus ayudantes, el general Brent Scowcroft, como el autor de la mágica frase "nuevo orden mundial". La revista *People*, del 25 de noviembre de 1991 dijo,

> "La influencia de Scowcroft se hizo evidente por primera vez el año pasado, varias semanas después de la invasión de Kuwait por el Iraq, Nuevamente mientras pescaban, él y Bush idearon la idea de "un nuevo orden mundial", una frase ambiciosa que pretendía sugerir una nueva política exterior de los Estados Unidos en la era posterior a la guerra fría."

¿Quién es Scowcroft? En Washington, se le conoce desde hace años como uno de los lacayos omnipresentes de Henry Kissinger, que se hizo famoso cuando sirvió a Kissinger en el Consejo de Seguridad Nacional. Luego se unió a la firma de Kissinger Associates, de la que llegó a ser presidente. Kissinger lo elogia en la revista People's, diciendo

> "Es muy discreto, pero es muy tenaz en la lucha por su punto de vista. No es un hombre que diga sí."

Esta fue una asombrosa afirmación de Kissinger, que nunca había oído un "No" de Scowcroft durante todos los años que le sirvió. La revista People también mencionó la falta de atención de Scowcroft al negocio en cuestión.

"A menudo se burlan de él por estar dormido durante reuniones largas y sin incidentes, Scowcroft se deshace de esas tonterías."

Los medios de comunicación se horrorizaron al enterarse de que el Presidente Reagan se adormecía ocasionalmente durante las largas y aburridas presentaciones oficiales, pero encuentran excusable que Scowcroft, que como actual jefe de su Consejo de Seguridad Nacional, podría esperarse que mantuviera su ingenio sobre él, sea culpable de la misma ofensa. La actitud excesivamente amistosa de los medios de comunicación hacia Scowcroft también se refleja en la revista Parade que entusiasmó en el número del 15 de diciembre de 1991,

"Brent Scowcroft, de 66 años, es un estratega militar muy respetado que nunca se ha visto empañado por la brocha del escándalo."

Sí, los hombres rara vez se aventuran en situaciones escandalosas.

CAPÍTULO DOS

LOS ROTHSCHILD

"Sólo déjame emitir y controlar el dinero de una nación, y no me importa quién escriba sus leyes."

Mayer Amschel Bauer (Rothschild)

En su número del 19 de diciembre de 1983, la revista *Forbes* señaló que

"La mitad de los diez principales bancos de Alemania tienen su sede en Frankfurt."

El sistema financiero del mundo moderno, una actualización del sistema monetario babilónico de impuestos y creación de dinero, se perfeccionó en Francfort del Meno, en la provincia de Hesse. Mayer Amschel Bauer (más tarde Rothschild) descubrió que aunque los préstamos a los agricultores y a las pequeñas empresas podían ser rentables, los verdaderos beneficios residían en la concesión de préstamos a los gobiernos. Nacido en Frankfurt en 1743, Mayer Amschel se casó con Gutta Schnapper. Hizo un aprendizaje de tres años en Hannover en el Banco de Oppenheim. Durante este período, tuvo la oportunidad de servir al Tte. General Baron von Estorff. Von Estorff fue el principal consejero del landgrave Federico II de Hesse, el hombre más rico de Europa. Federico valía entre 70 y 100 millones de florines, gran parte de ellos heredados de su padre, Guillermo VIII, hermano del rey de

Suecia. El barón von Estorff informó al Landgrave de que Mayer Amschel mostraba una asombrosa habilidad para aumentar el dinero a través de sus inversiones. El Landgrave inmediatamente envió a buscarlo.

En ese momento, el Rey Jorge III estaba tratando de acabar con la Rebelión Americana. Sus tropas estaban siendo superadas por los resistentes americanos, que estaban acostumbrados a las batallas salvajes. Mayer Amschel hizo que el rey Jorge contratara a 16.800 jóvenes y robustos soldados de Hesse en el Landgrave, lo que supuso un considerable aumento de la fortuna de Hesse. Esta ventajosa relación se interrumpió con la repentina muerte en 1785 del Landgrave, que sólo tenía veinticinco años. Sin embargo, Mayer Amschel alcanzó una influencia absoluta sobre su sucesor, el príncipe elector Guillermo I, que, al igual que Mayer Amschel, también había nacido en 1743. Se decía que eran como dos zapatos, así que bien que iban juntos. Fue un cambio agradable de la relación de Mayer Amschel con el antiguo Landgrave, que había sido una persona muy difícil y exigente. De hecho, la repentina muerte del Landgrave había puesto afortunadamente a Mayer Amschel a cargo de la mayor fortuna de Europa.

A medida que prosperaba, Mayer Amschel colocó un gran escudo rojo sobre la puerta de su casa en la Judengasse, que compartía con la familia Schiff. Tomó el nombre de "Rothschild" de su cartel. En 1812, cuando murió, dejó mil millones de francos a sus cinco hijos. El mayor, Anselm, fue puesto a cargo del banco de Frankfort. No tenía hijos, y el banco fue cerrado más tarde. El segundo hijo, Salomón, fue enviado a Viena, donde pronto se hizo cargo del monopolio bancario que antes compartían cinco familias judías, Arnstein, Eskeles, Geymuller, Stein y Sina. El tercer hijo, Nathan, fundó la sucursal de Londres, después de haberse beneficiado de algunos negocios de Manchester en textiles y tintes que le hicieron ser ampliamente temido y odiado. Karl, el cuarto hijo, se fue a Nápoles, donde se convirtió en el jefe del grupo ocultista, la Alta Vendita. El hijo menor, James, fundó la rama francesa de la Casa de Rothschild en París.

Así, estratégicamente ubicados, los cinco hijos comenzaron sus lucrativas operaciones en las finanzas del gobierno. Hoy en día, sus posesiones se concentran en el Fondo de las Cinco Flechas de Curazao, y en la Corporación de las Cinco Flechas. Toronto, Canadá. El nombre se toma del signo Rothschild de un águila con cinco flechas agarradas en sus garras, que significa los cinco hijos.

El primer precepto del éxito en la concesión de préstamos gubernamentales radica en la "creación de una demanda", es decir, en la participación en la creación de pánicos financieros, depresiones, hambrunas, guerras y revoluciones. El éxito abrumador de los Rothschild radica en su voluntad de hacer lo que hay que hacer. Como escribe Frederic Morton en el prefacio de los *Rothschilds,*

"Durante los últimos ciento cincuenta años, la historia de la Casa de Rothschild ha sido en un grado asombroso la historia entre bastidores de Europa.... Occidental Debido a su éxito en hacer préstamos no a individuos sino a naciones, cosecharon enormes beneficios. Alguien dijo una vez que la riqueza de Rothschild consiste en la bancarrota de las naciones."

En *El Imperio de la Ciudad*, B.C. Knuth dice,

"El hecho de que la Casa de Rothschild hizo su dinero en los grandes choques de la historia y las grandes guerras de la historia, los mismos períodos en los que otros perdieron su dinero, está fuera de toda duda."

El 8 de julio de 1937, el *New York Times* señaló que el Prof. Wilhelm, un historiador alemán, había dicho,

"Los Rothschild introdujeron la regla del dinero en la política europea. Los Rothschilds fueron los servidores del dinero que se comprometieron a reconstruir el mundo como una imagen del dinero y sus funciones. El dinero y el empleo de la riqueza se han convertido en la ley de la vida europea; ya no tenemos naciones, sino provincias económicas."

El 4 de junio de 1879, el *New York Times* señaló,

"El Barón Lionel N. de Rothschild, jefe de la mundialmente famosa casa bancaria de los Sres. Rothschild & Co. murió a la edad de 71 años. Era hijo del difunto Barón N. M. Rothschild, que fundó la casa en Londres en 1808 y murió en 1836. Su padre llegó a la conclusión de que para perpetuar la fama y el poder de los Rothschild, que ya se había extendido por todo el mundo, era necesario que la familia se mantuviera unida y se dedicara a la causa común. Para ello, propuso que se casaran entre sí y que no formaran ninguna unión matrimonial fuera de la familia. Un consejo de los jefes de las casas fue convocado en Frankfurt en 1826, y las opiniones del Barón Nathan fueron aprobadas."

John Reeves, en su biografía autorizada, *The Rothschilds, the Financial Rulers of Nations*, señaló que cuando la familia se reunió en Londres en 1857 para el matrimonio de la hija de Lionel, Leonora, con su primo Alphonse, hijo de James Rothschild de París, Disraeli (Primer Ministro de Inglaterra) declaró,

"Bajo este techo están los jefes de la familia de Rothschild, un nombre famoso en todas las capitales de Europa y en todas las divisiones del mundo. Si quieres, dividiremos los Estados Unidos en dos partes, una para ti, James, y otra para ti, Lionel. Napoleón hará exactamente lo que yo le aconseje."

Este fue el origen político de la Guerra Civil Americana. Los Rothschild temían la República Americana libre, de rápido crecimiento y cada vez más próspera, y resolvieron en privado que sería menos peligroso para sus intereses mundiales si se dividía en dos naciones más pequeñas y débiles.

En *The Rothschilds: los Gobernantes Financieros de las Naciones*, John Reeves escribe,

"La primera ocasión en que Nathan asistió al gobierno inglés fue en 1819, cuando emprendió el préstamo de 60 millones de dólares; de 1818 a 1832 Nathan emitió otros ocho préstamos por un total de 105.400.000 dólares; posteriormente emitió dieciocho préstamos del gobierno por un total de 700 millones de dólares. Para los Rothschild, nada pudo haber ocurrido más propicio que el estallido de la revuelta americana y la Revolución Francesa, ya que ambas les permitieron sentar las bases de la inmensa riqueza que han adquirido desde entonces. La Casa de los Rothschild era (y es) la potencia dominante en Europa, pues todas las potencias políticas estaban dispuestas a reconocer el dominio del gran déspota financiero y, como vasallos obedientes, a rendirle homenaje sin murmuraciones... Su influencia era tan omnipotente que se decía que no se podía emprender ninguna guerra sin la ayuda de los Rothschild. Alcanzaron una posición de tal poder en el mundo político y comercial que se convirtieron en los dictadores de Europa. Para el público los archivos de la familia, que podían arrojar tanta luz sobre la historia, son un profundo secreto, un libro sellado que se mantiene bien oculto."

El 27 de julio de 1844, Mazzini dijo,

"Rothschild podría ser Rey de Francia si así lo desea."

La *Enciclopedia Judía anotada* (edición de 1909),

"En el año 1848 la casa de París (de Rothschild) se estimaba en 600.000.000 de francos frente a los 352.000.000 de francos de todos los demás banqueros de París."

El profesor Wemer Sombart escribió,

"Los principales prestatarios del mundo, los Rothschild, fueron más tarde los primeros reyes del ferrocarril. El período de 1820 en adelante se convirtió en la 'Edad de los Rothschilds', de modo que a mediados de siglo era un dictado común: Sólo hay un poder en Europa y ése es el de los Rothschilds." (*Los judíos y el capitalismo moderno*).

Hearst's *Chicago Evening American* comentó, el 3 de diciembre de 1923,

"Los Rothschild pueden iniciar o prevenir guerras. Su palabra puede hacer o deshacer imperios."

Reeves señala: "La caída de Napoleón fue el ascenso de Rothschild." Napoleón fue luego lentamente envenenado con arsénico por un agente de Rothschild. No tuvieron necesidad de otro "regreso del exilio".

El *New York Evening Post* señaló el 22 de julio de 1924,

"El Káiser tuvo que consultar a Rothschild para saber si podía declarar la guerra. Otro Rothschild llevó toda la carga del conflicto que derrocó a Napoleón."

El Canciller del Kaiser, Bethmann-Hollweg, quien en realidad precipitó la Primera Guerra Mundial, era miembro de la familia bancaria de Frankfort, Bethmann, y primo de los Rothschild.

Después de la caída de Napoleón, Salomón persuadió al gobernante de Austria para que emitiera patentes de nobleza a los cinco hermanos. El Congreso de Viena fue la aparición de la polilla de su capullo. El dictado de este Congreso fue simple - las aristocracias de Europa deben someterse a nuestra voluntad, o están condenadas. La sentencia de muerte sobre las líneas nobles de Europa fue pronunciada por aquellos que tenían la voluntad de llevar a cabo su edicto. Se necesitó otro siglo para perfeccionar la obra, no porque los asesinos fueran débiles, sino porque deseaban proceder con cautela, sin revelar toda su fuerza. En el combate, el arma decisiva es aquella que su oponente desconoce.

No era necesario pronunciar una sentencia de muerte sobre las familias gobernantes de América, porque no había ninguna. Durante el siglo XIX, unos pocos descendientes de empresarios coloniales habían acumulado riqueza, y podían permitirse una vida de ocio y viajes. Permanecieron esclavamente dependientes de los árbitros continentales en cada asunto que requería un gusto y un juicio personal. Debido a que no tenían una filosofía guía, ni un programa, esta "clase alta" americana nunca llegó a la cima de las escaleras. Permanecieron "debajo de las escaleras" como sirvientes de los príncipes londinenses del Orden Mundial. Su auto-humillación no sólo se manifestó en una inusualmente alta tasa de suicidio, sino también en las formas más lentas de autodestrucción, alcoholismo, drogadicción y homosexualidad.

La homosexualidad no es tanto un tipo de impulso sexual como la expresión de necesidades más profundas, el deseo de autodegradación o la búsqueda de una pareja a la que se pueda humillar y degradar. No podía ser inesperado que tal "clase dominante" saludara con entusiasmo la cruzada del siglo XX para entronizar el comunismo como el vehículo del orden mundial.

En su búsqueda de riqueza, los Rothschild no pasaron por alto ni al pequeño agricultor ni el acopio y venta al por mayor de grano. Desarrollaron un sistema de "préstamos agrícolas" que ha sido la maldición de los agricultores durante más de un siglo. R. F. Pettigrew señaló en el *British Guardian*,

> "Este sistema de banca (causando la ruina final de todos los que cultivan la tierra) fue el invento de Lord Overstone, con la ayuda de los Rothschild, banqueros de Europa."

Uno de sus mayores triunfos fue el exitoso resultado de la prolongada guerra de los Rothschild contra la Familia Imperial Rusa. El nombre de la familia Romanovs se derivó de Roma Nova, Nueva Roma. Encarnaba la antigua profecía de que Moscú se convertiría en "la Nueva Roma". "La familia se originó con el Príncipe Prus, hermano del Emperador Augusto de Roma, que fundó Prusia. En 1614, Miguel se convirtió en el primer zar de Romanov.

Después de la caída de Napoleón, los Rothschild volvieron todo su odio contra los Romanov. En 1825, envenenaron a Alejandro I; en 1855, envenenaron a Nicolás I. Siguieron otros asesinatos, que culminaron en la noche del 6 de noviembre de 1917, cuando una docena de Guardias Rojos condujeron un camión hasta el edificio del Banco Imperial en Moscú. Cargaron la colección de joyas imperiales y 700 millones de dólares de oro, con un botín de más de mil millones de dólares. El nuevo régimen también confiscó los 150 millones de acres en Rusia que pertenecían personalmente al Zar.

De igual importancia eran las enormes reservas de efectivo que el Zar había invertido en el extranjero en bancos europeos y americanos. El *New York Times* declaró que el Zar tenía 5 millones de dólares en el Guaranty Trust, y 1 millón en el National City Bank; otras autoridades declararon que eran 5 millones en cada banco. Entre 1905 y 1910 el Zar había enviado más de 400 millones de dólares para ser depositados en seis bancos principales de Nueva York, Chase, National City, Guaranty Trust, J.P. Morgan, Hanover y Manufacturers Trust. Estos eran los principales bancos controlados por la Casa de Rothschild a través de sus agentes americanos, J.P. Morgan, y Kuhn, Loeb Co. Estos fueron también los seis bancos de Nueva York que compraron las acciones de control del Banco de la Reserva Federal de Nueva York en 1914. Ellos han mantenido el control de las acciones desde entonces.

El Zar también tenía 115 millones de dólares en cuatro bancos ingleses. Tenía 35 millones en el Banco de Inglaterra, 25 millones en Barings, 25 millones en Barclays, y 30 millones en el Banco Lloyd's. En París, el Zar tenía 100 millones de dólares en el Banco de Francia, y 80 millones en el Banco Rothschild de París. En Berlín, tenía 132 millones de dólares en el Banco Mendelsohn, que había sido durante mucho tiempo banquero de Rusia. Ninguna de estas sumas ha sido nunca desembolsada; a interés compuesto desde 1916, ascienden a más de 50.000 millones de dólares. Más tarde aparecieron dos reclamantes, un hijo, Alexis, y una hija, Anastasia. A pesar de la gran cantidad de pruebas que sustentan sus reclamaciones, Peter Kurth señala en *Anastasia* que

> "Lord Mountbatten puso el dinero para las batallas judiciales contra Anastasia. Aunque era el sobrino de la Emperatriz Alexandra, era la fuerza que guiaba la oposición de Anastasia."

Los Battenbergs, o Mountbattens, también estaban relacionados con la familia Rothschild. No querían ver la fortuna del Zar reclamada y retirada de los bancos Rothschild.

Kurth también señala

> "En una serie de 1959 sobre la historia de los grandes bancos británicos, por ejemplo, el Observador de Londres comentó de Baring Brothers, 'Los Romanov estaban entre sus clientes más distinguidos. Se afirma que Barings todavía mantiene un depósito de más de cuarenta millones de libras que les dejaron los Romanov. Anthony Sampson, editor en jefe, dijo que no hubo protestas. Esta historia se considera generalmente como verdadera."

A principios del siglo XIX, los Rothschild comenzaron a consolidar sus beneficios de los préstamos del gobierno en varias empresas comerciales, que han funcionado muy bien. El comercio fortuito en la Bolsa de Londres después de Waterloo dio a Nathaniel Mayer Rothschild una parte considerable de los Consols que formaban la mayor parte de los depósitos del Banco de Inglaterra. Los billetes de Joseph Wechsberg en *The Merchant Bankers,*

"Está la compañía de seguros de vida Sun Alliance, la más aristocrática de todas las compañías de seguros, fundada por Nathan Rothschild en 1824; Brinco, la British New foundland corp. fundada por los británicos y franceses Rothschild en 1952; la Anglo-American corp.; Bowater, Rio Tinto y otras."

No sólo el tipo de interés del Banco de Inglaterra afecta a los tipos de interés de otras naciones, sino que el precio del oro también desempeña un papel crucial en los asuntos monetarios de las naciones, incluso si ya no están en el patrón oro. El papel dominante de la Casa de Rothschild en el Banco de Inglaterra se ve incrementado por otro deber peculiar de la empresa, la fijación diaria del precio mundial del oro. El *News Chronicle* del 12 de diciembre de 1938 describe este ritual:

"La historia de la fijación del oro se ha contado a menudo. Cómo cada día de la semana a las 11 de la mañana los representantes de cinco firmas de corredores de lingotes y una de refinerías se reúnen en la oficina de los Sres. Rothschild (excepto el sábado) y allí fijan el precio del oro en libras esterlinas. Sin embargo, hay una gran actividad que subyace a su acto final: esta centralización de la demanda y la oferta de oro en una oficina y la fijación del precio del oro sobre esa base. El precio del oro es sugerido en primer lugar, probablemente por el representante de los Sres. Rothschild, que también actúa en nombre del Banco de Inglaterra y de la Cuenta de Compensación del Cambio."

Los bancos que tienen el privilegio de reunirse con los Rothschild para fijar el precio mundial del oro son conocidos como "el Club de los Cinco". En 1958, lo eran: N.M. Rothschild, Samuel Montagu, Mocatta and Goldsmid, Sharps Pixley y Johnson Matthey.

En 1961, las Casas de Aceptación de Londres que funcionaban con la aprobación del Gobernador del Banco de Inglaterra fueron: Barings: Brown, Shipley; Arbuthnot Latham; Wm. Brandt's & Sons; Erlangers; Antony Gibbs & Co.; Guinness Mahon Hawkins; S. Japhet; Kleinwort & Sons; Lazard Bros.; Samuel Montagu; Morgan Grenfell; N.M. Rothschild; M. Samuel, J. Henry Schroder; y S.G. Warburg; Estas firmas elegidas rigen el establecimiento financiero en "la Ciudad" de Londres.

En 1961, los principales grupos empresariales de Inglaterra fueron listados por Wm. M. Clarke como:

1. Morgan Grenfell Ltd. (Lord Bicester) la empresa Peabody J.P. Morgan;

2. Jardine Mathieson;

3. Rothschild-Samuel-Oppenheimer, que comprende Rio Tinto, British South Africa Co. Shell Petroleum, Brinco (British Newfoundland Corp.);

4. Lazard Brothers - Shell, English Electric, Canadian Eagle Oil;

5. Banco Lloyd's;

6. Barclay's Bank;

7. Península y Líneas de Oriente;

8. Cunard;

9. Grupo de Midland Eagle Star-Higginson (Cavendish-Bentinck);

10. Prudencial;

11. Industrias Químicas Imperiales;

12. Bowater;

13. El de Courtauld;

14. Unilever.

Aunque esta lista muestra al grupo Rothschild como uno de los catorce, en realidad ocupan grandes posiciones o tienen influencia en los otros grupos de esta lista.

En 1982, los principales cargos directivos de los Rothschild de Londres fueron: Lord Rothschild - N.M. Rothschild & Sons, Arcan N.V. Curaçao, chmn Rothschilds Continuation, y Rothschild Inc. EE.UU. Edmund Leopold de Rothschild - N.M. Rothschild & Sons, Alfred Dunhill Ltd. Edmund Leopold de Rothschild - N.M. Rothschild & Sons, Alfred Dunhill Ltd.,

Rothschild Continuation, Rothschild Trust, Rothman's International, chmn Tokyo Pacific Holdings NV; Baron Eric Rothschild - N.M. Rothschild & Sons; Evelyn de Rothschild - chmn N.M. Rothschild & Sons, DeBeers Consolidated Mines Ltd., USA. Sudáfrica, Eagle Star Insurance Co. , chmn The Economist Newspaper Ltd. IBM UK Ltd., Sudáfrica. La Banque Privee S.A., Manufacturers Hanover Ltd. , Rothschild Continuation Ltd. chmn United Race Courses Ltd., Leopold de Rothschild - N.M. Rothschild & Sons, Alliance Assurance Co., Bank of England, The London Assurance, Rothschild Continuation Ltd., Rothschild Continuation Holdings AG Switzerland, Sun Alliance and London Assurance Co., Sun Insurance Office Ltd.

Las empresas británicas que constituyen la base principal de la fortuna de los Rothschild son: Sun Alliance Assurance, Eagle Star, DeBeers y Rio Tinto. Los directores de Eagle Star incluyen a Duncan Mackinnon, del Hambro Investment Trust; Earl Cadogan, cuya madre era una hamburguesa; Sir Robert Clark, chmn Hill Samuel Co.; Marqués Linlithgow (Charles Hope) cuya madre era una Milner - se casó con Judith Baring; Evelyn de Rothschild; y Sir Ian Stewart de Brown Shipley Co. que ha sido secretario privado parlamentario del Ministro de Hacienda desde 1979.

Los directores de DeBeers incluyen a Harry F. Oppenheimer, Sir Philip Oppenheimer, A.E. Oppenheimer, N.F. Oppenheimer, el Barón Evelyn de Rothschild y Sidney Spiro. Spiro también es director de Rio Tinto, Hambros Bank, Barclays Bank y Canadian Imperial Bank of Commerce. DeBeers se relaciona con Anglo-American Corp. de Sudáfrica, de la que Harry F. Oppenheimer es presidente, y Anglo-American Gold Investment Co. de la que Julian Ogilvie Thompson es presidente y Harry F. Oppenheimer director.

DeBeers se relaciona con el Hambros Bank, cuyo chmn es Jocelyn Hambro; los directores son R.N. Hambro, C.E. Hambro, el Honorable H.W. Astor, Sir Ian Morrow, chmn UKO Int. y The Laird Group, International Harvester, Rolls Royce, y el Brush Group; J.M. Clay, director del Banco de Inglaterra; Mark Weinberg, y Sidney Spiro.

El chmn de Rio Tinto es Sir Anthony Tuke; también es chmn del Banco Barclay, y miembro de la Comisión Trilateral. Los directores son Lord Shackleton, Lord Privy Seal, chmn RTZ Dev. Lord Charter es de Amisfield, nieto del Conde de Wemys, casado con la hija del Vizconde Margesson, secretario privado de la Reina Isabel, director del Hotel Claridge y del Hotel Connaught; Sir David Orr, chmn Unilever; y Sidney Spiro, Hambros Bank. La firma ahora comercia como RTZ Corp. descrita como

> "un holding de Rothschild sobre negocios mineros que en julio de 1989 compró a British Petroleum los derechos mineros mundiales por 3.700 millones de dólares, el mayor acuerdo privado jamás realizado entre dos empresas británicas."

La principal empresa de Rothschild es Sun Alliance Assurance, que Nathan Mayer Rothschild fundó en 1824, con Sir Alex Baring, Samuel Gurney y Sir Moses Montefiore, con un capital inicial de cinco millones de libras. Chmn de Sun Alliance es Lord Aldington (Toby Low) que también es chmn Westland Aircraft, director de Citibank, Citicorp, y Ge Ltd; Lord Aberconway, dep chmn; H. VA. Lambert, chmn Barclay's Bank; Earl of Crawford (Robert A. Lindsay, cuya madre era una Cavendish - él es también chmn National Westminister Bank, ex secretario privado del Secretario del Tesoro. Ministro de Estado de Defensa, Ministro de Estado de Asuntos Exteriores y Comerciales; Lord Astor, cuya madre era hija del Conde de Minto es el ex presidente de The *Times*; Sir Charles Ball, de Kleinwort Benson, también director de Chubb & Sons. El Sr. Benson es el presidente del Barclay's Bank, Cadbury Schweppe; Sir Alan Dalton, director del Natl Westminster Bank; el Duque de Devonshire (su madre era una Cecil, una de las tres familias gobernantes de Inglaterra desde la Edad Media); Sir Derek Holden-Brown, de Allied Breweries, director de Hiram Walker; J.N.C. James, fideicomisario de Grosvenor Estates, que posee grandes secciones de Londres; Henry Keswick, de Matheson & Co.Ltd.; Lord Kindersley, ejecutivo, director de Lazard Bros., director de Marconi, English Electric, British Match, Swedish Match; Sir Peter Matthews, chmn Vickers; J.M. Ricchie, chmn British Enkalon, director de Vickers, Bowater Ltd.; Evelyn de Rothschild, chmn N.M. Rothschild & Sons.

Los Rothschild han tenido una gran posición en Vickers durante muchos años. Chmn es Sir Peter Matthews, también director de Lloyd's Bank y Sun Alliance; los directores son T. Neville; Barón Braybrooke; Conde de Warwick (los Salisbury, una de las tres familias gobernantes de Inglaterra); Sir Alastair Frame, jefe ejecutivo. Rio Tinto Zinc, director de Plessey & Co. Ltd., Reino Unido, y la Autoridad de Energía Atómica. Chmn de Vickers en 1956 fue Edward Knollys, hijo del secretario privado del rey Eduardo VII durante 40 años, y Jorge V durante 5 años.

Durante más de un siglo, se ha fomentado deliberadamente en los Estados Unidos la creencia generalizada de que los Rothschild tenían poca importancia en la escena financiera estadounidense. Con esta tapadera, han sido capaces de manipular los acontecimientos políticos y financieros de este país en su propio beneficio. En 1837, los Rothschild dejaron que su representante americano, W.L. & M.S. Joseph, quebrara en el Crash, mientras que arrojaron sus reservas de efectivo detrás de un recién llegado, August Belmont, y de su representante secreto, George Peabody de Londres. Los billetes de Bermingham en *Our Crowd,*

> "En el pánico de 1837, Belmont pudo realizar un servicio que repetiría en pánicos posteriores, gracias a la inmensidad de la reserva de capital de Rothschild, para comenzar en América operando su propio Sistema de Reserva Federal."

Después de 1837, August Belmont (Schonberg) fue anunciado públicamente en la prensa financiera como el representante americano de los Rothschild. Cuando Belmont participaba en una operación financiera, todo el mundo sabía que los Rothschilds estaban involucrados. Cuando Belmont no participó, y la transacción fue manejada por J.P. Morgan & Co. y o por Kuhn, Loeb Co., todos "sabían" que los Rothschilds no estaban involucrados.

George Peabody había establecido su negocio en Inglaterra a través de su conexión con Brown Bros, (ahora Brown Bros Harriman) y Brown, Shipley). Se había convertido en un agente no identificado de Lord Rothschild ya en 1835. Aunque no hay ninguna estatua de George Peabody en el área de Wall Street, hay una en Londres, justo enfrente del Banco de Inglaterra. George

Peabody se convirtió en "el americano favorito" de la Reina Victoria. Su vieja lonchera ocupa un lugar prominente en la oficina londinense de Morgan Stanley hasta el día de hoy. Para 1861, George Peabody se había convertido en el mayor comerciante de valores americanos del mundo. Para presionar al gobierno de Lincoln, empezó a descargarlas y a bajar los precios. Al mismo tiempo, J.P. Morgan, aliado con Morris Ketchum, estaba agotando el suministro de oro americano enviándolo a Inglaterra. Pasó el precio de 126 onzas a 171 onzas, obteniendo una buena ganancia y ejerciendo más presión financiera sobre el gobierno de Lincoln. Esta fue una de las muchas operaciones financieras dirigidas por los Rothschild para sus propios objetivos políticos y financieros. Como George Peabody no tenía un hijo que se hiciera cargo de su empresa, tomó a Junius Morgan como socio; el hijo de Junius, John Pierpont Morgan, llegó a ser conocido como "el banquero más poderoso del mundo", aunque su papel principal era llevar a cabo secretamente las comisiones para la Casa de los Rothschild. Morgan era descendiente directo de Alexander Hamilton, que había fundado nuestro primer banco central, el Banco de los Estados Unidos, a instancias de los intereses de Rothschild.

The *New York Times*, 26 de octubre de 1907, señaló en relación con las acciones de J.P. Morgan durante el Pánico de 1907,

> "En conversación con el corresponsal del *New York Times*, Lord Rothschild rindió un gran homenaje a J.P. Morgan por sus esfuerzos en la actual coyuntura financiera de Nueva York. Es digno de su reputación como gran financiero y hombre de maravillas. Su última acción llena a uno de admiración y respeto por él."

Es el único caso registrado en el que un Rothschild elogió a un banquero fuera de su propia familia.

El 28 de marzo de 1932, el *New York Times* señaló,

> "Londres: N.M. Victor Rothschild, sobrino de veintiún años del Barón Rothschild, se va a los Estados Unidos pronto para tomar un puesto en J.P. Morgan & Co. ...se ha sabido esta noche. Es habitual que los banqueros británicos

progresistas envíen temporalmente a sus jóvenes a los estados occidentales, siendo uno de los más notables creyentes en la práctica la casa bancaria angloamericana de J. Henry Schroder & Co."

La conexión Morgan-Rothschild explica el incomprensible misterio de por qué J.P. Morgan, famoso como "el banquero más poderoso del mundo", dejó una fortuna tan modesta a su muerte en 1913, apenas 11 millones de dólares después de que sus deudas fueran aseguradas. Aunque los actuales miembros de la familia Morgan parecen estar seguros financieramente, ninguno de ellos se cuenta entre los "grandes ricos".

En *Brandeis, La vida de un hombre libre*, Arpheus T. Mason anota,

"El joven Adolph Brandeis (padre del Juez Brandeis) llegó a Nueva York, viajó durante un tiempo por el Este y luego se fue al Medio Oeste. El placer y la facilidad del joven Brandeis en los viajes se vieron muy realzados por la compañía de un joven amigo de los Wehles, que por aquel entonces realizaba un viaje de negocios a los Estados Unidos para obtener información sobre las inversiones americanas para la Casa de Rothschild. Gracias a los contactos y cartas de presentación de su compañero, Adolfo vio lugares y conoció gente no accesible para la mayoría de los extranjeros."

Notas de Bermingham en "*Our Crowd*",

"En el otoño de 1874, el Barón Rothschild convocó a Isaac Seligman a su oficina - unos 55 millones de dólares de Bonos de EE.UU. iban a ser ofrecidos por tres casas, la Casa de Seligman, la Casa de Morgan y la Casa de Rothschild."

Esta fue la primera vez que se pidió a los Seligman que participaran en un asunto con los Rothschild. Estaban más que agradecidos, y así otro aliado de los Rothschild comenzó a operar en América.

Una ventaja notable del trabajo de J. P. Morgan para la Casa de Rothschild fue la creencia cuidadosamente cultivada de que Morgan, si no era abiertamente "antisemita", evitaba participar en operaciones con empresas bancarias judías, y que su empresa no contrataría a nadie de origen judío. Era el mismo engaño con el que Nathan Mayer Rothschild había contratado al predecesor de Morgan, George Peabody, para que actuara en Londres. Era una creencia tradicional en Wall Street que si uno deseaba tratar con una firma "solamente para gentiles", iba a J.P. Morgan; si uno quería una firma judía, había varias casas disponibles, pero la más influyente, con mucho, era Kuhn, Loeb Co. En cualquier caso, el cliente nunca fue informado de que estaba tratando con un representante americano de la Casa de Rothschild.

Jacob Schiff, que llevó a la firma Kuhn, Loeb a su papel preeminente en las finanzas americanas, nació en la casa de los Rothschild en el 148 de Judengasse, Frankfort, que los Rothschild compartían con la familia Schiff. En 1867, Abraham Kuhn y Solomon Loeb, dos comerciantes de productos secos de Cincinnati, fundaron la casa bancaria de Kuhn, Loeb. En 1875, Jacob Schiff llegó de Frankfurt para unirse a la empresa. Se casó con Teresa, la hija de Salomón. También aportó una gran cantidad de capital de Rothschild a la empresa, lo que le permitió multiplicarse por diez. En 1885, Loeb se retiró; Jacob Schiff dirigió la empresa desde 1885 hasta 1920, año en que murió.

En ningún momento la Casa de Rothschild ha indicado públicamente que tuviera algún interés en la empresa de Kuhn, Loeb Co. George R. Conroy declaró en la revista *TRUTH*, Boston, el 16 de diciembre de 1912,

> "El Sr. Schiff es el jefe de la gran banca privada de Kuhn, Loeb & Co. Ltd., que representa los intereses de los Rothschild a este lado del Atlántico. Ha sido descrito como un estratega financiero y ha sido durante años el ministro de finanzas del gran poder impersonal conocido como Standard Oil. El fue mano a mano con los Harrimans, los Goulds y los Rockefellers en todas sus empresas ferroviarias y se ha convertido en el poder dominante en el mundo ferroviario y financiero de América."

Esta es una revelación más del poder oculto de los intereses de los Rothschild en América. No sólo ha dirigido las empresas Rockefeller desde que el National City Bank de Cleveland, un banco Rothschild, financió la temprana expansión de Rockefeller, South Improvement Co., lo que le permitió aplastar a sus competidores a través de reembolsos ilegales de ferrocarril, sino que también ha sido el poder detrás de las escenas de las fortunas de los Harriman (ahora Brown Brothers Harriman). Esto explica los frecuentes nombramientos (nunca elecciones) de W. Averell Harriman, el poder dominante del Partido Demócrata, mientras que el hijo de su socio, George Bush, es el presidente republicano. Explica la escritura secreta del Acta de la Reserva Federal por Paul Warburg de Kuhn, Loeb & Co. y los acuerdos aún más secretos que causaron que fuera promulgada como ley por el Congreso. Explica cómo Estados Unidos pudo luchar en la Primera Guerra Mundial con Paul Warburg a cargo de su sistema bancario a través de la vicepresidencia de la Junta de la Reserva Federal; Bernard Baruch como dictador de la industria americana como Presidente de la Junta de Industrias de Guerra; y Eugene Meyer financiando la guerra a través de su posición como presidente de la Corporación Financiera de Guerra (imprimiendo bonos del gobierno por duplicado); Kuhn, el socio de Loeb Sir William Wiseman con el Cnel. House correlacionó las operaciones de inteligencia británicas y estadounidenses; Kuhn, el socio de Loeb Lewis L. Strauss fue jefe interino de la Administración de Alimentos de los Estados Unidos bajo la dirección de Herbert Hoover. Mientras tanto, el hermano de Paul, Max Warburg, dirigía el sistema de espionaje alemán; otro hermano era agregado comercial alemán en Estocolmo, tradicional puesto de escucha de las naciones en guerra, y Jacob Schiff tenía dos hermanos en Alemania que financiaban el esfuerzo bélico alemán. Era un caso clásico de "conflicto controlado", con los Rothschild manipulando ambos bandos desde detrás de la escena. En la Conferencia de Paz de Versalles, Bernard Baruch fue el jefe de la Comisión de Reparaciones; Max Warburg, en nombre de Alemania, aceptó los términos de las reparaciones, mientras que Paul Warburg, Thomas Lamont y otros banqueros de Wall Street aconsejaron a Wilson y a los hermanos Dulles sobre cómo debían manejarse los intereses "americanos" en esta importantísima conferencia diplomática.

Los Rothschild se habían decidido por la fórmula de un "conflicto controlado" para la Primera Guerra Mundial debido a las dificultades que habían encontrado para derrotar a los bóers de 1899 a 1901. Después de anexar ilegalmente el Transvaal en

1881, los británicos habían sido rechazados con una sonora derrota en Majubaby por Paul Kruger. En 1889, debido al descubrimiento de grandes riquezas en oro y diamantes en Sudáfrica, los Rothschild volvieron a saquear la nación con 400.000 soldados británicos enfrentados a 30.000 "irregulares", es decir, agricultores con rifles, a los que los bóers podían poner en el campo. La Guerra Bóer fue iniciada por el agente de Rothschild, Lord Alfred Milner, contra los deseos de la mayoría del pueblo británico. Sus planes fueron ayudados por otro agente de Rothschild, Cecil Rhodes, quien más tarde dejó toda su fortuna para el fomento del programa de Rothschild, a través del Rhodes Trust, un desenlace nada infrecuente entre los agentes de Rothschild, y la base de todo el imperio de la "fundación" hoy en día.

Los británicos lucharon un "sin prisioneros", una guerra de tierra quemada, destruyendo granjas y derribando sin piedad a los bóer que intentaban rendirse. Fue en esta guerra que la institución de los "campos de concentración" fue traída al mundo, ya que los británicos acorralaron y encarcelaron en campos insalubres y llenos de fiebre a cualquiera que se creyera simpatizante de los bóer, incluyendo muchas mujeres y niños, que murieron por miles. Esta política genocida sería utilizada después por los bolcheviques financiados por los Rothschild en Rusia, quienes adoptaron el concepto de la Guerra de los Bóers para asesinar a 66 millones de rusos entre 1917 y 1967. Nunca hubo una reacción popular a ninguna de estas atrocidades, debido al control de los medios de comunicación que hace que la discusión de estas calamidades sea un tema tabú.

La carrera de Lord Alfred Milner (1854-1925) comenzó cuando era un protegido de Sir Evelyn Baring, el primer conde de Cromer, socio de los hermanos Baring, banqueros, que había sido nombrado Director General de Cuentas en Egipto. Baring era entonces el asesor financiero de la Jedive de Egipto. Desde 1864, Milner había estado activo en la Sociedad Colonial, fundada en Londres en ese año. En 1868, pasó a llamarse Royal Colonial Institute, y fue financiada en gran medida por el Barclays Bank, y por los Barings, Sassoons y Jardine Mathieson, todos ellos activos en la fundación del Hong Kong Shanghai

Bank, y que estaban muy interesados en el tráfico de drogas en Asia. El economista de la Royal Colonial Society fue Alfred Marshall, fundador de la teoría monetarista que Milton Friedman vende ahora bajo la égida de la Institución Hoover y otros grupos de pensamiento supuestamente "de derechas". Marshall, a través del Grupo Oxford, se convirtió en el mecenas de Wesley Clair Mitchell, quien luego enseñó a Burns y Friedman.

En 1884, Milner aumentó el trabajo de la Sociedad Colonial Real con un grupo interno, la Liga de la Federación Imperial; ambos grupos funcionan ahora como la Sociedad del Imperio Real. Vladimir Halperin, en *Lord Milner y el Imperio*, escribe,

"Fue a través de Milner y algunos de sus amigos que el Grupo de la Mesa Redonda surgió. La Mesa Redonda, hay que decir, es una autoridad hasta el día de hoy en todos los intereses del Commonwealth."

Afirma que Milner recaudó una suma considerable para el trabajo de la Mesa Redonda, incluyendo 30.000 libras de Lord Astor, 10.000 libras de Lord Rothschild, 10.000 libras del Duque de Bedford y 10.000 libras de Lord Iveagh. Milner lanzó una revista llamada "*Empire Review*", más tarde llamada "Round Table" *trimestralmente*.

Halperin también señala otra contribución de Milner,

"Jugó un papel importante en la redacción de la famosa Declaración de Balfour en diciembre de 1917. Es un hecho que, con Balfour, fue su co-autor. Ya en 1915, Milner se había dado cuenta de la necesidad de un Hogar Nacional Judío, y nunca había dejado de estar calurosamente a favor de su creación. Milner, al igual que Lloyd George, Amery y muchos otros, vio que el Hogar Nacional Judío también podía contribuir a la seguridad del Imperio en el Cercano Oriente."

La Mesa Redonda Milner se convirtió más tarde en la combinación del Instituto Real de Asuntos Internacionales y el Consejo de Relaciones Exteriores, que ejerce un control sin oposición del orden mundial sobre la política exterior y monetaria tanto en los Estados Unidos como en Gran Bretaña. Milner entrenó a un grupo de jóvenes ambiciosos que se conocieron como su "Jardín de Infantes". Entre ellos figuraban

John Buchan, futuro Gobernador General del Canadá, Geoffrey Dawson, más tarde editor del *Times* y destacado defensor del "apaciguamiento" con el "Conjunto de Cliveden" (dirigido por Lord Astor, propietario del *Times*); Philip Kerr, undécimo marqués, Lord Lothian, el miembro más joven del Jardín de Infancia; fue secretario privado de Lloyd George de 1916 a 20, y se le atribuyó el mérito de ser el principal responsable de las disposiciones alemanas del Tratado de Versalles. Su Who's Who continúa diciendo que jugó un papel importante en el trato con la India, todos los dominios y los Estados Unidos. Fue embajador en los Estados Unidos entre 1935 y 40, y fue amigo íntimo de Waldorf y Lady Astor; George Joachim Goschen, un liberal que fue aclamado como el más grande Canciller del Tesoro, jefe de la casa bancaria de Cunliffe Goschen con Lord Cunliffe, Gobernador del Banco de Inglaterra. Goschen fue también canciller de Oxford y de la Universidad de Edimburgo; su hermano, el barón Sir Edward Goschen era embajador en Berlín cuando Bethmann-Hollweg le dijo que el Tratado belga era un mero "trozo de papel"; Leopold S. Amery, que tuvo dos hijos, Leopold, que fue ejecutado como traidor en 1945, y Julian, que se casó con la hija del Primer Ministro Harold MacMillan y sirvió como corresponsal de izquierda en el Frente Español 1938-9, representante personal de Churchill en Chiang Kai-Shek, 1945, Conferencia de Mesa Redonda sobre Malta, 1955, Consejo de Europa, 1955-56. Se describe a Leopold Amery como "un apasionado defensor del imperialismo británico"; formó parte del personal del *Times* y escribió una historia de siete volúmenes sobre la guerra de Sudáfrica para el *Times*; sirvió en el Gabinete de 1916 a 22, fue diputado de 1911 a 1945, primer Lord del Almirantazgo de 1922 a 24, Secretario de Estado para la India de 1940 a 45, y dispuso la independencia de la India. Fue fideicomisario del Rhodes Trust.

La relación entre Milner y Rothschild se describió en la biografía de Terence O'Brien, *Milner*, p. 97,

> "Milner fue a París por algunos negocios con Alphonse de Rothschild Las llamadas de negocios en la ciudad incluyeron una visita formal a Rothschilds el fin de semana con Lord Rothschild en Tring, y la visita con Edward Cecil, Lord Salisbury en Hatfield mientras pasaba un fin de semana con

Lord Rothschild en Tring a Press Lord le dio una noche de insomnio (sin más explicaciones) charlas con Rothschild."

Milner asistió a una cena sionista ofrecida por Lord Rothschild, sentado al lado de Lawrence de Arabia, que interpretó para él en una charla con el Rey Feisal. En la p. 364, O'Brien anota,

"Milner no perdió tiempo en recrear sus vínculos con la Ciudad. Primero fue a Río Tinto que lo reeligió para su Consejo y poco después Rothschild le pidió que fuera su presidente."

Rio Tinto era una de las empresas clave del imperio Rothschild. Herbert Hoover también fue nombrado director de Rio-Tinto; pronto se le pediría que dirigiera la "Comisión de Socorro Belga" que prolongó la Primera Guerra Mundial de 1916 a 1918.

El papel de Milner en el inicio de la guerra de Sudáfrica se describe en la *Supremacía Británica en Sudáfrica*. El capítulo 1 se titula "La guerra de Sir Alfred Milner", explicado de la siguiente manera:

"El 19 de marzo Chamberlain le telegrafió: 'El principal objetivo del Gobierno de Su Majestad en Sudáfrica es la paz. Nada más que una ofensa flagrante justificaría el uso de la fuerza."

p. 22,

"Milner había llegado a creer que la guerra con el Transvaal era tanto inevitable como deseable. Milner había convencido por fin a Chamberlain de que la supremacía británica en Sudáfrica estaría en peligro a menos que se rompiera el poder del Transvaal."

Hay pruebas de que el subalterno de la Mesa Redonda de Rothschild, Milner, precipitó a sangre fría la guerra de los bóer para beneficio de su amo.

John Hays Hammond, ingeniero jefe de minas de la Casa de Rothschild, también fue enviado a Sudáfrica para precipitar la guerra. Formó el *Comité de Reforma de los Extranjeros*, con Lionel Phillips, jefe de la empresa minera de oro y diamantes

Eckstein-the Comer House; George Farrar de East Rand Property Mines; y el Coronel Frank Rhodes, hermano de Cecil Rhodes. El Comité fue financiado por Abe Bailey, Solly Joel, Barney Barnato y los Ecksteins, todos ellos grandes ganadores en la repartición de las propiedades de oro y diamantes después de la guerra. Durante esta actividad, Hammond fue arrestado por Paul Kruger, sentenciado a muerte por promover la revolución, y sólo se le permitió salir después de pagar una multa de 100.000 dólares; luego fue contratado por los Guggenheims con un salario de 500.000 dólares al año, y en 1921 se convirtió en el principal cabildero del Consejo de Relaciones Exteriores en Washington.

Como otras empresas con las que los Rothschild han estado conectados, el Banco de Inglaterra ha sido un centro de intriga y espionaje internacional desde su fundación en 1694. Aunque los Rothschilds no se asociaron con el Banco hasta 1812, cuando Nathan Mayer Rothschild aumentó su fortuna 6500 veces aprovechando los falsos rumores que de alguna manera barrieron la Bolsa de Londres, pretendiendo que Inglaterra había perdido en Waterloo. El Banco de Inglaterra se originó en una revolución, cuando Guillermo III, Príncipe de Orange, expulsó al Rey Jaime II del trono. Desde que la Carta del Banco de Inglaterra fue otorgada por Guillermo en 1694, nunca ha habido otra revuelta contra la Corona. La familia real ha estado segura porque la fuente de dinero, crucial para una revolución, ha permanecido bajo control.

El Rey Carlos II había logrado mantener una posición temblorosa debido al apoyo del Duque de Buckingham (George Villiers), y otros cuyos nombres de pila formaban la palabra "CABAL", introduciendo un nuevo término para la intriga. Su sucesor, Jaime II, intentó aplacar a los poderosos señores de Inglaterra, pero incluso sus antiguos partidarios, olfateando un cambio de poder, iniciaron negociaciones secretas con el Príncipe de Orange. Guillermo I, Príncipe de Orange, se había casado varias veces con Ana de Sajonia, Charlotte de Bourbon y la Princesa de Coligny. Hoy en día, todas las casas gobernantes de Europa, así como las que están fuera del poder, son descendientes directos del Rey Guillermo, incluyendo la Reina Juliana de los Países Bajos, Margaretha, Reina de Dinamarca,

Olaf V de Noruega, Gustavo de Suecia, Constantino de Grecia, el Príncipe Rainiero de Mónaco, y Jean, Gran Duque de Luxemburgo, cuyo hijo se casó con la hija de C. Douglas Dillon. Lord Shrewsbury (Charles Talbot) había sido colocado tanto por Carlos II como por Jaime II; sin embargo, jugó un papel importante en la revolución. Llevó 12.000 libras a Holanda para apoyar a Guillermo en 1688, volvió con él y fue nombrado secretario de estado. Sidney Godolphin, uno de los últimos seguidores de James II, se unió al duque de Sunderland y a la duquesa de Portsmouth en la correspondencia con Guillermo antes de su invasión a Inglaterra, y fue nombrado jefe del tesoro por Guillermo. Henry Compton, Conde de Northampton, y Obispo de Londres, había sido destituido por Jaime II; firmó la invitación a Guillermo para venir a Inglaterra; fue reintegrado a su puesto en 1688; su hijo Francisco se convirtió en Lord Privy Seal. John Churchill, primer Duque de Marlborough, había entrado en negociaciones con el Príncipe de Orange en octubre de 1687, y expresó su disposición a apoyarlo en agosto de 1688. Para disipar las sospechas de Jaime II, Marlborough firmó un renovado juramento de fidelidad a él el 10 de noviembre de 1688. El 24 de noviembre de 1688, se unió a las fuerzas de Guillermo de Orange.

Aunque Guillermo se había casado con María, la hija de Jaime II, y tenía un reclamo legítimo al trono de Inglaterra, no podía tomar el poder mientras Jaime II estuviera en el trono. Por lo tanto, entró en Inglaterra con una fuerza de 10.000 soldados de a pie y 4.000 de a caballo, una pequeña fuerza con la que conquistar un gran reino. Con él estaban Churchill, Bentinck, (el primer Conde de Portland), el Conde de Shrewsbury, y Lord Polwarth, cuyo descendiente es un miembro prominente del establecimiento bancario angloamericano. Jaime II huyó a la corte de Luis XIV y fue declarado abdicado.

Este evento fue posteriormente celebrado en la historia inglesa como la "Revolución Gloriosa". El Rey Jaime II se había casado con una católica, María de Módena, en 1673, y lanzó una campaña para devolver a Inglaterra a la jerarquía romana, después de más de cien años de dominio protestante. Sus dos hijas fueron criadas como protestantes, pero entonces dio a luz un hijo, que fue bautizado como católico, resultando un heredero católico al trono. Fue esta situación la que precipitó la Revolución Gloriosa. En 1688, Jaime tenía un ejército de 40.000, todos sus oficiales eran católicos romanos. El invasor, Guillermo, tenía sólo 13.000 hombres. Para agravar sus problemas, sus barcos se desviaron de su curso, y perdieron su objetivo de aterrizaje, Santiago fue informado de que sus tropas, la mayoría de las cuales eran protestantes, no obedecerían a sus oficiales católicos, y que no lo defenderían. Entonces abdicó a Francia. Un intento posterior de regresar a Irlanda también se encontró con la derrota, lo que inició los "Problemas" que han continuado allí hasta hoy.

Como Rey de Inglaterra, Guillermo firmó una Declaración de Derechos el 13 de febrero de 1689, que puso fin a la facultad del rey de suspender el Parlamento o de prescindir de sus leyes. Inglaterra era ahora una monarquía constitucional, una forma que ha perdurado hasta el día de hoy. Este acuerdo colocó a la monarquía en un salario anual, que debía ser votado por el Parlamento. El dinero estaba ahora firmemente en manos de los legisladores. En 1694, Guillermo fundó el Banco de Inglaterra. Desde entonces, nunca ha habido una revolución, porque ninguna fuerza política en Inglaterra fue capaz de recaudar dinero para financiar tal desafío.

En 1701, el Parlamento promulgó el Acta de Asentamiento, que prohibía a los Estuardo Católicos reclamar el trono. Los futuros monarcas debían ser miembros de la Iglesia Anglicana, y no podían estar casados con una católica. Bajo este gobierno unificado, Inglaterra experimentó un gran florecimiento de la cultura, de ahí el nombre, la Revolución Gloriosa. Con el establecimiento del Banco de Inglaterra, se crearon enormes fortunas y se construyeron grandes propiedades en todo el país. Guillermo fue sucedido por la Reina Ana, que produjo diecisiete hijos, ninguno de los cuales sobrevivió. Su personal le proporcionó ricos alimentos, por lo que se volvió muy gorda y sufrió de mala salud. Cuando murió, hubo numerosos reclamantes al trono. El exitoso reclamante, el Elector de Hannover, de Alemania, reforzó su reclamo con la investigación del erudito Gottfried Wilhelm Leibniz (1646-1716). Leibniz pasó veinte años documentando la reclamación de la familia Brunswick, publicando sus hallazgos como Codex Juris Gentium Diplomaticus Hannoverae. Leibniz había sido secretario de la Sociedad Rosacruz de Nuremberg en 1667. Sirvió lealmente a la familia Brunswick de Hannover como genealogista e historiador. Documentó que Elizabeth, la hija protestante del Rey Jaime I, se había casado con Federico Quinto, Elector del Palatinado. Su hija, Sophie, se casó con Ernest Augustus, el primer Elector de Hannover. Aunque murió antes que la Reina Ana, su hijo, ahora Elector de Hannover, pudo superar a los otros demandantes gracias a los informes cuidadosamente documentados de Leibniz. Leibniz no sólo trajo a los Hannoverianos a Inglaterra, sino también a la masonería. Sus conexiones rosacruces, que compartía con su homólogo inglés, Francis Bacon, colocaron a un masón en el trono de Inglaterra. Tomando el nombre de Jorge I, Hannover no hablaba inglés, y se negó indignado a aprender el idioma de su nuevo dominio.

Marlborough, antepasado de Winston Churchill (cuya ex nuera, Pam Harriman, es la principal fuerza del Partido Demócrata) es descrito en *El Capitán General*, por Ivor Brown,

> "El Comisario de Cuentas Públicas constató que el Duque de Marlborough había aceptado regalos por valor de unas 60.000 libras de Antonio Machado y Sir Solomon de Medina, contratistas de pan y carros para el ejército en el extranjero, y el 20% de todo el dinero destinado al pago de las tropas, unas 175.000 libras (posteriormente revisadas a 350.000 libras)."

Marlborough afirmó que todo se había gastado en inteligencia, pero los testigos testificaron que no pudo haber gastado más de 5.000 libras para este propósito en todas sus campañas. La biografía de Donald Chandler de Marlborough señala que

> "Los contratistas de pan como Salomón y Moisés Medina, Mynheer Hecop, Salomón Abraham, Vanderkaa y Machado, eran en su mayoría judíos españoles u holandeses de diversa fiabilidad y venalidad."

Chandler dice que constantemente daban poco peso o añadían arena a sus sacos de maíz. Durante varios años, Medina, como contratista principal del ejército, contribuyó con una comisión anual de 6000 libras al año a Marlborough como su rastrillo en los contratos del ejército.

Además de sus partidarios ingleses, que antes eran leales al rey Jaime II, Guillermo trajo consigo desde Ámsterdam al grupo de avaros financieros que también eran los proveedores de sus ejércitos. Uno de sus primeros actos oficiales fue la concesión del título de caballero a Salomón de Medina. Machado y Pereira proveyeron a sus ejércitos en España y Holanda; Medina proveyó a Marborough en Flandes; Joseph Cortissot proveyó a Lord Galway en España, y Abraham Prado proveyó al ejército británico durante la Guerra de los Siete Años.

El acto más importante del reinado de Guillermo fue la concesión de la carta del Banco de Inglaterra en 1694, aunque la mayoría de sus biógrafos omiten este hecho destacado. El concepto de un banco central que tendría el poder de emitir billetes, o de emitir dinero, ya se había arraigado en Europa. El Banco de Ámsterdam fue fundado en 1609; sus miembros ayudaron a Guillermo en su conquista de Inglaterra. El Banco de Hamburgo fue fundado en 1619; el Banco de Suecia comenzó la práctica de emitir billetes en 1661. Estos bancos fueron fundados por financieros cuyos ancestros habían sido banqueros en Venecia y Génova. A medida que la marea del poder mundial se desplazaba hacia el norte en Europa, también lo hacían los financieros. Los Warburgs de Hamburgo habían comenzado como la familia Abraham del Banco, los mayores banqueros de Venecia.

Una técnica interesante es la que revela la Carta del Banco de Inglaterra, que se deslizó como parte de un proyecto de ley de tonelaje, que más tarde se convertiría en una técnica parlamentaria reconocida. La Carta establece que

> "Las tasas e impuestos sobre el tonelaje de los buques se aseguran a las personas que voluntariamente adelanten la suma de 1.500.000 libras para llevar a cabo la guerra contra Francia."

Otros bancos europeos, como los bancos de Génova, Venecia y Amsterdam, eran principalmente bancos de depósito, pero el

Banco de Inglaterra comenzó la práctica de acuñar su propio crédito en dinero, el comienzo del movimiento monetarista. El Banco de Inglaterra pronto creó una "nueva clase" de intereses monetarios en la Ciudad, en oposición al poder de los antiguos barones, cuyas fortunas derivaban de sus propiedades. De los quinientos accionistas originales, cuatrocientos cincuenta vivían en Londres. Este fue el amanecer de la preeminencia de la "City", ahora el principal centro financiero del mundo. Por esta razón, los Rothschild identificaron sus principales bancos americanos con la palabra clave "City".

Las primeras descripciones de los accionistas del Banco de Inglaterra los identifican como "una Sociedad de unas 1300 personas". Entre ellos se encontraban el Rey y la Reina de Inglaterra, que recibieron acciones por valor de 10.000 libras cada uno; Marlborough, que invirtió 10.000 libras -también invirtió grandes sumas de sus "comisiones" en la East India Co. en 1697, y más tarde se convirtió en Gobernador de la Hudson Bay Company, que pagó un dividendo del 75%; Lord Shrewsbury, que invirtió 10.000 libras; Godolphin, que invirtió 7.000 libras - predijo que el Banco de Inglaterra no sólo financiaría el comercio, sino que llevaría la carga de sus guerras, lo que se demostró cierto en los trescientos años siguientes. Virginia Cowles escribe, en *The Great Marlborough*,

> "Inglaterra salió de la guerra como la fuerza dominante, porque el sistema de crédito del Banco de Inglaterra le permitió soportar la carga de la guerra sin una tensión indebida."

Otros suscriptores de la carta eran William Bentinck, más tarde el primer conde de Portland; había sido un paje en la casa de William de Orange, acompañó a William a Inglaterra en 1670 en su visita inicial, se ocupó de las delicadas negociaciones de su matrimonio con María en 1677, y preparó los detalles de la invasión de Inglaterra por William. Se le dio el título de Conde de Portland, y se convirtió en el agente más confiable de la política exterior de Williams. En 1984, encontramos al noveno duque, Cavendish Bentinck, es chmn de Bayers UK Ltd, y Nuclear Chemie Mittchorpe GMBH, Alemania; también tuvo una distinguida carrera en el servicio exterior, incorporándose al

Ministerio de Asuntos Exteriores en 1922; representó a Inglaterra en las sucesivas conferencias de París, La Haya y Locarno, fue chmn de Inteligencia Conjunta para los Jefes de Estado Mayor de 1939 a 1945, y Embajador en Polonia durante los años críticos de 1945 a 1947, cuando ese país fue entregado a la Unión Soviética, con el apoyo subrepticio de Inglaterra.

Otros suscriptores de la carta del Banco de Inglaterra eran el duque de Devonshire (William Cavendish) que construyó Chatsworth; también había firmado la invitación a William para que asumiera el trono de Inglaterra; fue Alto Administrador en la Coronación de Ana en 1702, y se decía que llevaba una vida privada despilfarradora - (el actual duque vendió siete dibujos en julio de 1984 por 9 dólares.2 millones de dólares) el undécimo duque se casó con Deborah Freeman Mitford, hija del barón Redesdale - su actual cuñado, el barón Redesdale, es vicepresidente del Chase Manhattan Bank; el duque de Leeds, Sir Thomas Osborne, que también firmó la invitación a Guillermo - era el señor del alto tesoro y había arreglado el matrimonio de María - fue posteriormente destituido por recibir un gran soborno para obtener la carta de la East India Co. en 1691 - debido a su posición favorable en la corte los procedimientos nunca se concluyeron, y dejó una de las mayores fortunas de Inglaterra; Conde de Pembroke, (Thomas Herbert), que se convirtió en el primer señor del almirantazgo, y más tarde en señor del sello privado; Conde de Carnarvon, que es también Conde de Powis y Conde de Bradford; Lord Edward Russell, creó al Conde de Orford en 1697; se unió al servicio de William en 1683, fue nombrado tesorero de la Marina 1689, primer lord del almirantazgo 1696-17, y lord justicia 1697-1714 (Sir Robert Walpole, el famoso líder británico, fue creado Conde de Orford en la segunda creación); William Paterson, normalmente acreditado como el fundador del banco de Inglaterra - fue expulsado en un año; Sir Theodore Janssen, que invirtió 10.000 libras; Dr. Hugh Chamberlen; John Asgill, un excéntrico escritor y panfletario; el Dr. Nicholas Barbon, hijo de Praisegod Barebones, que fundó la primera compañía de seguros de Gran Bretaña: John Holland, un reputado inglés que también fundó el Banco de Escocia en 1695; Michael Godfrey, que murió en Namur (Bélgica) cuando se dirigía a Amberes para establecer una sucursal del Banco de Inglaterra -fue el primer vicegobernador del Banco de Inglaterra y sobrino de Sir Edward Godfrey, que fue asesinado por Titus Oakes en 1678-; Sir John Houblon y veinte miembros de su familia fueron también los primeros accionistas; Sir John se convirtió en señor del almirantazgo y alcalde de Londres; su hermano James fue vicegobernador del Banco de Inglaterra; Salomón de Medina, más tarde nombrado caballero por Guillermo III; Sir William Scawen; Sir Gilbert Heathcote, director del Banco de Inglaterra entre 1699 y 1701, y de 1723 a 1725; fue sheriff y más tarde alcalde de Londres, fundó la New East India Co. en 1693; su parsimonia fue ridiculizada por Alexander Pope en sus cuartetas; Sir Charles Montague, primer conde de Halifax, y Canciller del Tesoro - el actual conde es director del Hambros Bank; el Marqués de Normandía, John Sheffield, también tiene el título de Duque de Buckingham - está enterrado en la Abadía de Westminster; Thomas Howard, Conde de Arundel, contralor de la casa real; Charles Chaplin; y el filósofo, John Locke.

En su *The Bank of England, A History*, Sir John Clapham señala que para 1721, varios judíos españoles y portugueses habían estado comprando acciones en el Banco de Inglaterra: Medina, dos Da Costas, Fonseca, Henríquez, Méndez, Nunes, Roderiquez, Salvador Teixera de Mattos, Jacobo y Teodoro Jacobo, Moisés y Jacobo Abrabanel, Francis Pereira. Clapham señala que desde 1751 ha habido muy poco comercio de acciones del Banco de Inglaterra; se ha mantenido muy cerca durante más de dos siglos.

El Banco de Inglaterra ha jugado un papel prominente en la historia americana - sin él, los Estados Unidos no existirían. Los colonos americanos se consideraban ingleses leales a un hombre, pero cuando empezaron a disfrutar de una prosperidad sin igual imprimiendo y haciendo circular su propia escritura colonial, los accionistas del Banco de Inglaterra acudieron a Jorge III y le informaron de que estaba en juego su monopolio de los billetes con intereses en las colonias. Él prohibió la escritura, con el resultado de que hubo una inmediata depresión en la vida comercial de las Américas. Esta fue la causa de la rebelión; como señaló Benjamín Franklin, el pequeño impuesto sobre el té, que ascendía a alrededor de un dólar al año por familia americana, podría haber sido soportado, pero los colonos no pudieron sobrevivir a la prohibición de su propio dinero.

El Banco de Inglaterra y los Rothschilds siguieron desempeñando un papel dominante en la vida comercial de los Estados Unidos, causando pánico y depresión a los Rothschilds cada vez que sus funcionarios recibían instrucciones de hacerlo. Cuando el Segundo Banco de los Estados Unidos expiró en 1836 y el Presidente Jackson se negó a renovarlo, creando una gran prosperidad en los Estados Unidos cuando los fondos del gobierno se depositaron en otros bancos, los Rothschild castigaron a los advenedizos causando el Pánico de 1837. Como escribe Henry Clews, *Veintiocho años en Wall Street*, p. 157,

"El pánico de 1837 se vio agravado por el Banco de Inglaterra cuando en un día tiró todo el papel relacionado con los Estados Unidos."

Al negarse a dar crédito a los billetes y acciones estadounidenses, el Banco de Inglaterra creó pánico financiero entre los poseedores de ese papel. El pánico permitió a los agentes de Rothschild, Peabody y Belmont, cosechar una fortuna comprando acciones depreciadas durante el pánico.

El Banco de Inglaterra ha jugado un papel prominente en guerras, revoluciones y espionaje, así como en pánico empresarial. Cuando Napoleón escapó de Elba en 1815, el mercado de oro de Londres saltó de la noche a la mañana de 4 libras y 6 kilos a 5 libras y 7 kilos. El principal comprador fue Nathan Mayer Rothschild, quien tenía órdenes del Tesoro Británico de despachar oro al Duque de Wellington, agrupándose para detener a Napoleón. Después de Waterloo, el precio del oro bajó.

Durante el siglo XX, el nombre más importante del Banco de Inglaterra era Lord Montague Norman. Su abuelo, George Warde Norman, había sido gobernador del Banco de Inglaterra de 1821 a 1872, más tiempo que cualquier otro hombre; su otro abuelo, Lord Collet, fue gobernador del Banco de Inglaterra de 1887 a 1889, y socio gerente de Brown Shipley Co. en Londres durante veinticinco años. En 1894, Montague Norman fue enviado a

Nueva York para trabajar en las oficinas de Brown Bros.; se hizo amigo de la familia W.A. Delano, y vivió con la familia Markoe, socios de Brown Bros. En 1907, Norman fue elegido para el Tribunal del Banco de Inglaterra. En 1912, sufrió una grave crisis nerviosa y fue tratado por Jung en Suiza. Se convirtió en vicegobernador del Banco de Inglaterra en 1916, y más tarde sirvió hasta 1944 como gobernador. *El Wall Street Journal* escribió sobre él en 1927,

"El Sr. M. Collet Norman, el Gobernador del Banco de Inglaterra, es ahora cabeza y hombros por encima de todos los demás banqueros británicos. Ningún otro banquero británico ha sido tan independiente y supremo en el mundo de las finanzas británicas como lo es hoy el Sr. Norman. Acaba de ser elegido Gobernador por octavo año consecutivo. Antes de la guerra, no se permitía a ningún Gobernador ocupar el cargo durante más de dos años; pero el Sr. Norman ha roto todos los precedentes. Dirige su Banco y su Tesorería también. Parece que no tiene ninguna asociación, excepto sus empleados. No da entrevistas. Deja al mundo financiero británico totalmente en la espesura de sus planes e ideas."

La idea de que un individuo dirigiera el Banco de Inglaterra a su antojo, sin influencias, es demasiado ridícula para ser considerada. ¿Qué hay de los Rothschild? ¿Qué hay de los otros accionistas? Carroll Quigley, en *Tragedy and Hope* señala que

"M. Norman dijo que yo tengo la hegemonía de la moneda. - Se le llama el dictador de la moneda de Europa."

Lionel Fraser, de J. Henry Schroder Wagg, señala en su autobiografía, *Todo al Bien,* que estaba a cargo de las inversiones personales de Lord Norman. También señala la firma de Helbert Wagg, antiguos joyeros de Halberstadt y ahora una casa bancaria de Londres (más tarde J. Henry Schroder Wagg),

"La empresa era corredor oficial en la Bolsa de Valores de la gran y todopoderosa Casa de Rothschild."

Tanto Wagg como Schroder habían estado en el negocio en Londres durante 159 años cuando se fusionaron en 1960. Otro escritor señala que Lord Norman frecuentemente consultaba con

J.P. Morgan antes de tomar sus decisiones en el Banco de Inglaterra. Gordon Richardson, presidente de J. Henry Schroder de 1962 a 1972, luego se convirtió en Gobernador del Banco de Inglaterra de 1972 a 1983, cuando fue sucedido por Robert Leigh-Pemberton, chmn del National Westminister Bank, también director de Equitable - se casó con la familia Cecil-Burghley.

Los actuales directores del Banco de Inglaterra son: G. W. McMahon, vicegobernador desde 1964, analista económico del Tesoro 1953-57, consejero de la Embajada Británica en Washington 1957-60; Sir Adrian Cadbury, chmn Cadbury Schweppes, dir. IBM UK; Leopold de Rothschild, N.M. Rothschild & Sons etc.; George V. Blunden, director ejecutivo. Banco de Inglaterra desde 1947, trabajó en el FMI de 1955 a 1958; A.D. Lochnis, dir. J. Henry Schroder Wagg; G. A. Drain, miembro de la Comisión Trilateral, tesorero del Movimiento Europeo, del Consejo Franco-Británico, del Comité Británico de América del Norte, abogado de muchas asociaciones sindicales y de salud; Sir Jasper Hollom, forma parte de la junta desde 1936; D. G. Scholey, chmn S.G. Warburg Co. , Orion Insurance, Union Discount of London, Mercury Securities, que ahora es propietaria de S.G. Warburg Co. Irwin Holdings; J.M. Clay, dep. chmn Hambros Bank, chmn Johnson and Firth Brown Ltd; Hambros *Life* Assurance; Sir David Steel, chmn British Petroleum, dir. Kuwait Oil Co. , The Wellcome Trust, fideicomisario The Economist (cuya chmn es Evelyn de Rothschild); Lord Nelson of Stafford, chmn GE Ltd. chmn Royal Worcester Co. Ltd., Banco Nacional de Australasia, International Nickel, British Aircraft, English Electric, Marconi Ltd. chmn World Power Conference, Worshipful Co. of Goldsmiths, Middle Eastern Assn; Lord Weir, chmn The Weir Group, chmn Great Northern Investment Trust; E.A.J. George, exec, dir Banco de Inglaterra, dir. Gilt-Edged Division Bank of England, IMF 1972-72, Bank for International Settlements 1966-69; Sir Hector Laing, chmn United Biscuit, Allied Lyons, Royal Insurance; Sir Alastair Pilkington, chmn Pilkington Bros. Glass, dir. British Petroleum, British Railways Board.

El Banco de Inglaterra también domina el Banco de Escocia, cuyo chmn es Robert Bruce, Lord Balfour; su título Balfour de Burleigh fue creado en 1607; es gerente de English Electric y Viking Oil; se casó con la hija del magnate E.S. Manasseh. Entre los directores del Banco de Escocia se encuentra Lord Clydesmuir, también dir. Barclays Bank, y el Honorable Lord Polwarth, director de Halliburtons, que se relaciona con el Rothschild First City Bank de Houston y el Citibank, Imperial Chemical Industries, Canadian Pacific, y Brown and Root Wimpey Highland Fabricators, que se relaciona con George Wimpey PLC, la mayor empresa de construcción del Imperio Británico, cuyas 44 empresas tienen ingresos de 1.200 millones de libras al año. La hija de Lord Polwarth se casó con el Barón Moran, Alto Comisionado del Canadá, que anteriormente había sido embajador en Hungría y en el Chad; la hija del Barón Moran se casó con el Barón Mountevans, gerente de Consolidated Goldfields.

Los directores de George Wimpey PLC incluían a S.S. Jardine; Viscount Hood, que es chmn Petrofina UK, y el director J.Henry Schroder Wagg, y Union Miniere; y Sir Joseph Latham, chmn Ariel International, director del Deutsches Kreditbank.

La Wimpey Co. se entrelaza con la Schroder Ltd., padre de J.Henry Schroder Wagg. El Conde de Airlie (David Ogilvy) es chmn de Schroder; se casó con Virginia Ryan, nieta de Otto Kahn y Thomas Fortune Ryan; el Conde es también director del Royal Bank of Scotland; entre los directores de Schroder se encuentran Lord Franks, director de la Fundación Rockefeller, el Rhodes Trust y el Kennedy Center; es ex embajador en los Estados Unidos; G.W. Mallinkrodt; Sir E.G. Woodruffe de Unlever; y Daniel Janssen del Banco de Inglaterra.

Uno de los grandes engaños de los Rothschild fue el "movimiento de desarme" de principios de los años 30. La idea no era desarmar, sino persuadir a las naciones de que desecharan las armas que tenían para que luego se les vendieran otras nuevas. "Los mercaderes de la muerte", como se les conocía popularmente en aquellos días, no eran más que recaderos para sus verdaderos amos, "los banqueros de la muerte", o, como también se les conocía, "la Hermandad de la Muerte". En 1897,

Vickers, en la que Rothschilds tenía la mayor participación, compró la Naval Construction and Armament Co. , y la Maxim Nordenfeldt Guns & Ammunition Co. La nueva Vickers-Maxim Co. pudo probar sus productos en la Guerra Hispano-Americana, que fue desencadenada por la J&W Seligman Co. para obtener el oro blanco (azúcar) de Cuba; la Guerra de los Bóers de 1899-1901, para apoderarse de los campos de oro y diamantes de Witwatersrand, y la Guerra Ruso-Japonesa de 1905, diseñada para debilitar al Zar y hacer inevitable la Revolución Comunista. Estas tres guerras proporcionaron la excusa para preparar la producción en masa de las Guerras Mundiales I y II. En 1897, se formó un fideicomiso de poder internacional, compuesto por DuPont, Nobel, Koln y Rottweiler, que dividió el mundo en cuatro territorios de venta distintos.

El chmn de Vickers, Sir Herbert Lawrence, fue director de Sun Assurance Office Ltd.; Sun Life Assurance, y chmn el comité de Londres del Banco Otomano; entre los directores se encontraban Sir Otto Niemeyer, director del Banco de Inglaterra y del Anglo International Bank; S. Loewe, el magnate alemán de las armas, Loewe & Co.; Sir Vincent Caillard Presidente del Consejo de la Deuda Otomana, experto financiero en el Cercano Oriente; y Sir Basil Zaharoff, el "hombre misterioso de Europa".

La marca de agua dulce del engaño de "los mercaderes de la muerte" se alcanzó en las audiencias del Comité de Nye de 1934, de las que invariablemente faltan copias en las bibliotecas del gobierno. Alger Hiss fue investigador y consejero del Comité. Típico fue el interrogatorio del Presidente Nye al Sr. Carse de la Electric Boat Co. (una subsidiaria de Vickers):

> **"Chmn NYE:** En 1917, Sr. Carse, usted redactó una carta para ayudar a Zaharoff a evitar el pago del impuesto sobre la renta de sus comisiones a él de 766.852 dólares. Hay la prueba 24, una carta con fecha 21 de septiembre de 1917, dirigida al Sr. H.C. Sheridan, Washington, D.C. ¿Quién es el Sr. Sheridan, Sr. Carse?
>
> Es el dueño del Hotel Washington. En ese momento era el agente de Vickers Ltd. en este país, y también era un representante de Zaharoff. El Sr. Sheridan se ocupó del impuesto sobre la renta del Sr. Zaharoff con White y Case.

CHMN: ¿Sabía usted que esto era falso, que esta omisión de un millón de dólares a la que se refiere era en realidad el ingreso de Sir Basil Zaharoff?

No, no sabía nada de los ingresos de Zaharoff.

CHMN: Pero usted nos ha dicho que una carta de Zaharoff de seis semanas antes de que 82.000 francos que recibió fue su propio ingreso personal.

No sé qué hacía Zaharoff en su negocio. No me lo dijo.

¿Zaharoff logró escapar del pago del impuesto sobre la renta a los Estados Unidos?

Creo que se llegó a un acuerdo. Sheridan lo manejó. Zaharoff nunca fue un accionista, por lo que yo sé. Los hombres que manejan acciones muy grandes no las ponen a su nombre.

Zaharoff le escribió el 19 de mayo de 1925. No deseo agradecerle lo que he hecho, porque debo atender los intereses de mi empresa Vickers y de la Electric Boat Co. en las que soy accionista.

Sé que me dijo eso, pero nunca fui capaz de rastrear nada.

El senador Clark luego siguió preguntando sobre cómo las empresas de armamento y las compañías petroleras promovían las guerras:

CLARK: Así que toda esta ocasión de armar a Perú, y de la revolución en Bolivia sobre la base de armar a Chile se basó en un rumor erróneo?

MR. Esa es mi impresión.

CLARK: Usted quería interesar a las grandes empresas petroleras en la financiación de un programa de armamento para América del Sur.

Estaba dispuesto a presentar cualquier propuesta que el gobierno aprobara con respecto a las compañías petroleras que pudieran estar interesadas."

El Comité Nye volvió con frecuencia a las actividades de Zaharoff, refiriéndose a él como "una especie de superespía en los altos círculos sociales e influyentes". Durante muchos años ejerció una gran influencia sobre el Primer Ministro Lloyd

George de Inglaterra. Zaharoff, que comenzó su carrera como un burdel de mala muerte, arregló que Lloyd George tuviera una aventura con la esposa de Zaharoff. Arthur Maundy Gregory, un asociado de Lloyd George, también era un agente de Zaharoff. Maundy Gregory durante muchos años vendió regularmente sus pares en los clubes de Londres; los caballeros, no hereditarios, pesaban entre 10.000 y 12.000 libras; las baronías llegaban hasta las 40.000 libras, de las cuales pagaba a Lloyd George 5.000 libras cada una. Maundy Gregory también estaba estrechamente asociado con Sir Basil Thompson en el contraespionaje británico. Zaharoff, que nació en 1851 en Constantinopla, se casó con una tal Emily Ann Burrows de Knightsbridge. Entonces, Maundy Gregory presentó a Emily Ann al insaciable Lloyd George. Desde entonces, estuvo a merced de Zaharoff. Aunque Zaharoff estuvo estrechamente asociado con Lloyd George durante la Primera Guerra Mundial hasta 1922, cuando su asociación terminó efectivamente con la carrera política de Lloyd George, el nombre de Zaharoff no aparece en ninguna parte de las extensas Memorias de Lloyd George. La carrera política de Lloyd George llegó a su fin después de que Zaharoff lo persuadiera de ayudar a los griegos contra Turquía en 1920, una aventura desastrosa que provocó la caída de Lloyd George del poder político. George Donald McCormick, en *La máscara de Merlín*, la obra definitiva sobre Lloyd George, afirma,

> "Zaharoff lo mantuvo (Lloyd George) muy informado sobre los Balcanes. Durante la guerra, Zaharoff fue enviado en varias misiones secretas por Lloyd George. Los Tres Grandes, Wilson, Lloyd George y Clemenceau, se reunieron en la casa de Zaharoff en París. En una ocasión, Zaharoff fue a Alemania (en 1917) por instrucciones personales de Lloyd George, disfrazado con el uniforme de un médico del ejército búlgaro. Clemenceau dijo más tarde: "La información que Zaharoff consiguió en Alemania para Lloyd George fue la pieza de inteligencia más importante de toda la guerra"."

Zaharoff recibió la Orden del Imperio Británico en 1918 por esta misión. McCormick también señala,

> "Zaharoff tenía intereses en los hornos Briey del Comité de Forjas. Durante la guerra no se tomó ninguna medida contra Briey o la cercana Thionville, un área alemana vital

para el ejército alemán. Las órdenes de bombardear Briey fueron canceladas por orden de Zaharoff. M. Barthe protestó por este hecho en un discurso ante el Parlamento francés el 24 de enero de 1919."

McCormick descubrió que Zaharoff había hecho algunas confesiones interesantes a socios cercanos. Se jactó ante Rosita *Forbes,*

"Hice guerras para poder vender armas a ambos bandos.

"Ofreció un astuto consejo político a Sir Robert Lord Boothby, "Empieza por la izquierda en la política, y luego, si es necesario, trabaja por la derecha. Recuerde que a veces es necesario echar de la escalera a quienes le han ayudado a subirla."

Además de su stock de Vickers y Electric Boat, Zaharoff tenía grandes participaciones en otros fabricantes de armamento, Krupp y Skoda. Las fábricas Skoda de Checoslovaquia estaban controladas por la poderosa familia Schneider de Schneider-Creusot, encabezada por Eugene Schneider, cuya nieta se casó con el actual Duque de Bedford. El Comité de Nye encontró que Vickers se relacionaba con Brown Boveri de Suiza, Fokker, Banque Ottomane, Mitsui, Schneider, y otras diez firmas de armamento alrededor del mundo. Vickers creó una empresa de fabricación de torpedos, Societe Françaises des Torpilles Whitehead, con la antigua Whitehead Co. cuyo propietario, James B. Whitehead, se convirtió en embajador inglés en Francia. La Sra. Margareta von Bismarck era directora de la Société Françaises, al igual que el Conde Edgar Hoyos de Fiume.

En su apogeo en la década de 1930, la red de Vickers incluía a Harvey Steel, Chas. Cammell & Co. construcción naval, John Brown & Co. Ltd., Krupp y Dillinger de Alemania, Terni Co. de Italia, Bethehem Steel y Electric Boat de EE.UU., Schneider, Chatillon Steel, Nobel Dynamite Trust y Chilworth Gunpowder Co. El fideicomisario de las obligaciones de las empresas de armamento era la Royal Exchange Assurance Co. de Londres, de la que era director E. Roland Harriman de Brown Bros Harriman.

Como Primer Lord del Almirantazgo, Winston Churchill cambió obligatoriamente el combustible de toda la flota inglesa de carbón a petróleo, como un favor a la familia Samuel que era dueña de la Royal Dutch Shell.

Los trabajos más reveladores sobre los traficantes de armas, las audiencias del Comité Nye y *los Mercaderes de la Muerte* tienen ahora cincuenta años. En la página 167 de *Merchants encontramos* que

> "La Société Minière de Penarroya controla las minas de plomo más importantes del mundo, que representan una octava parte de la producción mundial. Desde 1833 los banqueros franceses, los Rothschilds, han controlado estas minas, pero en 1909 el Banco Rothschild se alió con la Metallgeschaft de Frankfurt, empresa en la que tanto el Kaiser como Krupp estaban muy interesados. Esta compañía permaneció bajo control alemán y francés durante unos dos años de la guerra. Al estallar las hostilidades, 10.000 toneladas de plomo fueron enviadas desde estas minas a Alemania, vía Suiza. Cuando se reanudaron los envíos a Francia, el precio se incrementó hasta tal punto que duplicó con creces el precio que los ingleses pagaron por su plomo. Continuó el libre comercio entre Alemania y Francia de importantes productos químicos, para la pólvora, etc.; los suizos suministraron energía eléctrica a ambas partes. A lo largo de su frontera surgieron grandes potencias, enfrentando a Alemania desde Italia, produciendo hierro, bauxita, productos químicos y energía. Los productos de Zeiss fueron exportados a Gran Bretaña durante la guerra."

El Dr. Ellis Powell dijo a una audiencia en el Queens Hall, Londres, el 4 de marzo de 1917;

> "Al principio de la guerra se permitió a muchos miles de reservistas alemanes regresar a Alemania, aunque nuestra flota podría haberlos detenido. Individuos, empresas y compañías alemanas continuaron comerciando alegremente a nombre de los británicos, cobrando sus deudas, e indirectamente, sin duda, financiando el militarismo alemán. En el mismo momento en que los alemanes estaban destruyendo nuestra propiedad con bombas Zeppelin, les pagábamos dinero en vez de tomar sus propiedades como parte de la compensación por el daño causado. En enero de 1915 llegó la viciosa decisión de Lord Reading (Rufus Isaacs)

y el Tribunal de Apelación, según la cual el Kaiser y Little William Co. era una buena compañía británica, capaz de demandar a los propios súbditos del Rey en los propios tribunales del Rey. ...La actividad ininterrumpida en este país del Pulpo de Metal de Frankfurt no es un accidente... Permítanme analizar un caso espeluznante, que ha despertado la indignación y la ira pública hasta sus últimas consecuencias. Me refiero a la descarada supervivencia de los bancos alemanes. Hemos estado en guerra durante casi tres años. Sin embargo, sus puertas siguen abiertas. Enviaron grandes cantidades de lingotes de oro a Alemania después de que la guerra comenzó."

Hubo una notable cantidad de buena voluntad y libre comercio que continuó durante la Primera Guerra Mundial entre las naciones en guerra. Por supuesto que los americanos no querían quedar fuera de la gran efusión de buena voluntad en la que murieron 40 millones de personas. No bastaba con que los americanos financiaran la guerra a través del Sistema de la Reserva Federal y el impuesto sobre la renta de las personas físicas, que, como dijo acertadamente Cordell Hull en sus *Memorias*, "había sido aprobado en el último momento" antes del estallido de la guerra; tampoco bastaba con que los americanos alimentaran a los "belgas", en realidad a los alemanes, a través de la Comisión de Socorro Belga, para que la guerra pudiera prolongarse hasta que los Estados Unidos se convirtieran en beligerantes. Los americanos preocupados se dedicaron a la propuesta de que los niños americanos fueran asesinados en las trincheras con los británicos, los franceses, los alemanes y otras nacionalidades.

Los belicistas crearon tres organizaciones principales para forzar a los Estados Unidos a entrar en la Primera Guerra Mundial: el Consejo de Defensa Nacional, la Liga de la Marina y la Liga para la Paz. El Consejo de Defensa Nacional fue autorizado por ley del Congreso en agosto de 1916, aunque no se conocía ninguna nación en la tierra que estuviera contemplando un ataque a los Estados Unidos. Pancho Villa había liderado un pequeño grupo de bandidos contra Colón, N.M. , pero esta incursión no fue una ocasión para la movilización nacional. Fue un ataque de represalia por las acciones de los banqueros de

Nueva York en México - los Warburgs poseían los bonos de los Ferrocarriles Nacionales de México; George F. Peabody y Eugene Meyer y Cleveland H. Dodge eran dueños de las minas de cobre de México; Seligman & Co. poseían la empresa Electric Power and Light de México. La Revolución Mexicana fue un levantamiento contra el Presidente Porfirio Díaz, que había colaborado provechosamente con los Warburgs y los Rockefellers durante años. Percy N. Furber, presidente de la Oil Fields of Mexico Ltd. le dijo a C.W. Barron,

"La Revolución Mexicana fue realmente causada por H.Clay Pierce, quien poseía el 35% de Pierce-Waters Oil Co.; Standard Oil poseía el otro 65%. Él quería obtener mi propiedad. Le exigió a Díaz que quitara los impuestos a las importaciones de petróleo para que Standard Oil pudiera traer productos de los EE.UU. Díaz se negó."

Furber dijo que puso el dinero para que Francisco Madero destituyera a Díaz. Madero fue entonces asesinado por Victoriano Huerta, el peón de Lord Cowdray, jefe de los intereses petroleros británicos en México. En el caos resultante, Villa y Zapata salieron a la luz, dando lugar a la incursión de Colón.

El Consejo de Defensa Nacional fue presidido por Daniel Willard, presidente. B&O RR; otros miembros eran Bernard Baruch, Julius Rosenwald, Samuel Gompers, Walter S. Gifford, presidente de A T & T, también director de la Comisión de Preparación Industrial; Hollis Godfrey, presidente del Instituto Drexel, casado con una tal Lawrence de Boston; y Howard Coffin, presidente de Hudson Motor Car Co. El secretario de Coffin, Grosvenor Clarkson, dirigía el Consejo. Godfrey afirma en "Quién es quién" que el Consejo fue creado por él mismo, Howard Coffin y Elihu Root.

Los directores de la Liga Naval eran J.P. Morgan de U.S. Steel, Charles Schwab de Bethlehem Steel, el coronel R.M. Thompson de International Nickel, y B.F. Tracy, abogado de la Carnegie Steel Co. Los principales miembros de la Liga para el Fomento de la Paz fueron Elihu Root, abogado de J. P. Morgan; Lincoln Filene; Oscar Straus; John Hays Hammond, que había sido condenado a muerte por actividades revolucionarias en Sudáfrica; Isaac Seligman; Perry Belmont, representante oficial de los Rothschild, y Jacob Schiff de Kuhn, Loeb & Co. La consigna de estos banqueros millonarios era "preparación", y el Secretario de la Armada Franklin Delano Roosevelt ya estaba dejando grandes contratos de la Armada en 1916, un año antes de que entráramos en la guerra.

El coronel House escribió al presidente Wilson desde Londres el 29 de mayo de 1914,

> "Siempre que Inglaterra lo consienta, Francia y Rusia se acercarán a Alemania y Austria."

Mientras se preparaba para la guerra, Woodrow Wilson hizo campaña en 1916 con el lema "Nos mantuvo fuera de la guerra". H.C. Peterson anota en *Propaganda para la Guerra*, Univ. Oklahoma Press, 1939,

> "En gran medida, los 9 millones de personas que votaron por Wilson lo hicieron por la frase, 'Nos mantuvo fuera de la guerra'."

El Coronel House le dijo más tarde a Viereck que Wilson había llegado a un acuerdo con los británicos en 1916, mucho antes de su campaña, para involucrarnos en la guerra. Roosevelt repitió el proceso en 1939.

Cuando entramos en la Primera Guerra Mundial, Wilson nombró a su recaudador de fondos de campaña, Bernard Baruch, jefe de la Junta de Industrias de Guerra. Baruch fue investigado más tarde por el Comité Graham. Él testificó,

> "Probablemente tuve más poder que cualquier otro hombre en la guerra; sin duda eso es cierto."

Dijo de sus acciones de preguerra,

> "Pedí una entrevista con el Presidente. Le expliqué con toda la seriedad posible que estaba profundamente preocupado por la necesidad de la movilización de las industrias del país. El Presidente escuchó muy atentamente y con gracia, como siempre lo hace, y lo siguiente que escuché, unos meses después, fue que me llamó la atención este Consejo de Defensa Nacional."

MR. GRAHAM: ¿Expresó el Presidente alguna opinión sobre la conveniencia de adoptar el esquema que usted propuso?

BARUCH: Creo que yo fui el que más habló.

¿Le impresionó con su creencia de que íbamos a entrar en la guerra?

BARUCH: Probablemente lo hice.

¿Esa era su opinión en ese momento?

BARUCH: Sí. Pensé que íbamos a entrar en la guerra. Pensé que la guerra vendría mucho antes de que lo hiciera.

MR. JEFFRIES: Entonces el sistema que usted adoptó no le dio a la Compañía de Acero y Hierro de Lukens la cantidad de beneficios que las compañías de baja producción hicieron?

No, pero les quitamos el 80% a los otros.

MR. JEFFRIES: La ley hizo eso, ¿no?

El gobierno hizo eso.

¿Qué quiso decir con el uso de la palabra "nosotros"?

El gobierno lo hizo. Disculpe, pero me refería a nosotros, el Congreso.

GRAHAM: Quiso decir que el Congreso aprobó una ley que cubre eso.

Sí, señor.

¿Tuviste algo que ver con eso?

BARUCH: Nada.

Entonces no usaría la palabra "nosotros" si fuera tú.

Aunque Baruch jugó un papel crucial en la financiación de la campaña de Wilson, en 1916, no había ignorado al casi exitoso oponente de Wilson, Charles Evans Hughes. Carter Field señala, en su biografía de Baruch,

> "Mi opinión personal es que Baruch habría sido tremendamente importante en la elección de Hughes, si Hughes hubiera sido elegido en las reñidas elecciones de

1916, tanto en la conducción de la guerra como en el establecimiento de la paz."

El campo continúa,

"Bajo este curioso manto de anonimato, Baruch ejerció un tipo de poder político muy inusual en aquellos primeros días de Wilson. Fue cultivado por la mayoría de los Wilson lights, quienes rápidamente descubrieron que podía hacer más por ellos de lo que ellos podían hacer apelando directamente a Wilson. Naturalmente, no había publicidad para todo esto."

Field también dice,

"Para empezar, Wilson no sólo amaba a Baruch, sino que lo admiraba. La Sra. Wilson hace esta declaración específica en sus memorias."

Las relaciones de Wilson con los demás no siempre estuvieron marcadas por un afecto tan profundo. David Lawrence, en su biografía de Wilson, *La verdadera historia de Woodrow Wilson*, señala que en junio de 1907, el ex presidente Grover Cleveland, un fideicomisario de Princeton, denunció públicamente los planes de Wilson de alterar el carácter de la escuela, haciendo un "amargo ataque". Cleveland había venido a vivir a Princeton después de dejar la Casa Blanca, y estaba profundamente ligado a la universidad. Murió en el verano de 1908. Ese otoño, cuando Wilson, como presidente de la escuela, hizo su discurso anual de apertura, no hizo mención alguna de la muerte de Cleveland, ni programó nunca un ejercicio conmemorativo, como era la costumbre cuando fallecía un fideicomisario.

La Junta de Industrias de la Guerra de Baruch es particularmente importante para el presente trabajo, no sólo por el poder dictatorial ejercido por Baruch durante los años de la guerra, sino porque los miembros de la WIB han seguido gobernando los Estados Unidos. De la WIB y de la Comisión Americana para Negociar la Paz surgió la Institución Brookings, que estableció las prioridades nacionales durante cincuenta años, la NRA y toda la administración Roosevelt, y la Segunda Guerra Mundial. Trabajando con Baruch en la WIB estaba su presidente asistente, Clarence Dillon de Dillon, Read; Robert S. Brookings, chmn Comité de Fijación de Precios de la WIB, más tarde fundó la Institución Brookings; Felix Frankfurter, chmn del Consejo Laboral de Políticas de Guerra; Herbert Hoover y T.F. Whitmarsh de la Administración de Alimentos de los Estados Unidos; H.B. Swope, agente de publicidad de Baruch; Harrison Williams; Albert Ritchie, más tarde Gobernador de Maryland; el General Goethals; y el Contraalmirante F.F. Fletcher. Goethals fue reemplazado por el General Pierce, quien fue reemplazado por el General Hugh Johnson, quien se convirtió en la mano derecha de Baruch durante muchos años. Field nos dice que

"El general Hugh Johnson permaneció en la nómina de Baruch durante dos meses después de que se convirtió en jefe de la NRA (durante el New Deal)"

Field cita a Woodrow Wilson como si tuviera a Baruch en la WIB,

"Deje que el fabricante vea el club detrás de su puerta."

Baruch le dijo al Comité Graham,

"Fijamos los precios con la ayuda de la potencial compulsión federal."

En la sociedad de estima mutua Baruch-Wilson quedó excluido William Jennings Bryan, antiguo jefe del Partido Demócrata. Bryan no sólo se opuso a nuestra entrada en la Segunda Guerra Mundial - se atrevió a criticar a la familia que había organizado la guerra, los Rothschild. Porque se atrevió a mencionar a los Rothschild, Bryan fue rápidamente denunciado como "antisemita". Respondió: "Nuestros oponentes han intentado a veces hacer parecer que estábamos atacando una carrera cuando denunciamos la política financiera de los Rothschilds. Pero no es así; nos oponemos tanto a la política financiera de J.P. Morgan como a la de los Rothschild."

Debido a la planificación secreta necesaria para lanzar una gran guerra, el control de los medios de comunicación era esencial. Kent Cooper, presidente de la Associated Press, anota en *Life*, 13 de noviembre de 1944, "Libertad de Información",

"Antes y durante la Primera Guerra Mundial, la gran agencia de noticias alemana Wolff era propiedad de la casa bancaria europea de Rothschild, que tenía su sede central en Berlín. Un miembro destacado de la firma era también el banquero personal del Kaiser Wilhem (Max Warburg). Lo que realmente sucedió en la Alemania Imperial fue que el Kaiser usó a Wolff para atar y excitar a su gente hasta tal punto que estaban ansiosos por la Primera Guerra Mundial. Veinte años después, bajo Hitler, el patrón se repitió y fue enormemente magnificado por DNB, los sucesores de Wolffs."

Cooper más tarde anotó en su autobiografía, "*Barreras abajo",*

"Los banqueros internacionales de la Casa de Rothschild adquirieron un interés en las tres principales agencias europeas. (Havas, Francia; Reuters, Inglaterra; Wolff, Alemania)."

El 28 de abril de 1915, el Barón Herbert de Reuter, Jefe de la Agencia Reuters, se disparó a sí mismo. La causa fue la quiebra del Banco Reuters, que había sido organizado por el Barón Julius de Reuter, fundador del Reuter's, para manejar las remesas del extranjero sin que fueran sometidas a ninguna contabilidad. Fue sucedido por Sir Roderick Jones, quien dice en su autobiografía,

"Poco después de suceder al Barón Herbert de Reuter en 1915, sucedió que recibí una invitación del Sr. Alfred Rothschild, entonces jefe de la Casa Británica de Rothschild, para almorzar con él en el histórico New Court, en la City."

Jones prudentemente se abstiene de decirnos lo que se discutió en esta reunión.

Sólo un miembro del Congreso votó en contra de la declaración de guerra de EE.UU. contra Alemania en la Primera Guerra Mundial, Jeanette Rankin. También fue el único miembro del Congreso que votó en contra de nuestra entrada en la Segunda Guerra Mundial. Los opositores a la acción de Wilson eran a menudo golpeados y encarcelados. Eugene Debs fue sentenciado a una larga pena de prisión. El congresista Charles Lindbergh se postuló para gobernador de Minnesota en una plataforma que se oponía a nuestra participación en la guerra. El *New York Times publicó regularmente denuncias mordazes* de su campaña. El 9 de junio de 1918, señaló,

"El representante Clarence H. Miller denunció a Lindbergh y a la Liga No Partidista como sediciosos. "Según el Sr. Lindbergh, el Préstamo Libertad es un instrumento ideado por los tiburones del dinero. Parece inexcusable que cualquier persona a la que se le permita andar suelta en los Estados Unidos pueda considerar o expresar tal opinión."

Harrison Salisbury del *New York Times* afirma,

"He buscado en los registros y muestran que las turbas siguieron a Charles K. Lindbergh Sr. durante su campaña de 1918 para la nominación republicana a la gobernación de Minnesota. Fue arrestado bajo los cargos de conspiración junto con los miembros de la Liga No Partidista; un mitin en Madison, Minn, fue interrumpido con mangueras de fuego; fue colgado en efigie en el Ala Roja, arrastrado de la plataforma del presidente, amenazado con linchamiento, y escapó de la ciudad en medio de una ráfaga de disparos."

Salisbury olvida mencionar que un escuadrón de agentes federales de la Oficina de Investigación, dirigido por J. Edgar Hoover en su primera acción importante, atacó a Lindbergh y a su familia, sacó todos los ejemplares de Tu país en guerra de Lindbergh y los quemó en el césped; cuando el joven Charles corrió hacia delante para apagar el fuego, Hoover lo derribó.

En el verano de 1917, Woodrow Wilson nombró al Coronel House para dirigir la Misión de Guerra Americana a la Conferencia de Guerra Interaliada, la primera misión americana de este tipo a un consejo europeo. Con House estaban su yerno, Gordon Auchincloss, y Paul Cravath, el abogado de Kuhn Loeb. Auchincloss fue director del Banco Nacional Chase, Solvay, Sofina y Cross Sc Blackwell.

Mientras tanto, Walter Lippman y otro grupo estaban ocupados trabajando en los planes de la Liga de las Naciones. Lippmann había fundado la rama americana de la Sociedad Fabiana en 1905 como la Sociedad Socialista Intercolegial, que más tarde se convirtió en los Estudiantes por una Sociedad Democrática después de un período en que se la conoció como la

Liga por la Democracia Industrial; James T. Shotwell y otros internacionalistas trabajaron con Lippmann en esta organización.

Aunque la guerra iba bien para los que la habían promovido, las hostilidades terminaron algo abruptamente por la intervención imprevista de un ayudante del Zar de Rusia, el Mayor General Conde Cherep Spiridovich, quien dice,

> "Tuve una larga discusión con el General McDonough Jefe del Departamento de Inteligencia de Guerra en Londres; presenté el 1 de septiembre de 1918 un informe aconsejándole que la paz con Bulgaria provocaría un levantamiento en la Austria eslava, el pánico en Alemania y la rendición de sus ejércitos; mi consejo fue aceptado; dos semanas después se firmó la paz con Bulgaria, dos semanas después Austria estaba fuera de la guerra, dos semanas después Alemania se rindió."

L.L. Strauss de Kuhn, Loeb Co. afirma que fue uno de los cuatro delegados americanos que se reunieron con los alemanes en Bruselas en marzo de 1919 para el armisticio final. El 11 de noviembre de 1918, el *New York Times* tituló,

> "Los rojos se apoderan de Alemania: Konigsberg, Frankfurt-on-Main, Estrasburgo ahora controlado por los soviéticos espartanos."

El 12 de noviembre de 1918, el *New York Times* declaró,

> "La revolución en Alemania es hoy, a todos los efectos, un hecho consumado."

El mismo día, el *New York Times* tituló,

> "El esplendor reina de nuevo; las joyas arden"

La ocasión fue una noche de gala en la Ópera Metropolitana, con Caruso y Homero cantando Sansón y Dalila. Asistieron los Otto Kahns con el Cónsul General francés; los George F. Bakers y su hermana la Sra. Goadby Loew; Cornelius Vanderbilt y sus hijas; los Whitney s, los J.P. Morgans, y los E.T. Stotesburys; los Fricks; la Sra. Bernard Baruch; su marido estaba en Europa por un asunto importante; la Sra. Adolf Ladenburg. Estos famosos eran también los principales inversores de la American

International Corporation, que estaba financiando la Revolución Bolchevique en Rusia.

La Comisión Americana para negociar la paz incluía previsiblemente a Walter Lippmann, los hermanos Dulles, los hermanos Warburg (Paul de EE.UU., Max de Alemania) L.L. Strauss, Thomas W. Lamont, así como el Secretario de Estado de House, Wilson y Wilson, Robert Lansing, el tío de los Dulles. Su genial anfitrión fue el Barón Edmond de Rothschild. Representando a Francia en la Conferencia de Paz estaba el Ministro de Finanzas Klotz, quien, según Nowell-Baker, había sido durante años empleado por los Rothschild para distribuir sobornos a la prensa. La Comisión de Reparaciones se estableció el 25 de enero de 1919, con Bernard Baruch de los Estados Unidos, Klotz de Francia y Lord Cunliffe, Gobernador del Banco de Inglaterra, representando a Inglaterra. Billetes de Carter Field,

> "Casi todas las tardes Baruch tenía una agradable sesión en el Crillon con tres o cuatro de sus viejos amigos de la Junta de Industrias de Guerra."

Wilson regresó a los Estados Unidos el 8 de julio de 1919, cargado con un millón de dólares en joyas, regalos de europeos agradecidos como recompensa por su promesa de llevar a los EE.UU. a la Sociedad de Naciones. Ni un solo miembro del Congreso había estado con él en la Conferencia de Paz de París. Sus asociados fueron los Fabians de América, el Dr. James T. Shotwell, Eugene Delano y Jacob Schiff. Herbert Hoover se unió inmediatamente al Coronel House como el más vociferante defensor de que nos uniéramos a la Sociedad de Naciones.

Baruch testificó más tarde ante el Comité Graham;

> "Fui asesor económico de la comisión de paz.

> ¿Informó frecuentemente al Presidente mientras estaba allí?

> Cuando me pedía un consejo, yo se lo daba. Tenía algo que ver con las cláusulas de reparación. Yo era el Comisionado Americano a cargo de lo que llamaban la Sección Económica. Era miembro del Consejo Económico Supremo a cargo de las materias primas.

¿Se sentó en el consejo con los caballeros que estaban negociando el tratado?

Sí, señor, a veces.

Todas, excepto las reuniones en las que participaron los Cinco Grandes.

BARUCH: Y frecuentemente esos también."

La Comisión de Reparaciones ordenó a los alemanes que emitieran cuatro emisiones de bonos, todas ellas para ser entregadas a la Comisión de Reparaciones de la siguiente manera:

1. 20 mil millones de marcos de oro, 5 mil millones de marcos de papel para el 1 de mayo de 1921 para el ejército de ocupación.

2. El costo de la guerra de Bélgica: 4 mil millones de marcos de oro a pagar el 1 de mayo de 1926.

3. 40 mil millones de marcos de oro al 20% de interés de 1921-26, para ser retirados en 1951.

4. un fondo provisional de reparaciones generales a 30 años. (Tratado de Versalles, cláusulas financieras 248-63).

Los banqueros comenzaron inmediatamente a tratar estas gigantescas sumas como fuentes de capital, para ser monetarizadas mediante préstamos y otros instrumentos negociables. Lloyd George dijo al *N.Y. Journal American*, el 24 de junio de 1924;

"Los banqueros internacionales dictaron el acuerdo de reparaciones de Dawes. El Protocolo que se firmó entre los Aliados y las Potencias Asociadas y Alemania es el triunfo del financiero internacional. El acuerdo nunca se habría alcanzado sin la brusca y brutal intervención de los banqueros internacionales. Dejaron a un lado a los estadistas, políticos y periodistas, y emitieron sus órdenes con la imperiosidad de los monarcas absolutos, que sabían que no había apelación a sus despiadados decretos. El acuerdo es la unión del Rey Dólar y el Rey Libra Esterlina. El informe de Dawes era suyo. Ellos inspiraron y editaron la moda. El Informe Dawes fue creado por los Reyes del Dinero. Las órdenes de los financieros alemanes a sus representantes políticos eran tan perentorias como las de los banqueros aliados a sus representantes políticos."

Aunque las cláusulas de reparación lograron el resultado deseado de obligar a los alemanes a luchar en una Segunda Guerra Mundial, el resultado principal fue la formación de un gobierno mundial "de frente", la Sociedad de las Naciones, mientras que en el fondo los conspiradores establecieron su verdadero órgano de gobierno, el Orden Mundial, a través del Instituto Real de Asuntos Internacionales, y su filial americana, el Consejo de Relaciones Exteriores.

En 1895, Cecil Rhodes, agente sudafricano de los Rothschild, estableció una sociedad secreta cuyos propósitos declarados eran los siguientes:

"Al final, Gran Bretaña establecerá un poder tan abrumador que las guerras deben cesar y el Milenio se realizará."

Para lograr este objetivo, dejó 150 millones de dólares al Fideicomiso Rhodes. Los Rothschild ya tenían un grupo con objetivos similares, la Mesa Redonda, creada por Lord Alfred Milner, en la que se había reclutado a J.P. Morgan en 1899.

El Manual del Consejo de Relaciones Exteriores de 1936 dice,

"El 30 de mayo de 1919, varios miembros destacados de las delegaciones de la Conferencia de Paz de París se reunieron en el Hotel Majestic de París para discutir la creación de un grupo internacional que asesorara a sus respectivos gobiernos en asuntos internacionales. Los Estados Unidos estaban representados por el General Tasker H. Bliss (Jefe de Estado Mayor del Ejército de los Estados Unidos), el Coronel Edward M. House, Whitney H. Shepardson, el Dr. James T. Shotwell y el Profesor Archibald Coolidge. Gran Bretaña estuvo representada extraoficialmente por Lord Robert Cecil, Lionel Curtis, Lord Eustace Percy y Harold Temperley. En esta reunión se decidió llamar a la organización propuesta el Instituto de Asuntos Internacionales. En una reunión del 5 de junio de

1919, los planificadores decidieron que sería mejor tener organizaciones separadas que cooperaran entre sí. En consecuencia, organizaron el Consejo de Relaciones Exteriores, con sede en Nueva York, y una organización hermana, el Instituto Real de Asuntos Internacionales, en Londres, también conocido como el Grupo de Estudio de Chatham House, para asesorar al Gobierno británico. Se creó una organización subsidiaria, el Instituto de Relaciones del Pacífico, para ocuparse exclusivamente de los asuntos del Lejano Oriente. Se establecieron otras organizaciones en París y Hamburgo, denominándose la sucursal de Hamburgo el Institut fur Auswartige Politik, y la de París el Centre d'Études de Politique Étrangère, en el 13 Rue de Four, París VI."

La sucursal de Hamburgo se estableció, por supuesto, debido al banco de la familia Warburg allí.

Habiendo dominado la Conferencia de Paz de París, el Barón Edmond de Rothschild vio el establecimiento del Orden Mundial a través de estos grupos como la coronación de su vida. Los "fundadores" de la RIIA fueron, todos y cada uno, hombres de Rothschild; el presidente honorario de la CFR fue Elihu Root, abogado de Morgan y Kuhn, Loeb Co.; Alexander Hemphill, banquero de Morgan, y Otto Kahn de Kuhn, Loeb Co.

Los fundadores de la RIIA fueron los principales agentes sudafricanos de Rothschild; Sir Otto Beit, fideicomisario de Rhodes Estate y director de British South Africa Co.; Percy Alport Molteno, hijo del primer Primer Ministro de la Colonia del Cabo; Sir Abe Bailey, propietario de las Minas Transvaal, que colaboró estrechamente con Sir Alfred Milner para iniciar la Guerra de los Bóer; John W. Wheeler-Bennett, que se convirtió en el asesor político del general Eisenhower en el SHAEF de Londres en 1944-45; Sir Julien Cahn; y Lionel Curtis, secretario colonial del Transvaal, que pronunció su discurso como la Mesa Redonda, 175 Piccadilly Rd. Londres. Más tarde fue nombrado conferenciante de Beit sobre la historia colonial de Sudáfrica.

Otros fundadores de RIIA fueron cuatro miembros de la familia Astor: el vizconde Astor, el honorable F.D.L. Astor, M.L. Astor y H.J.J. Astor, este último chmn del *Times* y director del

Hambros Bank. El primer presidente de la RIIA fue el teniente coronel R.W. Leonard, presidente de las minas de Coniagas. El Lord Patrón fue Su Majestad la Reina. Todos los primeros ministros y virreyes de las colonias desde 1923 han sido presidentes honorarios de la RIIA. Stephen King Hall, en su obra definitiva, *Chatham House*, dice,

"El Príncipe de Gales aceptó amablemente el cargo de Visitante. Este nombramiento aseguró que el Instituto nunca podría ser pervertido con fines partidistas o propagandísticos."

La lista de 1934 de miembros de la RIIA incluía a Sir Austin Chamberlain, Primer Ministro, Canciller del Tesoro, Lord Privy Seal y Secretario de Estado de Asuntos Exteriores; Harold MacMillan, que se casó con la hija del Duque de Devonshire y más tarde se convirtió en Primer Ministro, y Lord Eustace Percy, Duque de Northumberland. La lista de miembros de 1942 incluye a Sir Roderick Jones, jefe de Reuters; G.M. Gatheren-Hardy; Sir Andrew McFadyen, chmn North British Borneo Co. y United Rubber Estates - sirvió en el Tesoro Británico 1910-1917, representó al Tesoro en la Conferencia de Paz de París 1919-20, fue Secretario General de la Comisión de Reparaciones, 1922-25; Comisionado de Ingresos Controlados de Berlín 1924-30, más tarde con S.G. Warburg Co.; el Coronel Vickers; y Lord Brand, director gerente de Lazard Bros. , que se casó con la hermana de Lady Astor, Phyllis Langhorne, fue diputado de la Misión Británica en Washington 1917-18, asesor financiero de Lord Robert Cecil, chmn Consejo Económico Supremo en la Conferencia de Paz de París; George Gibson, dir. Bank of England; John Hambro of Hambros Bank; Lord Derby (Edward Villiers), Lord of Treasury, Secretario de Estado para la Guerra, 1916-1918, que tenía una finca de 69.000 acres en Lancashire, y Lord Cromer (Baring).

Durante sus primeros años, la RIIA fue financiada principalmente por los Rothschild mediante donaciones canalizadas a través de Sir Abe Bailey y Sir Alfred Beit, con unos 100.000 dólares anuales; desde entonces, ha sido financiada con muchos millones de dólares por la Fundación Rockefeller y la Corporación Carnegie.

En 1936 el presupuesto de 400.000 dólares de la RIIA también fue financiado por los siguientes suscriptores corporativos: N.M. Rothschild & Sons; British South Africa Co.; Bank of England; Reuters News Agency; Prudential Assurance Co.; Sun Insurance Office Ltd.; y Vickers-Armstrong Ltd.; todas ellas conocidas como empresas Rothschild. Otros suscriptores eran J. Henry Schroder Co. Lazard Freres, Morgan Grenfell, Erlangers Ltd., etc. y E.D. Sassoon Co.

Un número de libros populares que ahora circulan afirman que el Consejo de Relaciones Exteriores es el gobierno secreto de los Estados Unidos. Nada podría ser más incorrecto. Los miembros del Consejo de Relaciones Exteriores nunca han originado un solo elemento de política para el gobierno de los Estados Unidos. Simplemente transmiten órdenes a nuestros funcionarios de la RIIA y de la Casa de Rothschild en Londres. Es cierto que la RIIA comprende una élite gobernante en los Estados Unidos, pero son meros gobernantes coloniales absolutamente responsables ante sus supervisores en el Orden Mundial. Sin embargo, todos los americanos prominentes mencionados en este libro son miembros del CFR, y por lo tanto no es necesario anotarlo cada vez que se menciona un nombre. No sólo transmiten órdenes a la Casa Blanca, al Gabinete, a la Junta de Gobernadores de la Reserva Federal y a otras instituciones gubernamentales, sino que también mantienen un control absoluto de las fundaciones, cuyo deber es formular la política u organizarla en forma aceptable para ser transmitida al gobierno. El *Imperial Brain Trust* de Shoup, 1969, señala que el CFR incluye 22 fideicomisarios de la Brookings Institution, 29 en Rand, 14 en Hudson, 33 en el Middle East Institute, 14 de 19 fideicomisarios de la Fundación Rockefeller, 10 de 17 en Carnegie, 7 de 16 en la Fundación Ford, 6 de 11 en el Rockefeller Bros. Fund. Esto prueba que el CFR dirige estas grandes fundaciones. En el mundo académico, los miembros del CFR son 58 en la facultad de Princeton, 69 en la Universidad de Chicago y 30 en Harvard. De los bancos que son los principales propietarios de acciones del Banco de la Reserva Federal, los directores de Chase incluyen 7 miembros del CFR, 8 en J.P. Morgan, 7 en [1st] Natl. City (ahora Citibank), 6 en Chemical Bank, y 6 en Brown Bros. Harriman.

La lista de miembros del CFR de 1968 incluía a John J. McCloy, chmn de la junta; Frank Altschul, secretario y vicepresidente; David Rockefeller vicepresidente; y los directores Robert V. Roosa, Douglas Dillon y Allen Dulles. McCloy también se desempeñó como chmn de la Fundación Ford 1953-65, director de la Fundación Rockefeller y abogado personal de los intereses de la familia Rockefeller. Su carrera es típica de un funcionario líder del Orden Mundial. Mientras estudiaba en Harvard, se convirtió en un protegido de Felix Frankfurter. Se unió a la firma de Cravath, Swaine & Moore, abogados de Kuhn, Loeb Co. donde permaneció desde 1925-40. En 1940, Frankfurter lo recomendó a Henry Stimson como secretario de guerra, donde permaneció de 1941 a 1945. Escribió y publicó las infames opiniones políticas de los militares

"a menos que se determine específicamente que el individuo en cuestión tiene una lealtad al Partido Comunista que prevalece sobre su lealtad a los EE.UU."

El senador McCarthy calificó esta directiva de "traicionera".

McCloy sucedió a Eugene Meyer como presidente del Banco Mundial de 1947 a 1949, fue nombrado Alto Comisionado de Alemania, donde sirvió de 1949 a 1952, fue miembro del consejo del Banco Nacional Chase de 1953 a 1961, y abogado de Rockefeller desde entonces. Es director de Union Pacific, Westinghouse, ATT, Dreyfus, Squibb y Mercedes Benz. Se casó con Ellen Zinsser, que no aparece identificada de otra manera en la Biografía Actual de McCloy de 1947; en la edición de 1961, se la identifica como la sobrina de Hans Zinsser, un bacteriólogo. Esto es extraño, porque también es la hija de John Zinsser, socio de J.P. Morgan Co. , y chmn de la junta de Sharp & Dohme chemicals. Es una interesante nota a pie de página de la historia que el yerno de un socio de J.P. Morgan sea nombrado Alto Comisionado de los Estados Unidos de una Alemania vencida.

El *New York Times* señaló el 6 de agosto de 1965,

"JJ. McCloy propone un patrón de fundación para las donaciones europeas."

Declaró en Salzburgo,

"Deseo que se pueda erigir en Europa un complejo de fundaciones cuyos representantes puedan intercambiar ideas con los de las fundaciones americanas y así formar una especie de enfoque informal de algunos de los grandes problemas de la época."

"Informal" es la palabra clave, del Orden Mundial. Significa "saliendo de la sede mundial". McCloy no declaró lo obvio, que cinco hombres controlan todas las principales fundaciones de EE.UU., y que deseaba que pudieran tener el mismo sistema en Europa.

La RIIA ha trabajado en estrecha colaboración con la London School of Economics, que se creó como una escuela de formación para los burócratas del Orden Mundial. La escuela se estableció en 1920 con la ayuda financiera de los Rothschild y Sir Julius Wernher. Sir Ernest Cassel dio más tarde a la escuela 472.000 libras. El profesor J.H. Morgan escribió en la Revista *Trimestral*, enero de 1939,

"Cuando una vez pregunté a Lord Haldane por qué persuadió a su amigo Sir Ernest Cassel, abuelo de Lady Mountbatten, para que estableciera por su voluntad grandes sumas en la London School of Economics, respondió: 'Nuestro objetivo es hacer de esta institución un lugar para criar y entrenar a la burocracia del futuro Estado Socialista'."

Sir William Beveridge, autor del ruinoso programa político "Cradle to the Grave" de Gran Bretaña, fue director de la London School of Economics de 1920 a 1937.

El Imperio Británico ha prosperado gracias a la piratería, la esclavitud y el tráfico de drogas. Los Piratas de Drakes se convirtieron en los Mercaderes Aventureros Co. (Sebastian Cabot) que más tarde se convirtió en la Chartered Co. de la India Oriental. Fue reorganizada en 1700. Originalmente pagó a los Hong de Cantón plata por el té, pero descubrió que aceptarían opio en su lugar. Este arreglo fortuito encontró resistencia de algunos líderes chinos, lo que hizo que Inglaterra prosiguiera diez Guerras del Opio contra China, desde la Guerra del Opio de 1840-43 hasta la Conquista de Manchuria de 1931.

En 1715, la British East India Co. abrió su primera oficina en el Lejano Oriente en Cantón. La política de la Corona fomentaba deliberadamente la adicción al opio entre los nativos para facilitar el control político británico. El Imperio Británico fue entonces amenazado con la bancarrota si perdía las colonias americanas. Para derrotar a los rebeldes, los beneficios del comercio de opio con China se enviaron al Elector de Hesse a través de Mayer Amschel Rothschild para contratar a 16.800 soldados de Hesse. Así pues, el tráfico de drogas y los Rothschild desempeñaron un papel fundamental en la historia de Estados Unidos, aunque se ha ignorado o eliminado de los libros de historia.

David Ricardo, padre de la teoría de la cantidad de dinero y de la "renta", o teoría del botín, estaba en la Corte de Propietarios de la East India Co. Hizo que nombraran a John Stuart Mill como Examinador Jefe. El ministro colonial de Inglaterra durante las Guerras del Opio fue Edward Bulwer Lytton, quien escribió el Tratado de Nanjing en 1842, trayendo a Inglaterra 21 millones de dólares en plata y el control del puerto libre de Hong Kong. Gran Bretaña se alió entonces con la Sociedad Hong, las Tríadas y los Asesinos, para gobernar a los chinos hasta el presente. El hijo de Bulwer Lytton fue Virrey de la India durante la década de 1880 en el apogeo del comercio del opio, y patrocinó los escritos de Rudyard Kipling sobre el Raj británico en la India. Entre los especuladores del comercio de drogas figuraba William, conde de Shelburne, que organizó el primer Servicio de Inteligencia de Gran Bretaña, cuyos agentes procedían de las principales familias británicas. Su presidente era George Baring, y empleaba a Adam Smith, Jeremy Bentham y Thomas Malthus. El cuartel general de Ginebra estaba dirigido por la familia Mallet Prevost, cuyos descendientes incluyen a Allen Dulles de la CIA.

En la obra de Basil Lubbock, *The Opium Clippers*, 1933, se enumeran los principales propietarios de los buques británicos que se dedican al comercio del opio, con ilustraciones en color de sus banderas. La mayoría de ellos eran ex esclavos. El N° 1 era la Hon. East India Co. (conocida por los chinos como Hon John Co.); 2. Jardine Matheison; 3. Dent & Co.; 4. Pybus Bros.; 5. Russel & Co.; 6. Cama Bros.; 7. Duquesa de Atholl; 8. Conde de Bale arras; 9. Jorge IV; 10. Príncipe Regente; 11. Marqués de Camden; 12. Lady Melville.

El 1 de febrero de 1927, el *New York Times* señaló el fallecimiento de Sir Robert Jardine,

> "hijo y heredero del difunto Sir Robert Jardine, y sucedió a su padre al frente de Jardine Mathieson & Co. Hong Kong, que durante mucho tiempo tuvo casi el monopolio de la importación de opio indio en China."

Sir Robert había heredado 20 millones de dólares y 20.000 acres en Escocia. El Dr. William Jardine se había establecido en Cantón en 1819.

El actual Duque de Atholl posee 202.000 acres en el Castillo de Blair, y es la única persona en Inglaterra autorizada por la Corona para mantener un ejército privado. El ancestro de Lady Melville, Jorge, el primer conde, dio la bienvenida a Guillermo de Orange al trono en 1688 y fue nombrado Lord del Sello Privado.

En París, entre los directores de Banque Rothschild se encuentran Elie de Rothschild, director de New Court Securities, Banque Leumi de Israel, Five Arrows Fund N.V. Curaçao; Alain de Rothschild, Five Arrows Fund Curaçao, Banque Lambert de Bruxelles; Guy de Rothschild - Rio Tinto Zinc, New Court Securities, NY; Sir James Goldsmith; Hubert Faure, Embajador en Colombia, pres. Schneider Madrid y diez empresas de Otis; Bernard de Villemejane, pres. Imetal, director de Copperweld. Sir James Goldsmith es también chmn Generale Occidentale, propietaria de las tiendas de alimentos Grand Union y Colonial en los Estados Unidos, Cavenham USA y Banque Occidentale; entre sus directores se encuentra David de Rothschild (hijo de Guy), que también es director de la Compagnie du Nord y de la Societe de Nickel.

A través de la rama belga de la familia Rothschild, podemos rastrear la influencia de los Rothschild en África durante el siglo pasado. El barón Leon Lambert financió el imperio belga del rey Leopoldo; el Sindicato del Congo incluía al barón Empain (la compagnie d'Orient) F. Philippson & Co. Ltd., y Banque Outremer. Este sindicato estaba aliado con el Banco de París, el

Grupo Anglo-italiano y el Sindicato de Pekín. El imperio del Congo nació en 1885 después de que Leopold financiara las exploraciones de Stanley. Incluía un área del tamaño de Polonia, y producía fabulosas ganancias de caucho, marfil y esclavos del Congo. Más tarde la Unión Minera adquirió vastas minas de cobre, la Compagnie de Katanga. Uno de sus agentes más despiadados fue Emile Francqui, que más tarde se convirtió en socio de Hoover en China y en la Comisión de Socorro Belga; su nombre sobrevive en el Puerto Francqui del Congo. Los intereses del Congo están ahora controlados por los Lambert a través de la Societe Generale de Banque, que fusionó la Societe Generale de Belgique, el banco más antiguo de Bruselas, fundado en 1822, y el Banque d'Anvers, fundado en 1827; su secretario es el Barón Fauconval, director de la Fundación Rockefeller. Societe Generale adquirió Union Miniere en diciembre de 1981; en 1972 había adquirido la Compagnie Outremer, antes Banque Outremer, y en diciembre de 1964 había adquirido el 25% de SOFINA, Societe Financier de Transport & Enterprises Industrielles, el mayor holding de Europa. Estas empresas están controladas por el banco Rothschild, Banque Bruxelles Lambert, fundado en 1840 por el barón Lambert. El actual Barón es director de la Societe Generale de Banque, y presidente de la Compagnie Generale d'Enterprises Electrique, que posee cincuenta compañías de energía.

El Banco Lambert de Bruselas es también el Lambert de la firma de Wall Street de Drexel Burnham Lambert, que posee el 19% de la misma. En su calidad de filial belga de la Casa de Rothschild, los Lambert ejercieron una enorme influencia en los mercados financieros estadounidenses cuando fueron pioneros en el uso generalizado de bonos de alto interés y alto riesgo, denominados "bonos basura", para adquirir y comprar mayo de las empresas de la lista Fortune 500 en los Estados Unidos. El uso de información privilegiada se convirtió en un escándalo cada vez mayor, ya que muchos miles de millones de dólares se obtuvieron en beneficios rápidos por parte de empleados de Drexel Burnham Lambert, como Michael Milken, que ganaba 500 millones de dólares al año en su comercio de bonos basura. Ahora está cumpliendo una pena de prisión. Estas operaciones crearon el clima para una gran recesión que ahora asola a la nación.

Gerard Eskenazi es director de la Compagnie Generale; también es director gerente de Electrorail. A., un holding de Schneider S.A., European Trading y African Corp. y Canadian Investment Trust. El presidente de Electrorail es el Barón Empain. Eskenazi es también director de la Compagnie International des Wagons Lits (agencia de viajes Thomas Cook). El barón Edouard Empain y su hijo, el barón François Empain, son también directores de la Compagnie Generale.

Otro holding belga, Delhaizes Frere et Cie Leon, establecido en 1867, ahora es dueño de Food Giant y Food Town Stores en los EE.UU., renombrado Food Lion.

A través de Banque Bruxelles y sus compañías entrelazadas, los Rothschilds controlan efectivamente Bélgica. También se entrelazan con los intereses de Thurn y Taxis en Alemania. Se dice que el príncipe Johannes Erbprinz Thurn und Taxis es el hombre más rico de Europa y controla el Bayerische Vereinsbank, el cuarto banco más grande de Alemania, que tiene cuatro filiales en Frankfurt, entre ellas el Bankhaus Gebruder Bethmann. Bethmann-Hollweg de esta familia había sido canciller bajo el Kaiser Wilhelm, y había iniciado la Primera Guerra Mundial. Era primo de los Rothschild. El Bayerische Vereinsbank también posee una participación mayoritaria en el Banque de Paris et des Payes, y el Banque de l'Europeene Paris. Thurn und Taxis es un descendiente directo de Guillermo de Orange, que fundó el Banco de Inglaterra; su madre, la Princesa de Braganza de la antigua Casa de Gobierno de Portugal, tiene tres conexiones familiares directas con la actual Casa de Windsor; el Príncipe Thurn und Taxis también tiene cuatro conexiones con la Casa de Windsor.

La familia Thurn und Taxis ha disfrutado de ochocientos años de prominencia en Europa. Originalmente Tasso de Bérgamo, más tarde emigraron a Bruselas. Supervisaron el servicio postal y la inteligencia de la Serenísima República de Venecia, y más tarde cumplieron el mismo cometido en el Imperio de los Habsburgo. El actual Príncipe tiene enormes propiedades en

Brasil; es el asesor financiero de los Rolling Stones; y su palacio de San Emmerans es más grande que el Palacio de Buckingham; su mantenimiento cuesta 2,5 millones de marcos al año. La rama de la familia de Ratisbona se alió con los Fugger y los Wesser. Ahora financian la Unión Pan-Europea que está encabezada por el heredero de los Habsburgo, el Archiduque Otto, y la Sociedad Mont Pelerin, una subsidiaria de Pan-Europa.

La Casa de Hesse, que desempeñó un papel tan crucial en la fundación de la fortuna de los Rothschild, y en la fundación de América, rara vez aparece en las noticias. El 17 de noviembre de 1937, seis miembros de la familia murieron en el accidente de un avión de Sabena en el aeropuerto de Ostende, envuelto en la niebla. El jefe de la familia, el Gran Duque Ernst Ludwig (que había tratado de poner fin a la Primera Guerra Mundial mediante una misión desesperada en Rusia para consultar con el Zar) había muerto el 9 de octubre, lo que provocó el aplazamiento del matrimonio del Príncipe Ludwig con Margaret Campbell Geddes en Londres durante siete semanas. El Gran Duque Jorge, el nuevo jefe de la familia, su esposa la Princesa Cecilia de Grecia y Dinamarca, dos hijos y la Duquesa Viuda, así como el hijo recién nacido de la Princesa Cecilia, fueron todos asesinados. La llegada inesperada del niño aparentemente causó la tragedia, ya que el piloto intentó aterrizar en Ostende, una parada no programada. El príncipe Luis, agregado social de la embajada alemana en Londres, siguió adelante con la boda al día siguiente; su padrino de boda fue su primo el príncipe Luis Mountbatten. Dos príncipes de Hesse se habían casado con dos hijas de la reina Victoria; Beatrice se había casado con el príncipe Enrique de Battenberg, abuelo del actual marido de la reina Isabel.

El suegro del Príncipe Luis, Sir Auckland Campbell Geddes, también tenía una conexión con los Rothschild; él era chmn de Rio Tinto. Fue Ministro de Servicio Nacional, 1917-19, Embajador Británico en los Estados Unidos, 1920-24. Su hermano, Sir Eric Geddes, fue miembro del Gabinete de Guerra Imperial y Primer Lord del Almirantazgo 1917-18, Ministro de Transporte Nacional 1919-21, y más tarde chmn Imperial Airways y Dunlop Rubber. Su hijo, Sir Anthony Geddes, casado con la familia Matthey, se convirtió en director del Banco de

Inglaterra, diputado del Midland Bank, director de Shell Transport & Trading, y ahora es diputado de Dunlop Holdings.

El hijo de Sir Auckland, el 2° Barón, estuvo en Shell Oil 1931-46, en la Misión de la Marina Mercante Británica en Washington, 1942-44, como Ministro de Transporte de Guerra, 1944-45, y ahora es director de Peninsular & Orient Steamship Lines.

El 7 de junio de 1946, el *New York Times* encabezó una noticia de primera plana desde Frankfort-on-Main; el ejército buscaba 1.500.000 dólares en joyas robadas, posteriormente revisadas a un valor de 3 millones de dólares. Las joyas, que pertenecían a la Casa de Hesse, habían sido escondidas en el sótano de su castillo en 1944. Pertenecían a la princesa Margarita, hermana del káiser Guillermo. Un grupo de oficiales del ejército estadounidense había celebrado una fiesta en el castillo de Hesse para celebrar el aniversario del Día D. Durante la fiesta, descubrieron 1600 botellas de vino enterradas en la bodega; debajo del vino encontraron las joyas. Diez de los celebrantes bebieron el vino y se repartieron las joyas. El Mayor General J.M. Bevans, que fue reprendido, más tarde devolvió su parte del botín. Wac. La Capitán Kathleen Durant y su marido, el Coronel J. Durant fueron juzgados después de que dos cuartos de diamantes fueran desenterrados en el patio trasero de su casa en Falls Church. El Mayor David Watson también fue sentenciado; anteriormente había recibido la Medalla de Bronce personalmente por el General Eisenhower por su trabajo de abastecimiento, y también recibió la Medalla Rusa al Mérito en la Batalla del Mariscal Zhukov.

La Casa de Hesse también es conocida por la Maldición de Hesse, su introducción de la enfermedad familiar de la hemofilia en muchas de las casas gobernantes de Europa, en particular en la Familia Real española y en la familia Romanov de Rusia.

El patrimonio del viejo Mayer Amschel ha sobrevivido intacto, según el *Washington Post*, 20 de diciembre de 1984, que señala que Frankfurt-am-Main es la capital financiera de Alemania, sede de los cinco bancos alemanes dominantes, con 175 bancos extranjeros establecidos allí. También es la sede del Banco Central, y la mayor bolsa de valores del país. Al igual que Manhattan, también es un centro de vicio y corrupción, con tiendas de sexo, drogas y frecuentes disturbios debido a la presencia de 11.000 tropas de ocupación estadounidenses.

La penetración de los Estados Unidos se muestra en un anuncio a toda página del Wall *Street Journal del* 21 de diciembre de 1984, una solicitud de compra de todas las acciones en circulación de Scovill, Inc. por parte de First City Properties, Inc. con el trato gestionado por Rothschild, Inc. One Rockefeller Plaza, Nueva York. "First City" es el código de Rothschild para los bancos que se originan bajo su influencia en el distrito financiero de la "Ciudad de Londres". First City Properties, Beverly Hills, Calif., está dirigida por Samuel Belzberg, quien también dirige First City Financial Corp. Vancouver, First City Trust, Edmonton y First City Development Ltd. Es director de Dead Sea Canal Co. Los Belzbergs comenzaron en Canadá con una tienda de muebles usados (hombres de trapo y hueso), y ahora son influyentes comerciantes de ruedas en el mercado de valores estadounidense.

Rothschilds Inc. establecida en la dirección de Rockefeller, es la sucesora del Banque Rothschild de París. Sus copresidentes son Guy de Rothschild y Evelyn de Rothschild. Los directores son Lord Rothschild, director de N.M. Rothschilds & Sons, Londres; David de Rothschild, Nathaniel de Rothschild, Eric de Rothschild; Thomas L. Piper III, sr. vp Dillon Read y gerente de la empresa New Court Securities de Rothschild; su director gerente es Wilbur L. Ross Jr., que también es director de Peabody International, y N.M. Rothschild's & Sons International. Otros directores de Rothschild International son John Loudon, ex presidente de Shell Oil, director de Ford Motor Co. Ltd., la Fundación Ford, el Banco Orion y el presidente del Instituto Atlántico. Es Gran Oficial de la Orden de Orange-Nassau, un grupo formado para conmemorar la fundación del Banco de Inglaterra por Guillermo de Orange en 1694. Otro director de Rothschild Inc. es G. Peter Fleck, nacido en Ámsterdam, presidente de New Court Securities, anteriormente con Erlangers, y de la Banque de Pays de L'Europe Central de París, citada por Higham como un banco clave durante la ocupación nazi de Francia. Fleck es también oficial de la Orden de Orange-Nassau.

La Banque de Pays de l'Europe de París, (Paribas) fue recientemente comprada por Merrill Lynch. Paribas compró el 50% de Dillon Read Ltd. en un consorcio con Bruxelles Lambert (los Rothschilds belgas), el Power Group y el grupo Laurentian de Canadá, el Grupo Tata de la India, el holding Elders IXL de Australia, el Swiss Bank Can trade, y dos grupos británicos, Investors in Industry, un grupo del Banco de Inglaterra con nueve bancos ingleses y escoceses, y el fondo de pensiones del correo británico.

Entre los directores de Power Corp. de Canadá se encontraban G. Eskenazi, de las empresas belgas Rothschild, y William Simon, ex Secretario del Tesoro de los Estados Unidos. La "conexión canadiense", los Belzbergs y los Bronfmans, demuestra el creciente poder de los Rothschilds en fusiones y adquisiciones de miles de millones de dólares de la industria estadounidense, incluida DuPont. Estas fusiones recuerdan el mismo tipo de actividad que tuvo lugar en 1929, justo antes de la debacle del mercado de valores, y representan el cierre de las escotillas antes de la tormenta.

Power Corp. se interrelaciona con la principal cadena de periódicos del Canadá, el Hollinger Group, que recientemente compró el periódico más importante de Israel, el Jerusalem *Post*, el periódico nacional de referencia, que se convirtió en el principal halcón de los actos agresivos del general Ariel Sharon, y que ahora aboga por una nueva y más sólida alianza entre el Mossad, la inteligencia israelí y la KGB, supuestamente para combatir el "antisemitismo" y desalentar la productividad industrial de Alemania. Hollinger's también ha comprado un importante periódico inglés, el London *Daily Intelligencer*. En el sexto banquete anual del Grupo Hollinger, celebrado en Londres, William F. Buckley, editor de la *National Review*, el principal portavoz neoconservador y de la CIA, elogió efusivamente al presidente del Grupo Hollinger, Conrad B lack, aludiendo a sus "conocimientos enciclopédicos, su absoluto sentido de la orientación y sus modestos modales". La ex primera ministra Margaret Thatcher pronunció el discurso principal, tras lo cual Blackroseto mencionó "la gran deuda que tengo entre tantos"."

Otros directores de Hollinger son Henry Kissinger, de quien más tarde; el magnate de los licores Peter Bronfman, presidente de Brascan Ltd. una empresa canadiense de los Rothschild que comenzó en mayo de 1945 como la British Newfoundland Corp. Fue rebautizada por William Stephenson, el famoso asesino y maestro de espías conocido como "Intrepid", quien la rebautizó British American Canadian Co; luego cambió el nombre a World Commerce Corp. que operaba desde Panamá, hasta que recibió su actual nombre de Brascan. También en la junta directiva de Brascan está Edgar Bronfman, presidente del Congreso Judío Mundial, y presidente de la empresa de licores Seagrams en Nueva York. También forma parte de la junta del Grupo Hollinger Lord Carrington, ex Ministro de Relaciones Exteriores de Gran Bretaña, primo de los Rothschild que cofundó Kissinger Associates con Henry Kissinger, más tarde fue presidente de la OTAN en Bruselas y ahora es director de Christie's, la casa de subastas de arte.

Conrad Black era el protegido de Edward Plunket Taylor, maestro de espías en tiempos de guerra con William Stephenson. Hollinger posee ochenta periódicos y ciento quince semanarios en Canadá, Estados Unidos, Israel e Inglaterra. Los Rothschild instaron a Black a comprar el Jerusalem *Post*, que se financió a través de la Gee Corp. de Vancouver, una tapadera financiera para Li Ka-Shing, vicepresidente del Hong Kong Shanghai Bank, que históricamente se ha conocido como el banco de los barones de la droga. Black añadió entonces a la junta a Evelyn de Rothschild, de N.M. Rothschild's & Sons, Londres, con Henry Jardine y Sir James Goldsmith, otro pariente de los Rothschilds. El Hollinger Group fue creado originalmente por Churchill durante la Segunda Guerra Mundial a través de Edward P. Taylor; se fusionó con una empresa llamada Argus, que controlaba Canadian Breweries, la cervecera más grande del mundo, la operación fue parte de la utilización por Churchill de fondos de guerra para establecer vastos conglomerados corporativos como la War Supplies Corp. una "empresa sin fines de lucro". Más tarde obtuvo un beneficio de mil millones de dólares durante la Segunda Guerra Mundial. También forman parte de la junta del Grupo Hollinger el financiero Frederick S. Eaton, Allan Gotlieb, ex embajador canadiense en los Estados

Unidos hasta el embrollo de su esposa con una secretaria; y Paul Reichmann, de la empresa de bienes raíces de mil millones de dólares, Olympia y York.

Además del Grupo Hollinger, el mayor propietario de periódicos en el Canadá y los Estados Unidos es Thomson International. Lord Kenneth Thompson fue recientemente incluido en la lista de la revista Fortune con una fortuna de seis mil millones de dólares. Estas dos cadenas controlan el proceso de pensamiento de la mayoría de los canadienses y estadounidenses.

CAPÍTULO TRES

LA RUSIA SOVIÉTICA

"La religión del marxismo es la falsificación del conocimiento ¿De dónde viene este feroz odio de los intelectuales por las sociedades menos bárbaras de la historia de la humanidad, y esta rabia por destruir las únicas civilizaciones hasta la fecha que han conferido enfáticamente una regla dominante a la inteligencia?"

Jean François Revel, *La huida de la verdad; el reino del engaño en la era de la información*

L A la Rusia Soviética se le permitió salir de la destrucción de la Segunda Guerra Mundial como uno de los vencedores, sólo porque se la necesitaba como el próximo "imperio del mal" contra el cual el Occidente civilizado podría lanzar una nueva cruzada. Debido a que Rusia estaba en bancarrota, había perdido 40 millones de su población en la guerra, más otros 66 millones asesinados por los bolcheviques desde 1917, y era incapaz de alimentarse por sí misma, una vez más el Orden Mundial se vio obligado a intervenir con enormes subsidios de alimentos y material de los EE.UU., a fin de mantener un "poder enemigo". La Comisión de Socorro Belga de 1916 se convirtió en el Plan Marshall de 1948. Una vez más, las cargas de suministros fueron enviadas a Europa, aparentemente para nuestros aliados, pero destinadas a mantener el bloque soviético.

Aunque el agente personal de Jacob Schiffs, George Kennan, había viajado regularmente a Rusia durante la última parte del siglo XIX, trayendo dinero y armas para los revolucionarios comunistas (su nieto dijo que Schiff había gastado 20 millones de dólares para llevar a cabo la Revolución Bolchevique) se pidió una ayuda más concertada para apoyar a todo un régimen. Kennan también ayudó a Schiff a financiar a los japoneses en la Guerra Ruso-Japonesa de 1905; los japoneses condecoraron a Kennan con la Medalla de la Guerra de Oro y la Orden del Tesoro Sagrado. En 1915, se formó la Corporación Internacional Americana en Nueva York. Su principal objetivo era la coordinación de la ayuda, en particular la asistencia financiera, a los bolcheviques que anteriormente había sido proporcionada por Schiff y otros banqueros de manera informal. La nueva empresa fue financiada por J. P. Morgan, los Rockefeller y el National City Bank. El presidente de la Junta era Frank Vanderlip, ex presidente de National City y miembro del grupo de la isla de Jekyll que redactó la Ley de la Reserva Federal en 1910; los directores eran Pierre DuPont, Otto Kahn de Kuhn, Loeb Co. , George Herbert Walker, abuelo del presidente George H. Bush, William Woodward, director del Banco de la Reserva Federal de Nueva York; Robert S. Lovett, mano derecha del Harriman-Kuhn, Loeb Union Pacific Railroad; Percy Rockefeller, John D. Ryan, J.A. Stillman, hijo de James Stillman, principal organizador del National City Bank; A.H. Wiggin, y Beekman Winthrop. En la lista de directores del AIC de 1928 figuraban Percy Rockefeller, Pierre DuPont, Elisha Walker de Kuhn, Loeb Co. y Frank Altschul de Lazard Freres. En su programa de ayuda a los comunistas, la AIC trabajó estrechamente con el Guaranty Trust de Nueva York (ahora Morgan Guaranty Trust). Entre los directores de Guaranty Trust en 1903 se encontraban George F. Baker, fundador del First National Bank; August Belmont, representante de los Rothschilds; E.H. Harriman, fundador de Union Pacific Railroad; el ex vicepresidente de los Estados Unidos, Levi Morton, que fue director de U.S. Steel y de Union Pacific; Henry H. Rogers, socio de John D. Rockefeller en Standard Oil, también director de Union Pacific; H. McK. Twombly, que se casó con la hija de William Vanderbilt, y que ahora era director de cincuenta bancos e industrias; Frederick W. Vanderbilt, y Harry Payne Whitney.

Nadie creería seriamente que banqueros de esta magnitud financiaran una revolución "anticapitalista" para los comunistas, sin embargo, esto es exactamente lo que sucedió. Estos mismos hombres financiaron las campañas políticas de Woodrow Wilson, y fue a estos mismos hombres a los que Wilson se refirió en su discurso de apertura de la Conferencia de Paz de París, cuando dijo,

> "Hay además una voz que pide estas definiciones de principios y propósitos que es, me parece, más emocionante y más convincente que cualquiera de las voces conmovedoras con las que se llena el aire turbulento del mundo. Es la voz del pueblo ruso. Hay hombres en los Estados Unidos de muy buen carácter que simpatizan con el bolchevismo porque les parece que ofrecen ese régimen de oportunidades al individuo que desean crear." *La gran conspiración contra Rusia*, Seghers y Kahn.

Los hombres de "mejor temperamento", a los que Wilson se refirió, los Morgan y los Rockefeller, no deseaban realmente una oportunidad para el individuo; lo que deseaban era la imposición de la esclavitud de por vida bajo el Orden Mundial, y esta es la meta que continúan esforzándose por alcanzar, a nivel mundial.

Estos americanos "de muy buen carácter" eligieron a Lenin para hacer su trabajo porque había trazado el plan que querían en *La Amenaza de Catástrofe* en septiembre de 1917.

> "1. Nacionalización de los bancos. La propiedad del capital manipulado por los bancos no se pierde ni cambia cuando los bancos se nacionalizan y se fusionan en un banco estatal, de modo que es posible llegar a una etapa en la que el Estado sepa dónde y cómo, desde dónde y en qué momento fluyen millones y miles de millones.
> 2. Sólo el control de las operaciones bancarias, siempre que se fusionen en un banco estatal, permitirá, simultáneamente con otras medidas que pueden ponerse en práctica fácilmente, la recaudación efectiva del impuesto sobre la renta sin ocultar la propiedad y los ingresos. El Estado estaría por primera vez en condiciones de controlar

todas las operaciones monetarias, luego de controlarlas y de regular la vida económica.

FINALMENTE, obtener millones y miles de millones para grandes operaciones estatales, sin pagar a los caballeros capitalistas comisiones altísimas por sus servicios. Facilitaría la nacionalización de los sindicatos, la abolición de los secretos comerciales, la nacionalización del negocio de los seguros, facilitaría el control y la organización obligatoria de los trabajadores en sindicatos, y la regulación del consumo. La nacionalización de los bancos haría obligatoria por ley la circulación de cheques para todos los ricos, e introduciría la confiscación de bienes para ocultar los ingresos. Los cinco puntos del programa deseado son, pues, la nacionalización de los bancos, la nacionalización de los sindicatos, la abolición de los secretos comerciales y la organización obligatoria de la población en asociaciones de consumidores."

Fue la publicación de este programa lo que catapultó a Lenin al liderazgo de Rusia a través de la Revolución Bolchevique. En 1917, Frank Vanderlip se refirió públicamente a Lenin como "la versión moderna de George Washington".

El programa de Lenin no es sólo el programa de la Rusia soviética - es el programa del New Deal de Roosevelt, el Socialismo de Truman, el Gobierno Laborista de la posguerra en Inglaterra, y el principio rector de las subsiguientes administraciones americanas. El Gobierno Laborista de Inglaterra demostró el dictado de Lenin de que la propiedad del capital no se ve afectada por la nacionalización de los bancos, cuando nacionalizaron el Banco de Inglaterra. El programa de Lenin es todo el programa del Servicio de Impuestos Internos de los Estados Unidos, "la recaudación real del impuesto sobre la renta sin ocultar la propiedad o los ingresos", "la confiscación de la propiedad para ocultar los ingresos". El programa Lenin es el programa de los grandes ricos precisamente porque suprime la propiedad privada, y la pone bajo el control del Estado. El estado está controlado por los grandes ricos, el Orden Mundial.

La autoridad definitiva del programa de Lenin captó la atención de los financieros. Aquí estaba la oportunidad de someter y controlar toda futura competencia con el poder de un estado totalitario, para sofocar el desarrollo futuro, y para mantener a toda la población del mundo esclavizada por su codicia. Este programa llevó a Lenin de vuelta a Moscú para tomar el gobierno por la fuerza y gobernar por el terrorismo. En *Alemania y la Revolución Rusa*, encontramos el Telegrama No. 952 D 2615, State Sec, para el minado en Copenhague:

"Su embajada está autorizada a pagar un millón de rublos a Helphand. La suma correspondiente deberá ser retirada de los bienes de la legación. Ministro Copenhague 23 de enero de 1916 - Dr. Helphand; La suma de un millón de rublos ya llegó a Petrogrado, y se dedicó a los fines para los que estaba destinado."

El 8 de mayo de 1916, Berlín solicitó 130.000 M. para la propaganda rusa. Subsecretario de Estado del Ministro en Berna, telegrama No. 348;

"Se consideró ventajoso para Alemania sacar a los miembros del partido de Lenin, los bolcheviques, que son unos cuarenta. El tren especial estará bajo escolta militar."

Vernadsky dice, en su *Vida de Lenin,*

"En el otoño de 1915, el socialdemócrata ruso alemán Parvus Helphand (Israel Lazarevitch), que había sido activo en la Revolución de 1905, anunció el periódico publicado por él en Berlín, 'La Campana', su misión de servir de enlace intelectual entre los alemanes armados y el proletariado ruso revolucionario... Durante la guerra Helphand se dedicó a suministrar suministros al ejército alemán en enormes cantidades, por lo que considerables cantidades de dinero pasaron por sus manos... Un vagón de ferrocarril en el que iban Lenin, Mártov y otros exiliados fue unido al tren que salía para Alemania desde Suiza el 8 de abril de 1917. El 13 de abril, Lenin se embarcó en el barco de vapor que iba de Sassnotz a Suecia. Así que el viaje a través de Alemania duró al menos cuatro días."

Los leninistas agotaron rápidamente los fondos adelantados por los alemanes cuando llegaron a Rusia, y una vez más la puja bolchevique por el poder absoluto parecía dudosa. ¿A quién debería acudir Lenin sino a su poderoso amigo en la Casa Blanca? Wilson envió rápidamente a Elihu Root, abogado de Kuhn Loeb y ex Secretario de Estado, a Rusia con 20 millones de dólares de su Fondo Especial de Guerra, para ser entregados a los bolcheviques. Esto fue revelado en las audiencias del Congreso sobre los bonos rusos, HJ 87 14.U5, que muestra el estado financiero de los gastos de Woodrow Wilson de los 100 millones de dólares votados por el Congreso como Fondo Especial de Guerra. La declaración, que muestra el gasto de 20 millones de dólares en Rusia por la Misión Especial de Guerra de Root a Rusia, también está registrada en el Registro del Congreso, 2 de septiembre de 1919, como fue dado por el secretario de Wilson, Joseph Tumulty.

Para no ser superados en generosidad, J.P. Morgan & Co. también se apresuró a ayudar financieramente a los asediados terroristas de Lenin. El Coronel Raymond Robins dirigió una misión de la Cruz Roja a Rusia. Henry P. Davison, la mano derecha de J.P. Morgan (también miembro del equipo de la isla de Jekyll que redactó en secreto la Ley de la Reserva Federal en 1910), había recaudado 370 millones de dólares en efectivo para la Cruz Roja durante la Primera Guerra Mundial, de los cuales varios millones fueron aportados a los rusos por el equipo de Robins. Le ayudaron en esta obra de caridad Frank Vanderlip, presidente de American International Corp. y William Boyce Thompson, otro director del Banco de la Reserva Federal de Nueva York. El Mayor Harold H. Swift, jefe de la familia empacadora de carne, acompañó a Robins en esta misión de misericordia, ¿o deberíamos decir de negocios? Swift aprovechó la ocasión para conseguir un pedido de carne de 10 millones de dólares para su cuñado, Edward Morris, de Morris Co. El 22 de enero de 1920, los soviéticos ordenaron otros 50 millones de dólares de carne a la compañía Morris.

El abogado de Wall Street Thomas D. Thacher también fue un hombre clave de la misión de misericordia de Robins. La implicación de la firma J.P. Morgan con la Revolución Bolchevique se revela en la biografía de Dwight Morrow de Harold Nicholson (Morrow era el suegro de Charles Lindbergh Jr.) de la siguiente manera,

> "Su interés (de Morrow) en Rusia databa de marzo de 1917 cuando Thomas D. Thacher, su socio legal, había sido miembro de la Misión de la Cruz Roja Americana durante la

revolución. Se fortaleció por su amistad con Alex Gumberg, que había llegado a Nueva York como representante del Sindicato Textil de toda Rusia. "He sentido, escribió en mayo de 1927, que llegaría el momento en que habría que hacer algo por Rusia. Él mismo se ocupaba de fomentar las relaciones oficiales entre los emisarios soviéticos y el Depto. de Estado, y le dio a M. Litvinoff una cálida carta de recomendación a Sir Arthur Salter en Ginebra. Y esto no fue todo. Cuando en París dio una cena en Foyot's a la que invitó a M. Rakovsky y otros representantes soviéticos."

Las acciones de Morrow pueden ser comprensibles para un profesor de economía de la Universidad Politécnica, pero son increíbles para un socio de la firma bancaria más prominente del mundo. Alex Gumberg no era un trabajador social llorón sino un propagandista empedernido, que regresó a los EE.UU. en 1918 como agente literario de Trotsky, y rápidamente colocó dos manuscritos de Trotsky con los editores. Gumberg también se convirtió en consultor del Chase National Bank, y de Simpson Thacher y Bartlett. Había sido gerente de negocios del periódico soviético Novy Mir durante los primeros meses de la revolución en Rusia; cuando la Misión de la Cruz Roja de Raymond Robins llegó a Rusia, Gumberg sirvió como intérprete y asesor de la Misión, trabajando estrechamente con Thacher. El actual socio principal de Simpson Thacher y Bartlett es Cyrus Vance, que fue Secretario de Estado de Carter, y es ahora director de la Fundación Rockefeller.

Los financieros internacionales, asesorados por Gumberg, lanzaron ahora una campaña de propaganda mundial para vender a los bolcheviques como idealistas, humanitarios desinteresados, y los modernos discípulos de Cristo, que sólo deseaban difundir la hermandad y el amor universal en todo el mundo. La melodía sonaba extrañamente con el telón de fondo de las ametralladoras que parloteaban constantemente en Rusia mientras los "discípulos del amor" masacraban a millones de mujeres y niños, pero ninguno de sus devotos admiradores en los Estados Unidos escuchó esto como una nota amarga.

Desde el principio, los "humanitarios" mostraron una preocupación excesiva por las riquezas materiales que habían incautado a sus legítimos propietarios. El *New York Times* señaló el 30 de enero de 1918, un despacho de Petrogrado,

> "Los comisarios del pueblo han decretado un Monopolio de Estado, de oro. Las iglesias, museos y otras instituciones públicas están obligadas a poner sus artículos de oro a disposición del Estado. Los artículos de oro pertenecientes a particulares deben ser entregados al Estado. Los informantes recibirán un tercio del valor de los artículos."

Lenin dijo,

> "La Unión Soviética debe guardar cuidadosamente su oro. Cuando vivas con los lobos, aúlla como los lobos."

Una de las primeras órdenes emitidas por el nuevo régimen fue,

> "El negocio de la banca es declarado un monopolio estatal." Firmado: Lenin, Krylenko, Podvolsky, Gorbunov.

La filosofía de la historia de Marx afirma que el mundo funciona únicamente a través de la organización económica de la sociedad, basada en la producción e intercambio de bienes. Sin embargo, esta es la visión del mundo del parásito, que sólo se preocupa de obtener su sustento del huésped. La reducción materialista de la vida a la obtención de alimentos a expensas de otra persona elimina, primero, la vida espiritual del hombre, segundo, todas las ideas, porque la idea materialista excluye explícitamente todas las demás ideas, y tercero, la visión a largo plazo, el concepto de invertir durante un período de tiempo para obtener un rendimiento que no estará disponible durante años o tal vez nunca. La visión parasitaria se limita a la siguiente comida, o a crear una situación en la que no pueda ser desalojado antes de obtener su siguiente comida. Esta visión marxista a corto plazo se ha convertido en la doctrina estándar en las escuelas de negocios de los Estados Unidos, particularmente en Harvard, que fue financiada por George F. Baker y J.P. Morgan. El resultado es que la industria americana, limitada por la visión a corto plazo, ha disminuido constantemente durante veinticinco años. Los altos tipos de interés impuestos por los banqueros internacionales también obligan a la industria a concentrarse en las ganancias a corto plazo simplemente para pagar los intereses de sus préstamos.

Marx dijo,

"La primera función del oro es dar al mundo comercial un material con el que expresar el valor, es decir, expresar el valor de todos los demás bienes, como variables homínimas, que sean cualitativamente idénticas y cuantitativamente comparables." Karl Marx Soc. v. 23, p.104.

Los puntos de vista económicos de Marx eran totalmente compatibles con los puntos de vista del establecimiento bancario de la City de Londres y en particular de la Casa de Rothschild. No es casualidad que Karl Marx esté enterrado, no en Moscú, sino en Londres, ni que el triunfo y el baño de sangre de los bolcheviques en Rusia haya dado a los Rothschild y a sus asociados mil millones de dólares en efectivo que el desafortunado Zar había depositado en sus bancos europeos y de Nueva York. Pocos saben que Marx tenía relaciones estrechas con la aristocracia británica, a través de su matrimonio con Jenny von Westphalen. Ella estaba emparentada con los Duques Escoceses de Argyll, que habían sido revolucionarios durante mucho tiempo; y los Campbell, que crearon el grupo esclavo bautista, los Campbellites.

La antepasada de Jenny von Westphalen, Anna Campbell, Condesa de Balcarras y Argyll, fue la institutriz del Príncipe de Orange desde 1657-59, el futuro Rey Guillermo que más tarde concedió la carta del Banco de Inglaterra; Archibald Campbell, primer Duque de Argyll, acompañó a Guillermo en su viaje a Inglaterra en 1688 para tomar el trono. El actual Conde de Balcarras está emparentado con el Vizconde Cowdray, Weetman John Churchill Pearson, cuya madre era la hija de Lord Spencer Churchill; su hermana se casó con el Duque de Atholl, y él se casó con la hija del Conde de Bradford. La familia Argyll-Balcarras está representada por las familias Lindsay y Campbell; el actual Conde de Crawford, Robert A. Lindsay es el 29º Conde, y también el 12º Conde de Balcarras. También es presidente del National Westminster Bank, director de Rothschild's Sun Alliance Assurance. Su madre era una Cavendish. Anteriormente fue secretario privado del Secretario de Estado, y más tarde fue

Ministro de Estado de Defensa y Ministro de Estado de Asuntos Exteriores y Comerciales.

A pesar de su posterior reputación de "anticomunista", Herbert Hoover no sólo fue el más incansable defensor de la Sociedad de Naciones en asociación con el coronel House, sino que también fue el primer estadounidense que intervino con ayuda a gran escala para evitar un levantamiento masivo contra el vacilante régimen bolchevique. Hoover salvó a los bolcheviques organizando un programa masivo para llevar comida a los asediados comunistas. Hoover reclutó a uno de sus viejos colegas de la Agencia de Ayuda de la Guerra Mundial, el General de División William N. Haskell, que había sido jefe de la Misión de Ayuda Americana en Rumania, y más tarde dirigió toda la ayuda en el Cáucaso y Rusia.

El 23 de septiembre de 1921, Haskall se embarcó en su nueva misión de misericordia, para alimentar a los bolcheviques para que tuvieran la fuerza para continuar sus asesinatos en masa de los terratenientes y hombres de negocios. Haskell continuó este trabajo de ayuda hasta 1923, cuando se determinó que el régimen bolchevique ya no estaba en peligro. Por este esfuerzo, Herbert Hoover ganó una oposición masiva en su posterior carrera política como "anticomunista". Las cosas no siempre son lo que parecen bajo el gobierno del Orden Mundial. El esfuerzo de Hoover había proporcionado setecientas toneladas de alimentos y otros suministros a un costo de 78 millones de dólares. 20 millones de dólares fueron asignados por el Congreso para el programa; 40 millones vinieron de organizaciones benéficas públicas; 8 millones de dólares en suministros médicos fueron donados por el Ejército de los Estados Unidos; y los propios rusos pagaron 8 millones de dólares de sus suministros de oro del difunto Zar). Después de la salida del general Haskell, Stalin arrestó a todos los que habían trabajado con ellos en este programa. No podía permitir que nadie mencionara la ayuda que su régimen había recibido de un país capitalista. El 28 de noviembre de 1917, su socio, el coronel House, había telegrafiado a Wilson unos días después de que los bolcheviques tomaran el poder, instando a la extrema importancia de suprimir todas las críticas de los periódicos americanos a los bolcheviques.

El telegrama fue colocado en un archivo confidencial, y sólo salió a la luz seis años después.

En *La Guerra Desconocida con Rusia*, Robert J. Maddox señaló en 1977,

"Wilson saludó la Revolución de Marzo en Rusia como un gran paso para lograr el tipo de mundo de posguerra que imaginaba. Se aseguró de que los EE.UU. fuera el primero en reconocer al Gobierno Provisional."

Maddox señala que Wilson insistió en que el número 6 de sus famosos catorce puntos en Versalles era que "Rusia debería continuar bajo las instituciones de su propia elección", garantizando así el futuro del régimen bolchevique. Su asesor político más cercano, el Coronel House, envió a su propio secretario, Kenneth Durant, a Rusia para convertirse en secretario de la Oficina Soviética en 1920!

William Laurence Sanders, presidente de Ingersoll Rand y vicepresidente del Banco de la Reserva Federal de Nueva York, escribió a Wilson el 17 de octubre de 1918,

"Estoy de acuerdo con la forma de gobierno soviética como la más adecuada para el pueblo ruso."

George Foster Peabody, también vicepresidente del Banco de la Reserva Federal de Nueva York desde 1914, y destacado "filántropo" que organizó la Junta de Educación General de los Rockefeller, declaró que apoyaba la forma bolchevique de monopolio estatal. Así pues, teníamos registrados a tres de los más destacados funcionarios del Banco de la Reserva Federal de Nueva York como partidarios del bolchevismo, Sanders, Peabody y William Boyce Thompson. Thompson anunció entonces que daría un millón de dólares para promover la propaganda bolchevique en los Estados Unidos! Debido a que el Banco de la Reserva Federal de Nueva York estaba controlado por cinco bancos neoyorquinos que poseían el 53% de sus acciones, y debido a que estos cinco bancos estaban directamente controlados por N.M. Rothschild & Sons de Londres, sólo podemos concluir que estos tres hombres estaban simplemente declarando las preferencias de su empleador. William Boyce Thompson lideró una de las migraciones más extrañas de la historia, cuando quince prominentes abogados y financieros de Wall Street viajaron a Rusia para salvar al tambaleante régimen bolchevique. J.P. Morgan le envió a Thompson un millón de dólares para esta misión desde la sucursal del National City Bank en Petrogrado, que, significativamente, fue el único banco del que nunca abusó el gobierno bolchevique. El *Washington Post*, 2 de febrero de 1918, declaró,

> "William Boyce Thompson, que estuvo en Petrogrado hasta noviembre, ha hecho una contribución personal de un millón de dólares a los bolcheviques con el fin de difundir su doctrina en Alemania y Austria."

La misión Thompson incluía a Henry P. Davison, jefe de la Cruz Roja Americana, y uno de los conspiradores de la isla de Jekyll en 1910 que redactó en secreto la Ley de la Reserva Federal; Thomas Thatcher y Harold Swift, todos ellos fundadores del Consejo de Relaciones Exteriores. El National City Bank ya había prestado a Rusia 50 millones de dólares, y Guaranty Trust, cuyos directores eran los principales financieros de Nueva York, se convirtió en el corresponsal financiero de los intereses soviéticos en América. En enero de 1922, el Secretario de Comercio Herbert Hoover presentó en nombre de Guaranty Trust una resolución que permitía las relaciones con "el nuevo Banco Estatal de Moscú". El Secretario de Estado Charles Evans Hughes se opuso firmemente a esta resolución, pero Hoover logró que se aprobara. Un banquero alemán, Max May, ahora vicepresidente de Guaranty Trust, se convirtió en jefe del departamento extranjero del Ruskombank en 1923, el primer banco internacional soviético. El "Quién es quién" afirma que Max May llegó a los EE.UU. en 1883, se naturalizó en 1888, vicepresidenta del Guaranty Trust. Guaranty Trust 1904-18, director y miembro de la junta del Banco Comercial Ruso 1922-25. J.P. Morgan y Guaranty Trust actuaron como agentes fiscales del gobierno soviético en los Estados Unidos; los primeros cargamentos de oro "soviético", que en realidad era el oro del Zar, se depositaron en Guaranty Trust.

En un típico movimiento para disfrazar sus operaciones, Otto Kahn y varios funcionarios de Guaranty Trust fundaron entonces un grupo "anticomunista", United Americans, que circulaba una virulenta propaganda anticomunista y antijudía. Como la mayoría de estas organizaciones, fue diseñado para desacreditar e impotar a cualquiera que se opusiera al comunismo y se involucrara en su trabajo.

El 1 de febrero de 1919, Edward L. Doheny, el magnate del petróleo, le dijo a C.W. Barron, fundador del Wall *Street Journal*,

"El presidente Eliot de Harvard está enseñando bolchevismo. Los peores bolcheviques en los EE.UU. no sólo son profesores universitarios de los cuales el presidente Wilson es uno, sino capitalistas y las esposas de los capitalistas. Frank C. Vanderlip es un bolchevique. El socialismo es el veneno que destruye la democracia. El socialismo mantiene la esperanza de que un hombre pueda dejar el trabajo y estar mejor. El bolchevismo es el verdadero fruto del socialismo."

La sede mundial del movimiento bolchevique estaba ahora en el 120 de Broadway en Wall Street. El Edificio Equitable Life en el 120 de Broadway había sido construido por una corporación organizada por el General T. Coleman DuPont. A principios de la década de 1920, el 120 de Broadway no sólo albergaba a Equitable Life, sino también al Banco de la Reserva Federal de Nueva York, cuyos directores apoyaban con entusiasmo a los bolcheviques; a la Corporación Internacional Americana, que se había organizado para ayudar a la Unión Soviética; a Weinberg y a Posner, que recibieron un pedido de maquinaria de 3 millones de dólares de la Unión Soviética en 1919, y cuyo vicepresidente era Ludwig Martens, primer embajador soviético en los Estados Unidos.John McGregor Grant, cuyas operaciones fueron financiadas por Olaf Aschberg de Nya Banken, Estocolmo, quien había transmitido grandes sumas suministradas por los Warburgs para la Revolución Bolchevique; el agente londinense de Nya Banken era el Banco Británico de Comercio del Norte, cuyo presidente era Earl Grey, un estrecho colaborador de Cecil Rhodes - Grant había sido incluido en la lista negra del Gobierno de los Estados Unidos por su apoyo a Alemania durante la Primera Guerra Mundial; y en el último piso del 120 de Broadway se encontraba el exclusivo Bankers Club. Estos eran los organizadores del Orden Mundial. Su instrumento de poder era el oro. La Gran Enciclopedia Soviética señaló,

"En las condiciones económicas socialistas, el oro es también un equivalente universal, utilizado como medida de valor y escala de precios. El contenido de oro del rublo soviético se estableció en 0,987412 gramos a partir del 1 de enero de 1961. En el mercado socialista mundial el oro se utiliza como moneda universal."

Muchos estadounidenses están desconcertados por la implacable devoción de la Fundación Rockefeller para financiar organizaciones comunistas en muchas partes del mundo. Esta dedicación al comunismo se remonta a un momento crucial en la marcha de los bolcheviques al poder. En 1917, Mackenzie King había establecido una relación de por vida con John D. Rockefeller, Jr. a quien conoció en junio de 1914. Habían nacido el mismo año, 1874, y parecían estar de acuerdo en todo. Pronto, King estaba trabajando estrechamente con Frederick T. Gates e Ivy Lee para promover las "filantropías" de los Rockefeller, que parecían ver el comunismo como el vehículo ideal para lograr la hermandad mundial. King le escribió a su amiga Violet Markham, "John D. Rockefeller Jr., el verdadero seguidor de Cristo, tiene un propósito - servir a sus semejantes." King resolvió que su único propósito era servir a Rockefeller; testificó por él en el juicio que investigó la masacre de la Colorado Iron and Fuel Co. ante el Comité Walsh (los Rockefeller trataron más tarde de hacer que Walsh fuera incriminado y expulsado del Senado, pero fracasaron debido a la obstinación de Burton J. Wheeler; J. Edgar Hoover desempeñó un papel crucial en la creación del marco).

Los Rockefeller ayudaron a Mackenzie King a obtener contratos gubernamentales para el ejército canadiense durante la Primera Guerra Mundial, lo cual creó a King para un posterior chantaje (la retención "Panamá" sobre los vasallos). King vendió cientos de toneladas de carne podrida para enviarlas al ejército canadiense en Europa; botas de "cuero", que eran en su mayoría de cartón y que se desintegraban inmediatamente en las trincheras empapadas de agua; rifles que se atascaban cuando se disparaban; y salvavidas de tipo collar (previamente condenados) que rompían el cuello de los soldados cuando saltaban al agua.

Mientras León Trotsky estaba en Nueva York en 1917, recibió la orden de regresar a Rusia de inmediato para ayudar a llevar a cabo la toma del poder por los bolcheviques. Los Rockefeller le dieron 10.000 dólares en efectivo para su viaje, consiguieron un pasaporte especial para él del presidente Woodrow Wilson, y enviaron a Lincoln Steffens para protegerlo en el viaje. Cuando el barco de Trotsky se detuvo en Halifax, el Servicio Secreto Canadiense, advirtió que estaba a bordo, lo arrestó el 3 de abril de 1917 y lo internó en Nueva Escocia. Los agentes patriotas sabían que Trotsky estaba en camino a Rusia para sacar a Rusia de la guerra contra Alemania, lo que liberaría a muchas divisiones alemanas para atacar a las tropas canadienses en el frente occidental. El Primer Ministro Lloyd George indignado envió por cable las demandas de Londres de que Trotsky fuera liberado, pero el servicio secreto lo ignoró. Por medios que nunca se explicaron, Mackenzie King se puso en la brecha y obtuvo la libertad de Trotsky. Trotsky continuó su camino hacia Rusia, y se convirtió en el principal diputado de Lenin en el exterminio de ciudadanos rusos; también organizó el Ejército Rojo con la hábil ayuda del abogado de Wall Street Thomas D. Thacher. Los agentes que habían arrestado a Trotsky fueron despedidos del servicio; sus carreras terminaron. Como recompensa por su intervención, los Rockefellers nombraron a Mackenzie King jefe del departamento de investigación industrial de la Fundación Rockefeller con un salario de 30.000 dólares al año (el salario medio en los Estados Unidos en ese momento era de 500 dólares al año). Frank P. Walsh testificó ante una Comisión de los EE.UU. que la Fundación Rockefeller era un manto para el plan de Rockefeller de llevar el trabajo organizado a la esclavitud.

King también se convirtió en director de la Corporación Carnegie. Una tal Lady Laurier le dejó una gran mansión en Ottawa, y en 1921 un grupo de simpatizantes, liderados por Peter Larkin, la restauraron y la dotaron de personal a un costo de 255.000 dólares. King nombró entonces a Larkin Alto Comisionado del Canadá en Londres. En 1940, el Parlamento canadiense votó a King, entonces Primer Ministro del Canadá, "poderes absolutos y dictatoriales para toda la duración". En 1948, cuando King cumplió 74 años, John D. Rockefeller Jr. le dio 100.000 dólares. La Fundación Rockefeller puso entonces 300.000 dólares para pagar la redacción de las Memorias de King. En sus últimos años, King, todavía en la toma, fue expuesto como principal en la estafa de 30 millones de dólares de la Beauharnais Power Co. durante la construcción del St. Lawrence Seaway. King había aceptado 700.000 dólares de Beauharnais para el Partido Liberal, y entre otros incentivos había recibido un viaje a las Bermudas.

Los Rockefellers figuraron en muchos acuerdos pro-soviéticos durante los años 1920. Debido a la lucha por el poder que se desarrolló entre Stalin y Trotsky, los Rockefellers intervinieron en octubre de 1926 y apoyaron a Stalin, derrocando a Trotsky. Años más tarde, volverían a intervenir cuando el Kremlin fue atormentado por los desacuerdos; David Rockefeller despidió sumariamente a Khrushchev. John D. Rockefeller instruyó a su agente de prensa, Ivy Lee, en 1925 para que promoviera el comunismo en los Estados Unidos y para que impulsara una campaña de relaciones públicas que culminó en 1933 con el reconocimiento de la Rusia soviética por parte del gobierno de los Estados Unidos. En 1927, Standard Oil de Nueva Jersey construyó una refinería en Rusia, tras habérsele prometido el 50% de la producción de petróleo del Cáucaso. La empresa Rockefeller, Vacuum Oil, firmó un acuerdo con el Sindicato Soviético de Nafta para vender el petróleo ruso en Europa, e hizo un préstamo de 75 millones de dólares a Rusia. John Moody había declarado en 1911,

"La Standard Oil Co. era en realidad un banco del más gigantesco carácter - un banco dentro de una industria que prestaba grandes sumas de dinero a prestatarios necesitados, tal como otros grandes bancos lo hacían... la compañía era conocida como la Standard Oil Bank. Como Rockefeller no era un banquero, esto significaba que la Standard Oil estaba siendo dirigida por banqueros profesionales."

La operación de Standard Oil siempre ha estado dirigida por los banqueros más profesionales del mundo, los Rothschilds; en consecuencia, los Rothschilds, a través de sus agentes, Kuhn Loeb Co. han mantenido una estrecha supervisión de la fortuna de los "Rockefeller".

En 1935, Stalin expropió muchas inversiones extranjeras en Rusia, pero las propiedades de la Standard Oil no fueron tocadas. Los Planes Quinquenales (1928-32, 1933-37, y 1938-42) fueron todos financiados por las casas bancarias internacionales. Durante la década de 1920, las principales firmas que hacían negocios con Rusia eran Vacuum Oil, International Harvester, Guaranty Trust y New York Life, todas ellas controladas por los intereses de Morgan-Rockefeller.

La biografía de Arthur Upham Pope sobre Litvinoff señala que en marzo de 1921 se firmó un acuerdo comercial con Gran Bretaña que estipulaba que el oro enviado en pago de las máquinas compradas por Rusia no sería confiscado para cubrir viejas deudas o reclamaciones. Esto aseguraba que el oro zarista enviado a Inglaterra no sería confiscado por sus primos, la Familia Real Británica. El 7 de julio de 1922, Litvinoff reveló que la delegación rusa en la Conferencia de La Haya estaba negociando con un importante grupo de financieros que incluía a Otto H. Kahn de Kuhn Loeb Co. Una semana después, Kahn llegó a La Haya. Declaró,

> "La conferencia con los rusos traerá resultados útiles y conducirá a un acercamiento a la unidad de puntos de vista y políticas por parte de Inglaterra, Francia y los Estados Unidos con respecto a la situación rusa."

Cuando la esposa de Otto Kahn visitó Rusia en 1936, fue tratada como si estuviera visitando a la realeza.

En 1922, el Banco Nacional Chase había establecido la Cámara de Comercio Ruso-Americana para promover el comercio con Rusia y el reconocimiento del gobierno de este país. Su presidente era Reeve Schley, un vicepresidente de Chase; era director de muchas corporaciones, incluyendo Howe Sound, Electric Boat, Yale Corp. presidente de Sundstrand y Underwood; había sido director de la Administración de Combustibles de EE.UU. de 1917 a 1919. Su hijo, Reeve Schley Jr. fue capitán de la O.S.S. bajo el mando del general Donovan en la Segunda Guerra Mundial. Tanto Chase como Equitable Trust lideraron la concesión de créditos a la Unión Soviética durante la década de 1920. En 1934, Roosevelt estableció el Banco de Exportación e Importación para financiar el aumento del comercio con la Unión Soviética. Durante la Segunda Guerra Mundial, Chase fue el principal banco de AMTORG en el manejo de los muchos miles de millones de dólares de transacciones de arrendamiento de préstamos para Rusia. Roosevelt hizo todo lo posible por apoyar a los soviéticos, quizás porque sus tres asistentes personales, Alger Hiss, Lauchlin Currie y Harry Dexter White, fueron identificados como agentes soviéticos. El mentor de Hiss fue Dean Acheson, anteriormente de J.P. Morgan Co. El Secretario de Estado A. A. Berle Jr. testificó ante el Comité de Actividades Antiamericanas de la Cámara de Representantes el 30 de agosto de 1948 que "Acheson era el jefe del grupo pro-ruso en el Departamento de Estado." Acheson se convirtió más tarde en socio principal de Covington y Burling, obteniendo el puesto para la firma como representante legal en Washington de nueve gobiernos comunistas. El 29 de abril de 1943, la Junta de Guerra Económica concedió una licencia especial a Chematar Corp. de Nueva York para cumplir un pedido de la Comisión de Compras Soviética de 200 libras de óxido de uranio, 220 libras de nitrato de uranio y 25 libras de uranio metálico, productos prácticamente desconocidos en aquel momento, lanzando así el programa atómico soviético.

El 29 de enero de 1944, el embajador especial W. Averill Harriman en Moscú informó al Departamento de Estado que "nosotros" debíamos entregar a los rusos las planchas de impresión de moneda que habían sido grabadas para el Tesoro de los EE.UU. por la *Forbes* Co. de Boston. El Departamento de Estado retrasó la acción sobre esta petición durante varias semanas. El 22 de marzo, Harry Dexter White se reunió con Gromyko en la embajada soviética y le aseguró que las planchas serían entregadas. Tanto Harriman como White hicieron demandas diarias hasta que las placas fueron entregadas a la Unión Soviética el 14 de abril de 1944. La Unión Soviética imprimió entonces 300 millones de dólares en moneda que fueron canjeados por los contribuyentes americanos.

Tras el inicio de la "Guerra Fría", los financieros continuaron sus esfuerzos para ayudar a los soviéticos. En 1967, el *New York Times* anunció que se había formado un nuevo consorcio para promover el comercio con Rusia, compuesto por la Tower Corp. de Cyrus Eaton., la International Basic Economy Corp. de Rockefeller. y N.M. Rothschild & Sons de Londres. Eaton había comenzado su carrera como un factotum de 2 dólares diarios para John D. Rockefeller, que más tarde financió su compra de Canadian Gas & Electric Corp. Eaton declaró que Rockefeller pronto le interesó en los asuntos rusos. En una entrevista con Mike Wallace, Eaton afirmó que bajo el comunismo, el pueblo de la Unión Soviética estaba totalmente satisfecho.

"Eran felices. Me sorprendió su felicidad y dedicación al sistema."

Eaton fue uno de los primeros defensores del Pacto Stalin-Hitler en 1939.

Los Rothschild rara vez han sido identificados con las causas comunistas, prefiriendo permanecer en un segundo plano. Sólo un miembro, N.M. Victor Rothschild, quien sirvió como aprendiz en J.P. Morgan Co., se había involucrado con el Club de Apóstoles de Cambridge, descrito por Michael Straight como compuesto en su mayoría por comunistas que también eran homosexuales. Sus miembros más conocidos eran Guy Burgess y Donald Mac Lean, Anthony Blunt, Guardián de los Cuadros de la Reina, y el doble o triple agente Kim Philby. Durante la Segunda Guerra Mundial Victor Rothschild, que trabajaba para el MI5, prestó su piso de Londres en el número 5 de la calle Bentinck a Burgess, mientras su madre, la Sra. Charles Rothschild, contrató a Burgess como su consejera de inversiones. Blunt dejó el personal del Instituto Warburg para trabajar con el MI5; presentó a Victor Rothschild a su tía, Teresa Mayor, que más tarde se convirtió en Lady Rothschild. Blunt ha sido recientemente descrito como alguien que ha tenido una relación "afectuosa" con la Reina.

La familia Rockefeller es a veces llamada la primera familia de la Unión Soviética. Cuando Nelson Rockefeller fue nominado para vicepresidente en 1967, Pravda denunció indignado a sus críticos, diciendo que los cargos contra Rockefeller estaban

EL ORDEN MUNDIAL - nuestros gobernantes secretos

diseñados sólo para desacreditarlo, y que las acusaciones provenían de organizaciones de ultraderecha. El senador Frank Church, que asistió a la Conferencia de Dartmouth de 1971 en Kiev, se sorprendió al encontrar que

> "David Rockefeller fue tratado como trataríamos a la realeza en este país. El pueblo ruso parece evidenciar una adoración a Rockefeller que es desconcertante. Cuando el avión de David Rockefeller aterriza en Rusia, las multitudes se alinean para saludarlo en el aeropuerto, y se alinean en las calles de Moscú mientras su limusina pasa, saludándolo con gritos de RAHK FAWLER".

George Gilder comentó que nadie sabe cómo venerar, calumniar y exaltar a un Rockefeller medio como los marxistas.

Después de la Segunda Guerra Mundial, Dean Acheson presionó frenéticamente por un préstamo adicional de 300 millones de dólares a la Unión Soviética. Ed Burling, que era el cuñado de Frederic A. Delano, había fundado la firma de Covington y Burling de la que Acheson era socio, con Donald Hiss, hermano de Alger. Cuando el cabildeo de Acheson no logró desarrollar la ayuda rusa, el Consejo de Relaciones Exteriores redactó el Plan Marshall como medida alternativa. Su publicación, "Foreign Affairs", publicó entonces el "plan de contención" tal y como lo escribió "X" (George Kennan. La política de contención, que ha sido la política exterior oficial de los Estados Unidos hacia la Unión Soviética desde 1947, garantiza no sólo las fronteras de la Rusia soviética, sino su continua esclavitud de las "naciones cautivas" que mantiene por la fuerza militar. Henry Luce, que siempre proporcionó un foro para los propagandistas internacionales, reimprimió el texto completo del artículo de Relaciones Exteriores de julio de 1947 en la revista *Life*, el 28 de julio de 1947. Su frase clave era

> "El elemento principal de cualquier política estadounidense hacia la Unión Soviética debe ser la contención a largo plazo, paciente pero firme y vigilante de las tendencias expansivas rusas."

La revista *Time* de Luce apodó a Kennan "el principal legislador de América". Más tarde se convirtió en miembro del

Instituto de Estudios Avanzados de Princeton. Kennan era sobrino y homónimo de George Kennan, quien operó como agente marxista de Jacob Schiff en Rusia durante muchos años antes de la Revolución Bolchevique, y fue finalmente expulsado por el Gobierno zarista. El seudónimo de Kennan, "X", era una de las identificaciones favoritas de los agentes socialistas. En 1902, el Club Socialista "X" había sido fundado en Nueva York por John Dewey, cuyo programa socialista ha dominado la educación americana durante el siglo XX. Los otros fundadores del Club "X" fueron James T. Shotwell, fundador de la Liga de Naciones, Naciones Unidas, etc.; Morris Hillquit, candidato comunista a la alcaldía de Nueva York, Charles Edward Russell, y Rufus Weeks, vicepresidente y director general de *New York Life*, que estaba controlada por J.P. Morgan.

Cuando Nikolai Khrushchev, dictador de la Unión Soviética, llegó a Nueva York el 17 de septiembre de 1959, fue invitado a cenar en la casa de W. Averill Harriman. Asistieron 30 personas que controlaban una riqueza total de 40.000 millones de dólares; entre ellas, David Sarnoff, nacido en Rusia y jefe de la RCA, Philip Mosely del Consejo de Relaciones Exteriores, Herbert H. Lehman de Lehman Bros., Dean Rusk de la Fundación Rockefeller, George A. Woods, First Boston Corp., Thomas K. Finletter de Coudert Bros., antiguo Secretario de la Fuerza Aérea, John K. Galbraith, economista, Frank Pace de General Dynamics.

En septiembre de 1960, Kruschev fue agasajado en Hyde Park en una cena ofrecida en su honor por Eleanor Roosevelt. Presente en esta selecta reunión estaba Victor Hammer, que había vendido las joyas de Romanov en los EE.UU. Vendió muchos artículos de Fabergé a Lillian Pratt, esposa del magnate de General Motors; la colección está ahora en el Museo de Virginia en Richmond, Virginia.

En 1973 se creó el Consejo Económico y Comercial EE.UU.-URSS, formado por los principales jefes de las empresas estadounidenses, para promover el "comercio" leído (regalos) a la Unión Soviética. En 1976, G.M. Miller de Textron fue nombrado jefe del Consejo. Poco después, fue nombrado presidente de la Junta de Gobernadores de la Reserva Federal por

Carter. La Revolución Bolchevique, que fue alimentada en sus días más difíciles por tres directores del Banco de la Reserva Federal de Nueva York, William Boyce Thompson, George Foster Peabody y William Woodward, sigue siendo apoyada por el Sistema de la Reserva Federal. El Sistema de la Reserva Federal mantiene estrechos lazos con el Gosbank, el Banco Central Soviético, que controla el Partido Comunista de la URSS. El Gosbank emplea a 5.000 economistas, y se le conoce como un banco de emisión "pasivo", más que "activo", lo que significa que sigue órdenes de otras fuentes, al igual que la Junta de Gobernadores de la Reserva Federal. La "cooperación" entre el Gosbank y el Sistema de la Reserva Federal en materia financiera soviética se lleva a cabo a través del Banco de Pagos Internacionales de Suiza.

En 1949, la actual avalancha de "eurodólares" se originó como depósitos europeos de tesoros de dólares comunistas en el Eurobanco soviético de París, Banque Commerciale pour Europe du Nord. Los financieros se dieron cuenta entonces de que creaban una nueva y aún más irrastreable fuente de papel moneda que no tenía respaldo. Anthony Sampson escribe que

> "Los bancos más cosmopolitas con expertos y directores extranjeros, como Warburgs, Montagus, Rothschilds y Kleinworts, también habían descubierto una nueva y enorme fuente de beneficios en el mercado de los eurodólares."

Estos beneficios ascienden ahora a unos dos billones de dólares, todos los cuales son obligaciones del contribuyente americano. Esta operación Ponzi fue posible gracias al exclusivo "Club de Banqueros Centrales", el Banco de Pagos Internacionales, que había sido establecido por Hjalmar Schacht, financiero del movimiento nazi, Emile Francqui, genio guía de la Comisión de Socorro Belga de Hoover, y John Foster Dulles, heredero del título de "hombre más peligroso de América". Fue creado en mayo de 1930 por el Tratado de La Haya para manejar los pagos de las reparaciones alemanas, que, por supuesto, nunca se pagaron. El BIS controla ahora una décima parte del oro del mundo, que alquila con fines de lucro. Sus activos se han incrementado en un astronómico 1200% en los últimos veinte años. Las acciones estadounidenses del BIS están en manos del Citibank.

El Wall Street Journal publicó un editorial el 10 de marzo de 1986,

> "¿No le ha parecido extraño a la mayoría de los responsables políticos occidentales que la Unión Soviética, con unos ingresos anuales totales en divisas fuertes de unos 32.000 millones de dólares de todas las fuentes (incluida la venta de armas) pueda sostener un imperio mundial?"

El Journal señaló que la Unión Soviética ha sido un actor importante en el mercado interbancario durante muchos años, y que seis bancos de propiedad soviética en Occidente han sido los principales beneficiarios de esta corriente mundial de fondos interbancarios.

> "Los mayores bancos de propiedad soviética en Occidente son el Banque Commerciale pour l'Europe du Nord, o Eurobank en Pares, el Moscow Narodny Bank de Londres, el Ost-West Handelsbank de Frankfurt, y otros en Luxemburgo, Zurich y Viena. Los depósitos occidentales en los bancos de propiedad soviética se aproximan a los 5.000 millones de dólares."

¿Qué está pasando aquí? Las naciones occidentales depositan miles de millones de dólares en los bancos soviéticos. ¿Dónde está la rivalidad entre comunistas y capitalistas? La respuesta es que es justo donde el legendario Imperio Soviético ha estado, en la Tierra de Nunca Jamás.

La Corporación Internacional Americana continuó ejerciendo un papel entre bastidores en los tratos entre Estados Unidos y la Unión Soviética hasta la Segunda Guerra Mundial, cuando la presencia de W.A. Harriman en Moscú para dirigir el manejo de Stalin en la guerra usurpó sus deberes. Standard and Poors muestra en 1982 un American International Group, una compañía de seguros con 3.400 millones de dólares en activos, cuyos abogados son Sullivan & Cromwell. Se formó a partir de la red de seguros Cornelius V. Starr que formaba parte de las operaciones asiáticas de la CIA. Entre sus directores se encuentran Harry Kearns, chmn Eisenhower-Nixon campaña presidencial, ahora chmn Banco Asiático Americano, fue presidente del Export Import Bank 1969-73; William L. Hemphill, pres. United Guaranty, director de Cone Mills (la familia Hemphill ha estado aliada con J.P. Morgan durante muchos años); Douglas MacArthur II, diplomático; John I. Howell, chmn J.Henry Schroder Bank, y Schroders Ltd de Londres; Edwin A. Granville Mentin de Inglaterra, que fue presidente de American International de 1946 a 1979, ahora director de la Fundación Starr; y J. Milburn Smith, director de Lloyd's de Londres.

Prominentes empresarios y líderes políticos americanos como W. Averill Harriman no se molestan en ocultar sus actividades pro-soviéticas. El embajador ruso Dobrynin se refirió casualmente al doble papel de Henry Kissinger, diciendo,

"Soy el tercer hombre que se ríe, sentado y quieto. Kissinger también está negociando por nosotros."

A Brezhnev, dictador de Rusia, se le preguntó por qué la Unión Soviética no tomó parte en las negociaciones de Oriente Medio. Él respondió,

"No necesitamos representación. Kissinger es nuestro hombre en el Medio Oriente."

Con este tipo de influencia, parece extraño que los comunistas no precipiten un golpe de estado y tomen el poder absoluto en los EE.UU., como lo hicieron en Rusia en 1917. Hay 200.000.000 de respuestas a esta pregunta, no 200.000.000 de americanos, sino 200.000.000 de armas en manos de ciudadanos americanos. Un estudio confidencial de la Fundación Ford mostró que sólo entre el 5 y el 10% de los americanos se resistirían activamente a una toma de poder comunista. Esta era la buena noticia. La mala noticia era que sólo el 1% de nuestros ciudadanos, armados y en contra de la toma de poder, la derrotarían. Desde 1948, los americanos le han preguntado a este escritor cuando los comunistas tomarán el poder en los EE.UU. La respuesta es que tomarán el poder después de haber confiscado las 200.000.000 de armas. Las armas están prohibidas en la Unión Soviética. Sólo los más altos funcionarios pueden poseerlas. Los criminales sólo entienden una ley: la ley de la fuerza. Los sindicalistas criminales que buscan esclavizar al mundo entero no pueden ser derrotados por la humildad o la compasión, sino sólo por las medidas más decididas y duras. Para examinar la situación americana en perspectiva, sólo hay quinientos hombres, principalmente en las grandes fundaciones, que se dedican activamente a transmitir a nuestro gobierno las órdenes de los banqueros-socialistas internacionales. Debajo de ellos hay diez mil políticos, hombres de negocios, personalidades de los medios de comunicación y académicos que, con la ayuda de operativos religiosos, ejecutan las órdenes de Londres. Este es un número mucho menor que los miembros del Partido Comunista de la URSS que gobierna la Unión Soviética.

Para proteger a estos traidores, el gobierno de los Estados Unidos ha importado 25 millones de extranjeros a los Estados Unidos, lo que incluye 5000 terroristas intensamente entrenados, y 100.000 criminales curtidos. Esta fuerza tiene como objetivo neutralizar la oposición del pueblo americano al comunismo. El gobierno fomenta el crimen, porque es la fuerza criminal nacional, no la fuerza policial, la que mantiene a la población sometida. Los americanos deben dedicar todas sus energías a defenderse de los criminales profesionales, protegiendo sus hogares y familias, sin dejarles la oportunidad de organizarse contra los sindicalistas criminales del Orden Mundial. Este ingenioso plan de subvencionar el elemento criminal fue el único logro de la Administración encargada de hacer cumplir la ley, un plan organizado por una fundación que se originó en la Universidad de Chicago.

El gobierno federal utiliza su policía armada, el IRS, el FBI, el BATF y la CIA únicamente para aterrorizar a sus súbditos americanos en cumplimiento del programa del Orden Mundial. La mayoría de los ciudadanos americanos han tenido que llegar a la dolorosa conclusión de que el FBI no se preocupa de luchar contra el comunismo, sino sólo de combatir a los anticomunistas americanos. Ahora se dan cuenta de que el IRS funciona como un grupo armado de terroristas, no para recaudar fondos, de los cuales el gobierno no tiene necesidad, sino únicamente para extorsionar dinero por la fuerza a los ciudadanos americanos, como parte del programa del Orden Mundial. La intención es empobrecerlos y aterrorizarlos, para que se vuelvan impotentes e incapaces de organizarse para resistir el Orden Mundial. Es el programa de *1984*.

Aunque planearan lo contrario, los cinco amos del Orden Mundial han creado ahora una situación que debe llevar a una guerra mundial, a un colapso económico mundial, o a ambas cosas. La acumulación de treinta años de la Unión Soviética como el próximo oponente en un conflicto mundial en curso fue señalada por Srully Blotnick en la revista *Forbes*, el 7 de noviembre de 1983:

> "Un rico abogado neoyorquino cuyo portafolio contenía importantes participaciones de McDonnell Douglas, Raytheon y General Dynamics, comentó: 'Me molesta incluso pensar qué pasaría si los rusos decidieran llevarnos a nuestra solución del 5% anual para la carrera armamentista. Una vez que comencemos a desmantelar nuestras armas estratégicas, las reservas de defensa harán que el grupo hitech parezca estable en comparación. La pérdida del 60% que sufrí en mi sistema informático Fortune podría ser un indicio de lo que vendrá."

La Orden Mundial no tiene ningún programa religioso, político o económico, excepto la esclavitud mundial. Sólo sometiendo toda oposición potencial puede el parásito garantizar su posición de alojamiento en el huésped. El Orden Mundial establece innumerables grupos para promover cualquier tipo de idea, y luego establece otros grupos para oponerse fanáticamente a ellos, pero los amos no tienen dedicación a nada excepto a la esclavitud. Como R.E. McMaster escribió en *The Reaper*,

> "El objetivo del comunismo internacional no es destruir el capitalismo occidental de la deuda internacional. El objetivo del comunismo internacional es esclavizar a la humanidad a instancias del capitalismo occidental de la deuda internacional."

Esto es todo lo que puedes saber sobre la situación actual del mundo, y es todo lo que necesitas saber.

En 1985, en la impresión inicial de *El Orden Mundial*, planteé una teoría del peor caso para la economía estadounidense, casi totalmente dependiente de la "amenaza soviética", una revolución rusa significaría el colapso de la economía estadounidense. En 1992, hemos visto el colapso del Imperio Soviético, y la economía de los EE.UU. está en ruinas. Por supuesto, los funcionarios de la liga de Bush están tratando frenéticamente de convencer a los estadounidenses de que no hay ninguna conexión entre los dos acontecimientos. De hecho, el Imperio Soviético es el imperio que nunca fue. Hubo un Imperio Ruso, bajo los Romanov, pero después del mayor atraco de la historia, cuando el hombre más rico del mundo, el Zar Nicolás, fue robado, y él y su familia asesinados por matones que se llamaban a sí mismos "comunistas", una tremenda campaña de propaganda, ayudada e instigada por la prensa conservadora del mundo, ha tratado de convencernos de que el comunismo existe, y que el Imperio Soviético existe. He detallado el apoyo financiero y de otro tipo dado a los "soviéticos" por los americanos, y sobre todo, por el contribuyente americano, de forma continuada desde 1917 hasta hoy. El Presidente Bush está ahora dando palos de ciego por cientos de miles de millones de ayuda adicional a Rusia. Esto no es nada nuevo. Está continuando la tradición establecida por su abuelo y nombre, George Herbert Walker, cuando se convirtió en director de American International Corp. una empresa de Wall Street creada para financiar la Revolución Bolchevique. ¿Qué pasó realmente en Rusia en 1917? A través de los actos furtivos de los agentes del Servicio Secreto de Inteligencia Británico en Moscú, el gobierno de Romanov fue derrocado, y se instaló un gobierno provincial. En 1917, Rusia se unió a los Estados Unidos como una colonia del Banco de Inglaterra. La fortuna del Zar fue usada, entre otras cosas, para comprar las acciones de los Bancos de la Reserva Federal por 144.000.000 de dólares. Hoy en día, los propietarios legítimos de esas acciones son los herederos de los Romanov. George Orwell imaginó el mundo de *1984*, en el que dos potencias rivales mantenían una hostilidad perpetua y la ley marcial pero nunca entraron en guerra entre sí. *1984* continuó en vigor hasta que un jugador, los Estados Unidos, se debilitó y ya no pudo permitirse subvencionar a su rival. Lo que sucedió con la amenaza comunista mundial fue que el contribuyente estadounidense, saqueado y traicionado por los secuaces del

Orden Mundial, ya no podía permitirse pagar el comunismo en Rusia.

La farsa estuvo a punto de colapsar durante el episodio de Burgess-MacLean, cuando estos agentes británicos "desertaron" a Rusia. Fueron seguidos por su controlador, Kim Philby, quien se convirtió en Teniente General de la KGB. Este episodio casi expuso el trasfondo del escenario, en el que el SIS británico, el Mossad, la KGB y la CIA, habitaban una tierra de hadas propia, y en la que nunca se permitió que la dura realidad se inmiscuyera. ¿Por qué estos financistas se permitieron esta farsa? Por una razón económica muy simple. Desde 1917, la enorme riqueza y productividad potencial del pueblo ruso ha sido ocultada al mundo. Un gran rival ha sido esposado y condenado a prisión. El problema al que se enfrentan ahora los conspiradores del mundo es cómo pueden seguir reteniendo a Rusia.

Una de las razones por las que esta farsa duró tanto tiempo en la Gran Vía Blanca fue la diligencia de la CIA en promover una imagen falsa de Rusia. Ahora sabemos que la economía rusa nunca fue más de una décima parte de las cifras anuales proporcionadas a nuestros funcionarios por la CIA. Escritores financieros como Henry Rowen y Charles Wolf, que argumentaban que la producción soviética era menos de un tercio de la de los Estados Unidos, fueron gritados por los estadísticos de la CIA. Cuando Rusia mostró signos de colapso, los líderes del Orden Mundial fueron llevados a Moscú para apuntalar las ruinas. El propio Presidente Bush hizo repetidos viajes a Rusia para la Comisión Trilateral, para preservar la dictadura soviética. En Kiev, el 1 de agosto de 1991, Bush exhortó a los ucranianos a ser buenos ciudadanos soviéticos, "porque la Unión Soviética se estaba reformando a sí misma". "Dieciocho días después, se derrumbó. Hasta aquí los deseos de la Comisión Trilateral. La pasión de George Bush por Gorbachov no puede ocultar el hecho histórico de que el "imperio del mal" no existió nunca entre 1917 y 1990 y que sobrevivió gracias a los regalos de Washington, que fueron exigidos al contribuyente estadounidense. Cuando los Estados Unidos entraron en recesión, la Rusia soviética se derrumbó.

El presidente Bush hizo tantos viajes a Rusia para salvar al régimen soviético de la KGB que se enfrenta a graves problemas para ganar la reelección en su propio país. Durante muchos meses, Bush se dedicó a mantener a Gorbachov en el poder como protector de la KGB del Orden Mundial. Mientras Bush se burlaba de Boris Yeltsin, y lo desairaba públicamente, elogiaba profusamente a Gorbachov, señalando en su discurso a la nación, el 26 de diciembre de 1991,

"Quisiera expresar mi gratitud a Mikhail Gorbachov por los años de compromiso sostenido con la paz mundial y por su intelecto, visión y coraje."

Bush había sido citado en el *USA Today* el 30 de octubre de 1991, como tranquilizador de Gorbachov, que diariamente se enfrentaba a la expulsión en Rusia, de que "Todavía eres el amo". El pueblo ruso ignoró la recomendación trilateral de Bush y eligió a Yeltsin.

El mismo Yeltsin fue rápidamente asediado por aspirantes a agentes del Orden Mundial. Trotskistas envejecidos y desacreditados se arrastraron fuera de la carpintería, gritando que aún eran figuras importantes. El *Washington Post* nombró a algunos de sus aspirantes a agentes americanos como Allen Weinstein, que se describe a sí mismo como "el hombre de Yeltsin en Washington"; un número de refugiados de la Institución Hoover en Palo Alto; y un operador de tranvías de Washington, D.C. llamado O. Roy Chalk.

CAPÍTULO CUATRO

FRANKLIN D. ROOSEVELT

El Crash de 1929 y la depresión resultante han sido exhaustivamente cubiertos en un trabajo anterior (Secrets *of the Federal Reserve*[2], 1983). Roosevelt fue elegido presidente en 1932 en una campaña que ignoró las conexiones de Hoover con Rothschild y su historial de la Primera Guerra Mundial. En cambio, Roosevelt culpó a Hoover por una depresión que había sido establecida por el Banco de Inglaterra. Hoover afirma en sus *memorias*,

"En respuesta a la declaración de Roosevelt de que yo era responsable de la orgía de especulación, consideré durante algún tiempo si debía exponer la responsabilidad de la Junta de la Reserva Federal por sus políticas deliberadas de inflación de 1925-28 bajo influencia europea, y mi oposición a estas políticas."

Hoover permaneció en silencio, y fue expulsado de la oficina. Más tarde llamó a la "planificación económica" de Gerard Swope para el New Deal como "el patrón preciso del fascismo". "The New Dealers". por un observador no oficial, Literary Guild 1934, señaló que el New Deal incluía a W.A. Harriman, administrador a cargo de la industria pesada, y a su hermana, Mary Rumsey , quien apoyaba a *Newsweek* con Vincent Astor, y al *semanario New Deal*, Today. "Observer" también señaló que el Coronel House era el estadista más antiguo detrás del New Deal, y que

---

[2] *Los Secretos de la Reserva Federal*, Eustace Mullins, Omnia Veritas Ltd, www.omnia-veritas.com.

House sólo había apoyado a dos candidatos presidenciales, Wilson y FDR. Roosevelt continuó las políticas de Wilson (en realidad las políticas de la Cámara esbozadas en *Philip Dru, Administrador*), con el mismo personal, y terminó como Wilson, involucrando a América en otra Guerra Mundial. El observador afirma que el apartamento del Coronel House en Nueva York estaba a sólo dos cuadras de la casa de Roosevelt en la calle E. 65 en Nueva York, y que la Casa fue vista allí casi todos los días en 1932. También visitó a Roosevelt en Nueva Inglaterra y en el yate Roosevelt.

El Consejo de Relaciones Exteriores había comprado un edificio de la sede en el 45 E. 65th St., al lado de la mansión de Franklin. Con la elección de Roosevelt en 1933, los ociosos ricos del Orden Mundial se amontonaron en Washington para divertirse con los programas de gobierno. Ray Tucker informó en la revista *Collier's,*

> "Washington se transformó de una plácida y tranquila ciudad sureña, con caras y costumbres congeladas, en un centro metropolitano alegre, alegre y sofisticado."

El uso de "gay" por parte de Tucker resultó muy profético. Arthur Krock del *New York Times* escribió,

> "Son un grupo alegre, los New Dealers. Les gusta cantar y bailar y beber mucho."

Unos años más tarde, Washington tenía la mayor cantidad de consumo de alcohol per cápita de los Estados Unidos. Con la multitud del Orden Mundial llegaron sus aliados, los comunistas. Harold Ware, hijo de Ella Reeve B loor, el veterano agitador comunista, vino a Washington para organizar la infame célula de Harold Ware entre los empleados del gobierno, había pasado varios años en la Unión Soviética, y había regresado a los EE.UU. con asignaciones personales de Lenin. La célula se reunió en el estudio de música de su hermana en la avenida Connecticut. Como una señal de los tiempos, el Departamento de Agricultura emitió un fallo oficial que

> "Un hombre al servicio del Gobierno tiene tanto derecho a ser miembro del Partido Comunista como a ser miembro del Partido Demócrata o Republicano."

Para consolidar el poder de Roosevelt, sus partidarios utilizaron el típico esquema de Orden Mundial - establecieron su "oposición". En agosto de 1934, los principales arquitectos y financieros de su New Deal formaron la Liga de la Libertad, caracterizada inmediatamente como una organización de "extrema derecha". Pierre e Irenee DuPont aportaron 325.000 dólares para ello. La Liga también fue financiada por J.P. Morgan, los Rockefeller, J. Howard Pew y William J. Knudsen (¡quien más tarde fue nombrado por FDR para un importante cargo!). Los partidarios de la Liga de la Libertad, que estaban muy ocupados denunciando a Roosevelt y a su personal como "comunistas", lo que muchos de ellos hacían, eran también los organizadores de la Corporación Internacional Americana, que se había formado para evitar el colapso de la economía de la Unión Soviética. La Liga de la Libertad acorraló con éxito a los oponentes de FDR y los calificó de "locos de la derecha". Roosevelt tuvo la oportunidad de despotricar contra su oposición como "monárquicos económicos", "la vieja guardia" y "príncipes de privilegios". Gerald L.K. Smith fue entonces traído al cuadro, para calificar la oposición de Roosevelt como "antisemita". La estratagema funcionó desde 1934 hasta las elecciones de 1936, cuando destruyó efectivamente la campaña de Landon. No se organizó ninguna oposición política efectiva contra Roosevelt durante el resto de su vida en el cargo. Fue uno de los engaños políticos más exitosos de la historia de América. Roosevelt casó a su hijo con una heredera de la dinastía DuPont. En el mismo momento en que Eugene DuPont, primo de Pierre, era uno de los miembros más activos de la Liga de la Libertad, F.D. Roosevelt Jr. cortejaba a su hija, Ethel! Se casaron el 28 de junio de 1937, en lo que la revista Time llamó la "Boda del Año", presidida por el Dr. Endicott Peabody. La pareja apareció en la portada de la revista Time, los únicos recién casados que lo hicieron.

Estas medidas eran necesarias porque los partidarios de FDR planeaban involucrar a los EE.UU. en la Segunda Guerra Mundial. Cualquier oposición política popular a Roosevelt podría haberle barrido del cargo en 1940, justo cuando se le necesitaba para provocar el ataque a Pearl Harbor. En la mañana de Pearl Harbor, el general Marshall, su jefe de personal, se reunió en secreto con Maxim Litvinoff (casado con Ivy Low de

Inglaterra), para asegurar a los rusos que todo iba según lo previsto. Marshall testificó más tarde ante el Congreso que "no podía recordar" dónde estaba el día de Pearl Harbor.

El "conflicto controlado" estaba en camino. Jacques Rueff señala que Schacht no inventó la política monetaria de Hitler, sino que fue impuesta a Alemania "por los acreedores americanos y británicos para financiar los preparativos de la guerra y finalmente desatar la guerra misma" (*Los pecados monetarios de Occidente*). Rueff también señala que el Acuerdo de Parálisis de 1931 que permitía a Alemania una moratoria de las deudas de guerra hasta los años 30 fue un pacto amistoso entre las sucursales de Londres, Nueva York y Alemania de las casas de Warburg y Schroder. Max Warburg permaneció como diputado de Schacht en el Reichsbank hasta 1938; Kurt von Schroder se convirtió entonces en su diputado. (El padre de Schacht había sido agente en Berlín de la Equitable *Life* Insurance Co. de Nueva York.) Los impuestos industriales para Hitler (el Círculo de Amigos) fueron pagados al Banco Schroder.

A lo largo de la década de 1930, Hitler fue engañado para que perseverara en su deseo de amistad con Inglaterra, una alianza originalmente propuesta conjuntamente por Theodore Roosevelt y el Kaiser en 1898 entre las tres potencias nórdicas, Inglaterra, Alemania y Estados Unidos. Los Schroders aseguraron a Hitler que su hermandad anglo-alemana en Inglaterra era cien veces más influyente de lo que realmente era. Con figuras como los Astors y los Chamberlain apoyando la relación con Alemania, Hitler se convenció de que la guerra con Inglaterra era imposible. En 1933 había anunciado su descubrimiento de que Marx, Lenin y Stalin habían dicho que antes de que el comunismo internacional pudiera triunfar, Inglaterra y su Imperio debían ser destruidos. "Estoy dispuesto a ayudar a defender el Imperio Británico por la fuerza si se me pide", declaró. En 1936, Hitler organizó reuniones entre diplomáticos ingleses y alemanes, pero el resultado deseado nunca se alcanzó, ya que los británicos sólo tenían un objetivo, adormecer a Hitler en una sensación de falsa seguridad hasta que pudieran declarar la guerra contra él.

Para atraer a Hitler a la Segunda Guerra Mundial, era necesario garantizarle un suministro adecuado de necesidades como rodamientos y aceite. Jacob Wallenberg del Banco Enskilda de Suecia, que controlaba la gigantesca planta de rodamientos de SKF, proporcionó rodamientos a los nazis durante la guerra. Los cañones antiaéreos que enviaban fuego antiaéreo contra las tripulaciones aéreas americanas activaban los rodamientos de bolas de SKF. Su planta americana, SKF de Filadelfia, fue puesta repetidamente en la Lista Proclamada, y cada vez, Dean Acheson la eliminó.

El presidente William S. Farish de la Standard Oil reabasteció de combustible a barcos y submarinos nazis a través de estaciones en España y América Latina. Cuando la Reina Isabel llegó recientemente a los EE.UU., la única familia que visitó fue la de los Farish. Durante la guerra, los británicos pagaron regalías a Ethyl Standard Corp. por la gasolina usada por los bombarderos alemanes que estaban destruyendo Londres. El dinero fue depositado en cuentas bancarias de los Farneses hasta después de la guerra. I. G. Farben fue organizado por los Warburgs en 1925 como una fusión entre seis gigantescas compañías químicas alemanas, Badische Anilin, Bayer, Agfa, Hoechst, Welierter-Meer, y GriesheimElektron. Max Warburg fue director de I. G. Farben, Alemania, e I. G. Chemie, Suiza. El estadounidense I. G. Farben estaba controlado por su hermano, Paul, arquitecto del Sistema de la Reserva Federal, Walter Teagle de Standard Oil, y Charles Mitchell del National City Bank. Justo antes de que estallara la Segunda Guerra Mundial, Ethyl-Standard envió 500 toneladas de plomo etílico al Ministerio del Aire del Reich a través de I. G. Farben, con el pago asegurado mediante una carta de Brown Bros. Harriman fechada el 21 de septiembre de 1938.

Durante la Segunda Guerra Mundial, las sucursales parisinas de J.P. Morgan y el Banco Nacional Chase siguieron haciendo negocios como de costumbre. Al final de la guerra, las autoridades de ocupación emitieron repetidamente órdenes de desmantelar I. G. Farben, pero fueron contrarrestadas por el general William Draper de Dillon Read, que había financiado el rearme alemán en la década de 1920.

Winston Churchill comentó sobre este "conflicto controlado" en 1945, justo antes de que terminara, "Nunca hubo una guerra más fácil de detener. " (citado en el *Washington Post* el 11 de junio de 1984). La única dificultad real se había encontrado en el inicio de la misma. Churchill logró prolongar la guerra por lo menos un año al derrotar el plan del General Wedemeyer de cruzar el Canal de la Mancha en 1943, y al embarcarse en su ruinoso giro norteafricano-siciliano, una repetición de su desastrosa campaña de Gallipoli de la Primera Guerra Mundial. *La vida* reveló el 9 de abril de 1951 que Eisenhower había comunicado por radio a Stalin, a través de la Misión Militar de EE.UU. en Moscú, su plan de detenerse en el Elba y permitir a los rusos tomar Berlín. El mensaje había sido escrito por el asesor político de Ike, John Wheeler Bennett de la RIIA, recibido por W. Averell Harriman, y entregado a Stalin. En Washington, el general Marshall aseguró al presidente Truman que estábamos "obligados" a permitir que los rusos tomaran Berlín. El senador Joseph McCarthy llamó más tarde a Marshall "una mentira viviente".

El pueblo alemán conquistado fue sistemáticamente saqueado y gobernado sin piedad por las potencias ocupantes. Henry Kissinger, John J. McCloy (yerno de un socio de J.P. Morgan), Benjamin Buttenweiser, socio de Kuhn, Loeb & Co. (su esposa fue la abogada de Alger Hiss en su juicio por perjurio), y otros operativos de Rothschild descendieron como langostas sobre la nación postrada. La ayuda a la Rusia soviética continuó bajo la apariencia del Plan Marshall, una repetición de la Comisión de Ayuda Belga de Hoover en la Primera Guerra Mundial. El Plan Marshall se originó como un estudio especial de David Rockefeller para el Consejo de Relaciones Exteriores, "Reconstrucción de Europa Occidental" completado en 1947. Fue rebautizado como el "Plan Marshall" y anunciado como una gran contribución a la "democracia en Europa". (Fideicomiso Imperial de Cerebros). W. Averell Harriman se instaló en la mansión parisina de los Rothschild, Hotel Talleyrand, como jefe del Plan Marshall.

Los victoriosos Rothschild consolidaron su control de los sistemas monetarios mundiales por el pacto de Bretton Woods, una réplica de la carta del Banco de Inglaterra. Proporcionaba inmunidad frente al proceso judicial, sus archivos eran inviolables y no estaban sujetos a la inspección de los tribunales o del Congreso; no se podía gravar con impuestos ningún dividendo de seguridad o interés del Fondo; todos los funcionarios y el personal eran inmunes a los procesos judiciales. El pacto saqueó sistemáticamente a Europa occidental y a los Estados Unidos. El 3 de abril de 1984, AP informó de que las inversiones "británicas" en los Estados Unidos ascendían ahora a 115.000 millones de dólares y que los británicos poseían 28.000 millones de dólares en activos bancarios estadounidenses. Al menos un senador estadounidense es miembro de la aristocracia británica, Malcolm Wallop, (R. Wyo.) hijo del Honorable Oliver Wallop, cuyo hermano es el Conde de Portsmouth (creado en 1743). La hermana del senador Wallop, Lady Porchester, se casó con Lord Porchester, hijo del Conde de Carnarvon. Lord Porchester es el Maestro de Caballería de la Reina, y su Director de Carreras.

Lord Carrington, durante muchos años Ministro de Asuntos Exteriores británico, es ahora socio de Henry Kissinger en Kissinger Associates, y fue recientemente nombrado jefe de la OTAN. Es chmn del GE chmn Australian New Zealand Bank, director de Rio Tinto, Barclay's Bank, Cadbury Schweppes, Amalgamated Metal, British Metal, y Hambros Bank. Su madre era la hija del Vizconde Colville, que fue secretario de finanzas del tesoro 1936-38. Richard Davis señala en *The English Rothschilds* que Lionel Rothschild era un visitante frecuente en la casa de Lord Carrington en Whitehall. De hecho, Lord Carrington estaba relacionado con la familia Rothschild por matrimonio. El primer Lord Carrington fue Archibald Primrose. Su hijo se convirtió en el Vizconde Rosebery. El 5° Conde Rosebery se casó con Hannah Rothschild, hija de Mayer, en 1878. Fue regalada por Disraeli.

La Segunda Guerra Mundial puso a los pueblos del mundo en manos del Orden Mundial, con el resultado previsible de que han sido sistemáticamente despojados, aterrorizados, oprimidos y masacrados en otros "conflictos gestionados", entre los que destaca la Guerra de Vietnam, en la que niños estadounidenses con poco o ningún entrenamiento de combate fueron enviados a la batalla contra las altamente entrenadas tropas guerrilleras de Ho Chi Minh y el General Giap, tropas comunistas cuyos líderes habían sido entrenados intensamente por el equipo especial de la OSS de los ciervos.

Los Rothschild gobiernan los Estados Unidos a través de sus fundaciones, el Consejo de Relaciones Exteriores, y el Sistema de la Reserva Federal, sin que su poder se vea seriamente desafiado. Rutinariamente se llevan a cabo costosas "campañas políticas", con candidatos cuidadosamente seleccionados que se comprometen con el programa del Orden Mundial. Si se desvían del programa, tendrían un "accidente", serían incriminados por un cargo de sexo, o acusados de alguna irregularidad financiera. El Senador Moynihan declaró en su libro, *Lealtades*, "Un amigo británico, sabio en los caminos del mundo, lo puso así: 'Ahora están en la página 16 del Plan'." Moynihan prudentemente no preguntó qué traería la página 17.

El ciudadano americano trabaja duro y paga impuestos, sin saber que en cualquier momento los gobernantes secretos, que operan a través de la Junta de la Reserva Federal, pueden dictar un fallo monetario que lo pondrá en una deuda onerosa o lo llevará a la bancarrota. Gary Allen escribe en *American Opinion*, el 7 de octubre de 1979,

> "Sea lo que sea que el futuro nos depare, podemos apostar que será inestable con grandes oscilaciones en el valor del dólar y los metales preciosos. Mientras los patrocinadores de Volcker sepan de antemano cuáles serán sus políticas, ganarán mucho dinero."

Esta predicción exacta fue seguida por un 20% de interés y un 25% de inflación.

Businessweek, 20 de febrero de 1984, declaró,

> "El peor mercado para los comerciantes es el estable. Los bancos de inversión tienen ahora un interés más grande que nunca en la inestabilidad del mercado. Pueden acumular enormes ganancias adivinando las rápidas y amplias oscilaciones de las ganancias, los precios y las tasas de interés."

Es obvio que pueden acumular "enormes beneficios" si saben de antemano cuáles serán las decisiones monetarias. Cualquiera que crea seriamente que nadie sabe de antemano cuáles serán las decisiones de la Reserva Federal es demasiado ingenuo como para dejarlo salir por su cuenta; cualquiera que crea que no hay nadie que pueda decirle a la Junta de la Reserva Federal cuáles serán sus políticas está aún más fuera de la realidad. Mucha gente creía que Lord Montagu Norman dirigió el Banco de Inglaterra como un espectáculo de un solo hombre durante treinta años, mostrando que algunas personas creerán cualquier cosa. A. Craig Copetas escribe en *Harper's*, enero de 1984,

"Cómo hacen negocios los bárbaros" sobre los 2.000 comerciantes de la Bolsa de Metales de Londres, que viendo a esta gente objetivamente, "te quedas con un simple comerciante de chatarra - un hombre de trapos y huesos, como los británicos llaman a sus comerciantes de chatarra."

Son los hombres de trapo y hueso los que dirigen las economías del mundo de arriba a abajo como una persiana, y se benefician generosamente de cada movimiento de los mercados.

Carter Field anota en su biografía de Baruch,

"Baruch salió del mercado justo antes del choque. ¿Pero qué hizo que Baruch vendiera acciones y comprara exenciones de impuestos en un momento tan favorable?"

El campo no ofrece ninguna respuesta. Norman Dodd, que entonces estaba en Bankers Trust, afirma que Henry Morgenthau entró en Bankers Trust unos días antes del Crash, y ordenó a los oficiales que cerraran todos los valores de sus fideicomisos, 60 millones de dólares, en tres días. Los oficiales trataron de protestar con él, señalando que si los vendía durante un período de semanas, obtendría beneficios mucho mayores, tal vez cinco millones de dólares más que si se deshacían de ellos con tan poco tiempo de antelación. Morgenthau se puso furioso, gritándoles: "¡No he venido a discutir con vosotros! ¡Haz lo que te digo! "El Viernes Negro ocurrió dentro de la semana.

El 30 de mayo de 1936, *Newsweek* escribió acerca de un nombrado por Roosevelt a la Junta de la Reserva Federal, Ralph W. Morrison,

"Vendió sus acciones de utilidad de Texas a Insull por diez millones de dólares, y en 1929 convocó una reunión y ordenó a sus bancos que cerraran toda la seguridad. Como resultado, atravesaron la depresión con gran éxito."

Los iniciados llegan "con gran éxito", mientras que millones de víctimas son arruinadas, destruidas por fuerzas que se niegan a creer en su existencia. Desconsolación, pérdidas de casas y negocios, averías, suicidios, destrucción de familias, estos son los resultados de las políticas económicas del Orden Mundial iniciadas y llevadas a cabo por "los hombres de trapo y hueso".

A través de su mando monetario de la Junta de la Reserva Federal, el Orden Mundial determina el resultado de las elecciones americanas. Un comentarista de noticias señaló recientemente que Paul Volcker determinaría si Reagan sería reelegido. En 1980, la Junta de la Reserva Federal deliberadamente derrotó a Carter y eligió a Reagan. Otto Eckstein señaló en *U.S. News*, el 5 de septiembre de 1983, que la tasa preferencial alcanzó el 21,5% a finales de 1980, creando una recesión en un año electoral. Eckstein, jefe de Recursos de Datos en Lexington, Mass. (que más tarde murió repentinamente), dijo,

"La Reserva Federal nunca antes había hecho tal movimiento."

Un crítico señaló que Volcker ha aumentado los tipos de interés, lo que perjudica a las acciones de los Estados Unidos, haciendo que los instrumentos monetarios estadounidenses a corto plazo sean más deseables que a largo plazo, y provocando la propia inestabilidad de los flujos de capital extranjero que dice temer. Gordon Thether escribe en el London *Financial Times,*

"En toda la historia, puede haber menos casos de un hombre que haya infligido un daño mayor a los intereses de sus semejantes que el que Volcker ha hecho con la 'negligencia benigna' y sus demasiadas manifestaciones malignas - no la primera de las cuales es la mal concebida campaña de desmonetización del oro en la que Washington ha participado desde finales de los años 60. Los tipos de interés aumentan cuando el oro no respalda la moneda."

A través del Fondo de Oro de Londres, el Sistema de la Reserva Federal y el Tesoro de los EE.UU. se deshizo del oro americano al precio de 35 dólares la onza, una décima parte de su valor actual, robando al público americano miles de millones de dólares. El 24 de julio de 1969, Volcker autorizó el oro en papel DEG, Derechos Especiales de Giro, para reemplazar el oro en divisas. Luego, triunfantemente comentó a sus compañeros banqueros en París, "Bueno, hemos lanzado esta cosa. "El Secretario del Tesoro Connally entonces sacó a la Administración Nixon del oro, devaluando el dólar en agosto de 1971.

El 17 de julio de 1984, Jack Anderson describió al Comité Federal de Mercado Abierto en el *Washington Post* como "un misterioso consejo de 12", "el enigmático grupo" con "excesivo secreto" que, según Anderson, "influye en las tasas que usted pagará, cuánto dinero estará disponible para que las empresas pidan prestado y si la inflación una vez más se comerá sus ganancias y reducirá el valor de sus cuentas bancarias". "A pesar de la gran importancia de las decisiones de "Volcker", su testimonio ante el Congreso está envuelto en un galimatías; este escritor ha repasado cientos de páginas de su testimonio sin encontrar ni una sola frase citada sobre sus intenciones económicas. El 9 de julio de 1984, Jack Anderson dijo de las reuniones de Volcker con altos funcionarios del Tesoro,

> "Uno de ellos, preguntó si podía recordar algo de lo que Volcker había dicho durante las reuniones de alto nivel, pensó un momento y respondió: 'No puedo recordar nada de lo que dijo que yo entendiera'."

El senador Moynihan señaló en la *Nueva República*, el 31 de diciembre de 1983,

> "La Reserva Federal no controla el suministro de dinero preciso y no puede determinar con precisión los tipos de interés. Pero puede establecer la dirección y el rango para ambos, y esto es lo que hizo. Cualquiera que tratara de disentir fue golpeado. Sus dos docenas de banqueros centrales decidieron arruinar la economía, y lo hicieron."

Paul Craig Roberts escribe en *Businessweek*, 27 de febrero de 1984,

> "Sean cuales sean las intenciones de Volcker, los datos empíricos muestran que ha habido una desaceleración en el

crecimiento del dinero desde la primavera pasada y que la Reserva Federal ha estado usando operaciones de mercado abierto para mantener los tipos de interés altos... Lo que preocupa a los mercados financieros es el eclipse de las políticas de Reagan por las de Volcker. El resultado más probable será el aumento de los impuestos y el incremento de los déficits."

Sin embargo, la prensa y los demócratas atacan a Reagan como responsable del déficit, sobre el que no tiene control, y que Volcker crea.

El *New York Times* declaró que quienquiera que ganara las elecciones en noviembre de 1984, ya se ha decidido que los impuestos se incrementarán en 100.000 millones de dólares. Una vez más, ¿por qué elegir a funcionarios electos que no tienen influencia en los asuntos económicos? Brunner recientemente entrevistó a Walter Wriston, jefe retirado del Citibank, quien dijo,

"He revisado las acciones de la Reserva Federal durante los últimos quince años en detalle - la Reserva Federal ha ejercido una influencia maligna en la economía de este país. Su interferencia en los mercados financieros de América durante la última década ha dado lugar a un crecimiento monetario persistentemente excesivo, a una inflación que ha socavado la fortaleza financiera de las empresas estadounidenses debido a la inflación combinada y a las tasas impositivas excesivas, y a una deuda récord."

Forbes señaló el 20 de junio de 1983 en una historia sobre "Tony" Solomon,

"Salomón puede ser el hombre más importante del Sistema de la Reserva Federal después del presidente, y lo que dice y hace tiene un efecto sobre todos nosotros."

Tal vez nunca has oído hablar de "Tony" Solomon. Ciertamente nunca lo has votado para ningún cargo, pero lo que dice y hace tiene un efecto sobre todos nosotros. Es el presidente del Banco de la Reserva Federal de Nueva York, un puesto que antes ocupaba Paul Volcker. Este banco representa el mercado monetario de Nueva York en el Sistema de la Reserva Federal.

El 53% de sus acciones están en manos de cinco bancos neoyorquinos cuya influencia controladora es la Casa de Rothschild de Londres. El presidente de la FRBNY se sienta permanentemente en el FOMC a la derecha del presidente de la Junta de Gobernadores. El artículo 12 de la Ley de la Reserva Federal de 1913 dispone que cinco representantes de los 12 bancos de la Reserva Federal deben rotar en el FOMC. Esto fue enmendado discretamente en agosto de 1943, cuando la Segunda Guerra Mundial estaba en pleno apogeo, para que dijera "uno elegido anualmente por la junta de directores del Banco de la Reserva Federal de Nueva York" en lugar de la disposición de que "uno debe ser elegido anualmente por las juntas de directores de los Bancos de la Reserva Federal de Boston y Nueva York". La FRBNY es ahora el único Banco de la Reserva Federal con un asiento permanente en el FOMC. El público americano nunca fue informado de este cambio.

CAPÍTULO CINCO

EL NEGOCIO EN AMÉRICA

J ohn Moody, autor de muchas obras de referencia sobre las finanzas americanas, declaró en la revista de *McClure*, agosto de 1911, "Los siete hombres",

"Siete hombres en Wall Street controlan ahora una gran parte de la industria fundamental y los recursos de los Estados Unidos. Tres de los siete hombres, J.P. Morgan, James Stillman y George F. Baker, jefe del First National Bank de Nueva York, pertenecen al llamado grupo Morgan; cuatro de ellos, John D. y William Rockefeller, James Stillman, jefe del National City Bank, y Jacob H. Schiff de la empresa bancaria privada de Kuhn, Loeb Co. , al llamado grupo Standard Oil National City Bank la máquina central de capital extiende su control sobre los EE.UU.. El proceso no sólo es económicamente lógico, sino que ahora es prácticamente automático."

Lo que era cierto en 1911 lo es aún más en 1984; los siete hombres son ahora, como entonces, meramente agentes americanos para los intereses de Londres. En 1919, Moody escribió en *Masters of Capital,*

"Todos los grandes banqueros comenzaron como comerciantes de productos secos, incluyendo a Junius S. Morgan. Beebe Morgan era una casa de productos secos. J.M. Beebe Co. de Boston hizo socio a Junius S. Morgan. Junius Morgan fue invitado más tarde a unirse a George Peabody & Co. de Londres, que se encargaba de la mayor parte del comercio de acciones americanas de la Casa de Rothschild. El hijo de Junius Morgan, J.P. Morgan, cambió más tarde el nombre de la firma a J.P. Morgan & Co. pero continuó siendo uno de los tres representantes de la Casa de Rothschild en EE.UU., los otros son Kuhn, Loeb & Co. y August Belmont."

El grupo Morgan y el grupo del National City Bank celebraron una reunión secreta en la isla de Jekyll, Georgia, la semana del 22 de noviembre de 1910 para consolidar su poder financiero. Estuvieron presentes el senador Nelson Aldrich (su hija se casó con John D. Rockefeller Jr.), su secretario privado, Shelton, A. Piatt Andrew, secretario adjunto del Tesoro, Frank Vanderlip, presidente del National City Bank, Henry P. Davison, mano derecha de J.P. Morgan, Charles D. Norton, presidente de la Cámara de Comercio. First National Bank of New York, Benjamin Strong of Liberty Natl. Bank (más tarde se casó con la hija del presidente de Bankers Trust, se convirtió en presidente de Bankers Trust y en presidente del Banco de la Reserva Federal de Nueva York) y Paul Warburg, un inmigrante alemán que se había unido a Kuhn, Loeb & Co.

Aunque estos hombres eran los financieros más influyentes de los Estados Unidos, estaban presentes en la isla de Jekyll simplemente como emisarios del barón Alfred Rothschild, quien les había encargado la preparación de una legislación que estableciera un banco central en los Estados Unidos, siguiendo el modelo de las organizaciones bancarias centrales de reserva fraccionaria europeas del Reichsbank, el Banco de Inglaterra y el Banco de Francia, todas ellas controladas por la Casa de Rothschild.

Para promulgar la Ley de la Reserva Federal como ley del país, los banqueros eligieron a Woodrow Wilson como presidente de los Estados Unidos en 1912 dividiendo el Partido Republicano, derrotando al popular William Howard Taft al financiar la maliciosa candidatura de Theodore Roosevelt por el tercer partido Bull Moose. La carrera académica de Wilson en Princeton había sido financiada por regalos de Cleveland H. Dodge, director del National City Bank, y Moses Taylor Pyne, nieto y heredero del fundador del National City Bank. Wilson firmó entonces un acuerdo para no ir a ninguna otra universidad. La Ley de la Reserva Federal fue legislada por el Congreso como el proyecto de ley Glass-Owen, respaldado por dos demócratas, el congresista Carter Glass de Virginia, y el senador Robert

Owen de Oklahoma. Owen fue persuadido de respaldar el proyecto de ley por Samuel Untermeyer, que lo había cultivado mientras actuaba como consejero de la investigación de Pujo Money Trust. Untermeyer halagó a Owen entreteniéndolo en Greystone, su palaciego del río Hudson. Untermeyer afirmaba ser un "demócrata progresista", aunque vivía en un esplendor feudal, empleando a 167 hombres para cuidar su extensión de orquídeas e invernaderos. En Greystone, Owen cenó con Paul Warburg, Bernard Baruch y otros financieros que habían recibido instrucciones para que se aprobara la Ley de la Reserva Federal. Owen, un ex agente indio que sabía poco de finanzas, fue fácilmente persuadido por los pronunciamientos doctrinarios de Paul Warburg sobre "nuestro anticuado sistema bancario", que debe ser puesto a la par con el sistema bancario más moderno de Europa.

Después de que la Ley de la Reserva Federal fuera aprobada por el Congreso y firmada por el Presidente Woodrow Wilson, seis bancos de Nueva York controlados por el grupo Morgan-Standard Oil compraron la participación mayoritaria del Banco de la Reserva Federal de Nueva York, que han mantenido desde entonces. El organigrama del Banco de la Reserva Federal de Nueva York del 19 de mayo de 1914 muestra que de las 203.053 acciones emitidas, el National City Bank se llevó 30.000 acciones; el Morgan-Baker First National Bank se llevó 15.000 acciones. Estos dos bancos se fusionaron en el actual Citibank en 1955, dándoles un cuarto de las acciones del Banco de la Reserva Federal de Nueva York. El Banco Nacional de Comercio, del cual Paul Warburg era un gran accionista, tomó 21.000 acciones; el Banco de Hannover (ahora Manufacturers Hanover, del cual Lord Rothschild es director) tomó 10.200 acciones; el Chase National Bank tomó 6.000 acciones; el Chemical Bank tomó 6.000 acciones. Estos seis bancos en 1914 poseían el 40% de las acciones del Banco de la Reserva Federal de Nueva York. La impresión de los accionistas del Sistema de la Reserva Federal del 26 de julio de 1983 mostró que ahora poseen el 53%, como sigue: Citibank 15%; Chase Manhattan 14%; Morgan Guaranty Trust 9%; Manufacturers Hanover 7%; Chemical Bank 8%. Citicorp Citibank es el No. 1 en tamaño en los EE.UU. El No. 3 es Chase Manhattan con 82 mil millones de dólares en activos;

el No. 4 es Manufacturers Hanover, 64 mil millones de dólares; el No. 5 es J.P. Morgan, 58 mil millones de dólares; No. 6 Chemical Bank. No. 11 es First Chicago, antes First National Bank of Chicago, controlado por los intereses de Baker-Morgan. House Rept. 159362, p. 183 - notas,

"Junto a Baker e Hijo, Morgan & Co. es el mayor accionista de First National (de Nueva York), con 14.500 acciones; Baker y Morgan juntos poseen 40.000 de las 100.000 acciones del First National Bank."

El *New York Times*, 3 de septiembre de 1914, en el momento de la venta de las acciones de la Reserva Federal, mostró a los principales accionistas de estos bancos lo siguiente: National City Bank - 250.000 acciones de las cuales James Stillman poseía 47.498; J.P. Morgan & Co. Ltd., 14.500; W. Rockefeller 10.000; M.T. Pyne 8267; Percy Pyne 8267; J.D. Rockefeller 1750; J.S. Rockefeller 100; W.A. Rockefeller 10; J.P. Morgan Jr. 1000. Banco Nacional de Comercio, 250.000 acciones - George F. Baker 10.000; J.P. Morgan Co. 7800; Mary W. Harriman, (viuda E.H.) 5650; Paul Warburg 3000; Jacob Schiff 1000; J.P. Morgan Jr. 1100. Chase Natl. Bank- George F. Baker 13.408. Banco Nacional de Hannover - James Stillman 4000; William Rockefeller 1540.

Durante un período en el que miles de bancos estadounidenses han quebrado desde 1914, estos bancos, protegidos por su interés en el Banco de la Reserva Federal de Nueva York, han crecido constantemente. Un informe del Senado,

"Interlocking Directorates among the Major U.S. Corporations", un estudio del personal del Comité del Senado sobre Asuntos Gubernamentales, 15 de junio de 1978, muestra que cinco de estos bancos mencionados tenían un total de 470 direcciones entrelazadas en las 130 principales corporaciones de los EE.UU., un promedio de 3,6 directores por cada una de ellas. Este informe masivo es digno de un estudio detallado de cualquiera: sólo podemos dar los totales aquí:

CITICORP	97 direcciones
J.P. MORGAN CO.	99 direcciones

BANCO QUÍMICO	96 direcciones
CHASE MANHATTAN	89 direcciones
FABRICANTES DE HANOVER	89 direcciones
Total	470

Este control centralizado de la industria americana por cinco bancos de Nueva York controlados desde Londres sugiere que en lugar de 130 grandes corporaciones estadounidenses, podemos tener sólo una, que en sí misma es un puesto avanzado de la Conexión de Londres.

A principios del siglo XIX, la Casa de Rothschild estableció una serie de filiales en los Estados Unidos que llevaban el código de identificación de los bancos de la City, o de las empresas de la City, identificándolos como originados en el centro financiero, la City de Londres. El City Bank se estableció en Nueva York en 1812, en la misma sala en la que había operado el Banco de los Estados Unidos hasta que expiró su estatuto. Llamado más tarde el National City Bank, su director durante cincuenta años fue Moses Taylor, cuyo padre había sido un agente confidencial de John Jacob Astor y de la inteligencia británica. Al igual que en la operación Morgan-Peabody, Moses Taylor duplicó su fortuna en el Pánico de 1837 al comprar acciones en el mercado deprimido con capital adelantado por N.M. Rothschild de Londres. Durante el Pánico de 1857, mientras muchos de sus competidores fracasaban, el City Bank prosperó. Moses Taylor compró las acciones en circulación del Ferrocarril Lackawanna de Delaware por 5 dólares la acción durante el pánico. Siete años más tarde, valía 240 dólares por acción. Ahora valía 50 millones de dólares. Su yerno, Percy Pyne, había venido de Londres para trabajar en el City Bank y se casó con la hija de Taylor. Cuando Taylor murió en 1882, dejó 70 millones de dólares. Su yerno, ahora paralítico, se convirtió en presidente del ahora National City Bank. El hermano de John D. Rockefeller, William, invirtió en el banco y convenció a Pyne de que se apartara en 1891 a favor de James Stillman, socio de Rockefeller, para que fuera presidente. El hijo de William se casó con la hija de Stillman, Elsie; su otro hijo, Percy, se casó con la hija de Stillman, Isabelle. James Stillman también tenía una conexión con Londres - su padre, Don

Carlos, había sido un agente de Rothschild en Brownsville, Texas y un exitoso corredor de bloqueo durante la Guerra Civil.

El National City Bank adquirió varias filiales en Nueva York, la National City Co. que más tarde pasó a llamarse City Co. y el City Bank Farmers Trust Co.

El dominio del poder financiero de Morgan-Kuhn Loeb en Nueva York se muestra en un informe del Dow Jones en el *New York Times del* 11 de febrero de 1928, que del total de ofertas de bonos en 1927, J.P. Morgan fue el primero con 502.590.000 dólares; National City Co. fue el segundo con 435.616.000 dólares; Kuhn Loeb fue el tercero con 423.988.000 dólares. El 3 de julio de 1929, el *New York Times* señaló que Charles A. Peabody se había unido a las juntas de National City Co. y del City Bank Farmers Trust. El 4 de agosto de 1932, el New *York Times* declaró que el National City Bank emitiría su propia moneda contra los bonos de EE.UU. que llevaban el poder circulatorio bajo la nueva Ley Federal del Banco de Préstamos para la Vivienda que facultaba al National City Bank a emitir hasta 124 millones de dólares en moneda. El National City Bank se había convertido ahora en un "banco de emisión", una función antes reservada a los bancos centrales. El 8 de junio de 1933, James H. Perkins, chmn National City Bank, anunció que el National City Co. cambiaría su nombre por el de City Co. of New York. El 21 de noviembre de 1933, el National City Bank enumeró 31 filiales, entre ellas el City Bank Farmers Trust, City Co. of New York, City Co. of Massachusetts, 44 Wall St. Co. y Cuban Sugar Plantations Inc.

El 3 de marzo de 1934, el *New York Times* anunció que el Banco de la Ciudad Nacional vendería el Banco Nacional de Haití, una subsidiaria de su propiedad, el 29 de abril de 1934. El *Times* también señaló que el National City Bank había organizado United Aircraft el 2 de febrero de 1934, y que su filial, City Bank Farmers Trust, había celebrado su 112º aniversario el 28 de febrero de 1929.

El 27 de junio de 1934, la City Co. de Nueva York fue designada agente de bonos alemanes en los EE.UU. El 22 de mayo de 1933, la City Co. de Nueva York anunció su fusión con

Brown Bros. Harriman, con Joseph Ripley como presidente de la junta. La compañía pasó por varios cambios de nombre como Brown Harriman Co., Harriman Ripley, y es ahora Brown Bros. Harriman una vez más.

El 4 de marzo de 1934, el general Billy Mitchell, dirigiéndose a la Foreign Policy Association, declaró que el National City Bank y sus filiales controlan la aviación en este país. Allen W. Dulles, presentado como "especialista en asuntos internacionales" anunció que los beneficios de los fabricantes internacionales de municiones eran desmesurados.

El 2 de marzo de 1955, el National City Bank anunció que compraría las acciones del First National Bank por 165 millones de dólares, a razón de 550 dólares por acción (en el auge de 1929, el First National se vendió por 8600 dólares). Algunos analistas del mercado creían que las acciones deberían haber aportado 750 dólares por acción en la venta de 1955, lo que sugería que la familia Baker ya no podía proteger sus intereses. El Citibank resultante se convirtió en el banco más grande de los EE.UU., con una participación mayoritaria en el Banco de la Reserva Federal de Nueva York. El National City Bank había estado en Hong Kong durante ochenta años; tiene un Centro Citibank de 90 millones de dólares allí. En 1983, el 4% de sus beneficios anuales procedían de la operación de Hong Kong, que es el centro del comercio mundial de drogas.

Además de su participación mayoritaria en el Banco de la Reserva Federal de Nueva York, los Rothschild habían desarrollado importantes intereses financieros en otras partes de los Estados Unidos. El informe del Comité de Banca y Moneda de la Cámara de Representantes de mayo de 1976, "Banca Internacional", p. 60, identificó al Grupo de las Cinco Flechas de Rothschild y sus actuales cinco sucursales: N.M. Rothschild & Sons Ltd. Londres; Banque Rothschild, Francia; Banque Lambert, Bélgica; New Court Securities, Nueva York; Pierson, Holding & Co. Ltd., Amsterdam. Estos cinco se combinaron en un solo banco, Rothschild Intercontinental Bank Ltd. El informe del personal de la Cámara revela que Rothschild Intercontinental Bank Ltd. tiene tres filiales principales en Estados Unidos: National City Bank of Cleveland; First City National Bank of

Houston (First City Bancorp); y Seattle First National Bank. Estas filiales de Rothschild se clasificaron en 1983 de la siguiente manera: First City Bancorp Houston, 23° en tamaño en EE.UU., $17 mil millones de activos; National City Corp. de Cleveland, 48° en tamaño en EE.UU., $6,5 mil millones de activos. National City Corporation de Cleveland ha ejercido un papel dominante en la industria y la política del medio oeste durante muchos años; First City Bancorp domina la industria petrolera y pesada de Texas, así como la política de este estado.

En 1900, Cleveland fue el hogar de Marcus Alonzo Hanna (conocido como Mark), el legendario jefe político del Partido Republicano. Dos veces nominó y eligió a un congresista de Ohio, William McKinley, para la presidencia de los EE.UU. Inició el sistema de verificación por el cual los bancos y las empresas debían hacer contribuciones políticas regulares. Hanna fundó dos compañías: M. A. Hanna Co. y Hanna Mining Co., que adquirieron grandes holdings de acero y hierro. En 1953, el presidente Eisenhower nombró a George Humphrey Secretario del Tesoro. Humphrey, presidente de M.A. Hanna Co. , fue también chmn National Steel Co. (recientemente adquirida por Nippon Kokan, una empresa japonesa); director de Sun Life Assurance Co. (Rothschild), Industrial Rayon Corp. el mayor fabricante de cables para neumáticos de automóviles del mundo (L.L. Strauss de Kuhn, Loeb Co. controlaba la empresa; Harry Byrd Jr. también era director. Humphrey también era director del National City Bank de Cleveland. Otros directores de este banco eran C.T. Foster, chmn Standard Oil de Ohio; J. A. Greene, chmn Ohio Telephone Co.; L.L. White, chmn Chicago & St, Louis Rwy; R.A. Weaver, chmn Ferro Corp.; J.B. Ward, Presidente Addressograph Co.; H.B. Kline, Presidente Industrial Rayon Corp.; y William McAfee, director de Standard Oil de Ohio. El National City Bank de Cleveland tiene ahora 6.500 millones de dólares en activos, 8.171 empleados y diecisiete compañías. Recientemente compró el banco de 500 millones de dólares de ingresos, BANCOHIO.

En 1978, el hijo de George Humphrey, Gilbert W. , fue chmn Hanna Mining Co. , director del National City Bank de Cleveland, Sun Life Assurance, National Steel, Massey

Ferguson, General Reinsurance, y St. John del Rey Mining Co. M.A. Hanna Co., la compañía holding, fue liquidada en 1965, y sus activos de 700 millones de dólares se distribuyeron a sus accionistas.

La influencia del National City Bank of Cleveland no se limitaba a las familias Hanna y Humphrey. Como la conexión de Ohio de la Casa de Rothschild, guió las carreras de dos de las familias más conocidas de la nación, los Tafts y los Rockefellers. El banco financió las actividades de la familia Taft en la política y los negocios, la Taft Broadcasting Co. y otras firmas. El éxito de John D. Rockefeller comenzó cuando obtuvo el respaldo del National City Bank de Cleveland para financiar su adquisición de sus competidores en el negocio del petróleo. Debido a que J.P. Morgan y Kuhn, Loeb Co. controlaba el 95% de todo el kilometraje ferroviario en los EE.UU. en la segunda mitad del siglo 19, ofrecieron a Rockefeller descuentos especiales en el envío de petróleo a través de su empresa holding, South Improvement Co. Esto le permitió sub-vender y arruinar a sus competidores. Uno de ellos fue el Sr. Tarbell, cuya hija, Ida Tarbell, escribió más tarde la primera exposición de la Standard Oil y fue llamado "muckraker" por Theodore Roosevelt, un término que rápidamente se introdujo en el lenguaje. Todo el imperio Rockefeller fue financiado por los Rothschild.

Cuando Lincoln Steffens se convirtió en un reportero de Wall Street, entrevistó tanto a J.P. Morgan como a John D. Rockefeller en varias ocasiones. Pronto se dio cuenta de que estos caballeros, aunque poderosos, eran meros testaferros. Observó que

> "Nadie parece preguntarse nunca quién está detrás de los Morgan y los Rockefeller."

¡Nadie más hizo la pregunta, ni nadie la contestó! Steffens sabía que el dinero para sus operaciones venía de otra persona, pero nunca logró rastrearlo.

En febrero de 1930, uno de los pocos artículos sobre los Rothschild que apareció en una revista americana apareció en *Fortune*, que decía,

> "Sólo en un punto importante los Rothschild se equivocaron. Nunca tendrían nada que ver con los Estados

Unidos de América. La imaginación se tambalea ante lo que los Rothschild podrían ser hoy si hubieran gastado en las industrias nacientes de este país la mitad de las sumas que vertieron en la Austria Imperial."

El escritor de *Fortune* no sabía entonces y probablemente nunca supo que los Rothschild siempre han controlado las operaciones de Morgan y Rockefeller, así como los cimientos establecidos por estos testaferros para controlar al pueblo de los Estados Unidos.

Durante el último cuarto de siglo, muchos escritores han publicado alarmantes exposiciones de los Rockefellers y su control de los EE.UU. a través del Consejo de Relaciones Exteriores. En 1950, el *New York Times publicó* un pequeño aviso en una página interior de que L.L. Strauss, un socio de Kuhn, Loeb Co., había sido nombrado asesor financiero de los hermanos Rockefeller. En resumen, todas sus inversiones deben ser aprobadas por un socio de Kuhn, Loeb Co. Siempre ha sido así, comenzando con Jacob Schiff. Strauss ocupó el puesto desde 1950 hasta 1953, cuando pasó a J. Richardson Dilworth. Dilworth, que se casó con Elizabeth Cushing, fue socio de Kuhn, Loeb Co. de 1946 a 1958, cuando se convirtió en director de finanzas de toda la familia Rockefeller, presidiendo todas sus cuentas en el piso 56 del Rockefeller Center. Él mantuvo la posición hasta 1981. Ahora es Presidente de la Junta del Rockefeller Center, director de International Basic Economy Corp. Chrysler, R.H. Macy, Colonial Williamsburg y la Universidad Rockefeller.

El National City Bank de Cleveland sigue dominando la industria y la política del medio oeste. Durante muchos años, su principal bufete de abogados ha sido Jones, Day, Reavis y Pogue of Cleveland. El *Washington Post anunció el* 19 de diciembre de 1983 que este bufete gastaba 9 millones de dólares en espacio de oficinas en Washington para albergar a un personal de 60 abogados, haciendo de este bufete de Cleveland uno de los grupos de presión más potentes de Washington.

Hanna Mining Co., a pesar de sus ingresos relativamente modestos de 333 millones de dólares, ejerce un papel importante, como lo demuestra su junta directiva, que incluye nombres tan distinguidos como Herbert Hoover Jr. (Subsecretario de Estado de Eisenhower & Dulles); Stephen D. Bechtel, chmn del Bechtel Group y director de J.P. Morgan Co.; R.L. Ireland de Brown Bros. Harriman; George F. Bennett, tesorero de la Universidad de Harvard, y Nathan W. Pearson, gerente financiero de la familia Mellon.

A pesar de la imagen de Hollywood de millonarios del petróleo de Texas con cara roja que conducen nuevos Cadillacs, la industria petrolera tejana ha estado dominada durante años por los Rothschild de Londres a través del multimillonario First City National Bank de Houston, y sus cincuenta y siete bancos subsidiarios de Texas. El presidente de First City es James Anderson Elkins Jr., quien es director de Hill Samuel Co. de Londres, uno de los diecisiete bancos mercantiles fundados por el Banco de Inglaterra. Su padre fue presidente de First City, y fundó el bufete de abogados de Texas de Vinson y Elkins, el principal bufete de abogados del First City Bank. Este bufete dominó la política nacional a través de su socio más conocido, John B. Connally, que alcanzó una reputación de "hacedor de reyes" en la política de Texas. Comenzó como asistente administrativo del congresista Lyndon B. Johnson en 1949, luego se convirtió en abogado del millonario del petróleo Sid Richardson, y Perry Bass, 1952-61, Secretario de la Marina 1961, Gobernador de Texas 1963-69; Secretario del Tesoro 1971-72. Fue herido en el asesinato de Kennedy en Dallas. Actualmente es miembro del consejo de administración de la Fundación Andrew Mellon, de la Junta Asesora de Inteligencia Exterior del Presidente y del Comité Asesor sobre la Reforma del Sistema Monetario Internacional. Asesoró a Nixon sobre la devaluación del dólar y la salida del patrón oro en 1971. Ahora es director de Superior Oil, y Falconbridge Nickel Mines Ltd.

James Anderson Elkins es también director de Freeport Minerals, entre cuyos directores se encuentran algunos de los principales nombres de los negocios americanos. Chmn de Freeport es Benno H. Schmidt, director general de J.H. Whitney Co. Schmidt, que se casó con la acaudalada familia Fleischmann - (revista *New Yorker*, etc.) se graduó en Derecho en Harvard en 1941, se convirtió en consejero general de la Junta de Producción de Guerra en Washington en 1941-42, y dirigió la Comisión de Liquidación Extranjera en 1945-46, que dispuso de propiedades por valor de miles de millones de dólares. También es director de la CBS, y de Schlumberger, la enorme empresa de servicios de yacimientos petrolíferos que empezó a operar en 1928 cuando la Unión Soviética le otorgó su primer contrato, se dice que tiene importantes conexiones con la inteligencia anglo-suiza. Otros directores de Freeport Minerals son William McChesney Martin Jr., Presidente de la Junta de la Reserva Federal 1951-1970, ahora director de J.P. Morgan U.S. Steel, Eli Lilly, General Foods, Royal Dutch Shell, IBM, American Express, Riggs National Bank, y Scandinavian Securities (la empresa Wallenberg); Donald S. Perkins, de Morgan Guaranty Trust, revista *Time*; John B. Madden, socio de Brown Bros. Harriman; Godfrey S. Rockefeller; Norborne Berkeley Jr., director de Uniroyal, y Anglo-Energy Ltd.

Otros directores de First City Bancorporation son Anne Armstrong, embajadora de los Estados Unidos en Gran Bretaña 1976-77, co-ministradora de la Campaña Reagan-Bush 1980, directora de General Foods, General Motors, fideicomisaria de la Institución Hoover, Fundación Guggenheim, Consejo Atlántico, Consejo de Relaciones Exteriores, Halliburton Co.; George R. Brown, director de Halliburton - fundó la enorme empresa de contratación Brown & Root, que financió las campañas políticas de Lyndon B. Johnson, recibiendo posteriormente contratos de miles de millones de dólares para construir bases navales y campos de aviación en Vietnam, que ahora son utilizados por la Armada y la Fuerza Aérea Soviéticas. Brown se casó con la familia Pratt, fundó la empresa petrolera Texas Eastern y es director de ITT, TWA y de la Fundación Brown. La asociación Brown-Johnson comenzó en 1940, cuando Johnson consiguió un lucrativo contrato para que Brown & Root construyera una gran base naval en Corpus Christi, Texas; se dijo entonces que cualquier curso elegido por Johnson estaría pavimentado con dinero de Brown & Root. J. Evetts Haley señaló que Brown & Root prosperó con los contratos gubernamentales después de que Johnson los ayudó y rápidamente se convirtió en una operación mundial. En 1940, el Servicio de Impuestos Internos descubrió que grandes contribuciones dadas a Johnson por Brown & Root

y su subsidiaria, Victoria Gravel Co. , hasta 100.000 dólares cada
una, fueron tomadas por Brown & Root como deducciones de
impuestos. Haley afirma,

"Brown & Root controlaban la política de Texas; que L.B.
Johnson controlaba el IRS; que se habían quemado los
registros en el IRS para sacar a Brown del apuro en 1954.
Johnson y Connally entonces recogieron una planta del
gobierno por una pequeña suma que se convirtió en un
gigantesco contratista en tiempos de guerra, la planta de
carbón Sid Richardson en Odessa, Texas. en la que la Sra.
Lyndon B. Johnson tenía un cuarto de interés."

En 1955, Johnson sufrió un importante ataque al corazón en
su camino a la finca palaciega de George Brown en Middleburg
Va.

Como se ha mencionado, Brown es director de Halliburton,
cuyo principal bufete de abogados es también Vinson & Elkins.
En 1981, Halliburton tenía 8.300 millones de dólares de ingresos,
110.398 empleados, y monitorea diariamente la mayoría de los
pozos de petróleo de los Estados Unidos. Además de George
Brown y Anne Armstrong, los directores de Halliburton incluyen
a Lord Polwarth de Escocia, que es Gobernador del Banco de
Escocia, director de Canadian Pacific, Sun Life Assurance Ltd. y
Brown & Root UK, que se interrelaciona con George Wimpey
Ltd. la mayor empresa de construcción de Inglaterra, a través de
Brown & Root Wimpey Highland Fabricators. Lord Polwarth,
Henry Hepbume Scott, es descendiente de James Hepburn, conde
de Bothwell, que estuvo casado con Mary, reina de los escoceses.
El primer barón Polwarth (1641-1724) fue Sir Patrick Hume,
primer conde de Marchmont, y el consejero más cercano de
Guillermo de Orange. Acompañó a Guillermo en 1688 en su
viaje para tomar posesión del trono de Inglaterra, y se convirtió
en su consejero privado, en cuyo cargo aconsejó a Guillermo que
concediera la carta del Banco de Inglaterra. Se convirtió en par
de Escocia 1689, Lord Canciller de Escocia 1696-1702, y Conde
de Marchmont 1697. Pasó el Acta de Sucesión a la Casa de
Hannover, y fue reelegido por el Rey Jorge I.

John Pickens Harbin, presidente de Halliburton, es director de
Citicorp. Otro director de Halliburton es William E. Simon,

Secretario del Tesoro 1973-77. Es director de Citicorp, Citibank y United Technologies. Como director de Citibank, se relaciona con Lord Aldington de Londres (Toby Low), quien también es director de Citibank y presidente de Sun Life Assurance, la piedra angular de la fortuna de los Rothschild. Lord Aldington es presidente del Grindlay's Bank de Londres, director de General Electric Ltd. ...Lloyd's Bank, United Power Ltd. y de National Discount Corp.

Durante una "crisis petrolera" nacional, los funcionarios del gobierno se quejaron de que no podían obtener ningún registro de las compañías petroleras sobre la producción y las reservas, pero Halliburton recibió esta información diariamente.

Como director de United Technologies, William Simon se relaciona nuevamente con Citibank, la única corporación que tiene cuatro oficiales en la junta directiva de Citibank- Harry Gray, chmn de United Technologies, Simon, William. Spencer, quien es presidente de Citibank, y Darwin Eatna Smith, chmn de Kimberly Clark.

Otros directores de United Technologies son Robert F. Dee, chmn y CEO de la firma de drogas Smith Kline; T. Mitchell Ford, consejero general de la CIA 1952-55, ahora chmn de los 1.8 billones de dólares de Emhart Corp. y director de Travelers Insurance; Richard S. Smith, ejecutivo, vicepresidente. National Steel, trabajó en el First National Bank de Nueva York de 1952 a 1962, fue tesorero de M.A. Hanna Co. de 1962 a 1963 y director de Hartford Fire Insurance y Hartford Accident & Indemnity; Charles W. Duncan, Jr. dep. Ltd., Departamento de Defensa, 1977-79, Departamento de Energía, 1979-81, chmn Coca Cola International, chmn Coca Cola Europe, director de Humble Oil Co.; Melvin C. Holm, presidente y director ejecutivo de Carrier Corp. director de N.Y. Telephone, Mutual of New York SKF Industries; Antonia Chandler Hayes, esposa de Abram Hayes, que fue asistente jurídico de Felix Frankfurter, y que posteriormente se incorporó a Covington & Burling, Washington 1952-55, escribió la Plataforma Nacional Demócrata de 1960, asesora jurídica del Secretario de Estado 196 1-64, directora de política exterior del Comité Nacional Demócrata 1972; Jacqueline Wexler, presidenta del Comité Nacional Demócrata de la Cámara de Representantes de los Estados Unidos de América, y el Presidente de la Cámara de Representantes de los Estados Unidos de América. Webster College 1965-69, presidenta del Comité Nacional Demócrata 1972. Hunter College desde 1969, líder del movimiento feminista; y Robert L. Sproull, del Departamento de Defensa 1963-65, presidente del Comité Nacional Demócrata. Univ. de Rochester desde 1970, profesor de la OTAN, director de Xerox, General Motors, presidente del Consejo de Administración de la empresa. Telluride Assn.

Otros directores de First City Bancorporation son John Diesel, presidente de Tenneco, que se relaciona con la empresa petrolera de George Bush, Zapata Oil Corp. cuyo presidente John Mackin es director de Tenneco; Randall Meyer, presidente del Consejo de Administración. Exxon; MA. Wright, ex chmn Exxon 1966-76, ahora chmn Cameron Iron Works.

Otros directores de Halliburton Corp. incluyen James W. Glanville, ex ptnr. Lehman Bros, y Lazard Freres, estuvo con Humble Oil 1945-59, Lehman Bros. 1959-78, estuvo con Lazard Freres desde 1978, y es director de International Mining & Chemical Co. Otros directores de Lazard Freres incluyen a su socio principal, Michel David Weill, jefe de la casa de París de Lazard Freres; Donald C. Cook, examinador financiero de la SEC 1935-45, director de la Oficina de Custodia de Propiedades de Extranjeros del Depto. de Economía. de Justicia, 1946-47, comisionado de la SEC 1949-53, y es ahora director de ABC, Amerada Hess, chmn del consejo de American Electric Power y director de General Dynamics, la firma orientada a la defensa; Felix Rohatyn, nacido en Austria, vino a EE.UU. 1942, se casó con Jeannette Streit, hija de Clarence Streit, jefe de Unión. Ahora con Inglaterra; Rohatyn se unió a Lazard Freres en 1948, es director de Schlumberger, MCA, American Motors, Owens Illinois, Engelhardt Mining & Chemical, Pfizer, ITT, y Rockefeller Bros. Fund; es chmn Municipal Assistance Corp. que rescató a la ciudad de Nueva York de su próxima bancarrota; Frank C. Zarb, presidente adjunto de los Estados Unidos de 1974 a 1977, administrador de la Administración Federal de Energía de 1974 a 1977, actualmente director de Philbro Corp. Engelhard Mining & Chemical, y del Fondo de Energía.

El eje Houston-Cleveland se entrelaza con muchas figuras políticas, entre ellas W. Michael Blumenthal, Secretario del Tesoro de 1977-79, que se entrelaza con el eje a través de Chemical Bank, Equitable Life y la Fundación Rockefeller; Robert B. Anderson, Secretario del Tesoro 1957-61, socio del bufete de abogados Stroock Stroock & Lavan que administra las finanzas de la familia Warburg, y se relaciona con este grupo a través de Equitable Life, ITT y PanAm; G.William Miller, miembro del Consejo de Gobernadores de la Reserva Federal 1978-79, Secretario del Tesoro 1979-81, se relaciona con este grupo a través de Textron y First City Bancorporation, fue miembro de la Junta de Gobernadores de los Estados Unidos.U.S.S.R. Trade & Economic Council, ahora director de Federated Dept. Stores cuyos directores incluyen tres directores del Chase Manhattan Bank y se entrelaza con Citibank y Kuhn, Loeb Co.

El poder político de este eje controlado por los Rothschild quedó demostrado por la facilidad con que financiaron las campañas de dos gobernadores de estados sureños supuestamente conservadores, John D. Rockefeller IV. en Virginia Occidental, y Charles Robb, yerno de Lyndon B. Johnson, en Virginia, heredero de la influencia política de Connally-Brown & Root First City Bancorp.

El informe del personal de mayo de 1976 del Comité de Banca y Moneda de la Cámara de Representantes señaló otra filial de Rothschild (p.60),

"Los bancos Rothschild están afiliados a Manufacturers Hanover of London (en el que tienen un 20% de participación, un banco de negocios, y Manufacturers Hanover Trust of N. Y."

Los fabricantes de Hannover compraron recientemente el gigante CIT Financial Corp. por 1.6 billones de dólares en octubre de 1983.

A pesar de su reputada riqueza, el anciano J.P. Morgan no dejó una de las grandes fortunas americanas cuando murió en 1913; primero se estimó en 75 millones de dólares, luego en 50, y finalmente se reveló que sólo había 19 millones de dólares en valores en todo el patrimonio, de los cuales 7 millones de dólares se debían al marchante de arte Duveen. J.P. Morgan Jr. (conocido por unos pocos íntimos como Jack) se avergonzó al descubrir que tenía que vender muchos de los tesoros de arte de su padre para pagar las deudas del patrimonio. La mayoría de las enormes sumas manejadas por J.P. Morgan fueron directamente a los Rothschild. En 1905, el *New York Times* señaló en su obituario del Barón Alphonse de Rothschild que poseía unos 60 millones de dólares en valores americanos, aunque los Rothschilds, según la mayoría de las autoridades financieras, nunca habían estado activos en las finanzas americanas.

Lincoln Steffens anotó,

"El Senador Aldrich es un gran hombre para mí; no personalmente, sino como líder del Senado. Él, Aldrich, se inclina ante J.P. Morgan. El otro día J.P. Morgan vino a Washington, y él, yo y Aldrich tuvimos una conferencia. Y me di cuenta de que él, Morgan, se dirigió a mí, no a Aldrich. Morgan habló conmigo, mientras yo hablaba con Aldrich, quien habló con Morgan."

El socio de Morgan, George W. Perkins, trabajó furiosamente para obtener la nominación de Theodore Roosevelt como compañero de fórmula de McKinley. Durante la presidencia de Roosevelt, su asesor más cercano fue George W. Perkins. A pesar del apodo de Roosevelt de "cazafortunas", protegió los intereses de Morgan durante todo su mandato. Su sucesor, William Howard Taft, se opuso a Morgan e introdujo una legislación antimonopolio para controlar dos fideicomisos de Morgan, International Harvester y U.S. Steel. Perkins creó entonces el Partido Progresista en 1912 para dividir el partido y derrotar a Taft.

La cúspide del poder de J.P. Morgan se alcanzó en el Pánico de 1907, cuando asumió el control de Wall Street. Oakleigh Thorne, presidente de la Trust Co. of America, víctima del "pánico", testificó ante un Comité del Congreso que

"su banco había sido objeto de retiros sólo moderados, que no había solicitado ayuda, y que fue sólo la declaración de punto doloroso de Morgan la que causó la huida de su banco... que los intereses de Morgan aprovecharon las condiciones inestables del otoño de 1907 para precipitar el pánico, guiándolo sagazmente a medida que progresaba para que acabara con los bancos rivales y consolidara la preeminencia de los bancos dentro de la órbita de Morgan."

El poder financiero de Morgan provenía del control del enorme flujo de dinero de las mayores compañías de seguros de vida del país. Ganó el control de Mutual Life, New York Life, Metropolitan Life, y con George F. Baker y James Stillman, compró el control de Equitable a Thomas Fortune Ryan, que lo había adquirido de la familia Hyde. Hyde originalmente estableció Equitable mientras actuaba como fachada para Jacob Schiff y James Speyer.

El 7 de junio de 1933, la nación señaló

> "J.P. Morgan es generalmente considerado como el banquero más prominente del mundo."

Paul Y. Anderson mencionó en este artículo que el testimonio ante el Comité Bancario del Senado mostró que Morgan y sus socios, incluyendo a Thomas W. Lamont y E.T. Stotesbury, no pagaron ningún impuesto federal sobre la renta en 1931-32; los socios pagaron un total de 48.000 dólares en 1930. Anderson comentó,

> "¿Hay algún misterio en cuanto a por qué se enviaron los marines contra Haití, San Domingo y Nicaragua cuando esos países incumplieron, o amenazaron con incumplir, los pagos de la deuda a los bancos estadounidenses? Se ha demostrado que la firma Morgan tenía una cierta lista seleccionada de "clientes" a los que vendía acciones a cifras sustancialmente inferiores a los precios de mercado. En el caso de la Allegheny Corp. estos rubios obtuvieron las acciones a 20, cuando el mercado estaba a 35."

Anderson señaló que estos pocos afortunados podrían haber vendido las acciones inmediatamente por casi el doble de lo que habían pagado. Entre los beneficiarios de estos favores Morgan incluyó al senador McAdoo, al juez Owen Roberts, al secretario Woodin, a Owen D. Young y a John J. Raskob.

En *Nation*, el 21 de junio de 1933, Anderson continuó,

"Cuando el Fuerte Sumter fue atacado, el oro comenzó a salir del país. El hombre que más tarde dijo "No vendas a América a bajo precio", entonces tomó un volante en el lado corto de América. Pidió prestados 2 millones en monedas de oro y los envió a Londres. Esto fue realmente un golpe detrás de las líneas. Luego fue a la 'sala de oro' para ver el efecto. Hubo una lucha por el oro para pagar los compromisos en el extranjero y este americano patriótico con 2 millones en águilas en Londres vendió a su propio precio."

En marzo de 1929, quizás en preparación para la tormenta que se avecinaba, se fusionaron dos bancos Morgan, el Banco Nacional de Comercio, que según el *New York Times* tenía "importantes conexiones extranjeras", y el Guaranty Trust, formando una institución de 2.000 millones de dólares. El 26 de febrero de 1929, el *New York Times* señaló,

"El Guaranty Trust" es conocido desde hace tiempo como uno de los "grupos Morgan". El Banco Nacional de Comercio también ha sido identificado con los intereses de Morgan."

El asociado de J.P. Morgan, George Fisher Baker, fue uno de los fundadores del First National Bank, comprando 30 acciones en 1863 por 3.000 dólares. También fue cajero, y más tarde se convirtió en presidente. El libro de Sheridan A. Logan, *George F. Baker and his Bank*, impreso en forma privada, 1981, señala que

"un sindicato europeo encabezado por N.M. Rothschild fue representado en Nueva York por August Belmont y el First National Bank para reembolsar la deuda del Gobierno. Baker escribió una carta el 29 de agosto de 1876, 'Tengo que informarle que nuestras negociaciones con el Departamento del Tesoro resultaron en un contrato entre los Sres. N.M. Rothschild e Hijos y otros y el Secretario del Tesoro para el propósito de cuarenta millones de dólares del 41,2 por ciento de 1891, con una opción sobre el resto, 260 millones de dólares. En este contrato el banco participó en la medida del 10%, 4 millones de dólares'."

Logan también afirma que

"En 1901 Baker vendió a J.P. Morgan 23 millones de dólares en acciones del Central Railroad de Nueva Jersey. La confianza y el respeto mutuos que se desarrollaron entre el Sr. Baker y el Sr. Morgan cimentaron su relación cada vez más estrecha y el First National Bank se convirtió cada vez más en el inquebrantable aliado y la valiosa fuente de fondos móviles para el trabajo de J.P. Morgan & Co."

En 1901, Baker aumentó las acciones del First National Bank de 500.000 dólares a 10 millones de dólares por un dividendo en acciones del 1900%. Organizó la First Security Co. una sociedad de cartera, con este dividendo. Durante el auge de 1929, la fortuna personal de Baker alcanzó la marca de los 500 millones de dólares. Su hijo, George Jr. le rogó que pagara los 29 millones de dólares que debía en acciones de la cartera de 80 millones de dólares de First Security. Baker, que entonces tenía 89 años, no había sido informado de la contracción crediticia planeada, posiblemente porque los conocedores temían que pudiera cotillear sobre ello. Continuó negándose a vender acciones; el crack de 1929 redujo su fortuna a 200 millones de dólares. Cuando murió en 1931, la finca fue tasada en 73 millones de dólares; su hijo, George Jr. heredó 30 millones. Su salud se había visto destrozada por el esfuerzo de trabajar con su padre durante los desesperados días de 1929, y murió de un ataque al corazón en Honolulu, a la edad de 59 años. Su hijo, George F. Ill fue encontrado con un disparo en la plantación Horseshoe, Florida, en 1977. El hijo de George Ill, Grenville, fue encontrado con un disparo en Tallahassee, Florida, en 1949, a la edad de 33 años. La hija de George Jr., Edith Brevoort Baker, se casó con el nieto de Jacob Schiff, John Mortimer Schiff, en 1934, uniendo dos de las mayores fortunas de América. La hija de George Baker, Florence, se había casado con Howard Bligh St. George en 1891, miembro de una de las familias más antiguas de Inglaterra. Su nieta Priscilla se casó con Angier Biddle Duke en 1937, y con Allen A. Ryan Jr. en 1941, un pariente de los Delano.

En 1935, el general Smedley D. Butler escribió en la edición de noviembre de *Common Sense* of his Marine career,

"Ayudé a hacer de México y especialmente de Tampico un lugar seguro para los intereses petroleros americanos en 1914. Ayudé a hacer de Haití y Cuba un lugar decente para que los muchachos del National City Bank recaudaran ingresos en... Ayudé a purificar Nicaragua para la casa bancaria internacional de Brown Bros, en 1909-12. En China, en 1927, ayudé a que la Standard Oil siguiera su camino sin ser molestada. En 1899, J.P. Morgan hizo el primer préstamo extranjero importante en nombre del gobierno mexicano. En 1901 prestó 50 millones de dólares al gobierno británico para luchar en la Guerra de los Boers. Pero fue principalmente en los países de la América española que el capital americano encontró su camino."

Butler continuó sus revelaciones en la edición de diciembre de 1935,

"En 1910, seis meses después de la Revolución Nicaragüense que derrocó al Presidente Zelaya, su sucesor, el Dr. Madris, se enfrió hacia las inversiones nicaragüenses de Brown Bros, y Seligman Co. Inmediatamente se produjo otra revolución."

Butler menciona las actividades latinoamericanas de Brown Bros., ahora Brown Bros. Harriman, una firma poco conocida por la mayoría de los americanos. En 1801, un subastador de lino de Belfast, Alexander Brown, estableció una casa bancaria, Alexander Brown & Co. en el puerto de comercio de esclavos de Baltimore. Su sucursal inglesa, Brown Shipley, también llegó a ser influyente, siendo su miembro más conocido Lord Montague Norman, Gobernador del Banco de Inglaterra durante muchos años, de 1907 a 1944, más tiempo que cualquier otro hombre en la historia. *Biografía actual* 1940, anotada,

"Hay un entendimiento informal de que un director de Brown Shipley debe estar en la junta del Banco de Inglaterra y Norman fue elegido para ello en 1907."

Al ampliar las inversiones de Rothschild en los ferrocarriles de EE.UU., Kuhn, Loeb Co. encontró un agente útil en E.H. Harriman. Joven en ciernes, Harriman se casó con la hija del presidente de un pequeño ferrocarril de Nueva York, y pronto buscó más mundos que conquistar. George Redmond escribe en *Financial Giants of America*

"Él (Harriman) pronto se ganó la confianza de Kuhn, Loeb Co. y estableció relaciones que más tarde se convirtieron en las más ventajosas para ambos."

Kuhn, Loeb financió la adquisición de Union Pacific por Harriman.

H.J. Eckenrode anota en *E.H. Harriman,*

"En su toma de posesión de UP, Harriman tenía detrás una enorme fuerza financiera, no sólo Kuhn, Loeb Co. con fondos de Frankfurt y Berlín, sino el National City Bank, 'la mayor fuente de dinero en efectivo del país'."

Harriman empleó al Juez Robert Scott Lovett como abogado general de Union Pacific. Cuando Harriman y Otto Kahn fueron convocados por la CPI en 1897, Lovett les aconsejó que se negaran a responder a todas las preguntas sobre sus operaciones bursátiles. En 1908, la Corte Suprema confirmó su negativa a hablar. Las actas de este caso, SC No. 133 US v. UP Ry, desaparecieron más tarde de la Biblioteca del Congreso. En 1911, el edificio de Equitable Life Insurance, que contenía todos los registros de la UP RR, se quemó, destruyendo todos los papeles de la UP hasta esa fecha. El hijo de Lovett, Robert Abercrombie Lovett se casó con Adele Brown, hija de un socio de Brown Bros, y se convirtió en socio en 1926. Fue Secretario Especial de Guerra 1940-45, subsecretario de Estado, 1947-49, subsecretario de Defensa 1950-51, secretario de Defensa 1951-53. Fue Lovett quien llevó al entonces Secretario de Defensa James Forrestal, de Dillon Read Co. a Fishers Island para persuadirlo de que cambiara su postura contra las políticas de EE.UU. en el Medio Oriente. Forrestal se negó, y fue colocado en un pabellón mental en el Instituto Nacional de Salud, donde se cayó por la ventana. Lovett entonces lo reemplazó como Secretario de Defensa.

Brown Bros, apoyó la línea de barcos de vapor B & O en 1887, y se asoció con J & W Seligman Co. en una serie de préstamos sudamericanos. En 1915, Brown Bros, se combinó con J.P. Morgan para hacer flotar una serie de préstamos latinoamericanos, que en muchos casos fueron seguidos por revoluciones en los respectivos países. En la *Nación*, el 7 de junio de 1922, Oswald Garrison Villard señaló,

"La República de los Hermanos Marrones con J & W Seligman había reducido a Haití, Santo Domingo y Nicaragua al estatus de colonias con préstamos ruinosos. La mayoría de los préstamos se pagaron en 1924".

En 1931, W. Averell Harriman, hijo de E.H. Harriman, fusionó su casa bancaria, W.A. Harriman & Co. con Brown Bros. para formar la actual firma de Brown Bros. Harriman. En 1933, Brown Bros. Harriman apoyó la expansión de CBS, en la que han mantenido una gran posición. La firma Brown Bros. ocupó las oficinas de la esquina de Wall Street y Hanover que habían sido ocupadas por J.L. & J.S. Joseph Co., los representantes americanos de los Rothschilds. Josephs quebró en el pánico de 1837, tras ser liberado por los Rothschilds, que ahora operaban a través de August Belmont y George Peabody & Co. W. Averell Harriman trajo a la nueva empresa a su vicepresidente, Prescott Sheldon Bush, que había estado con él desde 1926. Bush se convirtió en presidente del Consejo de Administración de Pennsylvania Water & Power Co. Ltd., director de U.S. Rubber, PanAm, CBS, Dresser Mfg Co. Vanadium, U.S. Guaranty, Prudential Insurance y el socio Brown Bros Harriman. Fue chmn Fondo Nacional de Guerra 1943-44 y chmn USO. Su hijo George Bush es ahora presidente de los Estados Unidos. George Herbert Walker, abuelo de George Bush, que fue nombrado en su honor, se convirtió en presidente de W.A. Harriman Co. en 1928 - ahora Brown Bros. Harriman). Fue director de Belgian-American Coke Ovens Corp. chmn Habershaw Cable Corp. chmn International Great Northern Railway, director de Certain Teed Products, American Shipping & Commerce Corp. American International Corporation, Cuba Railway Co., Pennsylvania Coal & Coke. Fue el donante de la Copa Walker, el prestigioso trofeo de golf, y presidente de la Asociación de Golf de los Estados Unidos. En 1925, financió la construcción del Madison Square Garden. Su hijo, George H. Walker Jr. se convirtió en la Walker-Bush Oil Corp. y Zapata Petroleum (la empresa de George Bush), Silesian Holdings, con W.A. Harriman City Investing Corp. Westmoreland Coal. Co. y West Indies Sugar Co. Es un fideicomisario de Yale. George H. Walker III fusionó la firma de G.H. Walker Co. con Laird & Co. y White & Weld en 1974. Ahora es vicepresidente senior de White & Weld.

Algunos americanos ven el rápido ascenso de George Bush a la presidencia como una prueba del poder de los trilaterales. Pero las estrellas de Bush se remontan mucho más atrás que los trilaterales. Es un primo lejano de la Reina de Inglaterra, la Nobleza Negra, cuyo poder se remonta a unos cinco mil años, y su empresa familiar, Brown Brothers Harriman, ha representado aquí al Banco de Inglaterra desde principios del siglo XIX. A través del servicio a los Harriman, la familia Bush alcanzó la posición de una familia de tercer rango en la jerarquía de las familias dinásticas. Las familias dinásticas del orden mundial de primer rango son los Rothschild, y la aristocracia gobernante de Inglaterra y Europa, la mayoría de los cuales han poseído acciones en el Banco de Inglaterra desde 1700. El segundo rango de las familias dinásticas consiste en aquellos que sirven como cortesanos al primer rango. El segundo rango incluye familias como los Rockefeller, los Morgan y los Harrimans. Al convertirse en sirvientes de una familia dinástica de segundo rango, los Harrimans, la familia Bush entró en las filas del tercer grupo de familias dinásticas del Orden Mundial. Cuando Averill Harriman comenzó a hacer negocios con Moscú en 1921, trató directamente con Felix Dzerzhinsky, jefe de la Cheka, ahora conocida como la KGB. Harriman y otros financieros occidentales vinculados a las actividades terroristas de Dzerzhinsky se conocieron como The Trust. Trabajaban a través de varias empresas ubicadas en el Equitable Trust Building en el 120 de Broadway, en el distrito financiero de Nueva York. Estas firmas incluían E.H. Harriman Co., American International Corp. Dresser Industries, J. P. Morgan Co. y Equitable Trust. Como miembros del Fideicomiso, los propietarios de estas empresas sirvieron como un gobierno colonial de la Unión Soviética, como lo ilustra el hecho de que Averill Harriman pasó la mayor parte de la Segunda Guerra Mundial al lado de Stalin en Moscú, dirigiendo el esfuerzo bélico ruso.

Los activos de George Bush se mantienen en un fideicomiso ciego mientras sirve como Presidente de los Estados Unidos. El fideicomiso ciego es manejado por un amigo de la familia llamado William Stamps Farish II. Su padre fundó Humble Oil Corp. en 1917, recaudando capital para la empresa de Walter C. Teagel, presidente de Standard Oil. Farish más tarde sucedió a

Teagle como presidente de la Standard Oil, y siempre ha sido conocido como "un hombre de Rockefeller". Se casó con la adinerada familia Rice de Houston, cuyo progenitor había sido asesinado por su secretaria y un abogado corrupto para evitar que su fortuna fuera donada al Instituto Rice. Los asesinos fueron enviados a prisión, y el instituto fue construido. William Farish II y la Reina de Inglaterra tienen mucho en común; sus familias cobraban regalías por cada galón de gasolina quemada por los aviones nazis que bombardeaban Londres cada noche. Debido a estos recuerdos, la Reina Isabel se queda en una sola casa privada en América cuando visita aquí - la casa de los Farish. Cada otoño, el presidente Bush caza codornices en el rancho Lazy F. Ranch de 10.000 acres en Beeville, Texas, una de las muchas fincas lujosas de Farish, es director de Pogo Producing, formada como una derivación de Pennzoil por Chemical Bank, y Manufacturer's Hanover Bank (Rothschild).

Cuando George Bush formó la Zapata Oil Co. con Hugh y Bill Liedtke en 1953, los socios no estaban dispuestos a elegir un nombre de la historia americana, como Washington o Lee. En su lugar, nombraron su empresa en honor a uno de los terroristas comunistas más sanguinarios de México, el general Emiliano Zapata. Desde el principio, la firma estuvo involucrada en actividades de la CIA. En 1961, cuando la CIA planeó la invasión de Bahía de Cochinos, George Bush residía en Houston, donde trabajó en secreto con George de Mohrenschildt, un petrolero que ahora se cree que era una planta soviética. Una entrada en la guía telefónica personal de de Mohrenshildt muestra a Bush, George H. W. (Poppy) 1412 W. Ohio, y también Zapata Petroleum Midland. Esta guía telefónica fue encontrada después del "suicidio" de Mohrenschildt. El nombre de alto secreto del plan de Bahía de Cochinos de la CIA, conocido sólo por unos pocos altos cargos, era Operación Zapata. El Coronel Fletcher Prouty, anteriormente con el Jefe del Estado Mayor, fue el responsable de asegurar la ordenanza para la invasión de Bahía de Cochinos. Consiguió dos barcos de la Marina que fueron enviados a Elizabeth City, N.C. para ser remitidos para la invasión. Nuevos nombres fueron pintados en estos barcos, Barbara, y Houston, J. Edgar Hoover escribió un memorándum el 29 de noviembre de 1963 después del asesinato de JFK que el Sr. George Bush de la

CIA estaba evaluando la reacción de los exiliados cubanos en Miami. Bush había comenzado a trabajar para la CIA en 1960, usando su negocio petrolero como tapadera. Zapata Oil pudo haber sido una de las empresas de la CIA (La Compañía) desde sus inicios.

Además de Farish, el otro amigo íntimo de Bush es Nicholas Brady, socio principal de Dillon Read, una casa de inversiones de Nueva York. Brady era el protegido personal de C. Douglas Dillon, jefe de la firma, que tiene una enorme finca en Short Hills, N.J. Brady se crió en la finca vecina, una extensión de 4.000 acres a sólo unas millas de Manhattan. Dillon Read fue fundada por Clarence Dillon (Lapowski) de Texas, quien compró la firma a William Read de Nueva York. Su hijo sirvió como Secretario del Tesoro durante años. Es uno de los multimillonarios silenciosos de América, su enorme fortuna nunca fue publicada en la prensa. Bush nombró a Nicholas Brady como su Secretario del Tesoro. Se reúne a diario con Brady.

Harriman fue el intermediario entre Churchill y la alianza de Roosevelt en la Segunda Guerra Mundial. Los dos líderes no se conocían ni se gustaban particularmente; cada uno de ellos consultó con W. Averell Harriman sobre cómo hablar con el otro, y siguió cuidadosamente su consejo.

W. A. Harriman fue embajador de los Estados Unidos en general durante la Segunda Guerra Mundial, principalmente en Moscú con Stalin; su hermano E. Roland fue presidente de la Cruz Roja Americana, Robert A. Lovett fue Secretario de Defensa. Harriman estaba relacionado por matrimonio con Wild Bill Donovan, fundador de la OSS.

Brown Bros, siempre ha mantenido estrechas relaciones con las empresas británicas. James Brown, socio desde 1935-50 fue director de Northern Assurance de Londres, Sun Insurance, pres. British Empire Club y el Banco Nacional de Nicaragua. Thatcher M. Brown, otro socio, fue director de Manchester Land Co. Banco Nacional de Nicaragua, presidente de la junta de Liverpool y London Insurance Co. Ltd. Globe Indemnity Co. Ltd., Royal Insurance, British and Foreign Marine Insurance Ltd., y el Banco Nacional de Nicaragua. American London &

Empire Co., Ocean Accident & Guaranty of London, y Thames & Mersey Marine Insurance Co.

El *New York Times* señaló el 29 de mayo de 1928,

> "El Dr. Rudolf Roesler, representante de la banca neoyorquina de Brown Bros, dijo que Alemania sería una nación prestataria durante varios años. Brown Bros, había prestado a la ciudad de Berlín 15 millones de dólares en bonos al 6% a 30 años y el Sr. Roesler, que completó los detalles de la transacción, dijo que "era el mayor préstamo a una ciudad en Europa desde 1914"."

El *New York Times* señaló más tarde,

> "Ayer se recibió aquí la noticia de que J. Henry Schroder Banking Corp. representante en EE.UU. del capitán Alfred Lowenstein, que una sociedad organizada por el capitalista belga y asociados franceses, que ha ofrecido al público en París, ha sido sobre-suscrita veinticinco veces."

El holding de acciones de seda artificial se ofreció a 117,50 dólares y rápidamente pasó a 200. Esta buena noticia se vio en cierto modo contrarrestada por el informe del Times de que se había formado un sindicato para manejar estas acciones desde

> "El capitán Alfred Lowenstein, cuya muerte por caída de un avión en el Canal de la Mancha el[4] de julio ha sido rodeada de misterio. J.Henry Schroder comprará 25 millones de dólares de bonos de International Holding and Investment Corp. a través de Albert Pam, de J.Henry Schroder Londres, y Albert Svarvasy, jefe de British Foreign and Colonial Corp. una empresa inversora británica."

El 5 de julio de 1928 el *New York Times* tituló, CAPT. LOWENSTEIN SE CAE DEL AVIÓN. Conocido como el Hombre Misterioso. Alfred Lowenstein era conocido como un Croesus.

> "El 'hombre misterioso de Europa', el sucesor de Sir Basil Zaharoff como hombre misterioso, en las finanzas europeas. El piloto informó a las autoridades de que mientras el avión cruzaba el mar, el capitán Lowenstein, deseando ir al baño, abrió la puerta equivocada y se cayó. Su valet y dos taquígrafos, así como el piloto y el mecánico del avión

estaban presentes, pero no se dieron cuenta de lo que había pasado."

La historia añadía que Lowenstein poseía ocho villas en Biarritz, una finca en Lancashire, un castillo en Bruselas y una casa en Londres.

Observadores informados creyeron que fue el propio Zaharoff quien destronó al pretendiente a su título de "hombre misterioso de Europa". Lowenstein se había involucrado en una lucha desesperada con Zaharoff y su socio, Dreyfus Clavell, para controlar la industria de la seda artificial en Europa. Después del accidente de Lowenstein, sus dos socios en esta lucha también murieron misteriosamente. M.M. Ayrich tuvo un accidente automovilístico en una carretera desierta, sin testigos. El tercer socio de Lowenstein, el príncipe Radziwill, fue envenenado por una amiga, según la revista francesa *La Crapouille*.

El caso de Robert Maxwell se parece en muchos aspectos al asunto Lowenstein. Después de la repentina muerte de Maxwell en una "caída" de su yate, se descubrió que más de dos mil millones de dólares fueron desviados de sus muchas empresas. El dinero nunca será recuperado. Maxwell había sido identificado como un agente del Mossad, la inteligencia israelí, poco antes de su muerte. Se cree que el Mossad lo dispuso para evitar que testificara sobre sus operaciones para el Mossad.

W. Averell Harriman tenía 78 años cuando su esposa murió. Un año después, Katharine Meyer Graham, editora del *Washington Post*, le invitó a una fiesta para conocer a Pam Churchill, hija de Lord Digby, un aficionado a los caballos ingleses. Había estado casada con Randolph Churchill, y era la madre del actual Winston Churchill. Luego se casó con la primera familia de Hollywood, el productor Leland Hayward, antes casado con la actriz Margaret Sullavan. En *Haywire*, su autobiografía, Brooke Hayward describe a su madrastra como "una cazafortunas de sangre fría que se llevó las joyas de su madre". Pam salió con Elie de Rothschild antes de decidir casarse con Harriman. Ahora son las figuras dominantes del Partido Demócrata. Harriman ha dado 15 millones de dólares al Instituto Ruso de Columbia, (ahora el Instituto Harriman).

Otra prominente casa bancaria es la firma de Dillon Read. Clarence Dillon (1882-1979) nació en San Antonio, Texas, hijo de Samuel y Bertha Lapowski o Lapowitz. Se graduó en Harvard en 1905, se casó con Anne Douglass de Milwaukee, cuyo padre era el propietario de Milwaukee Machine & Tool Co. Se fueron al extranjero de 1908 a 1910.

Su hijo, C. Douglas Dillon, nació en Suiza en 1909. En 1912, Dillon conoció a William A. Read, fundador de una conocida firma de corretaje de bonos de Wall Street, a través de un compañero de clase de Harvard. Se convirtieron en socios. Read murió repentinamente en 1916, y Dillon compró el control de la firma. Durante la Primera Guerra Mundial, Dillon sirvió como mano derecha de Bernard Baruch en la Junta de Industrias de Guerra. En 1915, Dillon había creado American & Foreign Securities Corp. para financiar las compras de municiones del gobierno francés en los EE.UU. Su mano derecha en Dillon Read era James A. Forrestal, que más tarde murió mientras servía como Secretario de Defensa. Dillon Read jugó un papel crucial en el rearme de Hitler durante la preparación de la Segunda Guerra Mundial. En 1957, la revista *Fortune* incluyó a Clarence Dillon en la lista de los hombres más ricos de EE.UU. (150-200 millones de dólares). Según las tasas de crecimiento normales, su hijo C. Douglas Dillon debería valer más de mil millones de dólares, pero nadie lo sabe. C. Douglas Dillon trabajó con John Foster Dulles en las campañas de Dewey, y fue Subsecretario de Estado, ayudando a Bechtel Corp. a obtener sus primeros grandes contratos en Arabia Saudita, que más tarde se convirtieron en una operación de 135.000 millones de dólares. Dillon fue embajador en Francia 1953-57, más tarde se convirtió en Secretario del Tesoro. Fue presidente de la Fundación Rockefeller de 1971 a 1975, y luego presidente de la Institución Brookings. Para organizar su patrimonio, vendió Dillon Read a la Bechtel Corp. Está considerado como uno de los diez hombres más ricos de los Estados Unidos y uno de los tres más poderosos.

Después de los Rothschild, los Warburgs fueron considerados la familia bancaria internacional más importante de los siglos [XIX] y [XX]. En 1798, dos hijos de Marcus Gumprich Warburg, Moses Marcus y Gerson W. fundaron la M.M. Warburg Co. en

Hamburgo. Eran descendientes de Simon von Cassel, un prestamista y prestamista del siglo [XVI.] También eran descendientes directos de Abraham del Banco, el mayor banquero de Venecia. Cuando se mudaron al norte, tomaron el nombre de Warburg, después de que Cassel se estableciera en esta ciudad de Westfalia. En 1814, los Warburgs se convirtieron en uno de los primeros afiliados de N.M. Rothschild de Londres. Estaban relacionados con las principales familias bancarias de Europa, los Rosenberg de Kiev, los Gunzburgs de San Petersburgo, los Oppenheim y los Goldschmidts de Alemania. Moritz Warburg fue aprendiz de los Rothschild en Italia y París, y más tarde se casó con Charlotte Oppenheim, cuya familia era comerciante de diamantes en Frankfurt. Tuvieron cinco hijos, conocidos como "los cinco hamburgueses"; el mayor, Aby, fundó el Instituto Warburg; Max financió la lucha alemana en la Primera Guerra Mundial y, más tarde, el régimen nazi; el Dr. Fritz Warburg fue agregado comercial alemán en Estocolmo durante la Primera Guerra Mundial; Paul y Felix emigraron a América y se unieron a la firma Kuhn, Loeb & Co. con Jacob Schiff, que había nacido en la casa de los Rothschild en Frankfurt. Paul redactó la Ley de la Reserva Federal y la vio en el Congreso. Representó a los EE.UU. en la Conferencia de Paz de Versalles, mientras que su hermano Max representaba los intereses alemanes.

Las memorias del estado de Max Warburg,

> "El Káiser golpeó violentamente la mesa y gritó: '¿Debes tener siempre la razón? pero luego escuchó atentamente la opinión de Max sobre los asuntos financieros."

M.M. Warburg Co. cerró durante la Segunda Guerra Mundial pero reabrió en 1970. George Sokolsky señaló en *We Jews,*

> "Incluso en la Alemania de Hitler la firma de Max Warburg fue eximida de la persecución. Max se fue a los EE.UU. en 1939, sin ser obstaculizado por supuestas restricciones a los judíos."

El informe del Servicio Secreto Naval de los EE.UU. del 2 de diciembre de 1918, señaló:

"PAUL WARBURG. Alemán, ciudadano estadounidense nacionalizado en 1911, condecorado por el Káiser, manejó grandes sumas suministradas por banqueros alemanes para Lenin & Trotsky. Tiene un hermano Max que es director del sistema de espionaje de Alemania."

En asociación con Walter Teagle de Standard Oil, Paul Warburg organizó el fideicomiso internacional de tintes, I.G. Farben y Agfa Ansco Film Trust. En la segunda convención anual del Consejo Americano de Aceptación, el 2 de diciembre de 1920, el presidente Paul Warburg dijo,

> "Es una gran satisfacción informar que durante el año en cuestión fue posible para el Consejo de Aceptación Americano desarrollar y fortalecer aún más sus relaciones con el Sistema de la Reserva Federal."

No añadió que como vicepresidente de la Junta de la Reserva Federal de 1914 a 18, había organizado el Sistema de la Reserva Federal, ni que fue presidente del Consejo Consultivo Federal de 1918 a 27, que en realidad formuló la política de la Junta. Fue director de Union Pacific, B&O Rys, Ferrocarriles Nacionales de México, Western Union, Wells Fargo, American IG Chemical, Agfa Ansco, Westinghouse, Bancos de Warburg en Ámsterdam, Londres y Hamburgo, y presidente de la junta del Banco de Aceptación Internacional. Su hermano Félix fue banquero financiero principal de la Organización Sionista de América, Palestine Economic Corp. Ferrocarriles Nacionales de México, Seguros de Vida Prusianos de Berlín y muchas otras compañías. El hijo de Félix, Edward M.M. Warburg, sucedió al general Donovan como coordinador de información en 1941 y más tarde sirvió como asesor político especial del general Eisenhower en el SHAEF, Londres, durante la Segunda Guerra Mundial. Su otro hijo, Frederick, fue la mano derecha de Herbert Lehman en la organización de la Lehman Corp. y más tarde fue conocido como "el ministro de asuntos exteriores de Kuhn, Loeb" por sus muchos contactos en todo el mundo. Se retiró como un caballero de campo en su finca Snake Hill, Middleburg, Va. Su socio, Lewis L. Strauss tenía una magnífica finca cerca de la Estación Brandy, lugar del combate de la Guerra Civil que fue la mayor batalla de caballería en la historia de los Estados Unidos.

Las cifras del Departamento de Comercio muestran que Kuhn y Loeb controlaban el 64% del kilometraje ferroviario de EE.UU. en 1900, que cayó a un mero 41% en 1939. En 1900, Kuhn, Loeb y J.P. Morgan, representando a los Rothschild, controlaban el 93% de todo el kilometraje ferroviario en los EE.UU. Speyer & Co. controlaba los bienes raíces de N.Y. y los minerales de América del Sur, Seligman & Co. el azúcar, los servicios públicos y los préstamos de América Latina, August Belmont, el sistema de metro de Nueva York, Lazard Freres, el oro y la plata, especializados en los movimientos internacionales de oro.

El 14 de mayo de 1984, U.S. *News incluyó en su lista* a Who Runs America; los diez primeros incluyeron a Weinberger y Shultz de Bechtel Corp.; los diez segundos incluyeron a Sulzberger del *New York Times*, vicepresidenta de la Asociación de Profesionales de la Salud. Bush, David Rockefeller; los diez primeros incluían a Katharine Graham y Henry Kissinger. El expresidente Gerald Ford no figuraba en la lista; ahora es director de GK Technologies, una empresa de 1.190 millones de dólares con grandes contratos de defensa.

Otras firmas líderes en defensa son United Technologies; Scovill Corp. cuyo presidente Malcolm Baldrige es ahora Secretario de Comercio; los directores incluyen a Daniel Pomeroy Davison del banco J.P. Morgan y presidente de U.S. Trust; Olin Corp. 1.850 millones de dólares; y General Dynamics, controlada por la familia Crown de Chicago.

Cuando Texaco se tragó los 12 mil millones de dólares de Getty Oil corp. después de la muerte de su fundador, mostró el poder financiero de la London Connection; entre los directores de Texaco se encontraba Willard C. Butcher, ex chmn de Chase Manhattan; Earl of Granard (*Forbes*) (el primer baronet había reducido Sligo para William III), y nieto de Ogden Mills, Secretario del Tesoro de los Estados Unidos 1932-33; Thomas H. Moorer, chmn Joint Chfs of Staff 1970-74, director Fairchild Bunker Ramo; Robert V. Roosa, director de la Institución Brookings, Comisión Trilateral.

El eje Rothschild Houston-Cleveland dio uno de sus mayores golpes cuando su agente John Connally, entonces Secretario del Tesoro, persuadió a Nixon para que abandonara el patrón oro.

Titulado por el *New York Times*, 16 de agosto de 1971,

"CORTA EL VÍNCULO ENTRE EL DÓLAR Y EL ORO. El presidente Nixon anunció esta noche que en adelante los EE.UU. dejarán de convertir los dólares extranjeros en oro - cambiando unilateralmente el sistema monetario internacional de 25 años. El Presidente dijo que estaba tomando medidas para detener "los ataques de los especuladores monetarios extranjeros contra el dólar". El cambio en el sistema monetario mundial provocado por la decisión presidencial de dejar de convertir los dólares extranjeros en oro es totalmente incierto. Esa fue la palabra utilizada por el Secretario del Tesoro John B. Connally. El Sr. Connally dijo que no sabía lo que iba a pasar."

El *Times* señaló que

"Se han dado consejos al Presidente para imponer algunos controles por parte de fuentes como David Rockefeller, chmn de los 23 mil millones de dólares de Chase Manhattan Corp. y la Organización para el Desarrollo Económico, un grupo que representa a 22 naciones."

El *Times* declaró en su editorial,

"Aplaudimos sin vacilar la audacia con la que el Presidente se ha movido en todos los frentes económicos - una admiración por la completitud con la que el Presidente ha desechado el enfoque de no hacer nada que inmovilizó el país y minó la voluntad nacional."

Volcker se reunió hoy aquí con los principales funcionarios financieros europeos para hablar de la nueva política del presidente Nixon para hacer frente a la crisis del dólar. Insinuó ampliamente que los Estados Unidos estarían felices si otros países dejaran flotar sus monedas en los mercados de cambio. Su valor se elevaría presumiblemente en relación con el dólar. El Sr. Volcker dijo que había encontrado un "muy buen entendimiento" en su reunión. Pero al final de un día confuso en los ministerios y bancos europeos, pocos pensaron que podían ver una salida clara del caos monetario inmediato causado por los movimientos del Sr. Nixon.

El conocimiento anticipado de un cambio tan trascendental en el sistema monetario valdría miles de millones de dólares.

El 17 de agosto de 1971, el *Times* citó a Paul Volcker, Subsecretario del Tesoro, quien, cuando se le preguntó si otras monedas se elevarían en relación con el dólar, respondió, "Creo que no estamos en posición de objetar."

CAPÍTULO SEIS

LA CIA

El 24 de mayo de 1979, una estatua de bronce de 14 pies del General William J. Donovan fue dedicada frente a la Facultad de Derecho de la Universidad de Columbia. El discurso de dedicación fue pronunciado por John J. McCloy, que había sido secretario adjunto de guerra cuando Donovan fundó la Oficina de Servicios Estratégicos en la Segunda Guerra Mundial. Cuando Donovan murió el 8 de febrero de 1959, el Director de la Agencia Central de Inteligencia, Allen W. Dulles, envió un mensaje a todas las estaciones de la CIA en el mundo,

> "Bill Donovan fue el padre de la inteligencia central. Fue un gran líder."

La inteligencia internacional o, como se conocía anteriormente, el espionaje, no fue fundada ni por Donovan ni por Dulles, que eran meros empleados del Orden Mundial. La Orden fundó el espionaje internacional para proteger sus inversiones de gran alcance y sus negocios de esclavos, drogas y oro, las mercancías sobre las que se construyó su riqueza.

El 17 de noviembre de 1843, el puerto de Shanghai se abrió a los comerciantes extranjeros. El lote número 1 fue alquilado por Jardine Mathieson & Co. Otros empresarios fueron Dent & Co. Ltd., y Samuel Russell, un americano que representaba a Baring Brothers. El capitán Warren Delano, abuelo de Franklin D. Roosevelt, se convirtió en miembro fundador del Club de Regatas de Cantón, y entró en tratos con la Hong Society. El Dr. Emmanual Josephson afirma,

> "Warren Delano, el padre de Frederic A. Delano, fundó su fortuna con el contrabando de opio en China."

Su hijo, Frederic A. Delano, nació en Hong Kong, y más tarde se convirtió en el primer vicepresidente de la Junta de la Reserva Federal en 1914.

Aunque era hijo de un curandero irlandés, William J. Donovan estudió derecho en Columbia de 1903 a 1908. Se decía que sus notas eran "atroces", pero uno de sus profesores, Harlan F. Stone, le tomó cariño. Otro protegido de Stone era J. Edgar Hoover. Como Fiscal General Stone sorprendió a Washington al nombrar a Hoover director de la Oficina de Investigación. Otro profesor de Columbia al que le gustaba Donovan era Jackson E. Reynolds, más tarde presidente del First National Bank de N.Y., que apoyó la selección de Donovan como director de la OSS. Uno de los compañeros de clase de Donovan en Columbia fue Franklin Delano Roosevelt.

En 1910, Donovan conoció a Eleanor Robson, una actriz que luego se casó con August Belmont, representante americano de los Rothschild. No había duda de su matrimonio - él buscaba una esposa rica, ella buscaba un marido rico - comenzaron una relación que duró años. Donovan también cortejó a Blanche López, de una rica familia tabaquera, que vivía en Rumson, N.J. Luego regresó a Buffalo, donde abrió un bufete de abogados. Conoció a Ruth Rumsey, y dejó abruptamente a Blanche López, sin volver a contactar con ella. Ruth Rumsey era la heredera de una de las familias más ricas de América. Su padre, Dexter Rumsey, y su tío Bronson eran dueños de 22 de las 43 millas cuadradas de Buffalo. En 1890, Dexter Rumsey valía un millón de dólares. Su esposa era miembro de la acaudalada familia Hazard de Rhode Island, que había poseído mil esclavos, y eran los mayores dueños de esclavos de América. Los Rumsey eran los amos de la Caza del Valle de Genesee, el club de caza más exclusivo de los Estados Unidos. Dexter Rumsey murió en 1906, dejando a su hijo y a su hija el 121,2% de su fortuna. El noviazgo de Bill Donovan con Ruth Rumsey se complicó con la reaparición en Buffalo de Eleanor Robson, ahora Sra. August Belmont. Apareció en el Studio Club, un grupo de actuación dirigido por el padre de Katharine Cornell, donde Donovan tenía el protagonismo juvenil. La Robson pidió que Donovan fuera a su suite en Nueva York cada fin de semana para "lecciones de teatro". Donovan entonces tomó el largo viaje en tren a la ciudad de Nueva York cada fin de semana, causando considerables chismes en Buffalo, donde ya era ampliamente conocido por sus aventuras amorosas. Sin embargo, Ruth Rumsey había decidido casarse con él, probablemente porque su familia se oponía fuertemente. Los amigos de la familia declararon que si Dexter Rumsey hubiera vivido, nunca habría permitido que este matrimonio se llevara a cabo, debido a la edad de Donovan, que tenía 31 años, su religión, la católica irlandesa, y sus aventuras amorosas. Los Rumsey eran episcopales, pero Donovan persuadió a su esposa para que criara a sus hijos como católicos romanos. Su hermano era sacerdote. Después del matrimonio, Donovan y su esposa se mudaron a la mansión de la familia Rumsey en el 742 de la Avenida Delaware en Buffalo.

Debido a sus conexiones en Nueva York, la Fundación Rockefeller seleccionó a Donovan para ir a Europa en una "Misión de Socorro de Guerra" en 1915, la primera de muchas misiones de la Orden Mundial. Estaría separado de Ruth Donovan continuamente durante los siguientes tres años. Durante su estancia en Londres, trabajó con el embajador Walter Nelson Page, William Stephenson, quien más tarde le "aconsejó" sobre la creación de la OSS, y Herbert Hoover. Donovan pasó cinco semanas en Bélgica como observador de la Comisión de Ayuda Belga de Hoover.

Cuando los EE.UU. entraron en la Primera Guerra Mundial, Donovan ayudó a organizar la División "Arco Iris", y se le dio el mando de la "69 de Combate". Luchó en Landes et Landes St. George, en el sector de Meuse-Argonne, donde, aunque herido, cargó con su bayoneta contra un escuadrón de ametralladoras alemanas el 15 de octubre de 1918. Por esta hazaña, se le concedió la Medalla de Honor del Congreso. Su valentía fue objeto de una amplia publicidad en la prensa americana, y Current Biography declaró más tarde que era el hombre más famoso de la A.E.F. Estaba con Joyce Kilmer, la poetisa, cuando Kilmer fue abatido. En 1919 y 1920, Donovan fue enviado en misiones secretas a China y Siberia.

Después de la guerra, J.P. Morgan estableció la Corporación Comercial Extranjera para emitir 2 mil millones de dólares en bonos en la Europa de la posguerra. En febrero de 1920, le pidió a Donovan que hiciera una gira secreta por Europa para obtener información sobre estos bonos. Cave Brown describió esta misión,

"Habiendo ayudado a financiar la guerra, Morgan deseaba ayudar a financiar la paz expandiendo los intereses de la Casa de Morgan ampliamente... Estas actividades requerían la mejor inteligencia de las mejores fuentes de Europa. Donovan y el oficial de inteligencia de la División Arco Iris, Grayson Mallet-Prevost Murphy, habían sido contratados por la firma de John Lord O' Brian para obtener esa inteligencia, trabajando en secreto."

Según se informa, Morgan pagó a Donovan 200.000 dólares por esta operación.

Durante su reconocimiento europeo, Donovan conoció a Adolf Hitler en Berchtesgaden, y pasó una noche con él en su habitación de la Pensión Moritz. Donovan afirmó más tarde que no sabía quién era Hitler, pero que le encontraba un "hablador fascinante".

En 1922, Donovan fue nombrado Fiscal de Distrito de los Estados Unidos para Nueva York. En 1924, el Atty Gen. Harlan F. Stone, profesor de derecho de Donovan en Columbia, le pidió que viniera a Washington como Asst Atty Gen. Donovan y su esposa compraron una casa en Georgetown (más tarde la casa de Katharine Meyer) en el 1637 30th St. El primer acto oficial de Donovan fue exigir que Stone despidiera a J. Edgar Hoover de la Oficina de Investigación. En su lugar, Stone, que era el patrón de Hoover y de Donovan, nombró a Hoover Director de la Oficina de Investigación el 18 de diciembre de 1924. Donovan también se involucró en otro fútbol político, el enjuiciamiento del senador Burton K. Wheeler. Wheeler fue defendido por el senador Tom Walsh, uno de los políticos más poderosos de Washington, pero Donovan, en contra de todo consejo en contrario, insistió en proceder con la acusación. Se dijo que los cargos contra Wheeler eran "absurdos", y Stone pidió a Donovan que abandonara el caso, pero él tercamente procedió a acusar a Wheeler ante un gran jurado del Distrito de Columbia. Cuando el caso fue juzgado en

Great Falls, el jurado deliberó sólo diez minutos antes de dar un veredicto de absolución para Wheeler.

Tal erección habría destruido las carreras de la mayoría de los hombres en Washington, pero Donovan estaba bajo la protección de Herbert Hoover, su socio de la Primera Guerra Mundial. Entre 1924 y 1928, fue el socio más cercano de Hoover. Hoover lo llevó al Club de la Bohemia, la sacrosanta casa de poder de la Costa Oeste, donde fue la figura principal. Hoover entonces persuadió al presidente Coolidge para que nombrara a Donovan en la Comisión del Río Colorado, una autoridad de siete estados que organizó las propuestas para la presa de Hoover (posteriormente rebautizada como la presa de Boulder por FDR, y aún más tarde, rebautizada como la presa de Hoover por Ley del Congreso en 1947). Durante la década de 1920, los políticos republicanos favorecieron la nominación de Dawes para presidente. Aunque parecía que respaldaba a un perdedor seguro, Donovan trabajó como el principal estratega de Hoover durante cuatro años. Cuando Hoover fue nominado en la primera votación en la Convención Republicana (un tributo al poder de los Rothschild), Donovan escribió su discurso de aceptación. Se entendió que Donovan iba a ser el compañero de fórmula de Hoover. Sin embargo, Hoover inmediatamente se dio cuenta de que como se postulaba contra Al Smith, un católico romano, perdería el voto masivo anticatólico si elegía a Donovan, también un católico romano, como su compañero de fórmula. Hoover no tenía intención de perder su carta de triunfo en las próximas elecciones. Echó a Donovan a un lado sin pensarlo dos veces, e incluso se negó a considerarlo para un puesto en el gabinete, como Fiscal General, probablemente la única vez en la política americana que al arquitecto de una exitosa campaña presidencial se le negó un puesto en el equipo o en el gabinete.

El descorazonado Donovan decidió renunciar a la vida política. En 1929, organizó el bufete de abogados Donovan, Leisure, Newton e Irvine, con oficinas en la calle Wall 2. También tomó una suite de 23 habitaciones en el Hotel Shoreham para las oficinas de la firma en Washington. Durante los años siguientes, Donovan rara vez veía a su esposa, aunque nunca se separaron legalmente. La biografía de Dunlop de Donovan señala que

"Siempre tuvo su selección de admiradoras femeninas. Para muchas de las mujeres que conoció, Donovan era irresistible."

Ruth Donovan se alojó en su casa de verano en la costa sur de Massachusetts, o en su apartamento de Nueva York en Beekman Place.

A pesar de su decepción con Hoover, Donovan continuó tomando un papel activo en la política nacional. Dirigió la campaña de Knox para la nominación republicana en 1936, y su empresa defendió a American Telephone and Telegraph en una demanda antimonopolio del gobierno. Donovan ganó con facilidad, lo que trajo un nuevo flujo de negocios a su empresa.

En 1937, Donovan renovó su asociación con los Rothschild. La rama vienesa de la familia había perdido extensas propiedades en Bohemia cuando los nazis se mudaron a Checoslovaquia. Como Donovan ya había establecido una red de informantes en las más altas esferas del gobierno nazi, incluido el Almirante Canaris, los Rothschilds le pidieron que salvara sus intereses. Fue a Alemania para argumentar su caso, pero a pesar de sus importantes contactos, fue derrotado por la visión que tenía Hitler de los Rothschild como símbolo de lo que esperaba lograr en su batalla contra "los banqueros internacionales". Los Rothschild no estaban demasiado preocupados; sabían que la Segunda Guerra Mundial estaba en camino y que el resultado se había decidido de antemano.

Donovan obtuvo otra importante victoria legal en 1937, cuando él y un equipo de 57 abogados defendieron a las empresas petroleras de IS contra los cargos antimonopolio. Sus clientes fueron despedidos con multas nominales, y una vez más Donovan fue considerado el ganador.

Sus contactos alemanes le invitaron a observar las maniobras de Nuremberg, como invitado del Estado Mayor alemán. También los acompañó en un viaje para observar el progreso de la Guerra Civil Española. Aunque estaba allí como invitado de "los fascistas", Donovan pronto construiría la OSS alrededor del núcleo duro de la Brigada Comunista Lincoln. Conoció a Kim Philby en España, que escribía sobre la Guerra Civil como periodista "pro-nazi", una pose que llevó con éxito a pesar de su reciente matrimonio con Litzi Friedmann, un comunista fanático y provocador sionista.

El 10 de abril de 1940, la hija de Donovan, Patricia, destrozó su coche cerca de Fredericksburg, Virginia, y murió. Era su única hija; también había un hijo, David, que se casó con Mary Grandin, compañera de habitación de Patricia en el internado, y heredera de una rica familia de Filadelfia. Los asociados dijeron que Donovan nunca superó la muerte de su hija. Debido a que había recibido la Medalla de Honor del Congreso, Patricia fue enterrada en el Cementerio Nacional de Arlington. Su afligida esposa se fue a un crucero alrededor del mundo en el barco de Irving Johnson, el Yankee.

El 29 de mayo de 1940, William Stephenson llegó a Nueva York con una carta a Donovan del Almirante Blinker Hall, un miembro de la Inteligencia Naval Británica a quien Donovan había conocido en 1916. La carta proponía una agencia de inteligencia americana, aunque no estábamos en guerra. Franklin D. Roosevelt envió a Donovan a Londres con órdenes de desarrollar este programa, como "observador no oficial". A pesar de los esfuerzos por mantener el secreto, hubo una amplia especulación periodística sobre su misión para Roosevelt. Luego hizo una gira por el sureste de Europa para el Presidente, midiendo el estatus de los países ocupados por Alemania. Aunque era una obvia misión de espionaje, los alemanes no pusieron obstáculos en su camino. Estaban ansiosos por mantener buenas relaciones con los Estados Unidos.

Después de que Donovan entregara su informe al Presidente, fue nombrado Coordinador de Información por la Casa Blanca. Debido a que no tenía experiencia en el trabajo de propaganda, la oficina se dividió más tarde en la Oficina de Información de Guerra, Orden Ejecutiva 9128, y la Oficina de Servicios Estratégicos, Orden Militar del 13 de junio de 1942. Donovan fue puesto a cargo de la OSS.

La "nueva" agencia fue desde el principio sólo un puesto de avanzada de la Inteligencia Británica. El 18 de septiembre de 1941, el Cnel. E.I. Jacob, secretario militar de Churchill, fue informado por el Mayor Desmond Morton Church, el enlace de Churchill con el servicio secreto británico,

"Otro hecho muy secreto del que el Primer Ministro es consciente es que, a todos los efectos, la seguridad de los EE.UU. se está llevando a cabo para ellos a petición del Presidente por los británicos. Un oficial británico se sienta en Washington con el Sr. Edgar Hoover y el General Bill Donovan para este propósito. Por supuesto, es esencial que este hecho no se conozca."

Durante algunos meses, Donovan había estado viviendo en una suite del Hotel St. Regis en Nueva York. Él y William Stephenson se habían reunido regularmente desde 1940 para organizar la nueva agencia. Stephenson trabajaba directamente bajo la dirección del Coronel Stewart Menzies, jefe del Ejecutivo de Operaciones Especiales, la principal agencia de inteligencia británica. Como tapadera, Menzies era coronel en los Guardias de Vida, la tropa de escolta del Rey. Stephenson era el jefe del SIS, (Sección de Inteligencia Especial). Cuando Donovan se fue a Londres el 15 de julio de 1940 en su misión para Roosevelt, Stephenson había telegrafiado a Londres,

"Coronel Wm. J. Donovan, representando personalmente al Presidente, se fue ayer en un clíper. La embajada de EE.UU. no repite no estar informada."

Esta fue una repetición de la operación de House-Wilson-Wiseman durante la Primera Guerra Mundial. No sólo se dejó al pueblo americano en la oscuridad, sino que a las agencias preocupadas nunca se les dijo lo que los conspiradores habían planeado. La misión de Donovan en Londres fue una bofetada en la cara del embajador de EE.UU., Joseph Kennedy. Roosevelt llamó a Donovan "mis piernas secretas", y aseguró a Stephenson en una entrevista privada, "Soy su mayor agente encubierto. "

En "*Un hombre llamado intrépido*", Stephenson es citado diciendo que después de abril de 1939, "El Presidente era uno de nosotros. "También fue en 1939 que Roosevelt le dijo en privado a Mackenzie King, Primer Ministro de Canadá y agente de Rockefeller durante mucho tiempo, "Nuestra frontera está en el Rin. "Este mismo libro cita a Churchill diciendo, en la víspera de la guerra, "Necesitamos a Rockefeller y Rothschild. "Stephenson respondió: "Puedo encontrar a los Rockefeller y ellos nos apoyarán. Podemos ofrecer nuestra inteligencia secreta a cambio de ayuda."

De hecho, los Rockefellers le dieron a Stephenson un piso entero de alquiler gratis en el Rockefeller Center, donde la agencia ha operado desde entonces. Un libro posterior, "*El último caso de Intrepid*" señala que

"Lo que algunos llamarían más tarde la Ocupación Secreta del SIS de Manhattan comenzó en 1940. En 1941, J. Edgar Hoover se quejaba de que la sede del Rockefeller Center de la Coordinación de Seguridad Británica controlaba un ejército de agentes secretos británicos, un grupo de nueve agencias secretas distintas. El Fiscal General Biddle fue citado diciendo: "La verdad es que nadie sabe nada de lo que hace Stephenson"."

Si "cualquiera" lo hubiera sabido, Stephenson habría tenido que ser arrestado y deportado. Los marineros alemanes estaban siendo deliberadamente asesinados por los provocadores de Stephenson en Nueva York como actos diseñados para forzar a Hitler a declarar la guerra contra los Estados Unidos. El archivo INTREPID en el SOE (nombre de portada de Stephenson) lo describía como

"un reino de terror llevado a cabo por agentes especialmente entrenados y fortificado por el espionaje y la inteligencia en la Europa ocupada."

Cada acto de Donovan y Stephenson fue una violación de la neutralidad americana. La oficina de Donovan en el 2 de Wall Street estaba junto a la Oficina de Control de Pasaportes. Tenía pasaportes especiales preparados para los agentes británicos de Stephenson. Stephenson tenía oficinas en tres lugares, Hampshire House, Hotel Dorset y Rockefeller Center. Allen Dulles había abierto una sucursal del Coordinador de Información en el Rockefeller Center en 1940. Desalojó a todos los inquilinos del piso 25 del 30 Rockefeller Plaza, que era el piso sobre la Corporación Comercial del Reino Unido, cuyo presidente era William Stephenson. Esta agencia fue creada después de que Stephenson se quejara el 14 de abril de 1941 de que Standard Oil estaba suministrando a los alemanes a través de España, y que actuaba como una agencia hostil y peligrosa del enemigo. Un informe de 400 páginas de Stephenson que enumeraba los tratos de Standard Oil y otras corporaciones americanas con los alemanes fue entregado al FBI en 1941. J. Edgar Hoover prudentemente lo enterró.

Nelson Rockefeller, como Coordinador de Asuntos Interamericanos, encubrió el abastecimiento de las fuerzas militares alemanas desde sus subsidiarias sudamericanas. En el Informe Stephenson figuraban Standard Oil, I.G. Farben, una subsidiaria de Standard Oil; Ford Motor Co.; Bayer Aspirin (Sterling Drug); General Aniline and Film; Ansco; e International Telephone and Telegraph. Co. Sosthenes Behn, director de ITT, había organizado una fastuosa conferencia de agentes de la inteligencia alemana en el Waldorf Astoria en 1940. El director alemán de ITT era el barón Kurt von Schroder, de la familia de bancos Schroder de Colonia, Londres y Nueva York, que era el banquero personal de Hitler.

La OSS fue creada por cuatro miembros del Jefe de Estado Mayor Británico: Lord Louis Mountbatten (antes Battenberg), primo del Rey, y pariente de las familias bancarias de Frankfurt, Rothschild y Cassel; Charles Hambro, director del Ejecutivo de Operaciones Especiales, y director del Hambros Bank; Coronel Stewart Menzies, jefe del Servicio de Inteligencia Secreta; y William Stephenson, a cargo de las operaciones americanas del SIS. Un antepasado del Coronel Menzies había sido un notorio doble agente jacobita durante los últimos días del reinado de James IPs. El actual Menzies era hijo de Lady Holford; se casó con Lady Sackville, hija del 8° Conde de la Guerra, de la familia Sackville-West que poseía el histórico Knole; en segundo lugar, se casó con Pamela Beckett, hija de J. Rupert Beckett, chmn del Westminster Bank, ahora National Westminster Bank, uno de los cinco grandes de Inglaterra. La suegra de Menzies era la hija de Lord Berkeley Paget, Marqués de Anglesey. La hija de Menzies se casó con Lord Edward Hay, Marqués de Tweedsdale, Conde de Kinoull, emparentado con la Condesa de Errol. El actual Sir Peter Menzies es director del National Westminster Bank, tesorero del gigante Imperial Chemical Industries y director de la Commercial Union Assurance Co. En el Who's Who británico de 1950, el coronel Menzies señaló que había sido nombrado "C", jefe del MI6 de 1939 a 1951, pero en ediciones posteriores omitió esta información.

Ford declara en sus *agradecimientos,*

> "Lord Mountbatten de Birmania era un amigo personal cercano de Donovan como uno de los cuatro miembros del Comité de Jefes de Estado Mayor Británico que ayudó a Donovan en la formación y operación de la Oficina de Servicios Estratégicos."

El servicio secreto "americano" nunca fue más que una operación británica, dirigida a todos los niveles por representantes de la Corona Británica. Los agentes del OSS recibieron entrenamiento avanzado para el teatro europeo en Bletchley Park, cuartel general del espionaje británico. Este sitio fue elegido porque estaba a sólo diez millas de Woburn Abbey, donde el agente de Lord Beaverbrook, Sefton Delmer, operaba el centro británico de "trucos sucios" y otras actividades de propaganda. Woburn Abbey era el hogar ancestral del Duque de Bedford, Marqués de Tavistock. La Oficina Británica de Guerra Psicológica operaba como el Instituto Tavistock.

La lista de miembros de la CFR en 1946 revela los nombres de muchos operativos de la OSS y la OWI; Lyman Bryson, que estuvo con la Cruz Roja Americana en París, 1918-19, jefe de operaciones especiales, OWI, 1942, y director de la CBS; Thomas W. Childs, Rhodes Scholar, representante en París de Sullivan & Cromwell (el bufete de abogados Dulles), asistente ejecutivo del Gobierno británico. War Supply US, Embajada Británica, Washington, 1940-45, socio Lazard Freres 1945-48, ostenta la Orden del Imperio Británico, líder de la Unión de Habla Inglesa; Nicholas Roosevelt, Comisión Americana de Negociación de la Paz, París, 1919, OWI, 1942-43; Joseph Barnes, director de Operaciones Extranjeras de la OWI, organizó la gira mundial de Willkie en 1942, acuñó la frase "Un mundo", identificado como un agente comunista; Elmo Roper, el famoso encuestador, agente de la OSS 1942-45; Gaudens Megaro, jefe de la Sección Italiana de la OSS 194 1-45; Henry Sturgis Morgan, hijo de J.P. Morgan, director de Pullman, General Electric; Shepard Morgan, director del OSS de Londres 1943-44, estuvo en el Banco de la Reserva Federal de Nueva York 1916-24, director de pagos de reparaciones de Berlín 1924-30 supervisado por el Chase Natl Bank, más tarde chmn Natl Bureau of Economic Research, la operación de propaganda de Rockefeller; John Gardner, OSS Europe 1944-45, luego se unió a la Carnegie Corp.Allen W. Dulles jefe de OSS Europa, director J. Henry Schroder, más tarde primer director de la CIA; John Haskell, OSS 1943-44, anteriormente con Natl City Co. 1925-31.

Otro hijo de J.P. Morgan, Junius, fue puesto a cargo de las finanzas de la OSS. Paul Mellon y su cuñado, David Bruce se unieron a la OSS - Bruce estaba a cargo de la oficina de Londres, más tarde fue embajador en Francia. OSS también tenía operativos de las familias Vanderbilt, Archbold, DuPont y Ryan, dando lugar a la broma de que OSS significaba "Oh So Social". James Paul Warburg, hijo de Paul (quien había escrito el Acta de la Reserva Federal), fue el asistente personal de Donovan en la creación de la OSS. William J. Casey, actual jefe de la CIA, fue jefe de la inteligencia secreta de la OSS Europa.

En febrero de 1981, los veteranos de la OSS celebraron una reunión de gala en Nueva York. Estuvieron presentes Margaret Thatcher, Primera Ministra de Inglaterra; Julia Child; Beverly Woodner, diseñadora de Hollywood; John Shaheen, que había sido jefe de Proyectos Especiales de la OSS y ahora era un rico petrolero; Ernest Cuneo, que había sido el enlace entre la OSS y la FDR; Arthur Goldberg, abogado laboralista y líder sionista, más tarde juez del Tribunal Supremo y embajador de los Estados Unidos en las Naciones Unidas; Bill Colby, más tarde jefe de la CIA; y Temple Fielding, la autoridad en materia de viajes que comenzó su experiencia en la OSS. Uno de los agentes más famosos de la OSS que no se presentó, fue Ho Chi Minh.

Los agentes de la OSS se convirtieron en miembros prominentes de "la nueva clase" en Washington; Archibald MacLeish se convirtió en Bibliotecario del Congreso; Ralph

Bunche se convirtió en Representante de los EE.UU. ante la ONU; S. Dillon Ripley se convirtió en jefe del Smithsonian.

Donovan había sido elegido para dirigir la OSS debido a dos décadas en las que llevó a cabo misiones secretas para los Morgan, los Rockefeller y los Rothschild. Cuando dotó a la agencia de conocidos comunistas, no ofrecieron ninguna objeción. Anteriormente había proporcionado ayuda legal no remunerada a los miembros de la fuerza mercenaria comunista, la Brigada Abraham Lincoln. Ahora le dio la bienvenida a estos veteranos "anti-fascistas" en la OSS. Ford escribe,

"En el OSS se aprobó el empleo de procomunistas a niveles muy altos. La OSS a menudo acogía los servicios de entusiastas marxistas."

Cuando J. Edgar Hoover, deseoso de avergonzar a un rival, envió agentes a Donovan con expedientes del FBI sobre empleados comunistas de la OSS, Donovan respondió: "Sé que son comunistas, por eso los contraté". "Donovan cargó la OSS con comunistas tan fanáticos que se convirtieron en un chiste en Washington. Nombró al Dr. Maurice Halperin Jefe de la División Latinoamericana de la OSS. Halperin alteraba regularmente la información que llegaba a su escritorio para ajustarse a la línea del partido actual. A menudo mantenía su oficina cerrada, causando que otros empleados de la OSS bromearan que "Halperin debe estar teniendo otra reunión de la célula". "Después de la guerra, J. Edgar Hoover testificó ante el Congreso sobre los antecedentes comunistas de Halperin. Halperin se mudó más tarde a Moscú y luego a La Habana.

A pesar de los condenatorios dossiers que J. Edgar Hoover mantuvo sobre los principales comunistas de la OSS, no encontró ningún político dispuesto a desafiar a los tres asistentes de la Casa Blanca de FDR, Hiss, Currie y White. Eleanor Roosevelt había sido una de las activistas más frenéticas en nombre de la Brigada Lincoln. Joe Lash le dio un pequeño bronce de un soldado comunista, que ella guardó en su escritorio por el resto de su vida. Donovan incluso nombró a Irving Goff jefe de la OSS en Italia después del desembarco de Salerno. Goff había sido comandante de la Brigada Lincoln, y más tarde presidente del Partido Comunista en Louisiana y Nueva York.

La Guerra Civil Española había creado una alianza entre los "intelectuales" americanos y los comunistas. En *"Años apasionantes"*, Peter Wyden informa que el archivero Victor A. Berch, de la Universidad de Brandeis, dijo que el 40% de la Brigada Lincoln era judía. Curiosamente, los "fascistas", la Falange, estaba dirigida por dos Marranos, el General Franco y su patrocinador financiero, Juan March. March pagó el regreso de Franco a España con un crédito de 2 millones de dólares en Kleinwort's de Londres. En julio de 1936, March colocó 82 millones de dólares en cuentas nacionalistas. Depositó 1.500 millones de dólares en oro en el Banco de Italia, 121,5 toneladas métricas más que la reserva de oro de la mayoría de las naciones.

Los comunistas robaron la reserva de oro española y la enviaron a Rusia. El general Alexander Orlov, bajo las órdenes de "Ivan Vasilyevitch", un raro nombre en clave para Stalin, cargó la reserva de oro de España en el barco soviético Komsomol el 25 de octubre de 1936; llegó a Odessa el 2 de noviembre y fue transportada al depósito de metales preciosos de Moscú, Gohkran, por 788 millones de dólares. También se habían enviado 240 millones de dólares a Francia desde España.

Los voluntarios de Lincoln entregaron sus pasaportes a los oficiales de la NKVD cuando llegaron a España. Estos pasaportes fueron usados rutinariamente en el espionaje comunista. El asesino de Trotsky fue arrestado en México con un pasaporte canadiense expedido a Tony Babich, que fue asesinado en la Guerra Civil. Gouzenko expuso más tarde a un agente comunista en Los Ángeles usando el pasaporte de Ignacy Witczak. Los testigos vieron pilas de estos pasaportes de Lincoln apilados en la prisión de Lubianka, esperando a ser utilizados.

Ernest Hemingway escribió que "La Guerra Civil Española fue la época más feliz de nuestras vidas." modeló a su héroe en *Por quién doblan las campanas* con Robert Merriman, un agente de Moscú que recibía una beca de 900 dólares al año de la Universidad de California. Hemingway escribió y produjo una película, *La Tierra Española* para recaudar dinero para los comunistas, con la ayuda de Archibald Macleish, Dashiell Hammett y Lillian Hellmann. Hemingway puso 2750 dólares para la película, y donó todas sus regalías. Recorrió Hollywood para recaudar fondos para los comunistas, un esfuerzo que fue correspondido cuando nombraron su libro *Por quién doblan las campanas* una selección del Club del Libro del Mes y una producción multimillonaria de Hollywood. Así fue como se logró el "éxito artístico" en los años 40.

El contingente inglés que luchaba en España por los comunistas incluía al sobrino de Virginia Woolf, Julian Bell, que fue asesinado, y Eric Blair, más tarde conocido como George Orwell. Estuvo en el frente durante 112 días antes de ser herido. Más tarde escribió en *1984* un golpe de propaganda para el Orden Mundial que afirmaba que nadie sería capaz de resistir su poder. Concluyó *1984* con la observación de que el futuro estaría marcado por una bota de goma que se estamparía en el rostro humano para siempre.

Periodistas a un hombre que se unió a la causa comunista. A.M. Rosenthal, editor ejecutivo del *New York Times*, dijo de su cuñado, George Watt, comisario del batallón Lincoln,

"Dios, cómo admiraba a ese hombre. Era mi héroe."

Herbert L. Matthews escribió en 1946,

"Nada tan maravilloso me volverá a pasar como esos dos años y medio que pasé en España. Allí aprendí que los hombres pueden ser hermanos. Hoy, dondequiera que encuentre un hombre o una mujer que luchó por la libertad de España, encuentro un alma gemela. Nada romperá jamás ese vínculo. Dejamos nuestros corazones allí."

A pesar de su desesperación, Matthews pudo revivir la gloria de los años españoles cuando promovió a Castro y a una banda de seis guerrilleros a la dictadura de Cuba, a través de un frenético bombardeo propagandístico en el *New York Times*.

Kim Philby, más tarde activo con la OSS y la CIA como enlace británico también fue prominente en la Guerra Civil Española. Hijo del famoso arabista, Sir Harold Philby, se unió a la Sociedad Socialista de Cambridge en 1929. Trabajó para el Tesoro Británico en 1932-33 y fue reclutado por el partido comunista. En 1934, en Viena, se casó con Litzi Friedmann, un agente comunista. Testigo de la boda fue Teddy Kollek, más tarde recaudador de fondos para los terroristas israelíes, ahora alcalde de Tel Aviv.

Trabajando como un topo soviético, Philby fue financiado por el Banco Schroder en 1934 para publicar una revista pro-Hitler para la Asociación Anglo-Alemana. El *Times* lo envió entonces a España para cubrir la Guerra Civil. Tomó como amante a la esposa divorciada de Sir Anthony Lindsay Hogg, Frances Doble, un simpatizante falangista cuyo palacio de Salamanca se convirtió en su cuartel general español. Hija de un banquero canadiense, Doble entretenía abundantemente a los líderes falangistas. Philby se reunía frecuentemente con el General Franco allí.

Philby fue reclutado por el SIS británico en 1940. En 1942, ayudó a Norman Holmes Pearson, un profesor de Yale que se especializó en el trabajo de Ezra Pound, a establecer la oficina de Londres de la OSS con Charles Hambro, jefe del SOE. En 1949, Philby fue enviado a Washington como oficial de enlace del SIS con la CIA y el FBI. J. Edgar Hoover almorzaba frecuentemente en el restaurante Harvey's con Philby y James Angleton de la CIA. Mientras era jefe de la estación de la CIA en Roma, Angleton trabajó en estrecha colaboración con los terroristas sionistas Teddy Kollek y Jacob Meridor, y más tarde se convirtió en jefe de la sección israelí de la CIA, ayudando a Philby a establecer la operación de espionaje internacional del Mossad, financiada en gran medida por los contribuyentes estadounidenses. Un alto funcionario de seguridad de la CIA, C. Edward Petty, informó más tarde que Angleton podría ser un agente de penetración o un topo soviético, pero el Presidente Gerald Ford suprimió el informe.

Se abrieron archivos de alto secreto de la CIA y el FBI a Philby, a pesar de las afirmaciones generalizadas de que era un agente soviético. Aunque ayudó a Burgess y MacLean a desertar a Rusia en 1951, continuó trabajando para el SIS hasta 1956, bajo la protección de Harold MacMillan, quien lo defendió públicamente en el debate parlamentario. En 1962 una inglesa en una fiesta en Israel dijo, "Como siempre Kim está haciendo lo que su control ruso le dice. Sé que siempre trabajó para los Rojos. " Miles Copeland dice que Philby colocó un topo encubierto en la CIA conocido como "Madre". Philby fue citado diciendo: "Las agencias extranjeras que espian al gobierno de los Estados Unidos saben exactamente lo que una persona de la CIA quiere que sepan, ni más ni menos. "Philby fue finalmente expuesto por un desertor, Michael Goleniewski. El 23 de enero de 1963, Philby dejó Beirut y desertó a Moscú, donde se convirtió en un Teniente General de la KGB. El 10 de junio de 1984, Tad Szulc escribió en el *Washington Post* que Philby nunca fue un agente soviético, según los memorandos de la CIA presentados en una demanda, pero que era un agente triple. Esto explica curiosas paradojas en la supuesta rivalidad entre la CIA y la KGB, cuando ciertas almas encantadas flotan fácilmente de un lado a otro entre los dos servicios. Los agentes de cualquiera de los dos servicios son "eliminados" cuando descubren más de lo que les conviene sobre este extraño acuerdo.

El último caso del Intrepid afirma que

> "Durante 38 años hubo una misión oficial de la NKVD en Londres cuyos agentes fueron asistidos tanto por Operaciones Especiales británicas como por la OSS americana. Sólo ahora está claro que Moscú había recibido cientos de estudios de investigación de alto secreto de la OSS; y que los británicos habían suministrado conocimientos de guerra de guerrillas al jefe de las operaciones subversivas del NKVD, el coronel A.P. Ossikov!"

En 1943, Donovan fue enviado en una misión especial a Moscú, para establecer una alianza permanente entre la OSS y la NKVD. Donovan, W. Averill Harriman, y el Teniente General Fitin y el Mayor General A.P. Ossikov del NKVD elaboraron un plan para establecer oficinas del NKVD en ciudades americanas clave. El 10 de febrero de 1944, J. Edgar Hoover envió un mensaje confidencial a Harry Hopkins,

> "Acabo de enterarme por una fuente confidencial que se ha perfeccionado un acuerdo de enlace entre la OSS y la NKVD por el cual se intercambiarán oficiales entre los servicios; la NKVD establecerá una oficina en Washington."

Hopkins se vio obligado a contactar al General Biddle para alertar al Departamento de Justicia de esta operación; debido a las próximas elecciones, Roosevelt prudentemente retiró su apoyo al plan.

Debido a su cooperación con la NKVD y los prominentes comunistas de la OSS, el general Douglas MacArthur se negó a permitir a cualquier agente de la OSS en su teatro de operaciones en el Pacífico. Donovan fue al cuartel general de MacArthur el 2 de abril de 1944 y le hizo un llamamiento personal, pero fue rechazado. MacArthur consideraba que los agentes de la OSS eran más peligrosos para la seguridad americana que cualquier oponente militar. En el cuartel general de Donovan en Washington, Estelle Frankfurter fue sorprendida robando informes confidenciales de la OSS. Fue despedida, aunque su hermano, el juez Felix Frankfurter, era el confidente más cercano de Roosevelt. Como organizador de la célula de Harold Ware, Frankfurter había colocado operativos soviéticos en muchas agencias gubernamentales, y había puesto a su protegido personal, Alger Hiss, en la oficina de FDR. El hermano de Frankfurter, Otto, cumplió una sentencia en la Prisión Estatal de Anamosa, Iowa, por fraude.

Mientras Joseph E. Davies era embajador en Moscú, el Departamento de Estado recibió la orden, en 1937-38, de destruir todos sus archivos irremplazables sobre la Unión Soviética. La División Rusa del Departamento de Estado fue abolida, y los últimos sobrevivientes anticomunistas fueron despedidos sumariamente.

Desde 1935, siete redes de espionaje soviéticas habían estado activas en toda Europa. Conocidas por su nombre alemán, *die Rote Kapelle*, la Orquesta Roja, estaban dirigidas por el Gran Jefe Leopold Trepper, que más tarde emigró a Israel. En enero de 1942, Allen Dulles reclutó a die Rote Kapelle para formar un grupo antialemán dirigido por el barón Wolfgang von Pultitz, que más tarde organizó la deserción a Alemania Oriental de Otto John, jefe del FBI de Alemania Occidental. Durante la Segunda Guerra Mundial, tanto von Pultitz como John habían trabajado bajo el mando de Charles Hambro en la SOA británica.

El General Alfred E. Wedemeyer testificó más tarde que en 1942 había propuesto un plan garantizado para acortar la guerra por lo menos un año, invadiendo Francia a través del Canal. Winston Churchill abogó por su enfoque de "bajo vientre suave" a través del norte de África y Sicilia. El General Marshall llamó a Wedemeyer ante Churchill y Roosevelt para explicar su plan, en el que había trabajado durante meses, perfeccionando cada detalle. Churchill persuadió a Roosevelt para que pospusiera el plan de Wedemeyer por otro año, mientras que el plan de Churchill se puso en marcha en el norte de África en noviembre de 1942. El plan de Wedemeyer fue reivindicado en 1946 por el General Franz Haider, Jefe del Estado Mayor del Ejército Alemán, quien dijo que la invasión de Wedemeyer a través del Canal de la Mancha habría sido un golpe decisivo y oportuno que habría acortado la guerra por lo menos un año. Sin embargo, terminar la guerra en 1943 habría costado a los fabricantes de municiones muchos miles de millones en beneficios. Ezra Pound emitió el 17 de julio de 1943.

"Creo que mi última charla fue la más valiente que he dado nunca. Estaba jugando con fuego. Hablaba abiertamente de cómo la guerra puede ser prolongada, por compañeros que temen que la guerra se detenga. Quiero decir que tienen miedo de sus pequeñas bragas grises, por temor a que la equidad económica se establezca tan pronto como las armas dejen de disparar o poco después. El escenario cayó con un fracaso, simultáneamente con algunos éxitos anti-Eje."

¿De qué hablaba Pound? Escenario - qué manera tan cínica de describir una conflagración mundial en la que cien millones de personas estaban muriendo. Pound expuso la farsa. Al principio de la guerra, una operación del Servicio Secreto Británico, Operación Ultra, había obtenido la máquina de codificación alemana. Fueron capaces de leer todas las órdenes secretas de Hitler y del Estado Mayor alemán. Era como disparar a los peces en un barril. F.W. Winterbotham, jefe de la Inteligencia Aérea, SIS, escribió sobre su operación de Ultra, "El Ultra Secreto". Él dice,

"El 2 de agosto de 1944, que recuerdo, cubrió dos hojas enteras de mi periódico Ultra, Hitler le dijo a Kluge que no prestara atención a la fuga americana. Luego esbozó su plan maestro para manejar toda la invasión."

Si Hitler hubiera tenido acceso a todas las comunicaciones secretas de los aliados, habría tenido una ventaja inmejorable. Los aliados escucharon todas sus órdenes, y reaccionaron en consecuencia. A principios de la guerra, Ultra les informó que los alemanes planeaban un bombardeo masivo sobre Coventry. Si evacuaban la ciudad, les mostraría a los alemanes que estaban escuchando sus planes. Churchill ordenó a los británicos que no hicieran nada. Los alemanes bombardearon Coventry, matando a miles de mujeres y niños. El Ultra secreto fue protegido a costa de muchas vidas británicas.

Los británicos también tenían un doble agente, el Barón Wilhelm de Ropp, que era el confidente personal de Hitler en la política británica. DeRopp había vivido en Inglaterra desde 1910. Se casó con una esposa inglesa, pero mantuvo un apartamento en el Kurfurstendamm, como periodista que se movía entre Alemania e Inglaterra. Su amigo más cercano en Inglaterra era F.W. Winterbotham, jefe de la Inteligencia Aérea. En febrero de 1934, deRopp llevó a Winterbotham a Alemania, donde se reunió con Hitler, Rudolf Hess y von Milch, jefe de la Fuerza Aérea Alemana. Winterbotham escribe,

"Para 1934, había obtenido contacto personal con el Jefe de Estado, Hitler, y con Alfred Rosenberg, el filósofo oficial del Partido Nacionalista y experto en asuntos exteriores, y Rudolf Hess, el diputado de Hitler. De mis reuniones personales con Hitler me enteré de su creencia básica de que la única esperanza de un mundo ordenado era que fuera gobernado por tres potencias superiores, el Imperio Británico, la Gran América y el nuevo Gran Reich. Sentí que su desesperado deseo de paz no era un engaño. (En Dunkerque) Hitler le dijo a su Estado Mayor exactamente lo que me había dicho a mí en 1934; era necesario que la gran civilización que Gran Bretaña había traído al mundo continuara existiendo y que todo lo que quería de Gran Bretaña era que reconociera la posición de Alemania en el Continente."

Hitler no comprendió la depravación de las figuras entre bastidores del Orden Mundial que habían ganado el control del Imperio Británico con la riqueza de Sudáfrica que habían ganado en la Guerra de los Boers. Este tesoro de oro y diamantes representaba la mayor afluencia de nuevo poder adquisitivo en Europa desde que los galeones españoles trajeron el oro de los Incas. La resistencia encontrada en esta guerra hizo que los planificadores resolvieran que en el futuro, las guerras serían manejadas tan precisamente como cualquier otra operación comercial. Su filosofía de determinismo hegeliano llamaba a establecer dos fuerzas opuestas, la tesis y la antítesis, que se lanzarían una contra otra en conflicto para producir un resultado, la síntesis.

Entre las dos Guerras Mundiales, fue necesario rearmar a Alemania, y también apoyar a un gobierno alemán lo suficientemente fuerte para preparar a la nación para otra guerra. La misma gente que había abastecido a Alemania desde 1916 a 1918 para mantener la Primera Guerra Mundial ahora apoyaba a los nazis para producir una Segunda Guerra Mundial. Los Schroders y los Rothschilds habían establecido Hoover con la Comisión de Socorro Belga, en asociación con Emile Francqui, "la Bestia del Congo", más tarde la Administración de Alimentos de los Estados Unidos, dirigida por hombres desinteresados que inexplicablemente amasaron repentinas fortunas en azúcar, granos y transporte. Dos de estos hombres, Prentiss Gray y Julius H. Barnes, se convirtieron en socios de Schroder Co. El *New York Times* del 11 de diciembre de 1940 señaló que

> "El barón Bruno von Schroder murió en su casa aquí, en Dell Park, Englefield Green, Surrey. Vino a Inglaterra en 1900 y se naturalizó en 1914. Estableció J. Henry Schroder & Co. en Londres en 1904 y en Nueva York en 1923. Su hijo Helmut W.B. Schroder se convierte ahora en el director de la empresa. Su socio Frank Cyril Tiarks ha sido director del Banco de Inglaterra desde 1912. En 1923, el barón von Schroder compró el ferrocarril de Bagdad. El trato fue el más grande jamás hecho bajo la cobertura de la Conferencia de Lausanne que dispuso de las antiguas concesiones alemanas en Turquía, y el Banco Rothschilds y Lloyd's compartió con el Barón Schroder en el sindicato que adelantó 25 millones de dólares para comenzar la reconstrucción de las líneas."

La importancia de la firma Schroder entre las dos guerras mundiales se muestra en los siguientes extractos; *New York Times* 3 de diciembre de 1923;

"La primera cuota de capital para el nuevo banco de la moneda que crecerá del Rentenbank fue emitida hoy en Berlín en forma de cheques en libras esterlinas, por el valor de 25 millones de marcos de oro (6.250.000 dólares) de los banqueros londinenses Schroder & Co. cuya participación en el préstamo de capital es de 100.000.000 de marcos de oro (25.000.000 de dólares). El Barón Henry Schroder, que es el jefe de la empresa, ha estado durante mucho tiempo estrechamente relacionado con los intereses financieros alemanes en el ámbito internacional."

New York Times 25 de noviembre de 1928;

"J. Henry Schroder Banking Corp. Finance and Trade Commentary afirma: "Si, en la próxima conferencia sobre reparaciones, las obligaciones externas de Alemania se fijan en alguna cifra razonable, sería un paso importante en la recuperación económica de Alemania en su conjunto"."

New York Times, 2 de noviembre de 1928

"J. Henry Schroder Co. presenta un préstamo de 10 millones de dólares al 6% a Prussian Electric Power Co. en asociación con Brown Bros Harriman."

New York Times, 14 de noviembre de 1929;

"El Estado prusiano ha concertado un préstamo de 5 millones de dólares de la J. Henry Schroder Co. para ampliar el puerto de Stettin."

New York Times, 27 de enero de 1933;

"La City Co. de Nueva York y la J. Henry Schroder TrustCo. han sido designadas como agentes de bonos alemanes por el Banco de Descuento de Oro de Berlín. Los representantes de las casas de emisión americanas dijeron ayer que estaban sin asesoramiento directo de Berlín, donde los alemanes y los representantes de otros acreedores están ahora conferenciando. Los banqueros están representados allí por John Foster Dulles del bufete de abogados Sullivan and Cromwell."

New York Times, 19 de abril de 1940;

"La J. Henry Schroder Banking Corp. ha sucedido a Speyer & Co. como agente fiscal y pagador de los bonos de oro del 61,2% de la ciudad de Berlín con vencimiento en 1950."

Un destacado economista, el profesor von Wiegand, ha criticado al actual escritor por sus declaraciones sobre la Schroder Co. afirmando que la empresa tenía poca o ninguna conexión con Alemania, aparentemente porque no había investigado el tema en el *New York Times*. El presidente de J. Henry Schroder también negó en 1944 que hubieran hecho negocios en Alemania.

Adolf Hitler se había unido al Partido Obrero Alemán en 1919 porque estaba apoyado por la Sociedad Thule, una influyente sociedad alemana de aristócratas y financieros. En 1921, Hitler se reunió con el Almirante Schroder, comandante del Cuerpo de Marines alemán. En diciembre de 1931, se formó el círculo de Amigos, doce prominentes hombres de negocios alemanes que prometieron donar regularmente al Partido Nazi. El Barón Kurt von Schroder, socio de J.H. Stein Co. Ltd., banqueros de Colonia, era el líder de este grupo. J.H. Stein se convirtió entonces en el banquero personal de Hitler. El ayudante de Hitler, Walther Funk, se reunió con Schroder para discutir los puntos de vista reales de Hitler sobre cuestiones relativas a los banqueros internacionales. Funk pudo satisfacer a Schroder, y el apoyo financiero del Partido Nazi continuó.

El Mayor Winterbotham señala que Lord Montagu Norman, Gobernador del Banco de Inglaterra por más de treinta años, era el mejor amigo de Hjalmar Schacht. Schacht, el ministro de finanzas de Hitler, nombró a su nieto Normando debido a la amistad. Paul Einzig, en "La calma *antes, durante y después de la guerra"*, dice,

"El 29 de mayo de 1933, el Sr. F.C. Tiarks de la Delegación Bancaria Británica se reunió con el Dr. Schacht, y encontró la actitud del Dr. Schacht totalmente satisfactoria."

El Sr. Tiarks fue durante mucho tiempo socio de J. Henry Schroder y director del Banco de Inglaterra desde 1912. Su nieta se casó con el actual Duque de Bedford.

En la página 78, Einzig dice,

"A finales de 1936 se registró en Londres una nueva firma bajo el nombre de Compensation Brokers Ltd. que estaba controlada por la casa bancaria de J. Henry Schroder & Co. Ltd., y Hambro's Bank Ltd. con el objetivo declarado de ayudar en las transacciones de trueque entre Alemania y varias partes del Imperio Inglés."

Cuando Alfred Rosenberg llegó a Londres, se le presentaron muchas figuras importantes, incluyendo a Geoffrey Dawson, editor del *Times*, Walter Eliot, M.P. Lord Hailsham, secretario de Guerra, y el Duque de Kent, hermano del rey Eduardo VIII y Jorge VI. El duque de Coburgo, amigo íntimo de Hitler, mantuvo tres largas conversaciones con el rey Eduardo VIII sobre su adhesión en enero de 1936. Eduardo le aseguró al Duque sus simpatías con el Tercer Reich. En 1965, el entonces Duque de Windsor comentó, "Nunca pensé que Hitler fuera un tipo tan malo." La historia detrás de la repentina abdicación de Eduardo fue que sus asesores se dieron cuenta de que no firmaría los papeles para la movilización contra Alemania. Una divorciada americana entró en escena. Ella llevó a Eduardo al castillo de Rothschild en Austria, mientras que su hermano "ligeramente retrasado" Jorge fue instalado como Rey de Inglaterra.

A mediados de los años treinta, había tres grupos aislacionistas activos en Inglaterra: "The Link", dirigido por el almirante Sir Barry Domvile y compuesto por ingleses genuinamente patriotas; la Anglo-German Fellowship, organizada por J. Henry Schroder Co. con la ayuda del topo soviético Kim Philby para hacer creer a Hitler que Inglaterra nunca le declararía la guerra; y "the Cliveden Set", que se reunió en el castillo palaciego de Lord Astor, Cliveden, para promover el "apaciguamiento".

El 4 de enero de 1933, Hitler se reunió con los hermanos Dulles en la casa de Colonia del barón Kurt von Schroder para garantizar a Hitler los fondos necesarios para instalarlo como

Canciller de Alemania. Los hermanos Dulles, estaban allí como representantes legales de Kuhn, Loeb Co., que había extendido grandes créditos a corto plazo a Alemania, y necesitaba una garantía de reembolso. Allen Dulles fue posteriormente instalado en Suiza por la OSS durante la Segunda Guerra Mundial. Aún más tarde, se convirtió en Director de la CIA. Había sido director de la J. Henry Schroder Co. durante muchos años.

El 11 de junio de 1934, Lord Norman y Schacht se reunieron en secreto en Badenweiler en la Selva Negra, y de nuevo en octubre de 1934, para garantizar los préstamos a la Alemania nacionalsocialista. El Banco J.H. Stein de Colonia y las sucursales de Londres y Nueva York del Banco Schroder eran bancos corresponsales que a menudo participaban en transacciones durante el régimen de Hitler. El barón Kurt von Schroder era miembro del Herrenklub, el grupo más influyente de Alemania, y de la Sociedad Thule, que había iniciado la carrera de Hitler en 1919. Fue director de todas las subsidiarias alemanas de la ITT, líder del grupo superior de las SS, del Deutsche Reichsbank y de muchos otros puestos de alto rango (enumerados por el Comité Kilgore, 1940).

El 30 de septiembre de 1933, el editor financiero del *London Daily Herald* escribió sobre

"La decisión del Sr. Montagu Norman de dar a los nazis el respaldo del Banco de Inglaterra."

El biógrafo de Norman, John Hargrave, escribe,

"Es bastante seguro que Norman hizo todo lo que pudo para ayudar al hitlerismo a ganar y mantener el poder político, operando en el plano financiero desde su fortaleza en Thread needle Street."

Otro partidario de Hitler era Sir Henry Deterding, de la Royal Dutch Shell, que había sido fundada por la familia Samuel. En mayo de 1933, Alfred Rosenberg fue huésped en la gran finca de Deterding, Buckhurst Park, Ascot, a una milla del Castillo de Windsor. Oswald Dutch escribe que en 1931 Sir Henri Deterding y sus patrocinadores, la familia Samuel, le dieron a Hitler 30 millones de libras. Deterding se divorció de su esposa y se casó con su secretaria, una ardiente nazi y alemana.

Otto Strasser escribió que Schroder aceptó "pagar la cuenta" del Partido Nazi en una reunión secreta, y garantizó sus deudas, terminando por cobrar una generosa cantidad de intereses sobre su capital original. (Audiencias del Senado, Comité de Asuntos Militares, 1945).

En Inglaterra, el periodista Claud Cockburn dirigió la lucha contra el "Conjunto de Cliveden", aparentemente sin saber que tres de los Astors habían fundado el Instituto Real de Asuntos Internacionales. Escribió indignado,

"Los Astors y otros agrupados en torno a Chamberlain eran un conjunto de apaciguadores que veían el régimen de Hitler y su colaboración con él como algo necesario para mantener el orden social que preferían."

Los Cockburns están demasiado limitados para entender que los "apaciguadores" colaboraron con Hitler sólo para obtener la guerra mundial que era esencial para su programa mundial. Hitler fue engañado para ir a Renania, engañado para ir a Checoslovaquia, y engañado para atacar a Polonia. La creencia anunciada es que estaba sorprendido por la debilidad de la oposición a estos movimientos; de hecho, se le había prometido que no habría oposición, hasta que fue a Polonia y descubrió que había sido engañado.

Una vez que Hitler sirvió a su propósito, estos mismos banqueros conspiraron para asesinarlo. Conocemos los nombres del Conde von Stauffenberg y Fabian von Schlabrendorff, aristócratas que intentaron matar a Hitler, pero el 22 de julio de 1984, el *Washington Post* reveló el nombre del cerebro, Axel von dem Bussche. Se casó con la hija del conde de Gosford, el barón Acheson, agregado aéreo de la embajada de París. El Barón Acheson se había casado con la hija de John Ridgely Carter, socio de J.P. Morgan Co., cuyo padre, un abogado de Baltimore, había sido consejero legal del Pennsylvania Railroad y de muchos otros ferrocarriles. John Ridgely Carter se casó con Alice Morgan, fue secretario de la Embajada Americana en Londres, 1894-1909, y fue socio de J.P. Morgan Co. 1914, y también de la sucursal de París, Morgan Harjes Co. Dean Acheson, primo de los Gosfords, también trabajó para J.P. Morgan Co. y más tarde se convirtió en Secretario de Estado. El segundo Conde Gosford había sido Gobernador General del Canadá y gobernador en jefe de toda la América del Norte británica. Richard Davis señala en *The English Rothschilds* que el Conde de Gosford era un invitado frecuente de la familia Rothschild. Esto puede explicar por qué su primo americano, Dean Acheson, fue sacado de la oscuridad para convertirse en Secretario de Estado.

El elenco de personajes es realmente muy pequeño en número. El nieto de un socio de J.P. Morgan es el cerebro del complot contra Hitler, cooperando con el socio de Schroder Allen Dulles de su reducto suizo de la OSS. El Almirante Canaris, a cargo del Abwehr, los servicios de inteligencia de Hitler se pusieron en contacto con el Servicio Secreto Británico en Londres tan pronto como asumió ese cargo, a través del abogado de Frankfurt Fabian von Schlabrendorff, un miembro clave del complot, ayudado por el Conde Helmut von Moltke, miembro del BAr alemán y también miembro del Templo Interior de Londres, la madre de von Moltke era Dorothy Innes, relacionada con la familia bancaria de Schroder.

Durante sus dos primeros años en la OSS, Bill Donovan no aceptó ningún salario. En 1943, fue ascendido a General de División, y recibió un sueldo por ese grado. En 1943, la OSS tenía un presupuesto de 35 millones de dólares, con 1651 empleados, que se multiplicó por diez al año siguiente hasta 16.000. Al final de la guerra, había 30.000 agentes y subagentes, muchos de los cuales estaban involucrados en el saqueo, el chantaje y otros esquemas para hacer dinero. Los aviones eran a menudo requisados para vuelos misteriosos para transportar enormes sumas de oro, diamantes, pinturas y otros tesoros. Desde el principio, la OSS había estado tratando con grandes sumas de oro. En la primavera de 1942, se enviaron 5 millones de dólares en monedas de oro al norte de África para financiar operaciones secretas. Después de la invasión del Norte de África, ciertos banqueros que habían estado reteniendo francos por valor de 100 millones, de repente valían 500 millones. Las transacciones monetarias a gran escala fueron manejadas para la OSS por una figura del hampa llamada Lemaigre-Dubreuil, que fue disparado por pistoleros desconocidos en su casa de Casablanca.

El asesor político del Comandante Supremo Aliado del Mediterráneo era Robert D. Murphy, cuya esposa era maníaco-depresiva y cuya hija se suicidó. Tenía una aventura con la princesa de Ligne, representante oficial del Conde de París, una borbónica y pretendiente al trono de Francia. Involucró profundamente a Murphy y a la OSS con su asociado principal, un judío sirio llamado David Zagha, que comerciaba con propiedades, gemas y antigüedades de millones de dólares. Tenía grandes propiedades en Damasco, y lavó millones de dólares de fondos de la OSS a través de Lemaigre-Dubreuil, hasta el asesinato de ese digno en Casablanca.

Los tejemanejes también han caracterizado las operaciones del sucesor de la OSS, la CIA, a menudo llamada "la Agencia Central de Inversiones", debido a sus muchos tratos nefastos. V. Lada-Mocarski, presidente de J. Henry Schroder, fue jefe de las operaciones de inteligencia secreta de la OSS Italia en 1943. Los archivos secretos de la OSS aparecieron más tarde en manos de Propaganda Due, P-II, una organización masónica secreta que incluía muchas figuras prominentes en Italia. El intermediario entre la P-II y la CIA fue Michael Sindona, el conducto de 65 millones de dólares que la CIA inyectó en las elecciones italianas. Estaba conectado con el bufete de abogados Nixon, y con John McCaffrey, jefe de las fuerzas de resistencia en Europa para la inteligencia británica durante la Segunda Guerra Mundial, y más tarde representante del Banco de Hamburgo, y también con el Príncipe Borghese. Aunque Borghese había sido condenado a ser ejecutado durante la Segunda Guerra Mundial, fue rescatado por James Angleton, más tarde consultor del Vaticano para la CIA. Sindona, McCaffrey y Borghese eran socios de un banco italiano, Universal Banking Corp. que era una fachada para Meyer Lansky y la Mafia. El colapso del Banco Ambrosiano le costó al Vaticano mil millones de dólares (luego reducidos a 250 millones), terminando en el asesinato de su presidente Roberto Calvi, encontrado colgado del puente Blackfriars en Londres. Fue declarado "suicidio", pero un juez dictaminó más tarde que había sido asesinado por "personas desconocidas".

El general Donovan también tenía una importante conexión familiar con los Harriman. El primo de su esposa, Charles

Rumsey, se había casado con la hermana de W. Averell Harriman, Mary. Los Harriman se habían criado en su finca de Nueva York, Arden, que tenía 30.000 acres, una casa de 150 habitaciones, y una tripulación de 600 personas trabajando constantemente para mantener las cosas en orden.

La otra hermana de Harriman se casó con Robert Livingston Gerry, hijo del comodoro Elbridge Gerry. Su hijo, El puente Gerry, es socio de Brown Bros Harriman.

En 1939, Donovan había comprado una granja cerca de Berryville, Chapel Hill Farm. En 1945, vendió su casa de Georgetown a Katharine Graham, de la familia del *Washington Post*. La granja fue adquirida por el Rumsey Trust. Donovan vivía en el 1 Sutton Place, Nueva York, el domicilio puesto de moda por Bessie Marbury, la reina del conjunto homosexual internacional que, como el principal poder del Partido Demócrata, había hecho posible que Franklin D. Roosevelt se convirtiera en Gobernador de Nueva York.

En 1921, el promotor Eliot Cross vendió la "esposa" de Marbury, Elsie de Wolfe, en el número 13 de Sutton Place. El *Times* pronto notó una "curiosa migración", encabezando que la Sra. K. Vanderbilt y Anne Morgan habían comprado casas en Sutton Place, "una poco conocida vía de dos cuadras". La Sra. Vanderbilt pagó 50.000 dólares por su casa; Anne Morgan, hija de J. P. Morgan y miembro del grupo de Wolfe-Marbury "Hellfire", pagó 75.000 dólares. Luego gastaron varios cientos de miles de dólares en la renovación de estas casas. El *Times* caracterizó la "migración curiosa de Sutton Place" como una excavación maliciosa en las conocidas proclividades de los nuevos colonos, que pronto harían notorio a Manhattan como sede mundial del movimiento homosexual.

El hijo sobreviviente de Donovan se negó a entrar en el bufete de abogados o a tener algo que ver con la OSS. Tuvo una distinguida carrera de guerra como capitán de la Marina a cargo de las operaciones de desembarco en Sicilia y otras invasiones. En una celebración de Nochevieja, 1946, su hija de cinco años, Sheila, bebió accidentalmente pulimento de plata y murió. Su esposa murió después de una sobredosis de pastillas para dormir.

El último caso del Intrepid señala que

"La decisión apolítica obligó a la OSS a entregar a Moscú los libros de códigos militares y diplomáticos soviéticos capturados sobre la inteligencia de los nazis."

El mayor golpe de inteligencia de la historia quedó en nada después de que los tres socios comunistas de Roosevelt exigieran que este juego completo de libros de códigos soviéticos fuera devuelto a Stalin.

El 17 de mayo de 1945, Donovan se convirtió en asistente especial del Juez Robert H. Jackson, fiscal de los Estados Unidos en los juicios de Nuremberg. Aunque los líderes alemanes capturados fueron acusados de muchas cosas, nunca fueron acusados de haber aceptado dinero del Banco de Inglaterra, o de ser financiados por el Banco Schroder. El Barón Kurt von Schroder fue arrestado y transferido a un campo de detención británico. Un tribunal alemán de desnazificación le impuso una multa de 1500 RM y lo sentenció a tres meses de detención. Como ya había sido retenido durante ese período, fue liberado. El *New York Times* el 29 de febrero de 1948 exigió que fuera juzgado por un Tribunal Militar Aliado - "von Schroder es tan culpable como Hitler o Goering".

En mayo de 1945, William Stephenson formó la British American Canadian Corp. en Nueva York, que más tarde se convirtió en un registro panameño como la World Commerce Corp. El 2 de abril de 1947. Cuando Alemania se rindió, la oficina de Londres de la OSS tenía diez millones de dólares a mano, depositados en los bancos de Hamburgo y Schroder. Este dinero no podía ser "devuelto" al gobierno de los EE.UU. sin indicar de dónde había venido. Como producto del comercio de oro y joyas, una investigación podría provocar una investigación del Congreso. Los directores decidieron dejarlo en suspenso para futuras operaciones en las nuevas corporaciones, cuyos oficiales eran Stephenson, Donovan, Sir Charles Hambro, Edward R. Stettinius, Russell Forgan de Glore Forgan Co. Ltd., sobrino de James Forgan, primer presidente del Consejo Consultivo Federal de la Junta de la Reserva Federal y sucesor de David Bruce como jefe de OSS Europa; Sidney Weinberg, jefe de la Misión Especial de OSS en Moscú; Nelson Rockefeller; el coronel Rex Benson

Menzies del SIS y presidente de Robert Benson Co. Ltd.; John J. McCloy; Richard Mellon; Sir Victor Sassoon; Lord Leathers; Sir William Rootes of Rootes Motors; Sir Alexander Korda; Olaf Hambro; Brig W.T. Keswick jefe de Jardine Mathieson Co. , director de Hudson Bay Co. Hong Kong Shanghai Bank y jefe del Ejecutivo de Operaciones Especiales en Asia durante la Segunda Guerra Mundial; Sir Harold Wemher, industrial británico; Ian Fleming de Kelmsley Press; David Bruce; Joseph C. Grew, sobrino de J.P. Morgan; y L.L. Strauss de Kuhn, Loeb & Co. La nueva empresa operaba en estrecha colaboración con Morgan Grenfell, Jardine Mathieson y British and Western Trading Co.

En 1950, Donovan incluyó a World Commerce Corp. como la única empresa en la que tenía un interés. El presidente en ese momento era Frank T. Ryan, el director John J. Ryan, ambos de Bache & Co; otros directores eran Alfred DuPont, Russell Forgan, Jocelyn Hambro, Joseph Grew y William Stephenson, que dio su discurso como Hotel Plaza. N.Y. con residencia en Jamaica, y se inscribió como presidente de la junta de Caribbean Cement Co. y Bermuda Hotels Corp.

Al presidente Truman no le gustaba la idea de un servicio secreto, y disolvió la OSS al final de la guerra. 1600 de sus operativos fueron al Departamento de Estado, Oficina de Inteligencia e Investigación, otros fueron al Departamento de Defensa donde Robert McNamara creó la Agencia de Inteligencia de Defensa en 1961. Truman creó la Oficina de Coordinación de Políticas en 1948, que por directiva del Consejo de Seguridad Nacional 10/2 se fusionó en la CIA el 4 de enero de 1951 con la Oficina de Servicios Especiales y Clandestinos. Aunque Truman había disuelto la OSS el 20 de septiembre de 1945, su directiva de 1948 designó a tres hombres para supervisar la organización de una nueva agencia de inteligencia, Allen W. Dulles, del Banco Schroder; William Harding Jackson, un abogado de Wall Street que se casó con la familia Lyman, se convirtió en abogado de Cadwalder, Wickersham y Taft, y más tarde de Carter, Ledyard & Milburn (abogados de J.P. Morgan). En enero de 1944, Jackson había sido nombrado jefe de inteligencia del Cuartel General Militar de los Estados Unidos en

Londres. Fue jefe de inteligencia para el General Jacob Devers, y más tarde dirigió la inteligencia del G-2 para el General Omar Bradley. Se convirtió en socio de J.H. Whitney Co.

Nueva York en 1947, fue subdirector de la CIA en 1950-51, y más tarde fue asistente del presidente Eisenhower para la seguridad nacional; el tercer hombre del equipo de Truman fue Mathias F. Correa, también abogado de Wall Street, cuya madre era de la familia Figueroa; su padre era jefe de bienes raíces e inversiones de la diócesis de Brooklyn, y su hermano era asistente del asistente del General de los Estados Unidos en 1946, consejero general de ODM 195 1-52, y vicepresidente de la CIA en 1946. RCA. Truman más tarde llegó a sospechar profundamente de la CIA. Le dijo a Merle Miller, "Hablando claro",

"Ahora, por lo que puedo entender, esos tipos de la CIA no sólo informan sobre guerras y cosas así, sino que salen y hacen las suyas."

Allen Dulles colocó un versículo de la Biblia (Juan 8:32) en la entrada del edificio de la CIA, "Y conoceréis la verdad, y la verdad os hará libres". "Allen W. Dulles era el jefe de la nueva agencia; Frank Wisner era su ayudante; creció de 5.000 a 15.000 personas en 1955. En 1974, tenía 16.500 agentes y un presupuesto de 750 millones de dólares; en total, la Agencia de Seguridad Nacional tenía 6.000 millones de dólares para gastar en "inteligencia".

A menudo se ha llamado a la CIA la Agencia Central de Inversiones, no sólo por los antecedentes en Wall Street de Donovan, Dulles y muchos otros directores, sino por las numerosas operaciones comerciales en las que ha participado (a la CIA siempre se la llama, no por accidente, por sus iniciados, "la empresa"). Una gran parte del comercio de acciones se basa en información interna de la CIA, comprando y vendiendo sobre la base de la inteligencia secreta reunida por la CIA en todo el mundo.

La CIA también ha gastado miles de millones para influir en las elecciones extranjeras, siempre para candidatos contrarios a los intereses del pueblo de los Estados Unidos, pero dedicados al programa del Orden Mundial. Sin embargo, su principal influencia ha sido a través de su control de fundaciones y universidades. El pueblo estadounidense sigue ignorando felizmente que su gobierno constitucional, con sus poderes separados de los departamentos legislativo, judicial y ejecutivo, ha sido totalmente superado por las fundaciones, que generan la política básica de los tres poderes. La política monetaria es generada por la Institución Brookings y aplicada a través del Sistema de la Reserva Federal, independiente del Congreso, que tiene el poder constitucional de regular el sistema monetario. Las políticas sociales, originadas por las Fundaciones Ford y Rockefeller, son promulgadas como ley por el Congreso y confirmadas contra toda impugnación por el Tribunal Supremo. La política exterior, una prerrogativa del poder ejecutivo, se basa enteramente en los "estudios" y recomendaciones de las fundaciones. El personal de los tres departamentos está fuertemente infiltrado por los operativos de las fundaciones. La CIA funciona como la agencia coordinadora entre las fundaciones y los departamentos del gobierno. El *Washington Post* del 8 de diciembre de 1984 verificó esto con un obituario de Don Harris, relatando que llegó a Washington en 1950 como economista de la Institución Brookings, y luego se trasladó a la CIA como jefe del personal del Lejano Oriente y Europa Occidental durante tres años. Luego se unió a la dirección de planes y políticas de la Agencia de Inteligencia de Defensa, donde sirvió hasta 1983.

McGeorge Bundy, en "Las dimensiones *de la diplomacia"*, 1964, señaló,

> "Todos los programas de estudio de área en las universidades americanas después de la guerra fueron tripulados, dirigidos o estimulados por graduados de la OSS: hay una alta medida de interpenetración entre las universidades con programas de área y agencias de recolección de información del gobierno de los EE.UU."

Como jefe de la Fundación Ford, Bundy estaba en posición de saber sobre la interpenetración.

El *Washington Post*, 21 de abril de 1984, señaló que la CIA estaba canalizando dinero a muchas universidades a través de becas de inteligencia de la Fuerza Aérea u otras operaciones de "defensa", incluyendo Duke, Stanford, Univ. de Texas y muchas otras. El rector de la Universidad de Pittsburgh, Wesley Posvar, había recibido muchas becas de inteligencia de la Fuerza Aérea como coronel de inteligencia retirado de la Fuerza Aérea, canalizado a través del Mayor General James F. Pfautz, jefe de inteligencia de la Fuerza Aérea. Posvar es miembro del Fondo Marshall Alemán.

La CIA ha gastado millones para financiar periódicos, revistas y editoriales para promover el programa del Orden Mundial. Frederick A. Praeger Co. N.Y. una editorial "emigrante", admitió en 1967 que había publicado "15 o 16" libros para la CIA. Muchos escritores y periodistas han sido subvencionados libremente por la CIA con gastos de viaje, una villa en Francia o Suiza y otras ventajas, para producir propaganda para la CIA y sus objetivos ulteriores.

La Revista *Nacional* está considerada como la publicación más influyente de la CIA. Constantemente se juntan Jean Kirkpatrick, Milton Friedman, y otros conocedores de la comunidad de inteligencia y de la Escuela de Economía de Viena. El *New York Times*, 8 de diciembre de 1984, señaló el matrimonio del hijo de William Buckley, Christopher, con Lucy Gregg, hija de un funcionario de la CIA de 31 años, Donald Phinney Gregg, que ahora es asesor personal del presidente Bush en materia de seguridad nacional. Buckley fundó la *National Review* con Morrie Ryskind y George Sokolsky, financiando la publicación con amplios fondos de la Agencia Central de Inversiones y sus conexiones en Wall Street. El único empleo conocido de Buckley fue su paso por la CIA bajo el mando de Howard Hunt en la estación de la CIA en Ciudad de México, inmediatamente después de que Buckley se graduara en Yale. Buckley se convirtió en el padrino de los hijos de Hunt, "en skids" NSCIDS No. 7 le dio a la CIA el poder de interrogar a los estadounidenses en los EE.UU. sobre sus viajes al extranjero y de hacer contratos con universidades estadounidenses. La influencia de J. Edgar Hoover dio lugar a la Ley de Seguridad Nacional de 1947, que prohibía a la CIA ejercer cualquier función de seguridad interna o poderes policiales en los EE.UU. (territorio del FBI), pero Hoover vivió para ver el acto continuamente burlado por las grandes finanzas de la CIA.

El 12 de marzo de 1947, la Doctrina Truman fue anunciada como la nueva política exterior de Estados Unidos. El 5 de junio de 1947, se anunció el Plan Marshall. Ambas "doctrinas" se habían originado en estudios de fundación subvencionados por la CIA y debían ser implementadas bajo la estrecha supervisión de la CIA.

La "nueva" CIA continúa sus estrechos lazos con el Banco Schroder y otros ejes de la inteligencia internacional. Allen Dulles, director de J. Henry Schroder, y abogado del banco como abogado de Sullivan y Cromwell, eligió a Schroder para manejar los vastos desembolsos del "fondo discrecional" de la CIA, cuyos tratos financieros permanecen ocultos en secreto. El Secretario de Guerra Robert Patterson era un director de Schroder, al igual que Harold Brown, el Secretario de Defensa de Carter. Paul H. Nitze, nuestro principal negociador de armas, no sólo fue director de Schroder, sino que se casó con la familia Pratt de Standard Oil, que donó su mansión de Nueva York como sede de la CFR.

John McCone, más tarde director de la CIA, fue socio de Bechtel McCone, gigante contratista de guerra financiado por Schroder-Rockefeller Co. Richard Helms, también director de la CIA, es un consultor de Bechtel. Aunque provenía de una familia de modestos medios, Helms se educó en la escuela preparatoria más exclusiva del mundo, Le Rosey de Suiza, donde se hizo amigo del Sha de Irán. La conexión Schroder-CIA fue revelada en una demanda en la que se presentaron documentos que mostraban un pago de 38.902 dólares a Edwin Moore, por órdenes de Richard Helms.

Gordon Richardson fue presidente de Schroder de 1963 a 1973, cuando fue nombrado Gobernador del Banco de Inglaterra, donde prestó servicios durante diez años. Richardson, también director del Banco Lloyd's y de Rolls Royce, mantuvo una dirección en Nueva York en Sutton Place, cerca de la residencia de Donovan.

La familia Cabot de Boston, descendiente de Sebastian Cabot, que fue uno de los primeros miembros del Orden Mundial, ha mantenido una estrecha relación con la CIA. El fundador de la familia, Giovanni Caboto de Génova, se convirtió en John Cabot cuando se mudó a Inglaterra en 1448 bajo Enrique $7°$. Su hijo Sebastián lo acompañó en su viaje a Norteamérica en 1497.

Sebastian había nacido en Venecia en 1476; se trasladó a Inglaterra en 1551, se le concedió una pensión y fundó la London Muscovy Company que desarrolló rutas terrestres a través de Europa hacia Rusia. Thomas D. Cabot, presidente honorario de Cabot Corp. fue director de la Oficina de Asuntos Interamericanos del Departamento de Estado en 1951, presidente de United Fruit, y estableció Radio Swan en la Isla del Cisne para la CIA; fue en una misión especial a Egipto en 1953. Su hermano John estuvo en el servicio exterior desde 1926, sirvió como Cónsul General Shanghi, embajador en Pakistán, Finlandia y Colombia, Brasil y Polonia; fue delegado de Estados Unidos en Dumbarton Oaks en 1944, y fue secretario de la organización de las Naciones Unidas en San Francisco en 1945 bajo el mando de Alger Hiss. Paul Cabot es director de J.P. Morgan Co. , Ford, Continental Can, Goodrich, y M.A. Hanna Co. Lord Harold Cacciais también es director de Cabot Corp. Sirvió en la Comisión de Control de los Aliados en Italia 1943-44 como asesor político, embajador en Austria 1951-54, embajador en EE.UU. 1956-61; también forma parte del consejo de Orion Bank, National Westminster Bank y Prudential Assurance. Es presidente de Standard Telephone & Cable.

Un miembro anterior de la familia Cabot, George Cabot (1752-1823) poseía 40 corsarios y cartas de marca en 1777-78, y se convirtió en el primer Secretario de la Marina.

La política de alto nivel de la CIA se determinaba regularmente en reuniones secretas en Pratt House, sede del CFR en N.Y., como reveló Vic Marchetti, en *Cult of Intelligence*, describe una reunión de alto nivel en Pratt House el 8 de enero de 1965 a las 5 pm, presidida por C. Douglas Dillon, chmn de Dillon, Read. El orador principal fue Richard Bissell, director de operaciones clandestinas de la CIA. Esta fue la tercera reunión en esta dirección. William J. Barnds era secretario; su padre era obispo episcopal de la división de Dallas. Estuvo presente Frank Altschul, socio de Lazard Freres, que se casó con la familia Lehman. Altschul fue chmn National Planning Assn, director de la Fundación Ford, el Instituto de China en América, el Instituto

Americano de Educación Internacional, y vicepresidente de la Fundación Ford. Fundación Woodrow Wilson; Robert Amory, dep. Dir CIA 1952-62, Junta de Planificación de la Seguridad Nacional 1953-61; Meyer Bernstein; Coronel Sidney Berry ex asistente militar del Secretario de Defensa 1961-64, actualmente Jefe Adjunto de Operaciones de Personal del Ejército de los Estados Unidos; Allen W. Dulles; George S. Franklin Jr., abogado de Davis Polk y Wardwell, asistente de Nelson Rockefeller en 1940, Departamento de Inteligencia del Estado 1941-44, división ejecutiva del Departamento de Defensa de los Estados Unidos. Consejo de Relaciones Exteriores 1945-71, secretario nacional de la Comisión Trilateral 1972, miembro del Consejo Atlántico, Fundación Ditchley, Consejo Americano para la Europa Unida; Thomas L. Hughes, jefe de la Dotación Carnegie para la Paz Internacional (antiguo puesto de Alger Hiss); Joseph Kraft, columnista del Washington *Post*, *L.A. Times*, etc. Eugene Fubini, naturalizado en los Estados Unidos en 1945, asesor técnico de la Fuerza Aérea de los Estados Unidos, del Ejército y de la Marina en técnicas de radio, trabajó en la cadena CBS de 1938 a 1942 con el Secretario de Defensa desde 1961, en el Organismo Nacional de Seguridad desde 1965, en el Organismo de Inteligencia de Defensa, Harry Howe Ransom, profesor de Vanderbilt, Fundación Rockefeller, Instituto de Estudios Estratégicos de Londres; Theodore Sorensen, asistente del Presidente Kennedy de 1957 a 1961, actualmente abogado de Paul Weiss y Rifkind; David B. Sage, prof. Bennington, fideicomisario del Russell Sage Fund y del 20th Century Fund. Bissell, el orador principal, se educó en Groton, Yale y en la London School of Economics, fue economista de la Junta de Transporte Marítimo de Guerra 1942-45; Comité Harriman para el Presidente 1947-48, ECA 1948-51, Fundación Ford 1952-55, director adjunto. CIA 1954-64, consultor de Fortune, U.S. Steel, y Asiatic Petroleum.

Las operaciones financieras de la CIA salen a la superficie continuamente y se olvidan rápidamente. Jack Anderson señaló en una columna el 30 de julio de 1984 que dos amigos de la OSS en la Segunda Guerra Mundial, Joe Rosenbaum, un capitalista de riesgo, y William J. Casey, actual jefe de la CIA habían estado involucrados en un enorme acuerdo de oleoducto en el Medio

Oriente con el ex Secretario de Marina William J. Middendorf, ahora embajador de EE.UU. en la Organización de Estados Americanos. Middendorf es un director del First American Bank of VA. que maneja muchos tratos financieros para la CIA. Los directores de First American son Eugene R. Casey, Teniente General Elwood Quesada, quien se casó con la familia Pulitzer, como jefe de aviación del Estado Mayor, ahora director de la empresa de municiones Olin Industries; Stuart Symington, quien se casó con la familia Wads worth, fue anteriormente Secretario de la Fuerza Aérea y Senador de Missouri, presidente de Emerson Electric, un contratista de defensa; el Teniente General John F. Kennedy, quien se casó con la familia Wads worth. Gen James M. Gavin, director de la Fundación Guggenheim, presidente de Arthur D. Little Co., (se dice que es una rama de las operaciones de la CIA).

En "*Spooks*" Jim Hugan expone otra firma con lazos con la CIA, Quantum Corp. con sede en Rockefeller, poseedora de L'enfant Plaza en Washington, que vendía armas a ambos bandos en el conflicto árabe-israelí; su presidente era Rosser Scott Reeves III, heredero de una fortuna publicitaria; su padre vendió Eisenhower como si fuera una telenovela con una serie de brillantes anuncios televisivos. Reeves III se casó con la familia Squibb, estuvo con Lazard Freres desde 1962-7, y con el Military Armaments Corp. 1972-4. Su padre era un socio limitado de Oppenheimer Co. Otros miembros de Quantum fueron Mitch Wer Bell III, un operativo de la CIA con el rango de General, EE.UU. Army; Edmund Lynch; Stewart Mott; Lou Conein, un agente de la Union Corse conocido en todo el sudeste asiático como Black Luigi; Walter Pforzheimer, antiguo ayudante de Allen Dulles; tenía dos apartamentos en la dirección más cara de Washington, Watergate; uno estaba lleno de su documentación sobre actividades de inteligencia; fue encontrado asesinado en Watergate; y Paul Rothermeil, enlace entre la CIA y el FBI que fue enviado en misión especial a H.L. Hunt en Dallas para destruir la Hunt Oil Co. Después de que millones de dólares desaparecieran y la Hunt Oil Co. estuviera al borde de la bancarrota, los Hunts lo demandaron, pero no pudieron procesarlo debido a la "seguridad nacional".

El hundimiento del USS Liberty, un barco de inteligencia del gobierno, por los israelíes en la guerra de 1967 expuso la estrecha colaboración entre la CIA y el Mossad, la Inteligencia Militar israelí. El representante de la CIA en la embajada de EE.UU., Tel Aviv, informó a la oficina superior de la CIA en McLean VA. 7 de junio de 1967 que Israel había decidido hundir el U.S.S. Liberty. La CIA se negó a advertir a los condenados marineros americanos. Con el Presidente Johnson en la Casa Blanca en ese momento estaban Mathilde y Arthur Krim, el enlace de Johnson con el Gobierno israelí Mathilde era un ex-terrorista del Irgun que había servido en ataques terroristas con Menachem Begin, quien se jactaba de haber introducido el terrorismo en el mundo entero.

Andrew Tull, en *Los Súper Espías*, revela otro encubrimiento de la CIA. Todo el plan operativo para la invasión soviética de Checoslovaquia en julio de 1968 fue obtenido por un operativo alemán en mayo; entregó los planes al Tte. Gral. Jos. F. Carroll, dir. Agencia de Inteligencia de Defensa en Berlín. Carroll esbozó un plan para "filtrar" esta inteligencia, lo que obligaría a la Unión Soviética a abandonar la operación. El embajador en Alemania Occidental, Henry Cabot Lodge, fue informado de la "filtración", pero recibió órdenes directas de Washington de cancelarla del Secretario de Defensa Clark Clifford. El Orden Mundial no deseaba interferir con la invasión planeada. La Unión Soviética estaba al tanto del descubrimiento, y pospuso la invasión de julio al 21 de agosto. Durante este período, los funcionarios de Washington les aseguraron que los EE.UU. no interferirían. Con este visto bueno de alto nivel, la conquista de Checoslovaquia por parte del Ejército Rojo se llevó a cabo con éxito.

Hemos mencionado la conexión entre la CIA y el Mossad de James Angleton. El Estado de Israel fue creado en gran medida por un judío húngaro llamado Tibor Rosenbaum, que consiguió arras y dinero a través de su base suiza para las bandas de terroristas de la Haganah y Stern, a través de su control del Banco Internacional de Crédito en Suiza. El Banco de Crédito Internacional era el banco extranjero para las operaciones mafiosas de Meyer Lansky, y también manejaba los fondos europeos del Mossad para operaciones secretas. Rosenbaum fue el cerebro de la operación de Bernie Cornfield. El sucesor de Cornfield en IOS, Robert Vesco, más tarde huyó a América Central con 224 millones de dólares del fondo de IOS, y ahora es el socio de Fidel Castro en una enorme operación de drogas que obtuvo 20 mil millones de dólares de ganancias entre 1980-84. La parte de Castro, 50 millones de dólares, ha sido depositada en bancos suizos.

En 1965, el corresponsal de la CIA en África era Michael King, socio del Dr. Joseph Churba en Consultants Research Associates, 509 Fifth Ave. N.Y. Ahora es Meir Kahane, miembro del Knesset de Israel y jefe de la terrorista Liga de Defensa Judía. Parte de sus deberes en la CIA era movilizar los disturbios en el campus contra la guerra de Vietnam en Columbia y Adelphi College. La novia del Rey, Donna Evans, cayó o fue arrojada del puente de Queensborough en julio de 1966.

Otra importante figura de la CIA fue Robert Maheu, que fue el enlace entre la CIA y J. Edgar Hoover del FBI. Maheu se convirtió más tarde en el jefe de Howard Hughes "Operaciones en Las Vegas". Su nombre en clave en la CIA era "Accionista".

En *OSS, la Historia Secreta*, R. Harris Smith afirma que Ho Chi Minh se puso en contacto con el Coronel Paul Helliwell de la OSS en Kunming en la Segunda Guerra Mundial y fue reclutado como agente. Los informes de Ho pronto recibieron prioridad en el cuartel general de la OSS en Washington, y fueron colocados directamente en el escritorio del general Donovan. Helliwell, que más tarde se convirtió en cónsul del gobierno tailandés en Miami, y el Mayor Austin Glass, un funcionario de Socony Oil, envió armas a Ho para su lucha revolucionaria. Otro temprano partidario de Ho de la OSS fue el teniente Thibaut de Saint Phalle, sobrino de un prominente banquero de París.

Más tarde se le dijo al periodista Robert Shaplen que un funcionario del Chase Manhattan Bank fue lanzado en paracaídas al remoto cuartel general de Ho, donde encontró al líder guerrillero muriendo de malaria y disentería. Con sólo unas horas de vida, se salvó cuando un médico de la OSS, Paul Hoagland, llegó en avión. Salvó la vida de Ho administrando los nuevos medicamentos de sulfa y quinina. Más tarde sirvió en el cuartel general de la CIA hasta los años 70, donde siempre fue conocido como "el hombre que salvó la vida de Ho". Después de que Ho estuvo fuera de peligro, un contingente especial de la OSS, el Equipo Ciervo, fue enviado al cuartel general de Ho en noviembre de 1945. Los miembros de este equipo fueron unánimes en su denuncia de los "imperialistas" franceses, el gobierno colonial. Se jactaban de que se había decidido en los más altos niveles de Washington que los franceses tenían que ir. Un miembro prominente de este equipo era el Capitán Nicholas Deak, un húngaro, ahora presidente de Deak Pereira. Tiene intereses de control en bancos suizos y austriacos, y opera cambios de moneda en los EE.UU. Canadá y el Lejano Oriente.

Los franceses se enteraron con consternación de que sus "aliados americanos" estaban entrenando y armando a las fuerzas del Viet Minh de Ho. Ho fue informado de que el general Donovan representaba grandes intereses económicos (la World Commerce Corp.) que planeaban reconstruir los ferrocarriles y carreteras de Vietnam, a cambio de "privilegios económicos" en Indochina. En octubre de 1945, la OSS patrocinó la "Asociación de Amistad con Vietnam" encabezada por el Teniente Coronel Carleton H. Swift. La OSS armó a las fuerzas de Ho Chi Minh con las armas más modernas y dio un entrenamiento intensivo en infiltración y demolición a 200 hombres seleccionados del ejército del general Giap. Fueron estos hombres los que más tarde lideraron los ataques contra las tropas americanas en la guerra de Vietnam. El patrocinio de la OSS del Viet Min y otros grupos terroristas alrededor del mundo llevó a Robert Welch a acusar que

> "La OSS ha arrojado el peso de los suministros, las armas, el dinero y el prestigio americanos detrás de las organizaciones terroristas comunistas de Europa y Asia."

El equipo de Deer afirmó que Ho era un gran estadista cuyo nacionalismo trascendía sus lealtades comunistas.

Para supervisar la evolución de la situación política en el sudeste asiático, Donovan fue nombrado embajador en Tailandia por el Secretario de Estado John Foster Dulles el 12 de agosto de 1953. El asistente de Donovan era William J. van den Heuvel. Después de su regreso a los EE.UU. Donovan tuvo un derrame cerebral en 1956. Se quedó en su apartamento en Sutton Place y raramente iba a su oficina de abogados. En 1957, otro derrame cerebral dejó su cerebro atrofiado. Permaneció varios años, finalmente fue al Hospital Walter Reed, donde murió en febrero de 1959.

Las fuerzas entrenadas de la OSS de Ho Chi Minh mantuvieron un ataque constante contra el gobierno colonial francés. John Foster Dulles, jugando un doble juego, se reunió con Georges Bidault, e instó a los franceses a tomar una posición. "Proporcionaremos apoyo", prometió. Cuando las fuerzas francesas fueron rodeadas en Dien Bien Phu, Bidault, para explicar su estrategia, leyó el compromiso de Dulles con el parlamento francés. Dien Bien Phu se derrumbó después de un asedio de 77 días, y el gobierno francés se perdió. Le Figaro afirmó que el Departamento de Estado, la Casa Blanca y el Kremlin, habían hecho un trato secreto para dividir la Indochina francesa en zonas estadounidenses y soviéticas, como se había hecho en Corea. Sea cual sea el acuerdo alcanzado, es un hecho que el Ejército y la Armada Soviética tienen ahora pleno uso del aeropuerto de Da Nang, de un valor de mil millones de dólares, y de las vastas instalaciones navales construidas en Viet Nam por los patrocinadores financieros de Lyndon B. Johnson, Brown & Root.

Una explicación de la caída de la Indo China francesa fue una lucha entre bastidores para controlar el comercio de drogas en Asia. Alfred McCoy señala que durante la Segunda Guerra Mundial, Lucky Luciano y Meyer Lansky trabajaron en secreto para la OSS. A través de su influencia, la OSS se involucró profundamente en el tráfico de drogas. Después de la guerra, Lansky trasladó el cuartel general del tráfico de drogas a Miami, donde Paul Helliwell, jefe de operaciones especiales de la OSS en Asia, era su testaferro. Helliwell también operaba un frente de la CIA en Miami llamado Sea Supply, Inc.; uno de sus agentes era Howard Hunt. Helliwell luego sirvió como pagador para el patrocinio de la CIA en la operación de Bahía de Cochinos. Abrió cuentas secretas para los mafiosos americanos en bancos de Miami, trabajando en estrecha colaboración con Sandro

Trafficante y Louis Chesler. Chesler manejó las inversiones inmobiliarias de Meyer Lansky.

La participación de la mafia en el tráfico de drogas se remonta a mucho antes del asesinato de Arnold Rothstein. Aunque Rothstein era ampliamente conocido como jugador, esto fue una tapadera para su ascenso a la eminencia como Sr. Grande del tráfico de drogas de EE.UU. Después de que le dispararan en 1928, Louis Lepke, jefe de Murder Inc. confiscó más de 5 millones de dólares en heroína de la habitación de hotel de Rothstein.

El ex coronel de la OSS Paul Helliwell se convirtió en el jefe del prestigioso bufete de abogados de Miami, Helliwell, Melrose y DeWolf. Su socia, Mary Jane Melrose, era abogada de Resorts International, una operación de Vesco-Lansky en la que se decía que el amigo de Nixon, Rebozo, estaba interesado. Helliwell abrió el Castle Bank en las Bahamas para lavar los pagos de drogas para los cultivadores de adormidera de Tailandia. Como cónsul de Tailandia, su corresponsal en Washington fue Rowe y Cork, asesores cercanos del presidente Lyndon B. Johnson y representantes de United Fruit (una conexión Cabot-CIA), Libby y otras grandes empresas. Helliwell fue también abogado de General Development Corp. la empresa de bienes raíces de Lansky que fue dirigida para él por Louis Chesler. Como abogado del Banco Nacional de Miami, Helliwell lavaba fondos de la mafia a través de bancos suizos. Uno de sus asociados fue Wallace Groves, que sirvió varios años por fraude postal. Helliwell murió una víspera de Navidad, 64 años de edad, y nunca había sido acusado de un delito. Protegido por poderosos amigos de la mafia y la CIA, personificó los lazos entre el crimen organizado, las agencias de inteligencia y el gobierno nacional, todos supervisados, por supuesto, por el Orden Mundial.

Este acogedor arreglo fue durante un tiempo encarnado por las operaciones del BCCI, ahora conocido popularmente como "el Banco Internacional de Ladrones y Criminales". Originado como un banco árabe en Oriente, pronto se convirtió en el banco preferido para muchos tipos de transacciones financieras subrepticias, incluida la financiación de operaciones de drogas en muchos países, el manejo de fondos secretos de muchas organizaciones de inteligencia, incluida la CIA, y la financiación de actividades políticas en todo el mundo. A través del veterano informante de Washington Clark Clifford, asesor personal de muchos presidentes desde Harry Truman, con quien comenzó su carrera en la Casa Blanca, el BCCI compró el First Virginia Bank en Washington, un banco que tenía estrechos vínculos con la CIA desde hacía mucho tiempo. Aunque el BCCI llevó a cabo sus múltiples misiones con gran aplomo, Israel se puso celoso de su creciente importancia, y el Banco de Inglaterra precipitó repentinamente su colapso, citando como razón las prácticas financieras que los expertos bancarios de Oriente Medio han asegurado a este escritor que eran bastante aceptables, y de las que el Banco de Inglaterra ha sido consciente durante varios años, la razón entre bastidores fue probablemente otro de esos repentinos golpes financieros que cosechan grandes recompensas para unos pocos iniciados, mientras que dejan a los depositantes e inversores con la bolsa vacía.

El Banco Nacional de Miami, que ahora es propiedad del Citibank, fue controlado durante muchos años por Meyer Lansky. El banco financió el Club Outrigger, que se convirtió en un lugar de encuentro para Santos Trafficante Jr., mafioso de Filadelfia y miembros de la familia Gambino. El Banco Chase Natl perdió 20 millones de dólares en esta operación, pero eligió no hacer ninguna queja al respecto. Citibank también estaba profundamente involucrado con el City Natl Bank de Miami, cuyo director Max Orovitz fue un asociado de larga data de Meyer Lansky. El presidente de City Natl, Donald Beazley, había dirigido anteriormente el Nugan Hand Bank de Australia, una operación de drogas de la CIA. Otros directores de City Natl incluían a Polly de Hirsch Meyer, Robert M. Marlin, quien operaba Marlin Capital Corp. y Viking General Corp.; entre los accionistas de American Capital se encuentran Samuel Hallock DuPont Jr. , y Paul Sternberg. Sternberg también está en la junta directiva del City Natl. Mientras Marlin controlaba el City Natl Bank, tomó la hipoteca del Miami Cricket Club, que era propiedad de Alvin Malnik, ampliamente conocido como el heredero de Lansky. Otro director de City Natl era Sam Cohen, un asociado de Lansky que controlaba el Miami Natl Bank.

En 1973, se estableció un banco en Australia con el nombre de Nugan Hand. Sus directores eran un australiano llamado Frank Nugan y un americano, Michael Hand, un ex boina verde y agente de la CIA en Asia. Bernie Houghton, un agente encubierto de la Inteligencia de los Estados Unidos, que representaba a Nugan Hand en Arabia Saudita, ha desaparecido, con paradero desconocido. El abogado del Banco Nugan Hand era Bill Colby, director de la CIA. Los directores de Nugan Hand eran Walter McDonald, subdirector de la CIA, Guy Pauker, asesor de la CIA, y Dale Holmgren, que representaba a la CIA y al Nugan Hand Bank en Taipei. El presidente del Nugan Hand Bank era el contralmirante Earl Buddy Yates, antiguo jefe de estrategia de las operaciones de los Estados Unidos en Asia. También formaban parte del consejo Edwin F. Black, un general retirado que había comandado las tropas estadounidenses en Tailandia durante la guerra de Vietnam, anteriormente un operativo de la OSS en la Segunda Guerra Mundial y jefe de personal del ejército en el Pacífico; fue presidente de la sucursal del Nugan Hand Bank en Hawai; Edwin Wilson, que ahora está en prisión por tráfico de armas; y Don Beazley, ahora de Miami.

El Banco Nugan Hand se expandió como Australasian and Pacific Holdings Ltd. un frente para Air America y otras "inversiones" de la CIA. El General Erie Cocke Jr., un oficial de relaciones públicas de Washington, fue el representante de Nugan Hand en Washington. Desde el principio, el banco estuvo activamente involucrado en el tráfico de drogas. Lernoux dice que el banco controlaba el sindicato de heroína "Mr. Asia" de 100 millones de dólares que organizó varios asesinatos por encargo. Hand se jactaba de que el Banco Nugan Hand era el pagador de las operaciones de la CIA en cualquier parte del mundo. En Arabia Saudita, el Nugan Hand Bank manejaba los enormes desembolsos de Bechtel Corp. en sus operaciones de miles de millones de dólares. A los empleados de Bechtel se les dijo que debían depositar con Nugan Hard. La oficina de Nugan Hand en Manila estaba dirigida por el Teniente General Leroy J. Manor, que había sido Jefe de Estado Mayor de las fuerzas de EE.UU. en Asia. El jefe de la estación de la CIA en Bangkok, Red Jansen representaba a Nugan Hand en Tailandia. Recordemos que el general Donovan, fundador de la OSS, había ido a Tailandia en

1953 como embajador de los Estados Unidos. Los importantes contactos de Nugan Hand con los funcionarios del gobierno, quizás engrasados con limosnas de sus enormes operaciones de drogas, lo protegieron de la investigación. En 1978, a pesar de las reiteradas quejas sobre las operaciones internacionales de drogas de Nugan Hand, la Oficina Federal de Estupefacientes de Australia se negó a investigar. Cuando se ejerció una creciente presión pública sobre la Oficina para que investigara el Banco Nugan Hand, la Oficina se disolvió en 1979. Estaba controlada por la organización de Inteligencia Secreta Australiana, que a su vez estaba dominada por la CIA.

Veteranos analistas políticos de Washington han expresado sus dudas de que la "Guerra contra las drogas" del presidente Bush pueda ser tomada en serio. Estos experimentados observadores de la escena política señalan que el repentino surgimiento de la CIA como la influencia directora del comercio mundial de drogas coincidió con el período de servicio de George Bush como Director de la CIA. Aunque toda la maquinaria estaba en su lugar cuando él asumió el mando, y la CIA estaba activamente involucrada en este comercio, fue durante el tiempo de guardia de Bush que se eliminaron todas las restricciones a este comercio y que la CIA se convirtió de la noche a la mañana en la fuerza preeminente del mundo en el comercio de drogas. Tal noche a toda velocidad sólo podría haber venido de órdenes emitidas a los más altos niveles.

La revista *Inquiry Magazine* reveló que mientras el director de la CIA, William Colby lavó muchos millones de dólares de fondos de la CIA a través de Nugan Hand para apoyar a los partidos políticos en Europa; el Partido Demócrata Cristiano en Italia fue el principal receptor de esta generosidad, pero otros partidos políticos en Europa también recibieron millones de dólares. El Orden Mundial se encargó de que los fondos se dieran sólo a aquellos políticos que llevaran a cabo su programa. El 15 de agosto de 1984, el *Washington Post* reveló que la CIA había dominado las elecciones de San Salvador dando 966.000 dólares al Partido Demócrata Cristiano, y 437.000 dólares al Partido del Consejo Nacional, para evitar que D'Aubuisson, un militante anticomunista, fuera elegido.

Donald Beazley, ex examinador del Banco de la Reserva Federal, fue presentado por el Almirante Yates en una reunión de banqueros como "el mejor joven banquero que conozco". Antes de la debacle del Banco Nugan Hand, se descubrió que Beazley había transferido 200.000 dólares de Nugan Hand a su cuenta bancaria de Florida. No podía recordar para qué era esta transacción. Una Comisión Real Australiana demostró que el banco transfería regularmente fondos de Sydney al sudeste asiático como pago por los envíos de heroína a la costa oeste de los Estados Unidos a través de Australia. Era un conducto regular para los pagos realizados por Santos Trafficante, jefe del hampa y heredero del imperio de drogas Luciano con base en Florida.

Aunque la exposición parecía inminente, Frank Nugan continuó alegremente con sus tratos como un gran gastador. Estaba cerrando el trato por una finca de 2,2 millones de dólares para él el día que fue encontrado con un disparo en la cabeza en enero de 1980. Estaba en su Mercedes en una carretera rural. A su lado estaba el rifle con el que supuestamente se disparó a sí mismo, aunque en sus últimos momentos de vida aparentemente decidió borrar todas las huellas dactilares. Los investigadores de la policía no encontraron ninguna en el arma. Los investigadores también decidieron que Nugan tendría que ser contorsionista para dispararse con el rifle en su coche. Donald Beazley se fue a Florida; sus otros socios, los agentes de la CIA Michael Hand y Bernie Houghton, desaparecieron. No han sido vistos desde 1980.

Durante muchos años, el principal agente de la inteligencia americana en China fue Cornelius V. Starr. Nacido en 1892, organizó la Asia Life Insurance Co. en Shanghai en 1919. También era dueño del periódico en inglés en China, el Shanghai Evening Post, que le dio un papel dominante en las actividades de propaganda. Fue presidente de la junta de la U.S. Life Insurance Co. y de otras compañías, como el principal hombre de negocios americano en China. También fue un agente de la OSS, y su poder financiero en China le dio a la OSS y más tarde a la CIA su entrada en el contrabando de drogas. Después de su muerte, sus compañías de seguros fueron absorbidas por el Grupo Internacional Americano.

La "prensa libre" estadounidense, conocida por los conocedores como "la prensa de la droga" debido a la larga conexión de Luce con China, presenta sistemáticamente la fuente de las drogas del mundo como "el triángulo de oro", una zona de Laos, Tailandia y Birmania. Sin embargo, esto es simplemente una zona de ensayo para el comercio mundial de drogas. En 1970, la revista Review of the News identificó a la China Roja como el mayor productor mundial de opio, su fuente habitual de divisas de las naciones no comunistas. El opio refinado llega al "mundo libre", es decir, al "mundo del dinero", a través de Cantón y Hong Kong. También incluye la heroína, que había sido sintetizada a partir del opio en 1898 por la Bayer Co. Ltd., y se convirtió en uno de sus productos más importantes.

Los murmullos de la China Roja sobre la toma de Hong Kong cuando el actual contrato de arrendamiento expire en 1997 permite a los conocedores del Orden Mundial la oportunidad de aumentar sus fortunas en el volátil mercado inmobiliario de Hong Kong. La China Roja tiene que permitir a los británicos operar en esta área comercial para asegurar el suministro de divisas del comercio de drogas. Cuando los británicos se hicieron cargo de esta área comercial en 1843, mantuvieron el control de la población local a través de las Tríadas, los Asesinos, como se conocía a la Sociedad de Hong, también llamada la Sociedad Honorable, y la Sociedad del Cielo, la Tierra y el Hombre. Dan E. Mayers escribió en *Fortune*, el 6 de agosto de 1984,

"El gobierno colonial británico en Hong Kong no es una democracia. Gran Bretaña gobierna por decreto en todos los asuntos de importancia. Los chinos de Hong Kong no tienen derechos democráticos."

El opio comenzó como un cultivo comercial en los campos de adormidera de Asia Menor, en particular en Turquía, donde sigue siendo un cultivo importante en la actualidad. En 1516, el opio era el monopolio oficial del Gran Mogol de Kuch Behar. Cuando el opio llegó a China, alrededor de 1729, el emperador Yung Chen prohibió su uso. En 1757, con la gran victoria de Clive en Plassy, la Compañía de las Indias Orientales se hizo con el monopolio del opio como parte de su botín de los mogoles indios. Cuando los británicos promovieron el uso del opio de las Indias

Orientales en China, como pago por las materias primas necesarias para su Revolución Industrial (habían estado pagando en plata), el Emperador Tao Kwang les advirtió repetidamente que dejaran de vender opio en su país. Cuando estas advertencias fueron ignoradas, el Emperador quemó 20.291 cofres de opio en 1831, un tesoro valorado en 2 millones de libras. Esto precipitó las Guerras del Opio británicas de 1839-42 y 1856-60.

Debido a que los comunistas fueron financiados por los banqueros internacionales, la venta y el uso de drogas siempre han jugado un papel importante en el avance de la hegemonía comunista. En 1928, el Ejército Rojo Chino comenzó a plantar grandes áreas de amapolas en zonas de China sobre las que habían ganado el control. Para 1935, el Cuartel General de Ynan gobernaba sobre un vasto campo de amapolas. En 1983, la China Roja tenía 9 millones de acres de amapolas en cultivo. El gobierno de Beijing tiene 101 fábricas de narcóticos en funcionamiento, que refinan entre el 50% y el 70% de las drogas del mundo.

En 1977, Edward Jay Epstein reveló la verdadera historia detrás de Watergate. El Consejo Doméstico de Nixon era un grupo de jóvenes agresivos que intentaban superarse unos a otros con nuevos programas. Gordon Liddy, tratando de romper este círculo, concibió un ambicioso programa llamado Operación Intercepción. No era un programa de vigilancia, sino que estaba diseñado para "interceptar" el flujo de drogas en los EE.UU. Nixon en su campaña de 1968 había prometido "moverse contra la fuente de las drogas". Se había formado un Grupo de Trabajo Presidencial Especial sobre Narcóticos, Marihuana y Drogas Peligrosas, pero no había tomado ninguna medida. Liddy consiguió que Egil Krogh, el diputado presidencial de Nixon para la aplicación de la ley, presentara el programa en una reunión del Consejo Nacional. Richard Helms, director de la CIA, estaba entre los presentes. El plan fue aprobado oficialmente por Erlichman en julio de 1970 como una gran operación contra el tráfico de heroína. Todavía no había un programa real, simplemente una estratagema de relaciones públicas, pero, el personal superior de la CIA entró en pánico. Temían que sus vastas operaciones en Asia, financiadas por sus operaciones de drogas, pudieran ser eliminadas. Liddy, reuniéndose con funcionarios del Estado y de la CIA, dice,

"Presioné a la CIA sobre los problemas del Triángulo Dorado de Birmania; Richard Helms respondió: 'Cualquier movimiento en esa área sería impracticable'."

Liddy había creado ODESSA, Organización Der Emerlingen Schutz Staffel Angehorigen, que estaba lista para comenzar las operaciones. La CIA resolvió contraatacar estableciendo la operación Watergate, con la esperanza de neutralizar al personal de Nixon. James McCord y otros operativos de la CIA trabajaban en la Mullen Co., un frente de la CIA frente al cuartel general del CREEP. El trabajo de Watergate estaba programado para el 26 de mayo de 1972, pero estos "altamente entrenados" empacadores negros no pudieron entrar; volvieron el 27 de mayo sin éxito, pero entraron el 28 de mayo y fotografiaron varios documentos en las oficinas de los demócratas. Luego se les dijo que regresaran el 16 de junio; para entonces todo el montaje estaba listo, y fueron arrestados.

Los futuros historiadores se referirán a la guerra de Viet Nam como "la guerra de las drogas", similar a las Guerras del Opio británicas del siglo XIX. En 1964, el número de adictos en los Estados Unidos había bajado a 48.000 y en 1950 a 60.000. Entonces el 15% de todos los soldados americanos en Vietnam regresaron a casa como adictos. El monopolio de la droga volvió a funcionar. Dos de los principales operativos de la CIA en Vietnam durante esa guerra son Mitch Werbell de Powder, Ga. y Three Fingered Louie Conein, que llevaba una condecoración de oro de Union Corse, la mafia siciliana, alrededor de su cuello.

Tras el colapso del Banco Nugan Hand y la desaparición de sus directores, la CIA utilizó las 17 oficinas internacionales de una empresa de inversiones de Honolulu, Bishop, Baldwin, Rewald, Dillingham y Wong como su red asiática. La empresa manejaba unos 1.000 millones de dólares en fondos encubiertos de la CIA, blanqueando enormes sumas para la familia Gandhi en la India, y trabajaba estrechamente con la mano derecha de Marcos en Manila, Enrique Zobel, uno de los diez hombres más ricos del mundo, que manejaba el fondo de inversiones del Sultán de Brunei. Después de que 22 millones de dólares desaparecieran, Rewald fue arrestado. El litigio resultante está siendo manejado por el abogado estadounidense John Peyton, ex jefe de litigios de la CIA en Washington, de 1976 a 1981.

El cuartel general de la CIA sufrió un cambio tras la llegada de un reputado desertor de la KGB. Yuri Nosenko había sido enviado a los EE.UU. para asegurar a la inteligencia americana que Lee Oswald no tenía ninguna conexión con la KGB, a pesar de que se había casado con la sobrina de un mayor de la KGB. La historia de Nosenko fue "verificada" por otro desertor, Fedora, otro agente doble que se había abierto camino en la confianza de J. Edgar Hoover; tanto el FBI como la CIA tenían ahora una autoridad residente en el espionaje comunista que había sido identificada como un agente doble. Los Nosenko hicieron que el personal de la CIA se dividiera en dos bandos, pro-Nosenko y anti-Nosenko. William Colby, director de la CIA, estaba en el campo pro-Nosenko, dando lugar a rumores de que él y James Angleton eran dobles agentes, y que Colby había sido reclutado mientras servía en Vietnam. Angleton fue obligado a renunciar.

CAPÍTULO SIETE

EL COMPLEJO DE BECHTEL

Cuando el Presidente Eisenhower concluyó su mandato, advirtió a la nación en un mensaje de despedida sobre el rápido crecimiento del "complejo industrial militar". El pueblo americano no sabía de qué estaba hablando. Como militar, Eisenhower había visto de primera mano el creciente poder político y económico de dos gigantescas empresas constructoras, Brown & Root de Houston, Texas, y el Bechtel Group de San Francisco. Brown & Root puso a su hombre en la Casa Blanca, Lyndon B. Johnson. El Grupo Bechtel ha puesto a su propio hombre en la Casa Blanca, Ronald Reagan, cuya campaña presidencial en 1980 estuvo a cargo de George Pratt Shultz, presidente de Bechtel, y Caspar Weinberger, vicepresidente y consejero general de Bechtel. Fueron nombrados Secretario de Estado y Secretario de Defensa. El *New York Times* informa el 15 de julio de 1982,

> "Shultz es el cuarto miembro del Grupo Bechtel que sirve en el gabinete de Reagan. El Secretario del Tesoro Donald T. Regan fue presidente de Merrill Lynch, cuya unidad de Soldadura Blanca es asesora de inversiones de la Autoridad Monetaria de Arabia Saudita. El bufete de abogados Gibson, Dunn & Crutcher, del General William French Smith en California, tiene sucursales en Washington y Riad (capital de Arabia Saudita) y representa al Ministerio de Finanzas y Economía Nacional de Arabia Saudita."

El 5 de diciembre de 1980, el *New York Times* señaló en un titular, la sección de negocios,

> "El Sr. Bechtel, un ingeniero solitario de 55 años, informó a sus subordinados que 'alentamos y aplaudimos la

participación activa de nuestros empleados en el proceso democrático'. Bechtel, una empresa privada que trabaja en 130 proyectos en 21 países, todos ellos con un presupuesto de más de 25 millones de dólares, ha luchado durante décadas para mantener un perfil bajo y los asuntos de su gestión privada... También trabajan para Bechtel como consultores Richard Helms, ex Director de Central Intelligence y ex Embajador en Irán, y Frank Jungers, ex Chmn de Arabian American Oil Co. En base a sus ingresos de 6.400 millones de dólares del año pasado, la empresa se clasificó como la tercera mayor empresa de ingeniería y construcción de los EE.UU., después de Brown & Root Inc. y la Fluor Corp. Los contratos de Bechtel son en gran parte en enormes proyectos industriales y relacionados con la energía que Larry Thomas, un portavoz de Bechtel, se refiere como "mega-proyectos". En la actualidad, la empresa tiene un contrato de 25 años para la construcción de una ciudad para más de 3.000 personas y un complejo industrial en Jubail (Arabia Saudita), y para la ingeniería de un proyecto hidroeléctrico en la Bahía James en Canadá que incluiría una red de presas y diques rellenos de tierra lo suficientemente grandes como para sustituir a 10 centrales eléctricas convencionales. Bechtel es también el principal constructor de plantas de energía nuclear del país."

Muchos proyectos de Bechtel se han caracterizado por ser enormes obstáculos. Muchos proyectos de energía nuclear no han logrado entrar en funcionamiento o han sido abandonados, causando pérdidas de miles de millones de dólares y mercados financieros inestables. Bechtel ha construido empresas plagadas de problemas como el BART (Sistema de Tránsito Rápido del Área de la Bahía) en San Francisco, el METRO, el sistema de metro de Washington D.C. (el *Washington Post* señaló recientemente que ya era de 200 millones de dólares en números rojos y que a la larga costará 12.000 millones de dólares), y Jubail, llamado "el mayor boondoggle de la historia".

Time, el 12 de julio de 1982, escribió sobre Jubail,

"Bechtel ha gastado 35 mil millones de dólares y planea gastar 100 mil millones más. El contrato original de Bechtel había sido por unos modestos 9 mil millones de dólares."

Se describe a Jubail como un lugar situado a 324 millas al noreste de la capital de Arabia Saudita, Riad, con más de 100 temperaturas la mayor parte del año, una zona desolada de salinas bañada por el Golfo Pérsico. 1600 empleados de Bechtel viven en el sitio en casas de rancho de 3 dormitorios construidas por 300.000 dólares cada una, dirigiendo las actividades de 39.000 trabajadores de la construcción. *El tiempo* dice,

> "La ciudad infantil podría terminar siendo una ciudad fantasma muy cara, ya que se espera que las dunas en marcha la cubran para el año 2000."

Christopher Reid, que trabajó para Bechtel, dice,

> "'Jubail' es un proyecto masivo de la WPA, el mayor boondoggle de la historia."

Predice que las arenas del Desierto de Dahana se desplazarán y cubrirán Jubail antes del final de este siglo. Los funcionarios saudíes han declarado que no saben quiénes vivirán en Jubail, debido a las altas temperaturas, el aislamiento de la zona y los desolados alrededores. Históricamente, las dunas del desierto de Dahana se desplazan masivamente cada pocos años. Los ingenieros esperan que la zona de Jubail esté completamente cubierta para el año 2000. Los futuros arqueólogos estarán desconcertados por esta extraña ruina, sin darse cuenta de que todo el proyecto es el resultado de los enormes aumentos del precio del petróleo infligidos al pueblo americano, y de las presiones que obligan a los líderes de Arabia Saudita a devolver gran parte de sus beneficios a empresarios ricos como el Grupo Bechtel.

El *New York Times* informó el 26 de julio de 1982,

> "El enviado especial del presidente Reagan para el Medio Oriente, Philip C. Habib, también se desempeña como consultor privado de Bechtel Group, Inc. Fue contratado por George P. Shultz mientras Shultz era presidente de Bechtel. El portavoz del Departamento de Estado, Dean Fischer, dijo que la retención del Sr. Habib por parte de Bechtel no comprometió los esfuerzos diplomáticos de EE.UU. en Oriente Medio. No me parece que sea un problema más para

Habib de lo que sería para Weinberger o Shultz", dijo el Sr. Fischer."

Who's Who shows Philip C. Habib ha sido funcionario de carrera del Departamento de Estado desde el decenio de 1950, recibiendo un premio Rockefeller al servicio público en 1969, asesor superior del Secretario de Estado, 1979-80, miembro residente de la Institución Hoover desde 1980 hasta la actualidad. La Institución Hoover, Stanford, y el Club de la Bohemia son una estructura de poder entrelazada que domina la escena política de Washington. Estos arrogantes y omnipotentes señores siguen el ejemplo de los déspotas orientales de antaño; como los mogoles del caído Imperio Indio, se caracterizan por una insolente media sonrisa, a menudo vista en personas como George Pratt Shultz y David Rockefeller. Se conoce como "la sonrisa interna"."

El 27 de julio de 1982, el *New York Times* señaló nuevos elogios para Habib por parte de la Casa Blanca y el Departamento de Estado, el senador Alan Cranston y otras luminarias.

"Un portavoz del grupo de presión israelí expresó hoy su confianza en el Enviado Especial del Presidente Reagan para el Oriente Medio, Philip C. Habib; Thomas A. Dine, director ejecutivo del Comité de Acción Política Estadounidense-Israelí, dijo que tenía el más alto respeto por la integridad del Embajador Habib."

Una carta al *Times* del 27 de julio de 1982 del General F. P. Henderson señalaba que cuando el Conde Bernadotte recaudó apoyo para los refugiados palestinos en 1948, los mayores contribuyentes fueron Arabian American Oil Co. 200.000 dólares y Bechtel International, 100.000 dólares. (Registros de la ONU No. 11A648).

La revelación de la conexión de Habib con Bechtel alarmó a algunos líderes israelíes, debido a los contratos de Bechtel con los árabes, y el Senador Larry Pressler, R., So. D. pidió su renuncia. El *New York Times* informó,

"Los funcionarios británicos no reaccionaron inmediatamente a la noticia de la partida de 'Habib' ni comentaron sobre su reemplazo por George Pratt Shultz, cuya reputación como economista es bien conocida aquí." Lord

Carrington dijo. "El Sr. Shultz es conocido por todos, y estoy seguro de que trabajarán con él." El portavoz del Ministerio de Asuntos Exteriores israelí dijo: "Israel lamenta profundamente la dimisión. Israel respetaba al Sr. Habib como un destacado estadista y fiel amigo del Estado de Israel."

El *Times* no consiguió los comentarios de ningún árabe sobre el Sr. Habib.

El 10 de julio de 1982, Shultz, miembro de la Standard Oil Pratts, fue informado por el *New York Times de* que había prometido que se "despojaría" de sus participaciones en Bechtel poniéndolas en un fideicomiso ciego. Bechtel es una empresa privada, el 40% de las acciones son propiedad de la familia, el resto de sus ejecutivos, que firman un acuerdo que cuando dejan la empresa o mueren, la empresa tiene la primera opción de recomprar sus acciones, opción que siempre se ejerce. El *New York Times* informó el 18 de enero de 1979,

"Cada vez más sensible a las acusaciones de secretismo, el grupo de empresas privadas de Bechtel dio hoy un nuevo paso en la aplicación de una política de divulgación al publicar por primera vez algo que se aproxima a un informe anual. Dado que todas las acciones están en manos de altos ejecutivos y miembros de la familia de Bechtel, esto tomó la forma de un informe para los 30.000 empleados de todo el mundo en lugar de un informe para los accionistas."

El *Times* comentó en 1982 que "Bechtel no revela sus ganancias". Los cálculos informados son que Bechtel obtuvo un 5% de ganancias netas de sus ingresos de 11.600 millones de dólares en 1982. Se dice que Stephen D. Bechtel Sr. , ahora en sus ochenta años, vale $750 millones. Su hijo, Stephen Jr., ahora jefe de la empresa, se dice que vale 250 millones de dólares. Cuando su padre muera, se espera que el joven Bechtel se convierta en multimillonario.

Newsweek informó el 29 de diciembre de 1975,

"El grupo de empresas de Bechtel" no es una palabra muy conocida. Como corporación privada, ha operado durante 77 años detrás de un muro de secreto que se considera desigualmente impenetrable en el competitivo mundo de la construcción pesada. Sus ingresos se estiman en 2 mil millones de dólares al año, igual que General Mills o Standard Oil de Ohio. Bechtel llegó a ese punto por medio de la negociación no sólo en operaciones privadas sino también con los propios gobiernos. La empresa está construyendo un nuevo edificio de 34 pisos en la calle Fremont en San Francisco. La compañía, dice un funcionario federal de energía, está armando una versión moderna de un complejo industrial militar, y tienen una pista interna en el mercado de crecimiento del futuro. Se llamará la nueva General Motors antes de que termine el siglo."

Bechtel comenzó en 1898 cuando un granjero del medio oeste, Warren (papá) Bechtel, vino a California a buscar su fortuna. Empezó con un equipo de mulas transportando tierra en pequeños proyectos de construcción. En 1918, con la prosperidad de la guerra, sus ingresos aumentaron. Su primer proyecto importante fue la construcción de un ferrocarril para Hutchinson Lumber Co. en Orotillo, Cal. Sus tres hijos, Warren, Steve y Ken se unieron a él en el creciente negocio. En 1928, fue elegido presidente de Associated General Contractors of America, un poderoso grupo de presión. En 1931, papá Bechtel se convirtió en presidente de Six Companies, un consorcio formado para construir la presa de Boulder de 49 millones de dólares. Fue incorporado en Delaware en febrero de 1931 por H.J. Kaiser Sr. y Jr.; Felix Kahn de MacDonald y Kahn; Henry W. Morrison de Morrison-Knudsen; W. A. Bechtel Co.; J. F. Shea de Los Ángeles, que construyó el puente del Pacífico en Portland, y General Construction Co., Seattle. MacDonald y Kahn habían construido el Hotel Mark Hopkins; Morrison era un fideicomisario de Stanford y amigo íntimo de Herbert Hoover y Leland Cutler.

Entre 1931 y 1936, el consorcio construyó la presa de Bonneville, el puente de la bahía de San Francisco y otros proyectos. Durante la construcción de la presa Hoover (Boulder), un vendedor de acero, John McCone, acudió a Bechtel. Había sido amigo de Steve Bechtel en la Universidad de California en 1922. Steve era ahora el jefe de la firma, debido a la misteriosa muerte de Warren Bechtel en Moscú el 29 de agosto de 1933.

Papá Bechtel, de 61 años, había venido a Rusia para inspeccionar la presa de Magnitogorsk, en un tour de 3 días que también incluía la presa de Dnieperstroy. Había sido instruido por las autoridades soviéticas para venir solo, y dejó a su esposa en Viena. Mientras se alojaba en el Hotel Nacional de Moscú, antes de salir en el tour, papá Bechtel murió repentinamente de "una sobredosis de medicina". No hubo autopsia. Alguien en el Kremlin, tal vez Stalin, había cambiado de opinión sobre permitir a Bechtel inspeccionar la presa.

Stephen Bechtel encontró un aliado listo en la agresiva perspicacia comercial de John McCone. Formaron una compañía separada, Bechtel McCone, en el momento justo antes de que estallara la Segunda Guerra Mundial. En diciembre de 1940, obtuvieron un pedido de 21 millones de dólares para 60 cargueros británicos, que se construirían en alianza con el Almirante Vickery de Bath Iron Works. McCone y sus socios obtuvieron más tarde 44 millones de dólares de beneficio en los barcos Liberty construidos en su planta de Sausalito. También eran propietarios de la California Ship building, un astillero de Los Ángeles que produjo 467 barcos durante la guerra, así como del barco Marin, el Oregon Shipbuilding Co. Poseían Joshua Hendy Corp. una ferretería que construía los motores de los barcos Liberty. En septiembre de 1943, tenían más de 3.000 millones de dólares en pedidos de construcción naval. Las tripulaciones de los barcos Liberty hacían bromas irónicas sobre la propensión de estas producciones apresuradas a romperse en dos durante la alta mar. Muchos de ellos fueron torpedeados antes de que pudieran desmoronarse. *El tiempo* señaló que

> "El barco Marin produjo 460 cargueros y 90 petroleros a una velocidad vertiginosa."

Los socios también construyeron el colosal centro de modificación del Ejército en Birmingham Ala. para manejar la salida del B-24 de Willow Run; construyeron la Autopista Militar de Alaska, y otros proyectos. Durante esta actividad de defensa, Bechtel y McCone prudentemente permanecieron en un segundo plano, permitiendo que sus protegidos, los Kaisers, fueran publicitados como las figuras importantes. La fortuna señaló que el Káiser nunca fue más que un representante de Bechtel. Kaiser, después de haber sido desairado por AGC, se convirtió en presidente de Contratistas Generales Asociados después de que los Bechtel lo recomendaran. Al final de la Segunda Guerra Mundial, Bechtel Group tenía el 20% de Kaiser Permanente Metals, que era dueño de Richmond Shipbuilding, la empresa de Kaiser. El hijo menor, Ken Bechtel, dirigía el astillero de Marin.

El programa de Bechtel de construir barcos Liberty se adelantó considerablemente a Pearl Harbor. Roosevelt (Dr. Ganar la Guerra) emitió su orden de emergencia para la construcción de barcos en enero de 1941; para el 27 de septiembre, los primeros barcos Liberty estaban siendo lanzados. FDR, como Asst. Sec. de la Armada en 1916, había hecho lo mismo, otorgando contratos de la Armada mucho antes de entrar en la Primera Guerra Mundial. "Preparación". La alianza Bechtel-McCone, al carecer de capital, inventó el ingenioso acuerdo de contratos "costo plus". Bajo esta generosa estipulación, el gobierno garantizó a los contratistas de guerra todos los costes de producción, más un 10% de beneficio garantizado. Cuanto más gastaba el contratista, mayor era su beneficio. Fue la mayor ventaja para los pocos afortunados desde que el Sistema de la Reserva Federal comenzó a imprimir papel moneda sin ningún respaldo, excepto bonos de papel.

Los beneficios que fluyen libremente llevaron a una inevitable conexión de inteligencia. John McCone se convirtió en presidente del Comité de Contaminación Aérea en 1947, y en 1948, se convirtió en subsecretario de Defensa. Ralph Casey, de la Oficina de Contabilidad General, testificó más tarde que mientras ocupaba este cargo, McCone dio contratos a Standard Oil y Kasier, empresas en las que tenía grandes inversiones. McCone pasó a ser Subsecretario de la Fuerza Aérea 1950-51, Presidente de la Comisión de Energía Atómica 1958-60 y Director de la Agencia Central de Inteligencia 1961-65, lo que dio lugar a una estrecha conexión entre Bechtel y la CIA. Mientras McCone se desempeñaba como presidente de la Comisión de Energía Atómica, Bechtel se convirtió en el mayor contratista de plantas nucleares del mundo. Bechtel completó la primera planta nuclear del mundo en Ara, Idaho en 1951.

McCone se convirtió más tarde en director de Pacific Mutual Life, Standard Oil de California e ITT.

Los Bechtels se contaban ahora entre los más influyentes comerciantes ambulantes de Washington. Stephen Sr. y Jr. y John McCone eran miembros clave del pequeño grupo de millonarios que regularmente jugaban al golf con el presidente Eisenhower y Arthur Godfrey en la meca de todos los grupos de presión, el Burning Tree Country Club de Washington. Cuando George Pratt Shultz se convirtió en funcionario de Washington, jugaba regularmente al golf con Stephen Bechtel Jr. en el Burning Tree, lo que le llevó a ser nombrado presidente del Bechtel Group.

Los Bechtels habían recorrido un largo camino desde los ansiosos días de 1931, cuando se le pidió a un pequeño contratista de arena y grava que pusiera 8 millones de dólares de capital de trabajo para el trabajo de la presa de Boulder. Se las arreglaron para conseguir 5 millones de dólares, financiados por el grupo Schroder-Rockefeller. Su éxito posterior se ha debido principalmente a sus conexiones con los financieros internacionales.

Bechtel había sido rescatada en su momento de necesidad por J. Henry Schroder y Avery Rockefeller. John Lowery Simpson, vicepresidente de J. Henry Schroder, fue colocado en la junta de Bethtel como presidente de su comité de finanzas, a cargo de los arreglos financieros de la empresa. Enormes contratos gubernamentales siguieron esta conexión tan naturalmente como la noche sigue al día.

El *New York Times* anunció el debut de Schroder-Rockefeller el 9 de julio de 1936, con Avery Rockefeller, hijo de Percy, y ahijado de William, aliado en un nuevo holding. El abuelo de Avery era James Stillman, que construyó el National City Bank para una empresa gigante. Avery Rockefeller tenía el 42% de las acciones de Schroder-Rockefeller; el Barón Bruno von Schroder de Londres y el Barón Kurt von Schroder de Colonia (que era el banquero personal de Hitler) tenían el 47%.

El 3 de junio de 1954, el *New York Times* anunció que Stephen Bechtel, chmn de Bechtel Corp. se había convertido en socio de J.P. Morgan Co. En 1955, *Fortune* informó que como

Subsecretario de Estado, C. Douglas Dillon había concertado importantes contratos para Bechtel con el gobierno de Arabia Saudita, que culminaron en la actual operación de Jubail de 135.000 millones de dólares.

Allen Dulles, director de la CIA, también fue director de Schroder Co. El vicepresidente de Bechtel, operaciones de Arabia Saudita C. Stribling Snodgrass, también dirigía una empresa de la CIA llamada LSG Associates.

Bechtel construyó el Oleoducto Trans-Arabia de 1.100 millas de largo por 100 millones de dólares, el mayor contrato otorgado hasta ese momento. Una empresa constructora mundial, con entrada a muchos países, también puede ser un conducto para los agentes de inteligencia. En 1980, Bechtel estaba construyendo apartamentos en Arabia Saudita, un complejo hidroeléctrico en Quebec, un proyecto de energía alimentada con carbón en Utah, una refinería de petróleo en Indonesia, un centro turístico de 500 millones de dólares en Malasia, una mina de cobre y oro en Paua, Nueva Guinea, y un palacio de 250 millones de dólares para el Sultán de Brunei. Era una operación ideal para la CIA, incluso sin la omnipresente conexión con Schroder.

Bechtel recibió el contrato de mil millones de dólares para limpiar la situación en Three Mile Island. En 1979, cerca de la mitad de su negocio derivó de la actividad de la energía nuclear, a pesar de las muchas quejas sobre su construcción defectuosa en este campo. Bechtel hizo un arreglo de 14 millones de dólares de las quejas de Consumers Power Co. de que la planta nuclear de Palisades filtró agua radioactiva en el sistema de generación de vapor. En la central nuclear de Bechtel's Midland, Mich, se encontró que las juntas de las barras de refuerzo eran defectuosas. Bechtel llegó a un acuerdo extrajudicial con Portland General Electric, que había acusado a Bechtel de "diseño negligente" en su planta nuclear de Troya en Rainier, Oregon. Sin embargo, cuando Brown & Root fue retirado de la construcción en el Proyecto Nuclear del Sur de Texas, Bechtel se hizo cargo. Un comentarista señaló en ese momento,

> "Bechtel es políticamente intocable. Así que cualquiera que ponga a Bechtel de su lado tiene asegurada la protección."

En enero de 1975, *Fortune* señaló que Bechtel nunca había estado en números rojos ni un solo año, porque "sus proyectos de ingeniería son invariablemente financiados por sus clientes". "Estos clientes son generalmente los gobiernos, una lección que puede haber sido aprendida de los Rothschild. El Banco de Exportación e Importación frecuentemente interviene y ofrece financiar los enormes proyectos propuestos por Bechtel. El contribuyente estadounidense financia muchos proyectos de Bechtel a través del Banco Mundial y el Fondo Monetario Internacional. Podría decirse que todos los estadounidenses tienen una participación en Bechtel. El presidente del Export Import Bank, William H. Draper III, reside en Palo Alto, California, donde se encuentra la sede de la Institución Hoover y la Hewlett-Packard Co. y la Universidad de Stanford, la actual sede del complejo Reagan-Bechtel. El patrocinador de Draper para la auditoría interna durante el tiempo en cuestión. Dijo que dos auditorías fueron canceladas en Bechtel en 1980 "por insistencia de Cho; esas auditorías habrían revelado los grandes adelantos de efectivo indocumentados que se le pagaban a Cho". En el momento del soborno, el Secretario de Estado Shultz era el presidente de Bechtel, y el Secretario de Defensa Weinberger era el vicepresidente y consejero general de Bechtel. En los meses siguientes, el Post y el FBI se han contentado con ignorar el asunto, los contratos de cuatro mil millones de dólares son "calderilla" en Washington.

Newsweek señaló el 12 de julio de 1982 que Kenneth Davis, vicepresidente de Bechtel a cargo de la construcción de plantas nucleares desde 1974, se había unido a la administración de Reagan como subsecretario de Energía en relación con la producción nuclear, convirtiéndose en el quinto miembro de Bechtel en unirse al equipo de Reagan. La mayoría de los reporteros se pondrían en pie de guerra si cinco ejecutivos de General Motors se unieran al equipo de la Casa Blanca.

Como la mayoría de las preocupaciones familiares, Bechtel tiene una actitud paternal hacia sus empleados. *Fortune notó* que pagó 100% de bonificaciones en los años buenos. *Newsweek* citó a un exempleado, el 18 de marzo de 1968, "Todos son robots allí". Tienden a encasillarte durante años y años. *"Fortune notó* que Stephen Bechtel Sr. había renunciado a la dirección de la empresa en 1961 a la edad de 60 años, entregando la presidencia a Stephen Jr.

> "Steve, Ken y Jr. son dueños de la mitad de las acciones ordinarias y la mayoría de las preferidas. La corporación tiene la primera opción sobre las acciones cuando uno se va o muere."

Fortune suele escribir sobre Bechtel con reverencia, pero mencionó "clientes ocasionalmente insatisfechos" y concluyó valientemente, "Un mundo como ese difícilmente puede prescindir de una empresa como Bechtel"."

En abril de 1968, Bechtel dedicó un nuevo edificio de bronce de 23 pisos en San Francisco. En febrero de 1951, la revista *Fortune publicó* un retrato a color de Stephen Bechtel Sr., citando algunos de los recientes logros de la empresa, un gasoducto de 506 millas para Pacific Gas & Electric, una planta de 25 millones de dólares para Lever en Los Ángeles, y otros. En noviembre de 1952, Bechtel propuso un oleoducto de 2.500 millas desde el Ártico hasta París, prometiendo entregar petróleo a 25 por cada 1.000 pies cúbicos, mucho más barato que el carbón. Nada surgió de esta propuesta, pero Bechtel, después de adquirir Peabody Coal Co. la más grande de la nación, en un consorcio con Newmont Mining por 1.200 millones de dólares Bechtel se unió con Lehman Bros. Energy Transport System para construir el 70% de las líneas de lodo de carbón del mundo. Peabody había sido fundada por Francis Stuyvesant Peabody, de la afamada familia filantrópica que originó la red de fundaciones americanas para controlar al pueblo americano.

Bechtel ahora comenzó un frenético cabildeo para construir líneas de lodo de carbón. Una intensa campaña en Virginia fracasó en 1983, debido al poder compensatorio de la Norfolk & Western Railroad, cuyos ingresos provienen en un 40% del transporte de carbón. Los legisladores estaban desconcertados por la cantidad de dinero gastado en el proyecto de ley sobre el lodo de carbón, pero nunca supieron que era una operación de cabildeo de Bechtel. Steven D. White, presidente de Bechtel Investments, dijo en una carta a *Forbes*, el 9 de abril de 1984,

"Bechtel sigue firmemente comprometido con el concepto de los oleoductos de lodo de carbón y, en particular, con el oleoducto de lodo de carbón del Instituto Europeo de Normas de Telecomunicaciones (ETSI)."

En 1982, Bechtel ofreció construir una línea de lodo de carbón en Rusia, pero tal vez debido a su conocida conexión con la CIA, la oferta fue ignorada. La UPI informó desde Houston el 2 de agosto de 1984 que una propuesta de 3 mil millones de dólares para una línea de lodo desde Wyoming hasta la costa del Golfo había sido derrotada.

Michael Berryhill señaló en Harpers, en diciembre de 1983, que Dallas estaba planeando una red ferroviaria de 8.300 millones de dólares.

"The Bechtel Corp. la enorme y secreta firma de San Francisco con fuertes lazos con el Partido Republicano, preparó el estudio de viabilidad, y probablemente obtendrá el contrato de diseño."

Bechtel también planea un centro de convenciones de 5 mil millones de dólares en Hoffman Estates, III. cerca de Chicago y otros grandes proyectos. Bechtel frecuentemente permanece detrás de las escenas en sus grandes proyectos. El plan de misiles MX propuesto fue noticia de primera plana durante semanas, pero ni un solo periodista se molestó en averiguar que la propuesta del MX había sido elaborada por una comisión presidencial compuesta por John McCone, Richard Helms, y Nicholas Brady, ex senador de Nueva Jersey y ahora presidente de Dillon Read - leales Bechtelitas, todos y cada uno. Mother Jones señaló en junio de 1984 que Stephen Bechtel Sr. estaba en el comité asesor del Export Import Bank, que financia muchos proyectos de Bechtel, y que Bechtel Corp. creó un nuevo puesto para John Moore, presidente del EXIM Bank, como "vicepresidente ejecutivo de servicios financieros", que sin duda alguna había prestado. Mother Jones continuó,

"Nunca antes una corporación ha estado tan visiblemente ligada a la presidencia. Ha tenido estrechos lazos con todos los jefes de estado desde Eisenhower. Bechtel contribuyó en gran medida a la campaña de Reagan en 1980. Peter Flanigan de Dillon Read jugó un papel clave. Shultz y Weinberger apoyaron a Reagan en la primavera de 1980, junto con Walter Wriston de Citibank, que está en la junta de consejeros de Bechtel, y Robert Quenon, presidente de Peabody Coal Co. Kenneth Davis, un vicepresidente de Bechtel, es el número 2 en el Departamento de Energía. Casey (CIA) representó a Pertomina, la gigantesca compañía petrolera de Indonesia que ha sido un buen cliente de Bechtel."

Cuando un negocio coloca tantos hombres en la oficina de un presidente, ya no es una cuestión de "influencia"; es una cuestión de control. Un panel de líderes empresariales de Reagan, incluyendo a Stephen Bechtel Jr. recientemente recomendó que la nación debe gastar 3.5 billones de dólares al año para reconstruir su "infraestructura", carreteras, metro, puentes, etc. Bechtel podría esperar obtener una gran parte de este negocio. El Primer Ministro de Canadá, John Turner, fue el director de la Bechtel canadiense.

EL ORDEN MUNDIAL - nuestros gobernantes secretos

CAPÍTULO OCHO

LOS FUNDAMENTOS

El Orden Mundial controla a los ciudadanos de los Estados Unidos a través de las fundaciones exentas de impuestos. Estas fundaciones crean e implementan la política del gobierno a través de su personal en posiciones clave en los departamentos ejecutivo, legislativo y judicial. Las fundaciones crean la política educativa a través de su personal en posiciones clave en cada nivel del sistema educativo. Las fundaciones controlan la doctrina religiosa a través de su personal en posiciones clave en las principales denominaciones religiosas.

"Fundación" es un término engañoso; Webster lo llama dotación, pero una fundación es realmente un fideicomiso, que según Roget es un "sindicato". Si, en lugar de Fundación Rockefeller, dijéramos Sindicato Rockefeller, estaríamos mucho más cerca de la verdad. Alpheus T. Mason, en su biografía del Juez Brandeis, cita a Brandeis señalando que "El socialismo se ha desarrollado en gran medida por el poder de los fideicomisos individuales. "Lo que tenemos entonces, son sindicatos criminales disfrazados de empresas filantrópicas mientras infligen la esclavitud del mundo socialista en naciones y pueblos para el beneficio del orden mundial.

El congresista B. Carroll Reece le pidió a Norman Dodd, director de investigación del Comité Reece en su intento de investigar las fundaciones exentas de impuestos, en enero de 1954,

> "¿Acepta la premisa de que los Estados Unidos son víctimas de una conspiración? "Sí", dijo Dodd. "Entonces", dijo el congresista Reece, "debe llevar a cabo la investigación

sobre esa base. " B.E. Hutchinson, presidente de Chrysler Corp. ...aunque aprueba los objetivos de la investigación, advirtió a Dodd: "Si procede como ha indicado, le matarán"."

Dodd declaró,

"El mundo de la fundación es un sistema coordinado y bien dirigido, cuyo propósito es asegurar que la riqueza de nuestro país sea utilizada para divorciarla de las ideas que la hicieron nacer. Las fundaciones son la mayor influencia individual en el colectivismo."

El informe de 1975 de la Fundación Rockefeller mostraba una subvención de 100.000 dólares al Instituto para el Orden Mundial, dirigido por el profesor Saul Mendlovitz, que en la publicación del Instituto Transición, de octubre de 1974, dice

"Estoy defendiendo una nueva gobernanza o instituciones alternativas a las que ahora son responsables del concierto mundial; la gente exigirá un sistema de orientación central; significa que está a punto de surgir una gobernanza en la que las elites políticas de varios Estados nación que tienen la autoridad y la capacidad de tomar decisiones - ya no tendrán eso como prerrogativa. Habrá un gobierno que dirá: ya no se puede construir un ejército. Debes dar una cierta cantidad de tus ingresos económicos a otras áreas del mundo."

En resumen, un Orden Mundial - sin ejércitos nacionales; sin ingresos privados; sin libertad individual. Irónicamente, todo esto está siendo financiado por aquellos que crearon riqueza mediante el ejercicio de la libertad individual en los Estados Unidos.

Mendlovitz no utiliza la palabra "gobierno", que podría implicar un gobierno por el consentimiento del pueblo, como en los Estados Unidos. Utiliza "gobierno", la forma imperial, que significa un decreto dictatorial. Cada acto de los sindicatos fundadores, y de sus amos en el Orden Mundial, tiene como objetivo implementar un despiadado tipo de despotismo oriental. Como es tradicional en este tipo de despotismo, los sirvientes de palacio más eficientes son los eunucos. Los eunucos trabajan por poca o ninguna paga, porque no tienen el gasto de criar familias. En el mundo de las fundaciones, encontramos al eunuco como el tipo de funcionario predominante. Los eunucos entran y salen de las fundaciones para ocupar puestos prominentes en el gobierno, la educación y la religión. Aunque se casen y tengan hijos, psicológicamente siguen siendo eunucos, aquellos que han renunciado a su hombría para convertirse en sirvientes de palacio del Orden Mundial. El columnista Jeffrey Hart comentó recientemente sobre este tipo, refiriéndose a la selección de Mondale de Geraldine Ferraro como su nominada a la vicepresidencia, "Mondale debería haber elegido un hombre, para equilibrar el boleto."

Bien podemos preguntarnos, si el Orden Mundial está en control, ¿por qué necesitamos un "Instituto para el Orden Mundial"? ¿Por qué necesitamos las fundaciones como Gauleiters del control del Orden? La respuesta es que el Orden Mundial gobierna porque oculta su poder; niega que exista. Aunque su poder es obvio en todas partes, en el gobierno, en la educación, en las órdenes religiosas, en las guerras y revoluciones y hambrunas que son tan meticulosamente planeadas y ejecutadas, el Orden Mundial, como la Mafia, se niega a reconocer su propia existencia. Sus subsidiarias van y vienen, pero la Orden permanece constante. Cuando demasiada gente descubre el Consejo de Relaciones Exteriores, el poder se traslada a los Bilderbergers, o la Comisión Trilateral. El control de la Orden permanece constante.

El *New York Times* señaló el 29 de abril de 1984 que 1400 funcionarios asistían a la reunión anual del Consejo de Fundaciones. Había 21.697 fundaciones en los EE.UU., que en 1983 distribuyeron 3.400 millones de dólares en donaciones. Estas subvenciones se dispensan sólo a aquellos que implementan el programa del Orden Mundial, y cuyo objetivo es la esclavitud mundial.

Las familias bancarias internacionales, cuyos orígenes se remontan a la Edad Media, crearon las principales fundaciones americanas para proteger las riquezas que habían acumulado en su comercio de esclavos, drogas y oro, y para perpetuar esas riquezas por medios que sólo pueden describirse como "decretos imperiales", cartas de gobierno, con el fin de neutralizar a todos los potenciales rivales u opositores controlándolos y dirigiendo o desviando su oposición.

Ninguno de los estatutos de las fundaciones indica su verdadero propósito. Están repletos de frases como "el bienestar de la humanidad", "la eliminación de la pobreza", "la eliminación de la enfermedad", "la promoción de la hermandad mundial". Compasión, cuidado, caridad, estas son las consignas de las fundaciones. No hay ninguna insinuación a la incauta de los instintos despóticos que impulsan a estas personas "cuidadosas" a promover las guerras mundiales y la esclavitud mundial, ni hay ninguna advertencia a los sirvientes de las fundaciones de que si en algún momento flaquean en su dedicación a los objetivos del Orden Mundial, la pena es la muerte súbita.

Pocos ciudadanos estadounidenses pueden comprender el hecho perturbador de que el poder de gobierno en los Estados Unidos no es un organismo gubernamental, ni leyes, ni partidos políticos. Más bien, es el poder de los Asesinos, esas figuras entre bastidores que tienen el poder de ordenar el asesinato de cualquiera que ya no pueden controlar. Hemos visto a dos presidentes de los Estados Unidos, Abraham Lincoln y John Fitzgerald Kennedy, asesinados porque ordenaron al Tesoro de los Estados Unidos que imprimiera billetes de dólar sin intereses, lo que amenazaba con privar a los banqueros internacionales de miles de millones de dólares en beneficios no ganados.

Durante cinco mil años, el nombre en clave de los Asesinos ha sido "Kananitas" (Ver *La Maldición de Canaán*, de Eustace Mullins[3].) Este era el nombre propio de los asesinos, simbolizado por las iniciales KN'N, en arameo, que en griego significaba los Kananitas. También se les llamaba Zelotes, o zelotes, como fanáticos que estaban dispuestos a cometer un asesinato por su causa. Para el mundo, eran conocidos como Asesinos, originados en los tiempos modernos como una secta judeo-chiíta fundada por un persa, Hassan Sabah, en 1090. Había sido iniciado en la

---

[3] *La maldición de Canaán*, Omnia Veritas Ltd, www.omnia-veritas.com.

Gran Logia de El Cairo, y viajó por toda Persia organizando a los Asesinos como misionero bajo la protección de Abu Mansur Sedakah Ibn Yussuf, quien, aunque era judío, había ascendido a la eminencia de Visir al Califa al-Mustansir. En la India, los Fansigar, o estranguladores, obtuvieron su nombre de un phansi indostánico, un lazo. En el norte de la India, se les llamaba matones, o engañadores. En Tamul, se les llamaba Ari Tulucar, o Mussulman noosers; en Canarés, Tanti Calleru, o ladrones, que usan un alambre o un lazo de tripa de gato. Mencionamos a los corresponsales orientales de nuestros actuales asesinos, los que gobiernan por el terrorismo en los Estados Unidos, porque tienen los mismos orígenes, las mismas lealtades, y el mismo objetivo, la Regla del Orden Mundial.

Muchos eunucos que se convirtieron en una carga para el Orden Mundial han sido eliminados sin piedad. Cuando Hiss, White y otros se enfrentaron a la investigación del Congreso, muchos de sus conocidos se convirtieron en víctimas. Un abogado llamado Marvin Smith, un amigo cercano de Hiss, se cayó de una ventana. Laurence Duggan, un íntimo de Hiss y White, fue citado a testificar cuando se cayó de una ventana del duodécimo piso. Duggan era funcionario del Instituto de Educación Internacional, del que su padre fue fundador y presidente, pero estos lazos familiares no le ofrecían ninguna protección. En su prisa por llegar a la ventana, se arrancó un zapato, y dejó su oficina en ruinas mientras luchaba por cruzarla. El veredicto fue "suicidio". El diplomático canadiense, Herbert Norman, y el profesor de Harvard F. O. Matthiesen, también salieron por la ventana antes de que se les pudiera hacer testificar sobre sus asociaciones. El fenómeno se hizo tan común que dio lugar a un nuevo término "defenestración", que significa evitar el testimonio, y una advertencia adecuada a otros que pudieran pensar en hablar.

Hemos leído hasta la saciedad acerca de hombres de gran riqueza que, después de carreras de asombrosa crueldad mientras amasaban sus fortunas, de repente se convirtieron, como Pablo, en hombres de buena voluntad. Es cierto que las "benefacciones" de los Carnegie y los Rockefeller son las influencias más potentes en la vida americana de hoy.

Recogen impuestos cada vez más altos, aumentan el control del gobierno sobre cada aspecto de la vida humana, y planean más guerras y revoluciones para promover sus objetivos. Desde el principio, las fundaciones americanas han exhibido una doble imagen: al frente está el incansable bienhechor que no se resiste a nada si sirve a una buena causa. Detrás de él están los malvados conspiradores que intentan preservar y aumentar su riqueza y poder. La fundación en su forma actual, se originó en el concepto de una familia de Boston, los Peabodys. Henry James en su novela *The Bostonians*, ridiculizó a una amiga de la familia, Elizabeth Peabody, por sus cincuenta años de implacable celo humanitario, presentándola como la legendaria Miss Birdseye. George Peabody, después de las operaciones de comercio de esclavos en Washington y Baltimore, se trasladó a Londres, donde fue establecido como fachada por la familia Rothschild. Acumuló una fortuna comprando acciones deprimidas por el pánico americano, y eligió a un comerciante de Boston, Junius Morgan, para llevar a cabo su negocio. En 1865, Peabody creó la primera fundación americana a gran escala, el Fondo Educativo Peabody, dotándolo con un millón de dólares en bonos del gobierno. Para 1867, esto había crecido a 2 millones de dólares; para 1869, 3,6 millones. Ostensiblemente creado para educar a los negros del sur después de la Guerra Civil, fue una operación clave en la estrategia de "carpetbagger" para ganar el control de las tierras del sur y controlar sus gobiernos estatales. Estos estados tuvieron que pedir grandes préstamos a los banqueros de Wall Street para reconstruir sus servicios, y permanecieron profundamente endeudados durante el siguiente siglo.

Debido a sus conexiones internacionales, el Fondo Peabody atrajo a una junta directiva estelar. El general Ulysses Grant fue miembro de su junta durante 18 años; Grover Cleveland durante 14 años; McKinley durante 2 años; Theodore Roosevelt durante 13 años. J.P. Morgan fue miembro de la junta durante 28 años y nunca se perdió una reunión. Su socio, Anthony Drexel, sirvió 12 años. Un fondo con objetivos similares fue el Fondo John F. Slater para la Educación de los Hombres Libres, establecido por John F. Slater (1815-1884) un rico fabricante textil del Norte. Establecido con un millón de dólares, en 1882 había crecido hasta los 4 millones de dólares. Los tres fideicomisarios originales fueron el presidente Rutherford B. Hayes, Daniel Coit Gilman y Morris K. Jesup, tesorero.

Cuando John D. Rockefeller descubrió que las fundaciones ofrecían el camino al poder mundial, el Fondo Peabody demostró ser su modelo. Él y su "Director de Caridad", Fredrick T. Gates, crearon la Junta Educativa del Sur, que se fusionó con los Fondos Peabody y Slater. Más tarde crearon la Junta de Educación General que absorbió a sus tres predecesores. Su estatuto establecía que su propósito era "la promoción de la educación dentro de los EE.UU. sin distinciones de raza, credo o sexo". Sus objetivos eran la amalgama racial y la abolición de las distinciones entre los sexos. Entre sus incorporadores estaba su primer presidente, William H. Baldwin Jr., presidente de la Cámara de Representantes. Long Island Railroad, anteriormente con Union Pacific, la operación Harriman-Schiff; Frederick T. Gates, mano derecha de Rockefeller; Daniel Coit Gilman, vicepresidente de la Asociación de Industrias de la Construcción. Peabody Fund y el Slater Fund, presidente de la Universidad de California de 1872 a 1975, presidente de la Universidad John Hopkins de 1875 a 1901 y primer presidente del Instituto Carnegie. Gilman fue uno de los fundadores originales de la Fundación Russell Sage y del Instituto Carnegie. El hecho de que un hombre fuera un incorporador de las tres fundaciones más influyentes de América muestra cómo el control centralizado de estas fundaciones supuestamente autónomas ha sido siempre por unos pocos individuos despiadados. Gilman suele figurar como miembro fundador del Orden Mundial, porque, junto con Andrew Dickson White y Timothy Dwight, creó el Russell Trust en Yale en 1856, para financiar la organización Skull and Bones, cuyos miembros son los principales testaferros de América. W. Averell Harriman, el presidente George Bush y el propagandista William Buckley de la *National Review* son miembros típicos. Norman Dodd, también de Yale, dijo,

"Era bien sabido en el campus que si te tocaba Huesos nunca tendrías que preocuparte por el éxito en la vida posterior."

De los tres fundadores de esta orden, Dwight se convirtió en presidente de Yale; White, hijo de un millonario del ferrocarril, fue declarado por el *New York Times* como heredero de suficiente dinero para que no tuviera que cuidar de su vida; se convirtió en el primer presidente de la Universidad de Cornell, y dio a la institución 300.000 dólares para establecer su Escuela de Gobierno; se convirtió en el primer presidente del American Historical Assn, y fue embajador de los Estados Unidos en Rusia entre 1892 y 1994, y embajador en Alemania entre 1897 y 1902. Su legado final fue asesorar a Herbert Hoover para establecer la Institución Hoover.

Sin embargo, es con el tercer fundador, Daniel Coit Gilman, con quien estamos más preocupados. Gilman entrenó a John Dewey en teorías colectivistas de la educación en la Universidad Johns Hopkins. Dewey pasó a dirigir la Escuela de Educación de la Universidad de Chicago, y más tarde el Teachers College de la Universidad de Columbia, dos de las principales escuelas socialistas fabianas del mundo. Gilman, a través de su protegido, Dewey, ha dominado la educación americana a lo largo del siglo XX. Gilman también entrenó a Richard Ely en el departamento de economía de Johns Hopkins. Ely enseñó más tarde a Woodrow Wilson, a quien describe como "inusual, brillante". Así la influencia de Gilman se extendió a través de Ely a Woodrow Wilson, quien nos dio el Sistema de la Reserva Federal, el impuesto sobre la renta, y la Primera Guerra Mundial.

Aunque americanos, los tres fundadores de esta orden fueron educados en la Universidad de Berlín, donde fueron adoctrinados en la filosofía hegeliana del determinismo. Esta filosofía de educación y gobierno enseña que todo el mundo puede y debe ser controlado para lograr objetivos predeterminados. Es la filosofía del despotismo oriental transferida a Europa y adaptada a la mayor individualidad de los pueblos europeos, de los que la mayoría de los americanos son descendientes. Como el fundador Frederick T. Gates escribió en el Documento Ocasional No. 1 de la Junta de Educación General:

> "En nuestros sueños tenemos recursos ilimitados y el pueblo se entrega con perfecta docilidad a nuestras manos moldeadoras. Las actuales convenciones educativas se desvanecen de nuestras mentes, y, sin impedimentos por la

tradición, trabajamos con nuestra propia buena voluntad sobre un pueblo rural agradecido y receptivo."

Los miembros del Orden Mundial consideran a todos como campesinos; sólo desprecian a los que son demasiado ingenuos para ver que se les roba, se les engaña y se les esclaviza.

Otros directores originales de la Junta de Educación General fueron Morris K. Jesup, un banquero que había sido tesorero de los fondos Peabody y Slater. Fue director de Western Union, una compañía controlada por Kuhn Loeb, Metropolitan Trust y Atlantic Mutual Insurance; Robert C. Ogden de John Wanamker Co. Ltd., que fue presidente del Southern Educational Board, el Tuskegee Institute, el Union Theological Seminary y el Hampton Institute; Walter Hines Page, que como embajador en Gran Bretaña ayudó a involucrarnos en la Primera Guerra Mundial; Sir Roderick Jones, jefe de la Agencia de Noticias Reuters en su histórico domicilio, 24 Old Jewry, Londres, relata un poco de historia en su autobiografía, *A Life in Reuters*, un almuerzo ofrecido por él para el Gen. Smuts, Sir Starr Jameson y el Dr. Walter Hines Page (los tres tenían conexiones con Rothschild).

"Cenamos en una habitación privada en el Club Windham, en el que veinte años después se establecieron los términos de la abdicación del Rey Eduardo VII. Nos desviamos hacia la cuestión de la entrada de los Estados Unidos en la guerra, por la que Gran Bretaña y Francia esperaban tan pacientemente. El Dr. Page nos reveló entonces, bajo el sello del secreto, que había recibido del Presidente esa tarde, una comunicación personal en la que podía afirmar que, por fin, la suerte estaba echada. Por consiguiente, no sin emoción, pudo asegurarnos que los Estados Unidos estarían en guerra con las Potencias Centrales en una semana a partir de esa fecha. La garantía del embajador fue correcta hasta el día de hoy. Cenamos el viernes 30 de marzo. El 2 de abril el presidente Wilson pidió al Congreso que declarara el estado de guerra con Alemania. El 6 de abril, los Estados Unidos estaban en guerra."

¿Puede alguien dejar de establecer una conexión entre el director de una "organización benéfica" diseñada para controlar la educación de cada ciudadano de los EE.UU., y su director que conspiró para involucrarnos en una guerra mundial?

Otro de los incorporados a la Junta de Educación General fue George Foster Peabody, miembro de la familia que había creado el Fondo Peabody. Se casó con Katrina Trask, reliquia de Spencer Trask, un acaudalado corredor de bolsa especializado en asuntos ferroviarios. Su patrimonio, Yaddo, una magnífica mansión del norte del estado, se dejó como fundación para proporcionar a escritores y artistas un lugar para trabajar. Los becarios, no hace falta añadir, han sido unánimemente e implacablemente "liberales" en su filosofía y su trabajo, aunque lamentablemente no han producido ninguna contribución significativa al arte y la literatura estadounidenses. Spencer Trask fue asesinado cuando alguien desvió un tren de carga a la línea que llevaba su suntuoso coche privado. George Foster Peabody se mudó rápidamente a Yaddo con Katrina, y vivió diez años con ella antes de casarse con ella en 1921. Murió poco después, y Peabody "adoptó" a una joven divorciada, Marjorie White, cuando se le informó de que la iglesia no le permitiría casarse con ella. Entonces nombró a su hermana, Elizabeth Ames, directora de Yaddo, donde permaneció como virtual dictadora durante muchos años. La sala de música de Yaddo muestra una gran placa de bronce que dice: "George Foster Peabody, Amante de los hombres". Peabody fue nombrado primer director del Banco de la Reserva Federal de Nueva York en 1914, sirviendo durante los años cruciales de la Primera Guerra Mundial, hasta 1921. Fue un entusiasta partidario de la Revolución Bolchevique en Rusia, y más tarde se convirtió en director de la Fundación Warm Springs de FDR, y del Instituto Hampton. Louise Ware escribe en su biografía de Peabody, "Él (Peabody) añadió que la crisis nacional (la Primera Guerra Mundial), cuando todo hombre era necesario, debería asegurar la oportunidad de los negros. " Peabody fue presidente de Combustion Engineering Corp. presidente de Broadway Realtors, director de Mexican Lead Co. carbón y coque mexicanos, Ferrocarriles Nacionales Mexicanos, Tezuitlan Copper Refining and Smelting, y fue tesorero del Partido Nacional Demócrata. A pesar de sus antecedentes "capitalistas", Peabody siempre fue un socialista declarado. Ware anota que escribió a Norman Thomas,

"Siempre he sido muy comprensivo con las aspiraciones socialistas individuales. He observado particularmente el Sistema Fabiano de Inglaterra con expectativas esperanzadoras."

Este admirador del Socialismo Fabiano es el hombre que ayudó a instalar la Junta de Educación General como la fuerza guía detrás de todos los desarrollos educativos en los Estados Unidos desde 1910.

El *republicano de Springfield* señaló, en octubre de 1866,

"Porque todos los que saben algo del tema saben muy bien que Peabody y sus socios en Londres no nos dieron fe ni ayuda en nuestra lucha por la existencia nacional. Participaron plenamente en la común desconfianza inglesa hacia nuestra causa y nuestro éxito, y hablaron y actuaron por el Sur en lugar de por nuestra nación. Ningún individuo contribuyó tanto a inundar nuestros mercados monetarios con las evidencias de nuestra deuda en Europa, y a derribar sus precios y debilitar la confianza financiera en nuestra nacionalidad como George Peabody & Co. y ninguno ganó más dinero con la operación. Todo el dinero que el Sr. Peabody está regalando tan generosamente entre nuestras instituciones de enseñanza fue ganado por las especulaciones de su casa en nuestras desgracias."

Este editorial también fue reimpreso en el *New York Times el* 31 de octubre de 1866. El escritor no sabía que Peabody era una fachada para los Rothschild, o que el establecimiento del Fondo Peabody tenía la intención de darles el control político y financiero del empobrecido Sur, o que inauguraría la "Era de las Fundaciones" como factor de control en la vida americana.

John D. Rockefeller utilizó los fondos de la Junta de Educación General a través de los representantes de Standard Oil en Rusia para provocar la Revolución Rusa en 1905. No es de extrañar que las masas soviéticas aplaudan cuando un Rockefeller llega a visitarlos. Hasta la fecha, los Rockefellers han "dado" más de 5 mil millones de dólares de los ingresos de las acciones, lo que significa que los estadounidenses han tenido que apostar miles de millones de dólares en impuestos que de otra manera habrían sido ingresos por estos ingresos. El congresista

Wright Patman, chmn del Comité de Banca y Moneda de la Cámara de Representantes, probó en las audiencias de 1967 que 14 fundaciones Rockefeller tenían activos de más de 1.000 millones de dólares en acciones de Standard Oil. No sólo no pagaron ningún impuesto sobre estas acciones, sino que les dio un control permanente sobre la empresa familiar. Los financieros rivales no podían comprar el control de Standard Oil porque sus acciones estaban aisladas por la propiedad de la fundación... Como Patman señaló, el hecho de que los Rockefellers escaparan de pagar enormes sumas en impuestos les dio una ventaja de mercado insuperable sobre otras firmas que tenían que pagar las tasas normales de impuestos, la agitación por el aumento de "impuestos corporativos" se suma a la ventaja de Rockefeller. Patman dijo,

> "Las Fundaciones son las mejores inversiones que la familia Rockefeller pudo haber hecho."

Un miembro de la familia, el senador Nelson Aldrich, llevó la carta de la Junta de Educación General al Congreso. La carta de la Fundación Rockefeller resultó ser más difícil. Fue un esfuerzo flagrante para evadir los decretos del gobierno contra el monopolio de la Standard Oil, pero finalmente fue impulsado en 1913 por el senador Robert F. Wagner de N. Y., reservando 50 millones de dólares en acciones de la Standard Oil de Nueva Jersey para "trabajo caritativo". La carta de la Fundación Rockefeller fue firmada el 22 de mayo de 1913. Sus fundadores fueron John D. Rockefeller, John D. Rockefeller Jr.; Henry Pratt Judson, de las familias Lyman y Pratt, presidente de la Universidad de Chicago; Simon Flexner, educado en la Universidad de Berlín y en la Universidad de Nueva York. de Estrasburgo, había servido en el Instituto Rockefeller desde 1903 como profesor de medicina; Starr Jameson, "consejero personal de John D. Rockefeller en sus benevolencias"; Jerome D. Greene, secretario de Harvard Corp. 1910-11, banquero con Lee Higginson de Londres, 1912-18; sec. Comisión de Reparaciones de la Conferencia de Paz de París; Wickliffe Rose, prof. Peabody College, secretario del Fondo Educativo Peabody, fideicomisario del Slater Fund y de la Junta de Educación General; y Charles W. Eliot, también de la familia Lyman, se casó con Ellen Peabody, educada en Alemania, presidente emérito de Harvard. Una filial, la Junta Médica de China, aseguró a Standard Oil el mercado de "aceite para las lámparas de China", y dio a la familia la entrada en el altamente rentable comercio de drogas asiático. El avance se obtuvo después de que financiaran el ascenso al poder de la familia Soong, que creó la China moderna.

La lista de oficiales de la Fundación Rockefeller de 1913-63 revela mucho sobre esta organización. Los cuatro presidentes de la junta han sido John D. Rockefeller Jr. 1917, 1939, Walter D. Stewart, 1939-50, John Foster Dulles, 1950-52, y John D. Rockefeller 3°, 1952-63.

Walter D. Stewart sirvió con Bernard Baruch en la Junta de Industrias de Guerra en 1918, estuvo en la Junta de la Reserva Federal de 1922 a 25, y luego se unió al bufete de abogados de Case, Pomery, una empresa de Rockefeller. Fue asesor económico del Banco de Inglaterra de 1928 a 1930, asesor especial del Banco de Pagos Internacionales de 1931, del Consejo Presidencial de Asesores Económicos de Eisenhower de 1953 a 1956, y más tarde presidente del Instituto de Estudios Avanzados. En esta lista de puestos jurídicos y financieros, uno se sorprende por la conspicua ausencia de cualquier esfuerzo "caritativo".

John Foster Dulles, como socio principal del bufete de abogados Sullivan and Cromwell, continuó con la tradicional participación del bufete en la promoción de guerras y revoluciones. Pocos estadounidenses saben que las intrigas de Sullivan & Cromwell hicieron posible el Canal de Panamá.

Un volumen de 736 páginas, *The Story of Panama*, the U.S. House Hearings on Panama in 1913, ofrece cientos de páginas de documentación que prueban que William Nelson Cromwell, fundador de la firma, y mentor de Dulles, instigó y promovió la Revolución Panameña para J.P. Morgan y J & W Seligmap. Morgan recibió posteriormente 40 millones de dólares en oro del Tesoro de los EE.UU., el cheque más grande que había girado hasta entonces. 35 millones de dólares de esta suma fue un claro beneficio. El presidente Theodore Roosevelt demandó al *mundo de Nueva York* por difamación por imprimir algunos de los hechos sobre él y Cromwell. El caso fue unánimemente desestimado por la Corte Suprema.

Encontramos en "El caso de la difamación de Roosevelt Panamá contra el mundo de Nueva York" lo siguiente:

"El 3 de octubre de 1908, el Comité Nacional Demócrata estaba considerando la conveniencia de hacer pública una declaración de que William Nelson Cromwell en relación con M. Bunau Varilla, un especulador francés, había formado un sindicato en el momento en que era bastante evidente que la U.S. se haría cargo de los derechos de los tenedores de bonos franceses en el Canal DE Lesseps, y que este sindicato incluía entre otros a Charles P. Taft, hermano de William Howard Taft, y Douglas Robinson, cuñado del Presidente Theodore Roosevelt. Estos financieros invirtieron su dinero debido al pleno conocimiento de la intención del Gobierno de los Estados Unidos de adquirir la propiedad francesa a un precio de unos 40 millones de dólares y así, gracias a la supuesta información de fuentes gubernamentales, pudieron cosechar un rico beneficio."

El 29 de agosto de 1908, el Comité Nacional Demócrata emitió una declaración desde su sede en Chicago identificando a Cromwell como,

"William Nelson Cromwell de Nueva York, el gran abogado de Wall Street, abogado de la cosechadora del Canal de Panamá, Kuhn Loeb Co. , los intereses de Harriman, el fideicomiso del azúcar, el fideicomiso de la Standard Oil y otros".

Así, los líderes demócratas identificaron a Cromwell como el abogado de los siete hombres que controlaban América para los Rothschild. Los demócratas continuaron:

"En septiembre de 1904, durante las ausencias del Secretario Taft de Washington, el Sr. Cromwell, un ciudadano privado prácticamente dirigía el Departamento de Guerra. John F. Wallace, Ingeniero Jefe del Canal de Panamá, testificó ante el Comité del Senado el 5 de febrero de 1905, 'Cromwell me pareció un hombre peligroso'."

Las audiencias de la Cámara de Representantes dedicaron muchas páginas a las actividades de Cromwell, que vale la pena leer, incluyendo el testimonio condenatorio del congresista Rainey:

"Los revolucionarios estaban a sueldo de la Panama Railroad & Steamship Co., una corporación de Nueva Jersey. El representante de esa corporación era William Nelson Cromwell. Él fue el revolucionario que promovió e hizo posible la revolución en el Istmo de Panamá. En ese momento era accionista del ferrocarril y su consejero general en los Estados Unidos. William Nelson Cromwell - el hombre más peligroso que este país ha producido desde los días de Aaron Burr - es un revolucionario profesional."

John Foster Dulles, presidente del consejo de la Fundación Rockefeller, heredó el manto de Cromwell como el hombre más peligroso de América. Miembro de la familia Rockefeller a través de su matrimonio con Janet Pomeroy Avery, fue secretario de su tío, el Secretario de Estado Robert Lansing, en la Conferencia de Paz de París. Thomas Lamont, socio de J.P. Morgan, escribió sobre Dulles en ese momento,

"Todos nosotros confiamos en John Foster Dulles."

Dulles apareció más tarde en Alemania con el barón Kurt von Schroder para garantizar a Hitler los fondos para tomar el control de Alemania. El embajador de EE.UU. en Alemania, William Dodd, escribe en su Diario, el 4 de diciembre de 1933,

"John Foster Dulles, consejero legal de los bancos americanos asociados, llamó esta tarde para dar cuenta de las reclamaciones que se están instando en nombre de los tenedores de bonos contra las ciudades y corporaciones alemanas, más de mil millones de dólares. Parecía muy inteligente y decidido."

Ron Pruessen, en su biografía de Dulles, menciona las "discusiones secretas de Dulles con el gabinete alemán en diciembre de 1933 y enero de 1934 en Berlín". "Pruessen enumera los clientes bancarios de Dulles durante los años 20, "J.P. Morgan, la National City Co. Kuhn, Loeb & Co. Ltd.,

Dillon Read, Guaranty Trust, Lee Higginson y Brown Bros Harriman. "Dulles tenía un monopolio legal en Wall Street.

John Foster Dulles nunca perdió su afición por iniciar guerras. ¿Cuántos americanos saben que fue John Foster Dulles quien envió un telegrama desde Tokio a los asesores del presidente Truman,

> "Si parece que los surcoreanos no pueden repeler el ataque, creemos que se debe utilizar la fuerza de los Estados Unidos."

Aunque Dulles nunca reveló a quiénes incluía "nosotros", este telegrama desencadenó nuestra participación en la Guerra de Corea.

Entre los presidentes de la Fundación Rockefeller, encontramos a George E. Vincent, que fue presidente de la Institución Chautauqua. Sirvió con Herbert Hoover en la Comisión de Socorro de Bélgica; Max Mason, presidente de la Universidad de Chicago, a la que los Rockefeller dieron unos 400 millones de dólares; Raymond Blaine Fosdick, que fue secretario de la Sociedad de las Naciones, 1919-20, fue más tarde biógrafo oficial de John D. Rockefeller; su hermano Harry Emerson Fosdick, que fue pastor de la iglesia de Rockefeller; Chester I. Barnard, presidente de AT&T, director de la Agencia Telefónica de los Estados Unidos durante la Primera Guerra Mundial; Dean Rusk, que ocupó dos presidentes como Secretario de Estado; y J. George Harrar, que fue profesor Andrew D. White en Cornell.

Los secretarios de la Fundación Rockefeller son: Jerome D. Greene, quien fue secretario del presidente de Harvard 1901-05, y miembro del consejo de supervisores de Harvard 1911-1950, secretario de la Comisión de Reparaciones bajo la dirección de Bernard Baruch en la Conferencia de Paz de París 1919, director general del Instituto Rockefeller de Investigación Médica 1910-1939, director de la Institución Brookings, 1928-1945, y presidente del notorio Instituto de Relaciones del Pacífico financiado por Rockefeller, del cual Laurence Rockefeller fue secretario, y que tuvo estrechas relaciones con el espía soviético Richard Sorge en Japón; Edwin R. Embree, quien creó la Fundación Julius Rosenwald en 1917 "para el bienestar de la humanidad", siete de cuyos fideicomisarios fueron identificados como miembros de organizaciones del frente comunista.

Entre los vicepresidentes de la Fundación Rockefeller desde 1913 se encuentran: Roger S. Greene, el organizador del Comité para la Defensa de América por medio de la Ayuda a los Aliados, cuyo propósito era involucrarnos en la Segunda Guerra Mundial y que sirvió en el Departamento de Estado de 1940 a 1944; y Alan Gregg, que sirvió en la Fuerza Expedicionaria Británica de 1917 a 1919.

Todos estos oficiales también figuran como directores de la Fundación Rockefeller. Otros directores incluyen: Lord Franks, Embajador Británico en los Estados Unidos. 1948-52, un miembro clave de la London Connection que opera los Estados Unidos como una colonia del Imperio Británico; es director del Rhodes Trust, el Schroder Bank, profesor visitante en la Universidad de Chicago, presidente del Lloyd's Bank y actualmente canciller de la Universidad de East Anglia; Charles Evans Hughes, gobernador de Nueva York, candidato presidencial que se cree que realmente derrotó a Woodrow Wilson en 1916, más tarde Presidente del Tribunal Supremo, nombrado para ese cargo por su buen amigo Herbert Hoover; James R. Angell, chmn Consejo Nacional de Investigación. 1919-20, presidente de la Carnegie Corp. presidente de Yale (su hija es la Sra. William Rockefeller); fue director de *New York Life* y de la NBC; Trevor Arnett, presidente de la Junta Internacional de Educación; Harry Pratt Judson, presidente de la Universidad de Minnesota, presidente de la Universidad Americana en China, director de la Junta Médica de Rockefeller en China; Vernon Kellogg, ayudante de Herbert Hoover en la U. de Comercio Exterior.S. Food Administration, durante la Primera Guerra Mundial y la American Relief Administration 1919-21, más tarde secretario del National Research Council y fideicomisario de Brookings Instn; Starr Murphy, que se incluye en Who's Who como "el consejero personal y representante de John D. Rockefeller en sus bevenolencias"; Wickliffe Rose, director de salud pública de la Fundación Rockefeller 1913-23; presidente del Peabody College 1892-02, agente del Fondo de Educación Peabody 1907-15, Comisión Sanitaria Rockefeller y

Junta Educativa del Sur 1909-15, Junta Internacional de Salud 1913-28, presidente de la Junta de Educación General 1913-28, Junta Internacional de Educación 1923-28, director de la Cruz Roja y del Consejo del Atlántico; A. Barton Hepburn, Suplente de Bancos del Estado de Nueva York 1880-83, jefe de examen de bancos del Estado de Nueva York 1888-92, Contralor del Ejército de los Estados Unidos 1892-93, vicepresidente de la Junta de Educación. National City Bank 1897-99, presidente del Chase Natl Bank 1899-1922, miembro del Consejo Consultivo Federal del Sistema de la Reserva Federal, 1918, director de N.Y. Life, Sears, Woolworth, Studebaker, Texas Co.; Julius Rosenwald, creó la Fundación Rosenwald para llevar a cabo la agitación del fondo Peabody en el Sur, "participación total"; también dio 700.000 dólares a la Universidad Rockefeller de Chicago, fue fideicomisario del Fondo Barón de Hirsch, programa de asentamiento sionista; Martin A. Ryerson, presidente de la junta de fideicomisarios de la Universidad de Chicago, fideicomisario de la Institución Carnegie; Karl T. Compton, asignado a la Embajada Americana en París en 1918, fue chmn Misión de Radar de los Estados Unidos a la URSS en 1943, representante especial. Secretario de Guerra 1943-44, espec., avance en desarrollo atómico 1945, alcanzó la inmortalidad como el hombre que le dijo al presidente Truman que lanzara la bomba atómica sobre Japón, el primer uso de esta arma de terror, también director de la Fundación Ford, Instituto Sloan Kettering, Sociedad Real de Londres; John W. Davis, abogado de Morgan y Rockefeller, Embajador en Gran Bretaña 1918-21, candidato demócrata a presidente 1924; John Sloan Dickey, con el Dept. State 1940-45, presidente Dartmouth, fue miembro de la Comisión Presidencial de Derechos Civiles; Harold W. Dodds, presidente de Princeton, fue secretario ejecutivo de Herbert Hoover Administración de Alimentos de los Estados Unidos 1917-19, fideicomisario de la Institución Brookings y la Fundación Carnegie, director de Prudential Insurance; Lewis W. Douglas, graduado de la Universidad de Harvard. Oxford, casado con Peggy Zinsser, director de presupuesto 1933-34, presidente American Cynamid, embajador en Gran Bretaña 1947, presidente del consejo de Metropolitan Life, director de General Motors, Homestake Mining Co.; Orvil

Dryfoos, que se casó con Marion Sulzberger y se convirtió en presidente del *New York Times*, fideicomisario de Baron de Hirsch Fund; Lee A. DuBridge, presidente del California Institute of Technology, fideicomisario de Rand Corp. miembro de la Comisión de Energía Atómica de los Estados Unidos, que recibió la Medalla del Rey por sus servicios a Gran Bretaña en 1943; David Leon Edsall, decano de la Facultad de Medicina de Harvard de 1918 a 1935; Charles William Eliot, que se casó con Ellen Peabody , estudió los métodos educativos europeos, presidente de Harvard durante muchos años, promovió la escuela hegeliana de determinismo; Simon Flexner, que estudió en la Univ. de Nueva York. de Berlín, Univ. de Estrasburgo, creó el Instituto Rockefeller de Investigación Médica, miembro de la Royal Society de Londres, muchas sociedades médicas; Douglas Freeman, editor de Richmond News Leader, director de la Fundación Woodrow Wilson, Equitable Life; Herbert S. Gasser, organizó el Servicio de Guerra Química 1918, miembro de la Royal Society, Londres y Edimburgo; Frederick T. Gates, se enumera a sí mismo como "representante comercial y benévolo" de John D. Rockefeller 1893-1912; Walter S. Gifford, organizó el Consejo de Defensa Nacional de los Estados Unidos 1916-18, formado para involucrarnos en la Primera Guerra Mundial, invitado por el Coronel House para servir en el Consejo Interaliado de los Estados Unidos 1918, presidente del TCA, presidente del consejo de la Institución Carnegie; Robert F. Goheen, presidente de Princeton 1957-72, Beca Woodrow Wilson, Instituto Smithsonian, Instituto de Educación Internacional, Fondo Dreyfus, junta de supervisores de la Fundación Carnegie de la Universidad de Harvard; Herbert Spencer Hadley, como general de Missouri enjuició a Standard Oil, lo apoyaron para gobernador, sirvió de 1909 a 13; Wallace K. Harrison, arquitecto del Rockefeller Center y del edificio de las Naciones Unidas; Theodore Hesburgh, presidente de la Universidad de Notre Dame, Woodrow Wilson Fellowship, Fundación Carnegie, Fundación Ford, Rockefeller Bros Fund, Comisión Hoover; Ernest M. Hopkins, asistente del Secretario General de las Naciones Unidas en el Departamento de Asuntos Económicos y Sociales de las Naciones Unidas. de Guerra 1918, Oficina de Adquisiciones y Gestión 1941, presidente Dartmouth

1916-45; Arthur A. Houghton, chmn Corning Glass, oficina de Gestión de Precios 1941-42, adv. com. sobre artes Sistema de la Reserva Federal, director *New York Life,* U.S. Trust, Biblioteca J.P. Morgan; Clark Kerr, pres. Univ. de California 1952-73; Robert A. Lovett, casado con Adele Brown, de Brown Bros; fue socio de Brown Bros Harriman 1926-61, espec., asst Sec. de Guerra 1940-41, Sec. de Guerra Aérea 1941-45, Under, Sec. de Estado 1947-49, reemplazó a James A. Forrestal como Secretario de Defensa cuando se cayó de una ventana en el Hospital Naval, sirvió como Secretario de Defensa 195-52, director de Royal Globe Insurance of London, *N.Y. Life,* Freeport Sulphur, presidente de Union Pacific, director de Carnegie Instn; su padre, el Juez Robert S. Lovett fue abogado de UP, aconsejó a Harriman y Kahn que no respondieran a preguntas sobre sus transacciones bursátiles, todos los registros fueron quemados en 1911; Benjamin McKelway, editor del *Washington Star;* Henry Allen Moe, Rhodes Scholar, dirigió la Fundación Guggenheim durante muchos años, abogado del Inner Temple, Londres, chmn Museum, de Arte Moderno creado por la familia Rockefeller, también Natl Endowment for the Humanities; William Myers, director del Banco de la Reserva Federal de N. Y., pres. Committee on Foreign Aid 1947, director de la Fundación Carnegie, Arco, Smith Corona, Continental Can, Grand Union, Mutual Life; Thomas. Parkinson, adjunto al General del Ejército de los Estados Unidos 1918-19, presidente de Equitable Life, Chase Natl Bank, ATT, Borden; Thomas Parran, Cirujano General de los Estados Unidos 1936-48; Alfred N. Richards, personal de British Medical Research 1917-18, organizó el Servicio de Guerra Química de los Estados Unidos 1918; Dean Rusk, Becario Rhodes, se unió al Dept. Estado 1946, importante papel con John Foster Dulles en la participación de Estados Unidos en la guerra de Corea, como secretario de guerra 1946-47, Departamento de Asuntos de la ONU Estado 1947-49, presidente de la Fundación Rockefeller 1950-60, Secretario de Estado 1961-69; Geoffrey S. Smith, casado con la familia Coolidge, consejero de la Comisión Nacional de Refugiados 1940, OPM 1941, Junta de Producción de Guerra 1942, presidente de la Comisión Nacional de Refugiados 1940, OPM 1941. Girard Trust, director de Bell Telephone; Robert G.

Sproull, presidente de la Fundación Rockefeller. Univ. de California, su hermano Allan fue presidente del Banco de la Reserva Federal de N.Y. durante muchos años, Robert fue director del Instituto de Educación Internacional, Fundación Carnegie, Grupo Americano de Reparaciones Aliadas 1945, Comité de Ciudadanos para el Plan Marshall, Instituto de Relaciones del Pacífico; Frank Stanton, OWI 1942-45, presidente de la CBS durante muchos años; Robert T. Stevens, presidente de la empresa familiar J.T. Stevens, empresa textil gigante, director del Banco de la Reserva Federal de Nueva York, J.P. Morgan, General Electric, General Foods, New York Telephone, Secretario del Ejército 1953-55, implicado en las audiencias de McCarthy; George D. Woods, presidente de First Boston, Kaiser Steel, Estado Mayor del Ejército de los Estados Unidos 1942-45, director del *New York Times*; Arthur M. Woods, asistente de la Primera Guerra Mundial, director de la empresa Rockefeller Colorado Fuel & Iron, escenario de la masacre de trabajadores, masacre de Ludlow; Owen D. Young, presidente de General Electric, director de RCA, American Foreign Power, General Motors, NBC, RKO, Banco de la Reserva Federal de N.Y., agente general para el pago de reparaciones 1919-24, elegido por Bernard Baruch; Winthrop Aldrich, miembro de la familia Rockefeller, presidente del Chase National Bank, director de ATT, International Paper, Metropolitan Life, Westinghouse, Banco de la Reserva Federal de N.Y. El Sr. Barry Bingham, editor del Louisville Courier Journal, trabajó en Europa entre 1942 y 1945, en una misión especial a Francia para la Comisión Económica para África entre 1949 y 1950; el Sr. Chester Bowles, fundador de la agencia publicitaria Benton & Bowles, trabajó con la OPA, la Segunda Guerra Mundial de la Junta de Guerra Mundial, como embajador en la India entre 1951 y 1953, la Fundación Woodrow Wilson, como socio del Senador William Benton; Lloyd D. Brace, presidente del Consejo de Administración del Banco Mundial; y el Sr. Donald H. Mackenzie, presidente del Consejo de Administración del Banco Mundial. First Natl Bank, director de ATT. Gillette, John Hancock, Stone & Webster, U.S. Smelting; Richard Bradfield, educado en la Universidad de Berlín, casado con una becaria de la familia Guggenheim de Stillman, llevó a cabo la política del

Lejano Oriente para la Fundación Rockefeller como jefe de la división de agricultura 1955-57; Dieter Bronk, pres. El Instituto de Investigación Médica Rockefeller, Instituto Sloan Kettering, recibió la Orden del Imperio Británico; William H. Claflin, tesorero de la Fundación Rockefeller. Harvard; Ralph Bunche, educado en Harvard y en la Escuela de Economía de Londres, con la sección británica OSS 1941-44, Departamento de Estado 1944-47, Dumbarton Oaks 1944, Naciones Unidas en San Francisco con Alger Hiss 1945, Naciones Unidas Londres 1945, Und. Sec UN 1947-71, Mediador de Palestina 1948 - después de que el Conde Bernadotte fue asesinado por Begin; C. Douglas Dillon nacido en Suiza 1909, director de U.S. & Foreign Securities 1937-63, presidente Dillon Read 1946-53, Embajador en Francia 1953-57, bajo Sec. State 1958-1960, ayudó a Bechtel a obtener contratos con Arabia (Bechtel compró más tarde su empresa familiar, Dillon Read), Secretario del Tesoro 1960-65, es fideicomisario de Brookings Instn, Hoover Institution, Heritage Foundation, su hija es la Princesa Juana de Luxemburgo, casada en una familia que es descendiente directa de Guillermo de Orange, quien fundó el Banco de Inglaterra; Edward Robinson, estuvo con Peabody Co. Ltd., tesorero de la Fundación Rockefeller y de la Junta de Educación General 1938-62; Kenneth Wernimont, se incorporó al Instituto de Educación Internacional en 1937, Departamento de Agricultura 1938-46 en América Latina, misiones mexicanas para Rockefeller; Charles W. Cole, presidente de la Junta de Educación General en 1938. Amherst, Embajador en Chile 1961-64, director del Charles E. Merill Trust; Thomas B. Applegate Jr. exec, secretario de John D. Rockefeller 1942-46, jefe de la División del Lejano Oriente del Departamento de Estado; Edmund E. day, decano de la Escuela de Finanzas Wharton U. Pa 1912-29, becario del Guggenheim, presidente 1933-39 Oficina Nacional de Investigación Económica establecida por Rockefellers.

La lista de 1981 de los fideicomisarios de la Fundación Rockefeller también incluye a James C. Fletcher, cuyos antecedentes "caritativos" figuran en el Who's Who como "Ordenanza naval de 1940", y cuarenta años de experiencia posterior en misiles guiados y armas estratégicas, con Hughes Aircraft 1948-54, misiles guiados con Ramo-Wolldridge 1954-

58, Aerojet General 1960-71, chmn Minuteman 1961, chmn Naval Warfare panel 1967-73, y junta de American Ordinance Assn. Otro fideicomisario de 1981 es James D. Wolfensohn, que es el presidente de J. Henry Schroder Banking Corp. N.Y., y su compañía matriz, Schroders Ltd. de Londres.

Examinando a los miembros dominantes de la Fundación Rockefeller, encontramos a hombres cuyas vidas han sido dedicadas a la guerra y a la revolución, a la guerra química, a la guerra internacional, a la intriga y a los asesinatos en masa; encontramos que el presidente del consejo era John Foster Dulles, que heredó de su mentor, William Nelson Cromwell, el título de "hombre más peligroso de América"; Dulles obtuvo una financiación crucial para Hitler y envió el telegrama clave que implicaba a la U.S. en la Guerra de Corea, mientras su hermano, un director del Banco Schroder, creó la CIA; encontramos a Karl T. Compton, que dio la orden de lanzar la bomba atómica sobre Japón en 1945 y desató el horror de la guerra atómica sobre el mundo entero (también fue fideicomisario de la Fundación Ford); encontramos a Lord Franks, miembro clave del Rhodes Trust, el Banco Schroder; lo que no encontramos es a nadie que se haya dedicado alguna vez a una obra de caridad. Los directores de Rockefeller de lo que es propiamente el "Sindicato Rockefeller" se entrelazan con los principales bancos, corporaciones, universidades y departamentos gubernamentales de la nación. Esta es la red que gobierna ilegalmente América, que, por su evasión de impuestos, coloca una tremenda carga impositiva en todos los contribuyentes americanos, y que hace de nuestras elecciones una farsa porque estos hombres determinan todas las políticas que se implementan en los Estados Unidos.

A través del Fondo del Sello, los Rockefellers controlan las escuelas de teología y las instituciones religiosas de América; a través del Fondo de los Hermanos Rockefeller controlan la política del gobierno. En 1958, el Fondo de los Hermanos Rockefeller convocó a los líderes estadounidenses para instar a un mayor gasto militar; el grupo incluía al General Lucius Clay de Lehman Bros. , antiguo jefe de las fuerzas estadounidenses en Europa; Gordon Dean de la Comisión de Energía Atómica de los Estados Unidos; Deverux C. Josephs de J.P. Morgan Co.; Henry

Luce de Time Mag. Thomas B. McCabe, de la Junta de Gobernadores de la Reserva Federal; Anna M. Rosenberg, secretaria de Bernard Baruch. y Asst. Sec. Defense (se casó con Julius Rosenberg), formó parte de la Junta del Seguro Social en 1936-43, fue miembro fundador de New Deal Administration, War Manpower Commission 1942-45, fideicomisaria de la Fundación Ford y de la Fundación Rockefeller, y más tarde se casó con Paul Hoffman, jefe de la ECA; Dean Rusk de la Fundación Rockefeller; David Sarnoff, fundador de la RCA; Henry Kissinger; y Roswell Gilpatrick, und. Sec. Fuerza Aérea 1951-53. Gilpatric fue socio del bufete Kuhn, Loeb de Cravath de Gersdorff Swaine y Wood 1931-61, Yale Corp. Woodrow Wilson Foundation; su hermano Chadbourne fue becario Rhodes, OSS Europe World War II, y CIA 1947 hasta la actualidad; otro hermano, Donald, formó parte del personal del Natl City Bank, Board of Economic Warfare 1943-43, asesor económico del Cuartel General Aliado durante la Segunda Guerra Mundial, miembro de los Estados Unidos UNRRA, dir. ECA 1948, ahora director de Olin Matheson y Winchester Arms.

A cada trabajador americano se le recuerda regularmente una "bendición para la humanidad" de la Fundación Rockefeller cuando recibe su cheque de pago mutilado con el "impuesto de retención" arrancado de él. En 1943, en el apogeo de la Segunda Guerra Mundial, el Congreso aprobó un proyecto de ley de impuestos de "emergencia" en tiempos de guerra, la Ley de Pago de Impuestos Actuales de 1943. Promulgado el 9 de junio de 1943, el proyecto de ley se conoció como el Impuesto de Retención. La "emergencia" terminó hace unos cuarenta años, y en las décadas intermedias el proyecto de ley ha sido y es ilegal. Es ilegal porque no es "retención" y porque no es un impuesto. Como no es lo que dice ser, no se puede hacer cumplir, ya que no tiene validez legal. En términos legales, el impuesto de retención es un embargo. Webster define el embargo como un aviso legal notificado con una orden de embargo para embargar los salarios de un deudor en nombre de un acreedor. Sin embargo, la retención en la fuente no es un aviso legal notificado con una orden de embargo, ni es emitida por ningún tribunal, y no es cobrable en virtud de la legislación de los Estados Unidos. En segundo lugar, la "deuda", o impuesto, sólo puede establecerse en la declaración anual al final del año fiscal, según lo dispuesto por la ley. El IRS afirma que la retención de impuestos establece "la responsabilidad en la fuente". Sin embargo, no se ha establecido ninguna deuda en el momento del cobro.

La retención en la fuente también es ilegal porque se promulgó como resultado de una conspiración de personas que ocultaron sus motivos y sus lealtades. Beardsley Ruml, que endilgó el plan al Congreso, dijo a un reportero del *New Yorker* que el plan de retención de impuestos se originó en un almuerzo de "intelectuales" en el lujoso Hotel Plaza. Se negó a identificar a los otros conspiradores. *La fortuna* dijo de él,

"Beardsley Ruml de fama de pago (caracterizado por el congresista Wright Patman como protector de la primera cosecha de millonarios de la guerra), es sin duda uno de los hombres más ágiles mentalmente y populares de la historia americana. Como muchas otras interesantes personalidades, el tesorero de Macy's, presidente del Banco de la Reserva Federal de Nueva York y eminente planificador fiscal es un personaje nada sencillo. El ex decano de ciencias sociales de la Univ. de Chicago trabajó más tarde para la Carnegie Corp. En 1922 los Rockefellers hicieron al joven de 28 años Ruml director del Memorial de Laura Spelman Rockefeller (80 millones de dólares). El Memorial había sido fundado para la ayuda caritativa a las mujeres, pero el Sr. Ruml, argumentando que el bienestar del individuo depende del bienestar de toda la sociedad, lanzó la organización y 25 millones de dólares de los fondos detrás de las ciencias sociales."

La idea de Ruml sobre la retención de impuestos está sugerida en su libro. Negocios *y Valores del Gobierno*, p. 179,

"Es evidente que el progreso de la ciencia, la tecnología y la educación forzará importantes cambios en nuestras relaciones personales, sociales y económicas. Para hacer frente a estos cambios, el gobierno debe cambiar y modificar las leyes, normas y reglamentos bajo los cuales vivimos."

Nótese que Ruml dice que los cambios de "fuerza", por decreto del "gobierno". Este es todo el programa de la fundación, imponer por la fuerza su voluntad al electorado americano, en una conspiración criminal sindicalista contra el bienestar de cada americano.

La lista de fideicomisarios de la Fundación Rockefeller de 1971 muestra que sigue siendo la jerarquía gobernante de los Estados Unidos. Incluye a W. Michael Blumenthal y C. Douglas Dillon, que fueron Secretarios del Tesoro; Robert F. Goheen, presidente de Princeton; Vernon Jordan, el negro simbólico; Robert V. Roosa, y Cyrus Vance, Secretario de Estado bajo la presidencia de Carter. Roosa es miembro fundador y secretario de la Comisión Trilateral. Mientras trabajaba en el personal del Banco de la Reserva Federal de Nueva York, Roosa entrenó a un grupo conocido como el "Bloque Roosa", siendo su principal protegido Paul Volcker, quien, como presidente de la Junta de Gobernadores de la Reserva Federal, desató una ruinosa recesión en los Estados Unidos con un 20% de tasas de interés y un 25% de inflación. Por supuesto que los bancos se beneficiaron generosamente mientras llevaban a millones de americanos a la bancarrota. El *New York Times* reportó que David Rockefeller y Roosa "sugirieron" a Carter que nombrara a Volcker como presidente de la Junta de la Reserva Federal. Roosa es socio de Brown Bros. Harriman, director de Texaco, American Express, Owen Corning Fiberglass, director de la Oficina Nacional de Investigación Económica, fideicomisario del Instituto Sloan Kettering y presidente de la Institución Brookings.

La Brookings Institution fue constituida en 1927 por Frederic A. Delano, 2244 S. St NW Washington D.C.; Harold G. Moulton, 3700 Oliver St. NW, Washington, economista de la Univ. de Chicago; y Leo S. Rowe, que había sido secretario adjunto del Tesoro entre 1917 y 1919, trabajando en estrecha colaboración con Eugene Meyer y el jefe de la División de América Latina de la War Finance Corp. Departamento de Estado 1919-20, director de la Unión Panamericana 1920-36.

La Brookings Institution fue fundada por Robert S. Brookings, nacido en 1850, soltero, comerciante de St. Louis y director de la Cupples Co. que revolucionó la distribución de mercancías desde las estaciones de ferrocarril. En la Primera Guerra Mundial, Brookings fue asistente de Baruch en el Consejo de Industrias de Guerra, que tenía poderes dictatoriales sobre los industriales americanos, y Presidente del Comité de Fijación de Precios de la WIB. Como fideicomisario original de la Dotación Carnegie para la Paz Internacional, Brookings creó la Escuela de Graduados en Economía de Brookings, que se fusionó con el Instituto de Investigación Gubernamental y el Instituto de Economía en 1927 para formar la actual Institución Brookings. Su objetivo es "establecer prioridades nacionales", es decir, hacer política gubernamental, lo cual hace. Llegó al poder con el New Deal de Roosevelt, lo que no es sorprendente, ya que su fundador, Frederic A. Delano, era el tío de FDR. El actual presidente, Robert V. Roosa, fue precedido en ese cargo por C. Douglas Dillon. Siempre ha sido el foro de los financieros más poderosos del mundo.

En 1984, la Institución Brookings originó un nuevo programa para el gobierno, escrito por un equipo de economistas encabezado por Alice Rivlin, ex directora de la Oficina de Presupuesto del Congreso. Rivlin propuso que el impuesto sobre la renta fuera reemplazado o aumentado por un impuesto al consumo que se aplicara a todo el consumo, legados y donaciones. En resumen, la Institución Brookings, tradicionalmente de izquierda, espera promulgar en la ley la técnica ilegal del IRS de "valor neto compuesto", estableciendo un impuesto sobre la renta a los ciudadanos mediante la estimación de lo que gastan o consumen, un impuesto de "flujo de caja" tan ineludible como el impuesto de retención de Rockefeller-Ruml. Su único objetivo es moler al trabajador en una pobreza desesperada a través de la extorsión despiadada de los agentes del gobierno.

En 1978, las corporaciones le dieron a Brookings 95.000 dólares; en 1984, esta cifra había saltado a 1,6 millones de dólares. La mayor parte de su presupuesto de 13 millones de dólares sigue siendo pagado por las principales fundaciones, Ford, Rockefeller, Carnegie, Milbank Memorial Fund. Las fundaciones trabajan juntas, no sólo por su estrecha vinculación, sino porque tienen un programa común. Ese programa fue publicado por Karl Marx en 1848 como *El Manifiesto Comunista*:

> ➤ Abolición de todas las propiedades en la tierra.

> Aplicación de todos los alquileres de tierras a fines públicos.

> Un pesado impuesto sobre la renta progresivo o graduado.

> Abolición de todo derecho de herencia.

> Confiscación de la propiedad de emigrantes y rebeldes.

> Centralización del crédito en manos del Estado, mediante un banco nacional, con el capital del Estado como monopolio exclusivo.

> Ampliación de las fábricas e instrumentos de producción de propiedad del Estado, incorporación al cultivo de tierras de desecho y mejora del suelo en general de acuerdo con un plan común.

> Obligación de todos por igual de trabajar.

> Establecimiento de ejércitos industriales, especialmente para la agricultura.

> Combinación de la agricultura con las industrias manufactureras.

> Abolición gradual de la distinción entre la ciudad y el campo, mediante una distribución más equitativa de la población en el país.

> Educación gratuita para todos los niños en las escuelas públicas.

> Combinación de la educación con la producción industrial.

> Abolición del trabajo infantil en su forma actual.

Los fundamentos nunca se oponen o contradicen una sola tabla del Manifiesto Comunista. El programa nos ha dado "formación profesional" en lugar de educación, que es una forma diferente de trabajo infantil.

Los directores actuales de Brookings incluyen a Louis W. Cabot, de Cabot Corp. director del Banco de la Reserva Federal de Boston, R.R. Donnelley, Owen Corning Fiberglass, miembro del consejo de supervisores de Harvard y del Comité Nacional de Comercio con China. Trabajó en la OPA y el WPB durante la Segunda Guerra Mundial, más tarde en la ECA y en el Consejo de las Naciones Unidas de la FAO; Barton M. Biggs, con E. F. Hutton, Morgan Stanley, Rand McNally, actualmente director del Lehman Institute; Edward W. Carter, presidente de Carter Hawley Hale Stores, fideicomisario de la millonaria Fundación James Irvine de California, Junta de Supervisores de Harvard, Woodrow Wilson Institute, ATT, Delmonte, Lockheed, Southern Cal Edison, Pacific Mutual *Life* Ins.Frank T. Cary, presidente de IBM, director J.P. Morgan, ABC, Morgan Guaranty Trust, Merck, Texaco, Museo de Arte Moderno de la Universidad Rockefeller; William T. Coleman Jr., ex-Sec. de Transporte; John B. Debutts, ex-presidente de ATT; Roger W. Heyns, director de Kaiser Steel, Levi Strauss, Times Mirror Corp. Norton Simon Museum, James Irvine Fndtn; Carla A. Hills, ex-Sec. HUD - su marido es presidente de la SEC, está a bordo de IBM, American Airlines, Comisión Trilateral, Woodrow Wilson School, Stanford, y Norton Simon Museum; Lane Kirkland, jefe del CIO; Bruce K. McLaury, presidente de Brookings, estuvo en el Banco de la Reserva Federal de N.Y. 1958-69, dep. und. sec. Tesoro para asuntos monetarios 1969-71, presidente del Banco de la Reserva Federal de Minnesota 1971-77, miembro de la Comisión Trilateral; Robert S. McNamara, ex Secretario de Defensa, presidente del Banco Mundial; Arjay Miller, también estuvo con Ford Motor, director del *Washington Post*, TWA, Fundación Andrew Mellon; Donald S. Perkins; Eugene R. Black, ex presidente del Banco Mundial; Wm Mc. Martin Jr. ex presidente de la Junta de Gobernadores de la Reserva Federal; Robert Brookings Smith; Sidney Stein Jr., banquero de Chicago, Oficina Federal de Presupuesto 1941-45, Consultor presidencial sobre el presupuesto 1961-67, comité de ayuda exterior; Robert D. Calkins, Instituto de Investigación Alimentaria de Stanford 1925-32. Junta de Educación General 1947-52, presidente Brookings 1952-67, estuvo con la NRA y la administración agrícola 1933-35, director del Banco de la Reserva Federal de N.Y. 1943-49, Junta de Trabajos de Guerra, 1942-45, OPA y Departamento de Guerra 1942; Warren M. Shapleigh, pres. Ralston Purina, director J.P. Morgan, Morgan Guaranty Trust,

Brown Group First Natl Bank St. Louis; James D. Robinson III, presidente de AMAX, Bristol Myers, Coca Cola, Union Pacific, Trust Co. of Ga. , fue asistente del presidente. Morgan Guaranty Trust 1961-68, fideicomisario de la Univ. Rockefeller.

La fuerte representación de los directores de Morgan y Rockefeller en la junta de Brookings explica el implacable empuje de los "grandes ricos" para aumentar los impuestos y el control gubernamental del ciudadano americano medio. La sección de negocios del *New York Times* del 15 de abril de 1984, mucho antes de la elección, publicó un titular en la página de negocios que

> "Quienquiera que gane en noviembre, aún habrá un aumento de 100 mil millones de dólares para los contribuyentes estadounidenses."

Otra gran fundación de los Estados Unidos, la Fundación Russell Sage, fue incorporada en 1907 por Daniel Coit Gilman y Cleveland H. Dodge. Director del National City Bank, Dodge planeó la campaña presidencial de Woodrow Wilson, después de subvencionar su carrera académica en Princeton con 5.000 dólares al año de su parte y de la de Moses Pyne, nieto del fundador del National City Bank.

En 1980, la Fundación Russell Sage tenía activos de 52 millones de dólares, y gastos de 2 millones de dólares. Sage era un especulador de Wall Street que hizo una fortuna con las acciones de los ferrocarriles. La biografía de Nicolson de Dwight Morror señala que,

> "Siempre ha sido una tradición que los socios de J.P. Morgan se dediquen a todas las formas de actividad pública y caritativa. Morrow fue fideicomisario de la Fundación Russell Sage, director de la Oficina Nacional de Investigación Económica, la Comisión de Empleo de Nueva York y la Fundación Carnegie para la Paz Internacional. Fue director de General Electric y Bankers Trust."

El actual presidente de la Fundación Russell Sage es Herma Hill Kaye, destacada organizadora de los derechos de la mujer, fideicomisaria de la Fundación Rosenberg; el presidente es Marshall A. Robinson, también es director de la Fundación Ford y director de la Fundación Educativa Belga-Americana de Herbert Hoover; los directores de Russell Sage son Robert McCormick Adams - fue nombrado recientemente para reemplazar a S. Dillon Ripley como jefe del Smithsonian (Ripley fue agente de la OSS entre 1942 y 1945, becario de Guggenheim, becario Fulbright, becario de Natl Science Fndtn); la esposa de Adams, Ruth, fue la principal organizadora de las Conferencias Pugwash de Eaton, que fueron dirigidas por la KGB. Adams se está mudando a una nueva mansión de 485.000 dólares votada por la junta del Smithsonian - a la "nueva clase" le gusta vivir bien; William D. Carey, presidente del Consejo de Comercio y Economía de la URSS, recibió un premio Rockefeller al servicio público en 1964; Earl F. Cheit, decano de la Escuela de Administración de Empresas de la Universidad de California en Berkeley - Cheit es también director de Mitre corp. Carl Kaysen, economista de la Oficina Nacional de Investigaciones Económicas, trabajó en OSS 1942, profesor en Harvard 1946-66, Instituto de Estudios Avanzados 1966-70, profesor en la Escuela de Economía de Londres, Spl. Asistenta del Presidente Kennedy para la seguridad nacional, Comisión Carnegie, profesora de la Universidad Hebrea de Paley y directora de Polaroid (financiada por James Paul Warburg), fideicomisaria del German Marshall Fund, becaria Fulbright de la Escuela de Economía de Londres, becaria Guggenheim, becaria de la Fundación Ford; Frederick Mosteller, espec. 1942-43, becario Guggenheim, Premio Myrdal; John S. Reed, presidente de Santa Fe Industries, Kraft, Northern Trust, Dart & Kraft, Atchison Topeka Santa Fe RR; Oscar M. Ruebhausen, aty Lend Lease Administration 1942-44, abogado general OSRD Washington 1944-46, socio del bufete de abogados de Debevoise Plimpton desde 1937, director de Equitable Life, Banco Internacional de Desarrollo, chmn UN Day NY, Hudson Institute.

Los directores de las principales fundaciones han sido particularmente activos en posiciones en tiempos de guerra, aunque parecen tener poca experiencia en actividades caritativas. Beardsley Ruml fue fideicomisario de la Fundación Russell Sage de 1928 a 1933. Durante muchos años, la figura más destacada de la junta de Sage fue Frederic A. Delano, que nació en Hong Kong, donde su padre, el capitán Warren Delano, se dedicaba al comercio del opio. Tío de Franklin D. Roosevelt, Delano fue un miembro original de la Junta de Gobernadores de la Reserva Federal en 1914, y más tarde fue nombrado por su sobrino como Gobernador del Banco de la Reserva Federal de Richmond. Fue uno de los fundadores originales de la Institución Brookings, la Institución Carnegie y la Dotación Carnegie para la Paz Internacional, director del Museo Smithsoniano, la Comisión para el Socorro en Bélgica y la Fundación Educativa Belga-Americana creada por Herbert Hoover en la Primera Guerra Mundial, chmn Junta de Planificación Nacional 1934-43. La hermana de su esposa se casó con Ed Burling, quien fundó el bufete de abogados de Covington & Burling en Washington, entre cuyos socios se encontraban más tarde Dean Acheson y Donald Hiss, hermano de Alger. Frederic A. Delano se casó con Mathilda Peasley de Chicago; Edward Burling se casó con su hermana Louise. Eran las hijas de un magnate del ferrocarril, James C. Peasley, del Burlington Railroad, también presidente del National State Bank. El juez J. Harry Covington y Edward Burling fundaron el bufete de abogados de Covington y Burling en Washington en 1919. Covington, congresista de Maryland, había sido nombrado Presidente de la Corte Suprema de Washington, D.C. por Woodrow Wilson como recompensa por haber votado a favor de la aprobación de la Ley de la Reserva Federal. En 1918, Wilson nombró a

Covington como Comisionado de Ferrocarriles de los Estados Unidos. Covington fue director de Kennecott Copper y Union Trust. Wilson también había nombrado a Edward Burling consejero jefe de la Junta de Transporte Marítimo de los Estados Unidos. Sirvió en este puesto desde 1917-1919, trabajando estrechamente con Herbert Hoover y Prentiss Gray, más tarde de J. Henry Schroder Co. La hermana de Delano era la Sra. Price Collier de Tuxedo Park, Nueva York; su yerno era James L. Houghtaling, que fue agregado especial de la Embajada de los Estados Unidos en Petrogrado durante la Revolución Bolchevique de 1917 (más tarde escribió el Diario de la Revolución Rusa), Administración Federal de Emergencias de 1933, Comisionado de Naturalización e Inmigración de 1937-40, Finanzas de Guerra, Departamento del Tesoro de 1944-46; presidente de la Comisión de Servicio Civil de la Junta de

Empleo Equitativo de 1949-52 - su madre era una Peabody de Boston.

La primera junta directiva de la Fundación Russell Sage estaba formada por Daniel Coit Gilman, Helen Gould, Margaret Sage y Dwight Morrow.

Aunque el nombre de Andrew Carnegie ocupa un lugar importante en la lista de fundaciones americanas, durante muchos años las cinco fundaciones Carnegie han sido meros apéndices de la Fundación Rockefeller. Carnegie vendió sus intereses de acero a J.P. Morgan y los Rothschilds por 1.000 millones de dólares, pero no se le permitió irse con el dinero; como Cecil Rhodes, Rockefeller y otros, se le ordenó que lo pusiera en las fundaciones que llevarían a cabo el programa del Orden Mundial. La Institución Carnegie de Washington fue incorporada en 1909 por Daniel Coit Gilman, Cleveland H. Dodge, Frederic A. Delano, Andrew Dickson White, y Elihu Root, Darius Ogden Mills y William E. Morrow. Nótese que los incorporadores originales incluyen a dos de los tres incorporadores del Russell Trust, Gilman y White. En 1921, la Fundación Carnegie para la Paz Internacional fue incorporada por Frederic A. Delano, Roberts. Brookings, Elihu Root, quien se convirtió en su primer presidente, John W. Davis, Dwight Morrow, James T. Shotwell. Así vemos que las principales fundaciones fueron todas organizadas por el mismo pequeño grupo de personas, banqueros y abogados que funcionan como testaferros del Orden Mundial.

James T. Shotwell representó hábilmente las metas del Orden Mundial por más de sesenta años. Nacido en Canadá en 1874, se unió al personal de la Universidad de Columbia en 1900 como profesor de historia. En 1916 fue invitado por el Coronel House a crear un grupo de estudio, la Investigación, con Walter Lippmann, para "estudiar los desarrollos políticos, económicos, históricos y legales de la posguerra", ¡aunque ni siquiera estábamos en la guerra! Este fue el núcleo de la Comisión Americana de Negociación de la Paz en Versalles que escribió el Tratado de Paz. En 1917, Shotwell se convirtió en asesor personal del Presidente Woodrow Wilson. Fue nombrado historiador oficial de la ACNP, y de hecho escribió las cláusulas de seguridad social del Tratado de Versalles. Escribió una historia de 150 volúmenes de la Primera Guerra Mundial, publicada por Columbia. Se hizo amigo íntimo de Herbert Hoover durante la guerra y le aconsejó sobre la creación de la Institución Hoover. Shotwell organizó la Conferencia Internacional del Trabajo, y se unió a la Fundación Carnegie en 1924. En 1941, Shotwell dirigió un comité que exigía la liberación del líder del Partido Comunista, Earl Browder. Se unió al Departamento de Estado en 1940, sirviendo hasta 1944. Cuando Franklin D. Roosevelt le pidió que se uniera al equipo del Departamento de Estado de Alger Hiss, Henry Wallace y Sumner Welles para organizar las Naciones Unidas, Shotwell ya era Presidente de la Comisión para estudiar la organización de la paz, que había creado en 1939, antes de que empezara la guerra, ¡igual que había hecho en 1916! Shotwell fue Presidente Honorario de la Conferencia de San Francisco para organizar las Naciones Unidas con Alger Hiss. Cuando Hiss fue arrestado, Shotwell le sucedió como Presidente de la Fundación Carnegie para la Paz Internacional.

Los fideicomisarios del CEIP en 1948 enumeran la camarilla gobernante de América; John W. Davis, Frederic A. Delano, John Foster Dulles, Dwight David Eisenhower, Douglas S. Freeman, Francis P. Gaines (presidente de la Universidad de Washington y Lee), Alger Hiss, Philip C. Jessup, David Rockefeller y Eliot Wadsworth. Un miembro clave, Philip C. Jessup tenía un historial tan largo de asociación con grupos del frente comunista que ni un solo senador se atrevió a votar por su confirmación como representante de los Estados Unidos ante la ONU en octubre de 1951. El presidente Truman se negó obstinadamente a retirar su nombre, pero lo envió como delegado "suplente". Jessup había sido asistente de Elihu Root en la Corte de La Haya; era el asistente de Herbert Lehman como Secretario General de la UNRRA, cuyo asistente, Laurence Duggan, se cayó más tarde por la ventana. Jessup había representado a los EE.UU. en la Conferencia de Bretton Woods, y fue asistente de Alger Hiss a cargo de la organización judicial en la Conferencia de San Francisco de la ONU. Jessup fue Presidente del Consejo del Pacífico del Instituto de Relaciones del Pacífico, un semillero de intriga y espionaje comunista. El IPR había financiado al espía soviético, Richard Sorge, cuando estableció su red en Japón. Laurence Rockefeller sirvió como secretario en las reuniones del IPR. El Comité McCarran informó,

"El Partido Comunista Americano y los oficiales soviéticos han considerado el DPI como un instrumento de política comunista, propaganda e inteligencia militar."

En junio de 1945, el FBI allanó las oficinas de la revista Amerasia de IPR, confiscó 1800 documentos confidenciales robados del gobierno y arrestó a varios espías comunistas. Al año siguiente, la Fundación Rockefeller dio a IPR 233.000 dólares. Jessup era miembro de la acaudalada familia Stotesbury, socios de J.P. Morgan. Su hermano John Jessup era un rico banquero, presidente de Equitable Trust Co. , director de Coca Cola y Diamond State Telephone Co. El CEIP tiene oficinas en Washington y en Nueva York en el 30 de Rockefeller Plaza. Tiene una dotación de 45 millones de dólares, y gastos anuales de 3 millones de dólares. Su presidente es Thomas L. Hughes, quien presidió el Grupo OSS en el Departamento de Estado después de que fuera disuelto por el Presidente Truman; Becario Rhodes, fue asesor legislativo de Hubert Humphrey 1955-58, administrador asistente de Chester Bowles, 1959-60, administrador asistente del Secretario de Estado de Inteligencia 1961-69, especialista, embajador, jefe de misión, rango de embajador en Londres 1969-70; anteriormente había sido auditor judicial general de la USAF 1952-54. Hughes es director del Fondo Marshall Alemán, la Academia USAF, la Fundación Ditchley, la Escuela de Servicio Exterior, Georgetown, la Escuela Woodrow Wilson, Princeton, la Fundación de Ciencias Sociales, el Instituto de Asuntos Públicos Hubert Humphrey; los directores del CEIP son Larry Fabian, que dirigió la Oficina de Inteligencia del Departamento de Estado. 1962, residente en el Brookings Instn 1965-71; Fabián es también director del Middle East Institute, Hudson Institute, Institute of Strategic Studies, y Rockefeller Foundation; John Chancellor, vicepresidente de NBC News, corresponsal en Moscú 1960, Voice of America 1966-67; Harding F. Bancroft, abogado neoyorquino que se incorporó a la OPA en 1941, Lend Lease Administration 1943, fue director del Departamento de Estado de Asuntos de las Naciones Unidas 1945-53, es ejecutivo y vicepresidente del *New*

York Times desde 1953 hasta la actualidad; Thomas W. Braden, columnista sindicado a nivel nacional, cuya esposa Joan ha estado teniendo una aventura con Robert McNamara durante tres años (el Orden Mundial permite cierto grado de intimidad) - un asociado de Rockefeller desde hace mucho tiempo que recibió uno de los muy publicitados "préstamos" de Nelson Rockefeller, Braden es secretario ejecutivo del Museo de Arte Moderno, sirvió con los Rifles Reales del Rey de Gran Bretaña 1941-44; Kingman Brewster, abogado de Wall Street con Winthrop Putnam Simpson & Roberts, fue presidente de Yale 1961-67, embajador en Inglaterra 1977-81, chmn English Speaking Union, National Endowment for Humanities, Kaiser Foundation; Anthony J. A. Bryan, nacido en México, naturalizado en 1947, actualmente presidente de Copperweld, una empresa propiedad de Rothschilds Imetal Corp. y Federal Express, otra empresa de Rothschild: Bryan trabajó en la RCAF 1914-5; Richard A. Debs, becario Fulbright, abogado del Banco de la Reserva Federal de Nueva York desde 1960 hasta la actualidad, presidente Morgan Stanley 1976, FOMC 1973-76, presidente 162 de Carnegie Hall; Hedley Donovan, becario Rhodes, director de la Fundación Ford, Comisión Trilateral, asesor principal del Presidente de la U. de América Latina.S. 1979-80, director del *Washington Post, Fortune, Time*; C. Clyde Ferguson, decano de la Facultad de Derecho de Harvard, asesor jurídico de la NAACP desde 1962 hasta la actualidad, asesor personal del Gobernador de los Estados Unidos. Rockefeller, 1959-64, embajador en Uganda 1970-72; Lane Kirkland, presidente del CIO, también a bordo de Wesley Posvar, que recientemente figuró en la investigación de las subvenciones de la Fuerza Aérea a su escuela; estuvo en el Grupo de Planificación Estratégica del Cuartel General de la USAF, 1954-57, es director de Rand corp.Norman Ramsey, físico, estudió en Harvard y Oxford, MIT, estuvo con el Laboratorio de Radiación del MIT y el laboratorio de Los Álamos 1942-45 en el desarrollo de la bomba atómica, fideicomisario del Laboratorio Brookhaven, departamento de física. Harvard, Rockefeller U. NATO; Benno C. Schmidt, socio gerente de J.H. Whitney Co.; Jean Kennedy Smith; Donald B. Straus, presidente de la Asociación Americana de Arbitraje, Planned Parenthood, Institute of Advanced Study; Leonard

Woodcock, UAW, miembro vitalicio de la NAACP; Charles J. Zwick, director de la Oficina de Presupuesto 1965-69, director de Johns Manville, Southern Bell Telephone, Rand Corp. La Carnegie Corp. de Nueva York tiene activos de 346 millones de dólares, gastos de 13 millones en 1980. El presidente es Alan Pifer, educado en Groton, Harvard y Cambridge, Inglaterra. Ha sido director de la Fundación Americana Ditchley desde 1975 y forma parte de la junta de supervisores de Harvard, presidente del Grupo de Trabajo Presidencial sobre Educación, del Comité Presidencial de Becas de la Casa Blanca, del Instituto Afroamericano, director del Banco de la Reserva Federal de N.Y. - fue secretario del Comité Educativo de EE.UU. en Londres 1948-53, director de McGraw Hill; el ejecutivo y vicepresidente de Carnegie es David Zav Robinson, trabajó en la Oficina de Investigación Naval de Londres 1959-60, profesor de física en Princeton 1970-76, en investigación atómica.

La Corporación Carnegie fue incorporada en 1911 por Andrew Carnegie y Elihu Root, que había sido Secretario de Guerra bajo McKinley y Secretario del Interior bajo Theodore Roosevelt, abogado de J.P. Morgan, que se hizo cargo de la fortuna Carnegie para el programa del Orden Mundial.

Entre los directores de Carnegie Corp. se encuentran Richard H. Sullivan, asistente del decano de Harvard 1941-42, presidente del Reed College 1956-57, director de la Fundación John & Mary Markle; John C. Taylor III, presidente de Paul Weiss Rifkind; Jack G. Clarke, abogado de Sullivan & Cromwell, consejero de Standard Oil de Nueva Jersey, representante de Oriente Medio SO, sr. vicepresidente de EXXON desde 1975, American Ditchley Fndtn. Instituto Aspen; Thomas R. Donahue, secretario del tesoro. AFL-CIO, Liga Urbana Nacional; David A. Hamburg, psicólogo Servicio médico del Ejército de los Estados Unidos desde 1950, Instituto Nacional de Salud Mental, jefe del departamento de psiquiatría de la Universidad de Stanford 1961-72, estudio de Harvard sobre la agresión; Helene L. Kaplan, abogada de Webster & Sheffield, directora de Brandeis, Barnard College, Mitre Corp. John F. Guggenheim Fndtn, American Arbitration Assn - su marido Mark Kaplan, presidente Drexel Burnham & Lambert, controlado por los belgas Rothschilds, presidente Engelhard Chemical, ahora abogado Skadden Arps Slate Meagher & Flom, director Philbro, Elgin, Grey Advertising, DFS Group Ltd. adv com. Centro de Revisión de Políticas Nacionales, Unimax Corp. Marcade Group, Hong Kong; Carl F. Mueller, Bankers Trust, Carl Loeb Rhoades, Cabot Corp. Macmillan, John S. Guggenheim Fndtn; John C. Whitehead, banquero de Goldman Sachs desde 1947, director de Pillsbury, Crompton, HouseHold Finance, Equitable Life, Loctite Corp. Dillard Dept. Stores, está a bordo del Centro de Estudios Estratégicos de Georgetown y del Comité Nacional Republicano de Finanzas.

Como presidente de la Carnegie Corp. Alan Pifer se relaciona con muchas instituciones bancarias importantes, según un cuadro especial dedicado a él en *Directores de la Reserva Federal: Un estudio de la influencia corporativa*, un informe de agosto de 1976 del Comité de Banca y Moneda de la Cámara de Representantes, que muestra que se entrelaza con el Centro Rockefeller, J.Henry Schroder Banking Corp. J. Henry Schroder Trust Co., J.P. Morgan Co., Equitable Life, Federal Reserve Bank of Boston y Cabot Corp.

Las fundaciones Carnegie también se entrelazan con la Fundación John y Mary Markle, establecida en 1927 con 50 millones de dólares. Dispensa generosidad a los periodistas que defienden los objetivos del Orden Mundial. Markle fue el mayor operador de carbón en los EE.UU., socio de la familia Roosevelt y Delano en Kentania Coal Corp. que obtuvo millones de acres por unos pocos centavos de dólar por acre de los residentes empobrecidos de Kentucky y Tennessee, y acarreó miles de millones de dólares de carbón de sus propiedades. En 1933, Roosevelt pidió a Markle que ayudara a resolver la huelga del carbón. El primer presidente de la Fundación Markle fue Frank C. Vanderlip, miembro del equipo de la isla de Jekyll que redactó la Ley de la Reserva Federal en 1910. Lloyd N. Morrissette es ahora presidente; ha sido vicepresidente. Carnegie Corp. desde 1967, anteriormente presidente de la Rand Corp. director del Consejo Americano sobre Alemania; los directores son Daniel Pomeroy Davison, hijo de F. Trubee Davison y Dorothy Peabody - es presidente de U.S. Trust, director de J.P. Morgan, Morgan

Guaranty Trust y Scovill; Joel L. Fleishman, que también es director de la Fundación Fleishman, la Fundación Ford y la Fundación Alfred P. Sloan; Barbara Hauptfuhrer, esposa de Robert P. (Schoenhut) Hauptfuhrer, es vicepresidenta de Sun Oil; F. Warren Hellman, ha estado con Lehman Bros, desde 1959, presidente de Peabody International Co.; Maximilian Kempner, abogado, nacido en Berlín, miembro de la histórica familia bancaria von Mendelsohn, es director del American Council on Germany; Gertrude Michelson, vicepresidenta de Macy's desde 1947, directora de Chubb, Quaker Oats, Harper & Row, Federal Reserve Bank of N.Y., y Spelman College; Richard M. Stewart, presidente de Anaconda.

Las Fundaciones Carnegie y Markle también se entrelazan con el Consejo Americano sobre Alemania, fundado en 1952, que ejerce el control sobre la nación "libre" de Alemania Occidental. Su director es David Klein, que ha estado en el Servicio Exterior de los Estados Unidos desde 1947, especialista ruso en el Departamento de Estado desde 1950, sirvió en Moscú de 1952 a 1954, oficial político en Bonn de 1957 a 1960, ministro de los Estados Unidos en Berlín de 1971 a 1974. Junto con el Fondo Marshall Alemán, mantiene un estricto control sobre el gobierno alemán, la vida académica y las comunicaciones en este país militarmente ocupado. El German Marshall Fund, una rama de la CIA, con 21 millones de dólares, tiene su sede en Washington y gasta 5 millones de dólares al año en la supervisión de los asuntos alemanes. Su presidente es Frank Loy, nacido en Nuremberg. El nombre de su padre era Loewi, el cual ha anglosajonado hasta la fecha. (Loy) llegó a los Estados Unidos en 1939, estudió en Harvard, se unió al influyente bufete de abogados de la costa oeste O'Melveny & Myers 1954-65, director político y especulador, economista AID 1965-70, pres. Pennsylvania Co. 1978-79, vicepresidente de PanAm Airways 1970-73, director de Arvida Corp. (subsidiaria de Penn Central), Buckeye Pipeline Co. y Edgewater Oil Co. El Presidente del Consejo de Administración de German Marshall Fund es Eugene B. Skolnikoff, becario Rhodes, director del CEIP, de la Fundación Ford y de la Fundación Rockefeller 1963-65, presidente del Centro de Estudios Internacionales, especialista en el tema, presidente de la Federación de Agencias Judías de los

Estados Unidos 1958-63 y 1977-81, presidente de la Federación de Agencias Judías del Hebrew Union College, Irving Bluestone, Harvey Brooks, profesor de física en Harvard desde 1950, director de Raytheon, Marion Edleman, directora de la división jurídica de la empresa. NAACP, consejo asesor Martin Luther King Fndtn, Eleanor Roosevelt Institute, Yale Univ. Corp. recibieron el premio Whitney Young. Su esposo Peter Edleman fue asistente legal del Juez de la Corte Suprema Arthur Goldberg, el Juez Henry Friendly, asistente legal espec. Robert F. Kennedy 1964-68, habría sido nombrado Atty. Gen. en una administración de RFK, es director del RFK Memorial, dirigió la campaña presidencial de Edward Kennedy, fue becario de la Fundación Ford; Robert Ellsworth, socio de Lazard Freres, asistente del Presidente de los Estados Unidos 1969, Embajador en la OTAN, 1969-70, subsecretario de Defensa 1976-77, Instituto de Estudios Estratégicos, Instituto Atlántico, Consejo Atlántico; Guido Goldman; Carl Kaplan; John E. Kilgore Jr. banquero de J.H. Whitney Co. Ltd., Paine Webber, ahora chmn Cambridge Royalty Co. de Houston (cuyos directores son Frederic A. Bush, H. Haslam, Francis J. Rheinhardt Jr.). Otros directores del German Marshall Fund son Joyce Dannen Miller, dir. Amalgamated Clothing Workers Union desde 1962, Planned Parenthood, ACLU, A. Philip Randolph Institute, Sidney Hillman Foundation, AFL-CIO, NAACP, Jewish Labor Committee, American Jewish Committee; Steven Muller, nacido en Hamburgo, naturalizado en 1949, Rhodes Scholar, pres Johns Hopkins Univ. , Center for International Studies, CSX Corp. Vicepresidente del Banco de la Reserva Federal de Richmond; John L. Siegenthaler, editor del Nashville Tennessean; Richard C. Steadman, socio de J.H. Whitney Co. Ltd., analista de inteligencia del Gobierno de los Estados Unidos 1957-59, Fundación Americana Ditchley, Russell C. Train, juez del Tribunal Fiscal de los Estados Unidos 1957-65, consejero principal del Comité de Medios y Arbitrios de la Cámara de Representantes 1953-54, EPA 1973-77, presidente del Fondo Mundial para la Naturaleza, director de Union Carbide, Comisión Trilateral de la Comisión de los Estados Unidos para la UNESCO.

Estos grupos asociados alemanes tuvieron su origen en el Plan Morgenthau, que resolvió arrasar con Alemania después de la Segunda Guerra Mundial. Mantienen una censura férrea en Alemania, para proteger las fronteras de la Unión Soviética (una preocupación primordial), con una despiadada explotación económica del pueblo alemán a manos del Orden Mundial, y extorsionan enormes pagos por concepto de reparaciones a los trabajadores alemanes, que ya han pagado más de 30.000 millones de dólares.

Las víctimas más trágicas de la red de fundaciones y universidades del Orden Mundial son los jóvenes de la nación. Llenos de esperanza y ambición, asisten a las universidades para prepararse para sus carreras, donde sus principales asesores son los eunucos de la fundación. Son cuidadosamente examinados para ver si pueden ser útiles al Orden Mundial, en cuyo caso se les pueden conceder becas o subvenciones, pero el hecho cruel es que a menos que tengan la suerte de nacer en una conexión familiar con miembros del Orden Mundial, o se conviertan en protegidos de un eunuco, la mayoría de las puertas permanecerán cerradas para siempre para ellos. A pesar de sus talentos o habilidades, serán relegados a unirse a los talladores de madera y a los cajones de agua por el resto de sus vidas. En ningún momento durante su educación serán informados del hecho de que son víctimas de un cruel engaño, que el éxito en los negocios, el teatro, el arte o la literatura se les negará porque no tienen la conexión necesaria con el Orden Mundial. La escena artística está dominada por los marchantes de arte de Nueva York, quienes a su vez están dominados por el Museo de Arte Moderno, fundado y controlado por la familia Rockefeller. Los fundadores fueron Nelson Rockefeller, Abby Aldrich Rockefeller (esposa de John D. Jr.), Blanchette Hooker, esposa de John D. 3rd, y Lizzie Bliss. Tal es su poder que pueden declarar latas de cerveza vacías o montones de cuerda o rocas como Gran Arte, con un valor de muchos miles de dólares. Logran un doble propósito de destruir la vida creativa de la gente mientras promueven el trabajo de sus propagandistas favoritos. La nueva tesorera del Museo Smithsonian, Ann Leven, fue anteriormente tesorera del Museo de Arte Moderno, también vicepresidente senior de planificación corporativa en el Chase Manhattan Bank.

En noviembre de 1955, *Fortune* publicó un artículo de William H. Whyte, "Where the Foundations Fall Down", en el que se señalaba que las fundaciones sólo conceden fondos a proyectos de "gran equipo" en instituciones que están bajo su control. Whyte dice que el 76% de todas las subvenciones de las fundaciones se hacen a estos proyectos de "equipo", citando enormes sumas dadas al Centro de Investigación Ruso en Harvard por Carnegie, y las subvenciones de Ford al Centro de Estudios Avanzados en Ciencias del Comportamiento en Stanford. Las subvenciones de la fundación raramente se dan a individuos, y la mayoría pueden ser rastreadas a alguna campaña de propaganda subyacente, como los 200.000 dólares que la Fundación Rockefeller dio para establecer la Oficina Nacional de Investigación Económica, cuyos "estudios" dominan efectivamente el mundo de los negocios americanos de hoy.

La participación de las principales fundaciones en el trabajo militar y de espionaje se muestra en la composición de dos poderosos "think tanks", el Rand corp. y el Mitre Corp. El presidente de los 180 millones de dólares de Mitre Corp. es Robert Charpie, presidente de Cabot Corp., director del First Natl de Boston, Champion y Honeywell. El presidente de Mitre es Robert Everett, que forma parte del Consejo Asesor Científico de la USAF, y de Northern Energy Corp.; los directores son William T. Golden de la empresa de Altschul, General American Investors, Block Drug, Verde Exploration Ltd.; también es secretario del Carnegie Instn. Washington; William J. McCune Jr. presidente de Polaroid; Teddy F. Walkowicz, presidente de Natl Aviation & Technology Corp.; y Robert C. Sprague, vicepresidente de su empresa familiar, Sprague Electric, que está vinculada a la empresa de defensa GK Technologies, de la que es director el expresidente Ford.

El presidente de Rand Corp. (con un presupuesto anual de 50 millones de dólares para investigación) es Donald Rumsfeld, la mano derecha del presidente Nixon en Washington durante muchos años; el presidente es Donald B. Rice, Jr. El presidente es Donald B. Rice, Jr., quien ocupó el cargo de Secretario de Defensa entre 1967 y 1970, y fue director de Wells Fargo entre 1969 y 1972; los directores son Harold Brown, ex Secretario de

Defensa y director de AMAX, CBS, IBM, Uniroyal y la Comisión Trilateral; Frank Carlucci, funcionario del Departamento de Estado desde 1950, ha trabajado en la Oficina de Oportunidades Económicas entre 1969 y 1971, y en 1971 y 1972, en virtud del artículo HEW entre 1974 y 1975, Embajador en Portugal entre 1975 y 1978, director adjunto de la CIA entre 1978 y 1981, director adjunto de la CIA entre 1978 y 1981. Secretario de Defensa 1981-84, actualmente presidente de Sears World Trade Corp.; Carla Hills, ex secretaria del HUD; Walter J. Humann, ejecutivo, vicepresidente de la Comisión de Comercio Internacional. Hunt Oil Co. desde 1976, presidente de Hunt Investment Corp. presidente del White House Fellows Institute; Walter E. Massey, físico, especialista en armamento atómico, Argonne Natl Lab, Natl Science Fndtn, Natl Urban League; Newton Minow, socio legal de Adlai Stevenson, chmn FCC 1961-63, director de Mayo Fndtn, Wm. Benton Fndtn, presidente de la junta del Seminario Teológico Judío, recibió el premio George F. Peabody; Paul G. Rogers, congresista de Florida, ahora socio del influyente bufete de abogados Hogan & Hartson de Washington; Dennis Stanfill, Rhodes Scholar, presidente del 20th Century Fund, estuvo con Lehman Bros. , ahora tesorero de Times Mirror Corp. Los Angeles, sirvió como oficial político Jefe de Operaciones Navales 1956-59; Solomon J. Buchsbaum, físico que llegó a los Estados Unidos en 1953, naturalizado en 1957, pres. Comité Asesor Científico, Bell Labs, chmn Junta de Investigación Energética investigación naval MIT, Argonne Lab, becario de IBM; William T. Coleman Jr.; Edwin E. Huddleson Jr. empleado del Juez Hand, del Juez Frank Murphy y del Departamento de Estado; consejero general Comisión de Energía Atómica, presidente de Harvard Law Review; Charles F. Knight, presidente de Emerson Electric, contratista de defensa controlado por la familia Symington, director de Standard Oil de Ohio, McDonnell Douglas; Michael E. May, nacido en Francia, físico del Laboratorio Nuclear de Livermore, Consejo de Seguridad Nacional 1974; Lloyd B. Morrissette, ahora presidente de Markle Fndtn, vicepresidente de la Comisión de Energía Atómica. Carnegie Corp. director del Consejo Americano sobre Alemania; Don W. Seldin, que era jefe de servicios médicos del Hospital Parkland de Dallas cuando se trajo el cuerpo de Kennedy; y

George W. Weyerhauser, director de SoCal, Boeing, Banco de la Reserva Federal de San Francisco, miembro de la familia de los madereros.

Debido a la creciente protesta del Congreso contra los grandes gastos de las principales fundaciones en nombre de las causas revolucionarias comunistas, el Orden Mundial decidió dar al pueblo americano algunas fundaciones "anticomunistas", basadas en la Institución Hoover sobre la Guerra, la Paz y la Revolución. El grupo Hoover es generalmente considerado conservador, pero al examinar su personal y directores, encontramos la misma vieja multitud internacional de bolcheviques y financieros.

La Institución Hoover fue fundada en la Universidad de Stanford, Palo Alto, California, en 1919 con una donación de 50.000 dólares de Herbert Hoover. Había sido miembro de la primera clase graduada en Stanford, fundada con un legado de Leland Stanford, el magnate de los ferrocarriles del Pacífico Sur. Su único hijo, Leland Stanford Jr. murió en una habitación de hotel en Florencia, Italia, a la edad de quince años. Su afligida madre fue presa de varios espiritistas, uno de los cuales la persuadió de iniciar una universidad espiritista, fundada en enseñanzas místicas orientales, como

> "El equilibrio entre la noche y el día es el equilibrio del mundo", y "El principal resorte del movimiento del mundo". "La vida y la muerte es el gran secreto de la inmortalidad."

Debido a la dificultad de organizar estas doctrinas en un plan de estudios académico coherente, la Sra. Stanford fue disuadida de la idea de una universidad "espiritista", y entonces nació la actual Universidad de Stanford. Supuestamente "conservadora", ha sido de hecho dominada por los liberales de Harvard durante muchos años.

Herbert Hoover fundó la Institución Hoover por sugerencia de tres hombres, Andrew Dickson White, Daniel Coit Gilman y Ray Lyman Wilbur, presidente de Stanford. La revista *Newsweek del* 7 de junio de 1954 señaló que Hoover dijo,

> "En 1915, cuando era jefe del Comité de Socorro en Bélgica, leí por casualidad unas observaciones del Presidente

Andrew White de Cornell hechas en una conferencia sobre la desaparición de documentos contemporáneos y literatura fugitiva."

Hoover dice que resolvió instituir una búsqueda en Europa después de la guerra para obtener documentos y preservarlos en un ambiente académico. Gilman y Wilbur lo ayudaron a planear este programa. Tanto White como Gilman fueron los incorporadores originales del Russell Trust, que ha dominado la educación americana durante un siglo. Wilbur pidió que Hoover instalara esta colección en Stanford. Wilbur sirvió como director de la Fundación Rockefeller 1923-40, y del Consejo de Educación General, 1930-40. Su sobrino y sucesor como presidente en Stanford, Richard Lyman, es ahora presidente de la Fundación Rockefeller. Wilbur también sirvió como Secretario del Interior en el Gabinete de Hoover 1929-33. Durante este período, firmó los contratos para la presa Hoover, habiendo pensado en ese nombre. La presa no se completó hasta después de que FDR tomara posesión del cargo; ordenó maliciosamente a su Secretario del Interior, Harold Ickes, que cambiara el nombre por el de presa de Boulder. Hoover señala en sus memorias que..,

"Dos tercios de los trabajos se habían realizado durante la administración de Hoover, todos los contratos fueron alquilados como la presa Hoover, como era costumbre con muchos presidentes con trabajos que llevaban su nombre cuando estos trabajos se realizaban durante sus administraciones; el 8 de mayo de 1933, el Secretario Ickes, por orden de Roosevelt cambió el nombre a la presa de Boulder."

Roosevelt dedicó la presa el 30 de septiembre de 1933 sin mencionar a Hoover o el hecho de que la mayor parte del trabajo se había hecho durante la administración de Hoover. El 10 de marzo de 1947, la Cámara votó unánimemente para cambiar el nombre a la presa Hoover. Hoover escribió al congresista Jack Z. Anderson, que había patrocinado el proyecto de ley,

"Cuando un presidente de los EE.UU. arranca el nombre de uno es una difamación pública y un insulto. Le agradezco que lo retire."

Debido a la importancia de la Institución Hoover en la Administración Reagan, es importante recapitular la carrera del hombre que la fundó. Como promotor de acciones mineras en Londres, a Hoover se le prohibió negociar en la Bolsa de Valores de Londres, y su socio, que aparentemente asumió la culpa, fue a prisión por varios años. El incidente atrajo la atención favorable de los Rothschild, que lo nombraron director de su empresa, Rio Tinto. El presidente fue Lord Milner, quien fundó las Mesas Redondas, que más tarde se convirtieron en el Instituto Real de Asuntos Internacionales y su subsidiaria, el Consejo de Relaciones Exteriores.

En 1916, los promotores de la Primera Guerra Mundial se consternaron cuando Alemania insistió en que no podía continuar en la guerra, debido a la escasez de alimentos y dinero. El médico del zar, Gleb Botkin, reveló en 1931 que el principal asesor militar del káiser y jefe de sus ejércitos en la frontera rusa, el gran duque de Hesse-Darmstadt, arriesgó su vida en una misión secreta a Rusia en Czarskoe Selo, el Palacio Imperial, donde pidió a su hermana, la emperatriz Alexandra, que le permitiera hablar con el zar sobre la posibilidad de hacer una paz separada con Alemania. La Emperatriz, temerosa de las críticas, se negó a recibirlo, y después de pasar la noche en el palacio, fue escoltado de vuelta a las líneas alemanas.

Para mantener a Alemania en la guerra, Paul Warburg, jefe del Sistema de la Reserva Federal, dispuso rápidamente que los créditos fueran enviados a su hermano, Max Warburg, a través de Estocolmo a M.M. Warburg Co. Hamburgo. La comida presentaba un problema más difícil. Finalmente se decidió enviarla directamente a Bélgica como "alivio para los belgas hambrientos". Los suministros podían ser enviados por las líneas de ferrocarril de Rothschild a Alemania. Como director de esta "operación de ayuda", los Rothschild eligieron a Herbert Hoover. Su socia en la Comisión de Ayuda fue Emilie Francqui, elegida por el Barón Lambert, cabeza de la familia belga de los Rothschild. El plan tuvo tanto éxito que mantuvo la Primera Guerra Mundial durante dos años más, permitiendo a los EE.UU. entrar en la "guerra para terminar las guerras". John Hamill, autor de *The Strange Career of Herbert Hoover*, afirma que Emile

Francqui, director de Societe Generale, un banco jesuita, abrió una oficina en su banco como Comité Nacional de Ayuda y Alimentación, con una carta de autorización del Gobernador General alemán von der Goltz. Francqui fue entonces a Londres con esta carta, acompañado por el Barón Lambert, jefe de los Rothschild belgas, y Hugh Gibson, secretario de la Legación Americana en Bruselas.

El Informe del Comité Nacional establece que

"El Comité Nacional y sus organizaciones subsidiarias no estaban sujetos al control de la Administración Pública Belga y tampoco era responsable ante el público como autoridad pública. El Comité Nacional existía por sí mismo de acuerdo con la voluntad de sus fundadores y de quienes le habían dado su apoyo. Por ello era soberano en las decisiones que tomaba y excluía todo control de sus acciones por parte del público."

Hamill dice,

"Desde su inicio, la División de Alimentos se había organizado y llevado a cabo sobre una base comercial. La Comisión de Socorro de Bélgica elevó sus precios de venta al Comité Nacional en una cantidad equivalente a los beneficios que anteriormente había obtenido. Hoover se refirió a esto como "benevolencia"."

Francqui había sido anteriormente socio de Hoover en la estafa de la mina de carbón de Kaipeng en China, que desencadenó la Rebelión de los Bóxers, en la que los chinos juraron matar a todos los "diablos blancos" de China; y las atrocidades del Congo, donde Francqui fue recordado con el sobrenombre de "el Carnicero del Congo". Fue una elección ideal para ser socio de una empresa benéfica.

El informe del Comité Nacional publicado en 1919 mostraba que al 31 de diciembre de 1918 el Comité había gastado 260 millones de dólares. En 1921, tratando de hacer el balance de las cuentas, esta cifra fue revisada al alza a 442 millones de dólares mostrados como gastados durante el mismo período. Sin embargo, no se contabilizaron 182 millones de dólares. En diciembre de 1918, Francqui mostró un gasto de 40 millones de dólares, cuatro veces más que en cualquier mes anterior, aunque la guerra ya había terminado. El 13 de enero de 1932, el *New York Times* informó en la prensa belga sobre los ataques generalizados a Hoover,

> "que el presidente Hoover, durante sus días de ayuda a los belgas, había participado manifiestamente en un plan para sacar dinero de Bélgica."

Hoover fue entonces nombrado Administrador de Alimentos de EE.UU. en Washington. Aunque la operación fue principalmente dirigida por Lewis L. Strauss de Kuhn, Loeb Co. , Hoover todavía dependía en gran medida de su antiguo socio, Edgar Rickard. El 13 de noviembre de 1918, Hoover envió una carta al presidente Wilson pidiendo autoridad para que Edgar Rickard "actuara en mi lugar" mientras estaba en Europa. Wilson firmó la carta el 16 de noviembre de 1918,

> "Mientras que en virtud de la orden ejecutiva del 16 de noviembre de 1918, Edgar Rickard ahora ejerce todos los poderes hasta ahora delegados a Herbert Hoover como Administrador de Alimentos de los Estados Unidos."

Rickard asumió el título de "Administrador de alimentos en funciones en Washington" según una carta de Herbert Hoover del 17 de enero de 1919, "desde mi partida para venir a la conferencia en París."

La Administración de Alimentos de los Estados Unidos se dividió entonces en cuatro divisiones, la Junta de Ecualización del Azúcar, el Socorro Belga, la Corporación de Granos de los Estados Unidos y la Junta de Transporte Marítimo de los Estados Unidos. El 16 de diciembre de 1918, Wilson envió una carta al Departamento de Estado con una orden ejecutiva: "Por favor, pague de inmediato a la U.S. Food Administration Grain Corp. 5 millones de dólares de mi fondo para la Seguridad Nacional y la Defensa." La orden se remitió al Secretario del Tesoro para su pago y fue aprobada.

Biografía del Juez Brandeis por notas de Mason,

> "Norman Hapgood escribió a Brandeis desde Londres el 10 de enero de 1917, 'Herbert Hoover es el hombre más interesante que conozco. Disfrutará de su experiencia en la

diplomacia, las finanzas, etc. en Inglaterra, Francia, Bélgica y Alemania!"

A principios de febrero habló con el Juez Brandeis, quien le concertó una cita con el Senador McAdoo, yerno de Wilson, lo que condujo al nombramiento de Hoover como Administrador de Alimentos de los Estados Unidos.

El 21 de enero de 1919, el *New York Times* señaló el debate del Senado en el que Hoover fue asaltado por su propuesta de 100 millones de dólares de ayuda a Europa. El plan fue criticado por el senador Penrose y el senador Gore como uno que descargaría el excedente de los empacadores de carne americanos en Europa. El senador Penrose le preguntó al senador Martin, el líder demócrata de la Cámara de Representantes, si Hoover "es un ciudadano americano y ha votado alguna vez en una elección americana". "Martin respondió: "No propongo que me arrastren a un irrelevante como ese". Penrose declaró entonces: "No creo que sea un ciudadano de los EE.UU., que no haya hecho ningún juramento de cargo y cuya lealtad esté en duda". La crítica despertó tanto a Hoover que firmó una carta de renuncia recitando sus "cuatro años de servicio público sin remuneración". "Nunca fue presentada y apareció muchos años después en los papeles personales de su asistente, Lewis L. Strauss.

El *New York Times* señaló el 4 de septiembre de 1919 que Edgar Rickard había pronunciado un discurso en la Universidad de Stanford promoviendo vigorosamente la Sociedad de Naciones. Hoover y el Coronel House también trabajaban juntos para obtener la aprobación del Senado y la aprobación pública del plan de Wilson para la Liga de las Naciones.

Los miembros del equipo de la Comisión de Socorro en Bélgica han desempeñado posteriormente un papel muy destacado en la historia de los Estados Unidos. Hoover se convirtió en Secretario de Comercio y más tarde en Presidente de los Estados Unidos. Un equipo de la Institución Hoover se trasladó a Washington en 1980 como vanguardia de una administración "conservadora". Prentiss Gray, asistente de Hoover en la Administración de Alimentos de EE.UU., se convirtió en presidenta de J. Henry Schroder Banking Corp. en 1922. Julius H. Barnes, otro asociado de Hoover, se convirtió en presidente del Banco J. Henry Schroder. Tal vez un excedente de "fondos de ayuda" compró posteriormente un número de corporaciones americanas. Barnes se convirtió en presidente de Pitney Bowes, Pejepscot Paper, General Bronze, Barnes-Ames Corp. Northwest Bancorporation, y Erie & St. Lawrence Corp. Edgar Rickard, socio de Hoover desde que lanzaron una revista en 1909 para promover sus acciones mineras, había sido secretario honorario de la Comisión de Socorro de Bélgica; ahora se convirtió en presidente de Androscoggin Water Power Co. presidente de Belgo-American Trading Co., vicepresidente de Erie & St. Lawrence Corp., presidente de Hazard Wire Rope Co., presidente de Hazeltine Corp. y vicepresidente de Intercontinental Development Corp. presidente de Latour Corp. presidente de Pejepscot Paper Co. Ltd., y vicepresidente de Pitney Bowes Co. Ltd., presidente de Wood Fibre Board Corp. Robert Grant, de la Administración de Alimentos de los Estados Unidos, se convirtió en director de la Casa de la Moneda de los Estados Unidos en Washington. Prentiss Gray se convirtió en vicepresidenta de British American Continental Corp. Electric Shareholderings Corp. Hydroelectric Securities Corp. Manati Sugar Corp. Regis Paper, Swiss American Electric Prudential Investors, International Holdings and Investment Corp. las dos últimas son empresas controladas por Societe Generale y Francqui. Estas empresas de inversión fueron organizadas por el capitalista belga, el capitán Alfred Loewenstein, quien misteriosamente desapareció de su avión mientras volaba sobre el Canal de la Mancha.

Mientras sus asesores más cercanos seguían sus carreras multimillonarias, Herbert Hoover seguía dedicado a sus ideales de servicio público. Se convirtió en Secretario de Comercio, y eligió como secretario a Christian A. Herter, que había sido su secretario en la Comisión de Socorro Belga, 1920-21, y también había sido secretario de la Comisión Americana de Negociación de la Paz. Fue secretario de Hoover 1919-24 en Commerce; se casó con la familia Pratt de Standard Oil, que dio su mansión de Manhattan como sede del CFR, y más tarde fue nombrado Secretario de Estado.

Charles Michelson escribió sobre la carrera de Hoover en el Depto. de Comercio, en *The Ghost Talks*, 1944,

"Oficialmente, el Sr. Hoover fue alguna vez un promotor. Cuando se hizo cargo del Departamento de Comercio, era una organización razonablemente moderna. Tomó la Oficina de Minas del interior. Se metió en el Departamento de Estado cuando se dio cuenta de su idea de los agentes comerciales en el extranjero, y dejó a los antiguos agregados comerciales de nuestras legaciones sin trabajo. No fue por casualidad que construyó para su departamento el palacio más grande y tal vez más lujosamente amueblado que albergaba una rama del gobierno."

Una de las acciones más notables de Hoover, como Secretario de Comercio, fue la concesión de las patentes de radio de Hazeltine a su socio desde 1909, Edgar Rickard, un regalo que se estima conservadoramente que vale en ese momento un millón de dólares. Cuando Hoover organizó su campaña para la presidencia, dio como dirección personal la Suite 2000. 42 Broadway N.Y. La Suite 2000 también figuraba como la oficina de Edgar Rickard. También fue la dirección del antiguo cómplice de Hoover en la Administración de Alimentos de EE.UU., Julius H. Barnes, presidente del Banco Schroder, que pronto ganaría notoriedad como el banco personal de Hitler.

Aunque "Wild Bill" Donovan había servido fielmente a Hoover durante cuatro años mientras buscaba la nominación a la presidencia, Hoover no dudó en echarlo a un lado cuando se convirtió en una carga política debido a su religión católica. El *New York Times* señaló el 17 de junio de 1928.

"W. A. Bechtel de San Francisco envió un telegrama de felicitación al nominado, en nombre de la industria de la construcción felicitamos al Partido Republicano por su selección de un candidato a Ingeniero Jefe de la mayor empresa del mundo para los próximos cuatro años, uno de nuestros compañeros californianos que se ha mostrado merecedor de este gran honor."

Hoover pronto preparó contratos para la mayor obra pública de la época, la presa Hoover, de la que Bechtel se convertiría en el principal contratista.

A pesar de sus preocupaciones caritativas, Hoover todavía se dedicaba a la libre empresa. El 7 de diciembre de 1919, él y su socio Julius H. Barnes habían comprado el *Washington Herald*; más tarde fue adquirido por la familia Patterson McCormick, y aún más tarde, por Eugene Meyer, que lo cerró rápidamente. Barnes también compró la Penobscot Paper Co. por 750.000 dólares en 1919; resulta que tenía algo de dinero extra a mano. El *New York Times del* 28 de enero de 1920 informó que el Coronel House estaba desarrollando un auge en Austin, Texas para que Hoover fuera presidente, con la ayuda de algunos amigos británicos. El *Times* también señaló el 28 de enero de 1920 que el gobierno británico negó que Lord Grey estuviera participando en el boom de Hoover.

En una cena en el Hotel Commodore, el 23 de abril de 1920, Julius Barnes y Herbert Hoover fueron los invitados de honor. El orador principal anunció que el nombre de Herbert Hoover era "conocido en todo el mundo civilizado".

Desde el momento en que White, Gilman y Wilbur persuadieron a Hoover para que reuniera documentos para la Biblioteca Hoover, se obtuvo mucho apoyo de fuentes oficiales. Incluso entonces, nadie estaba seguro de cómo había empezado la Primera Guerra Mundial. Era de interés para alguien ver que tantos documentos pertinentes y secretos de las potencias en guerra se reunieran en un lugar, se revisaran y, si fuera necesario, se aislaran de las miradas indiscretas. Hoover pudo pedir al general Pershing que le proporcionara cientos de oficiales del ejército para ayudarle en su búsqueda. En su prólogo a la colección especial de la biblioteca Hoover, Hoover dice que reclutó 1500 oficiales del ejército americano y del Consejo Económico Supremo, y los envió a todas partes de Europa. El *New York Times* del 5 de febrero de 1921 dice que Hoover tenía hasta 4000 agentes en Europa, yendo de país en país para reunir estos documentos. Incluso en esos tiempos pre-inflacionarios, el costo de mantener 4000 agentes en Europa debe haber sido prohibitivo. Nadie ha averiguado nunca quién les pagaba. Además, muchos de los documentos fueron comprados directamente. El único gasto que Hoover hizo público fueron los 50.000 dólares originales que había dado en 1919 para establecer la biblioteca. ¿Quién gastó millones de dólares para reunir esta colección? Es muy improbable que Hoover se haya separado de tales sumas, pero nadie ha admitido nunca haber puesto dinero en este proyecto.

El *Times* señaló en el reportaje del Hotel Commodore que Hoover, miembro de la primera clase graduada en Stanford, había presentado a la escuela una colección de 375.000 volúmenes. Incluía la colección más valiosa de registros bolcheviques secretos que existía, entre ellos, las listas de los soviéticos originales del distrito, que habían sido compradas a un portero por 200 dólares. El *Times* señaló que el gobierno soviético no tenía copias de estos raros archivos. El *Times*, el 30 de junio de 1941, señaló que los bolcheviques habían permitido a Hoover retirar 25 carros de material, en un momento en que a los refugiados rusos se les permitía salir sólo con la ropa puesta. La solicitud de la colección de Hoover puede haber sido influenciada por el hecho de que había salvado al incipiente régimen bolchevique de la extinción al llevarles grandes cantidades de comida.

La colección de Hoover también incluía los archivos secretos completos del Consejo de Guerra Alemán durante la Primera Guerra Mundial, un regalo del Presidente Ebert; el diario de Mata Hari, y sesenta volúmenes raros de la biblioteca personal del Zar. Muchas de las colecciones fueron selladas permanentemente. *Time* observó que la Institución Hoover contenía 300 colecciones selladas, que nadie ha sido autorizado a examinar.

Sólo se puede especular si las partes interesadas, tal vez los Rothschilds, los empleadores de Hoover, decidieron al final de la Primera Guerra Mundial, llevar los documentos secretos de las naciones beligerantes de Europa a algún lugar lejano, como la Costa Oeste de América, para disminuir su responsabilidad política, dañando las pruebas de diversos actos de colusión. La organización inicial del material fue hecha por un profesor de historia de Stanford, Ephraim D. Adams (1865-1930). Adams y su esposa se instalaron en una oficina en París el 22 de mayo de 1919 para recibir los primeros envíos de documentos. Se abrieron otras oficinas en Berlín, Londres y Nueva York. Ayudaron a Adams el Dr. Alonzo Engelbert Tyler, que se había educado en la Universidad de Berlín, sirvió en la Junta de Comercio de Guerra de 1917-19, y miembro del personal del Instituto de Investigación de Alimentos de Stanford; el Dr. Carl Baruch Alsberg, también educado en la Universidad de Berlín, trabajó para el Departamento de Agricultura; y el Dr. Joseph Stancliffe Davis, un profesor de economía de Harvard.

El comité asesor de la Biblioteca Hoover original estaba formado por el Dr. James R. Angell, presidente de Yale y presidente de Carnegie Corp.; el Dr. J.C. Merriam, educado en la Universidad de Munich, chmn Natl Research Council y Carnegie Institution; Herbert Hoover y Julius H. Barnes.

El Prof. Adams fue Director de la Biblioteca Hoover 1920-25. Fue sucedido por Ralph H. Lutz, quien dirigió la biblioteca de 1925 a 1944. Lutz había servido en el Consejo Económico Supremo de París bajo Bernard Baruch 1918-19. En 1910 recibió un doctorado de la Universidad de Heidelberg. Se había graduado en Stanford en 1906. Sirvió como vice-bibliotecario de la Biblioteca Hoover bajo el mandato de Adams 1920-25. Harold H. Fisher fue director de la Biblioteca Hoover en 1944-52. Fue subdirector de la Administración de Ayuda Americana y su historiador jefe bajo Hoover 1920-24. Fue profesor de historia en la Universidad de Stanford desde 1933 en adelante, convirtiéndose en emérito en 1955, director de la Fundación Educativa Belga-Americana de Hoover 1943-64, y presidente del Consejo del Pacífico de IPR 1953-61 durante el período en que el FBI arrestó a varios ejecutivos de IPR y los acusó de espionaje. Mientras era presidente de IPR, Fisher continuó dando su dirección postal como Institución Hoover, Universidad de Stanford. El *New York Times* señaló el 29 de octubre de 1929, que Hoover, como Presidente de los EE.UU., había enviado saludos a la reunión de IPR, "Mis mejores saludos y deseos".

El siguiente director de la Institución Hoover fue C. Easton Rothwell, 1952-60; había sido presidente de investigación en la Institución Hoover 1947-52. De 1941 a 46, se desempeñó como jefe de especificaciones, investigación y asuntos políticos, Departamento/Estado; fue secretario ejecutivo. Conferencia de las Naciones Unidas en San Francisco en 1945 bajo la dirección de Alger Hiss; formó parte del personal de la Institución

Brookings en 1946-7, del personal del Colegio de Guerra Nacional en 1951 y fue delegado a la Conferencia Fulbright en Cambridge, Inglaterra, en 1954.

En 1960, la biblioteca, ahora conocida como la Institución Hoover sobre la Guerra, la Revolución y la Paz, fue dirigida por Wesley Glenn Campbell, que sigue siendo su director. Nacido en Ontario, Campbell se graduó en Harvard en 1946, con un doctorado en 1948, y enseñó allí en el Departamento de Economía durante cinco años. Se convirtió en economista de la Cámara de Comercio 1951-54, American Enterprise Institute, 1954-60, cuando se convirtió en jefe de la Institución Hoover. Es director de la Fundación Belga-Americana de Educación de Hoover, y de la súper-secreta Sociedad Mont Pelerin, que no publica ninguna información sobre sus reuniones. Campbell se casó con Rita Ricardo, que sigue usando su apellido de soltera. Es descendiente directa del famoso economista David Ricardo, cuya teoría de la renta fue apropiada por Karl Marx. Ricardo también originó "la ley de los salarios", que establece que los trabajadores deben limitarse a un salario de subsistencia, la cantidad controlada por "impuestos". Ricardo también consideraba a los trabajadores como meros productores de "tiempo de trabajo", una teoría que Marx adoptó como básica en su concepto de trabajo. Encarna la clásica visión parasitaria de que el huésped sólo existe para producir el sustento del parásito, y no tiene derecho a los productos y ganancias de su propio trabajo. En un artículo publicado en "CHANGE", en octubre de 1981, se afirma que Rita Ricardo "contribuyó a dar forma al pensamiento de Reagan sobre la seguridad social y el seguro nacional de salud", que se aplican como impuestos sobre los ingresos del trabajador.

En 1964, Campbell y otros miembros del personal de Hoover fueron los principales asesores de la campaña de Goldwater; en dos décadas se habían convertido en los más influyentes responsables de la política de la Casa Blanca.

El índice del *New York Times* para el período de la presidencia de Hoover, 1929-33, no contiene referencias ni a Stanford ni a la Biblioteca Hoover. El 23 de junio de 1933, el *Times* señaló que el ex-Presidente mantendría una oficina en Stanford. En su lugar, tomó una suite en el Waldorf Astoria de Nueva York, y pasó el resto de su vida allí. Aunque rara vez se le veía en la Institución Hoover, presidía las reuniones anuales de la potencia de la Costa Oeste, Bohemian Grove, y se le consideraba su figura reinante.

El *New York Times del* 24 de marzo de 1935 se refirió al "Hoover's Palo Alto Brain Trust", aunque el Brain Trust no tomó el poder en Washington hasta 1980. El 30 de junio de 1941, el presidente Seymour de Yale dedicó a la Institución Hoover de Stanford un nuevo edificio de 14 pisos y 210 pies, con un costo de 1,2 millones de dólares, una torre románica que albergaba unos 5 millones de documentos, muchos de ellos sellados. El Saturday *Evening Post*, 11 de marzo de 1950, señaló que Edgar Rickard, director de la Institución Hoover, había recaudado 600.000 dólares en 1937 para el coste de este nuevo edificio.

Hoover declaró que el propósito de la biblioteca era "exponer a través de la investigación las desigualdades del comunismo", aunque originalmente lo había escrito como "para demostrar los males de la doctrina de Karl Marx". "Un posterior presidente de Stanford, Wallace Sterling, reeditó esto en 1960 para leer "para expandir el conocimiento humano, para que el bienestar humano pueda así ser mejorado", un ejemplo clásico del "Doble Pensamiento" de Orwell. Sterling explicó este acto de censura afirmando: "No podemos tener una investigación con conclusiones predeterminadas". Sterling, también nacido en Ontario, que había sido miembro del personal de investigación de Hoover de 1932 a 1937, recibió la Medalla Hoover. Estuvo en la Fundación Ditchley de 1962 a 1976, y ha servido en el personal de HEW y el Colegio Nacional de Guerra.

El 21 de julio de 1957, la Biblioteca Hoover cambió oficialmente su nombre por el de Institución Hoover sobre Guerra, Paz y Revolución. Recibe fondos de los Fondos Lilly, Pew y Volker, y de la Fundación Sarah Mellon Scaife. La Fundación Ford le dio 255.000 dólares en 1953. El 6 de julio de 1943, el Fondo Lilly había financiado una conferencia de tres días en la institución para Bertram Wolfe, Nueva York, Raymond Aron, Francia, y Richard Lowenstein de Berlín. Todos estos beneficiarios eran liberales de vieja estirpe.

En 1927, debido a la dirección de Wilbur allí, la Fundación Rockefeller dio a la Biblioteca Hoover 200.000 dólares para los estudios eslavos. La Carnegie Corp. también dio 180.000 dólares. El 7 de enero de 1975, el presidente Ford firmó un proyecto de ley de becas de 30 millones de dólares; se añadió una subvención de 7 millones de dólares a la Institución Hoover. El Departamento de Justicia le dio a la Hoover $ 600.000 para estudiar el crimen.

El campus de la Universidad de Stanford es la sede mundial de Hewlett-Packard y de la multimillonaria industria electrónica. Los 8.800 acres del campus de Stanford fueron originalmente la Granja de Palo Alto de Leland Stanford, a la que dotó con unos 20 millones de dólares. El campus alberga un laboratorio de la Comisión de Energía Atómica de 105 millones de dólares construido gracias a la influencia de L.L. Strauss, presidente de la AEC y director de la Institución Hoover. Dos mil acres han sido reservados para unidades de alquiler. Un centro comercial en el campus paga 500.000 dólares de alquiler al año. Los 300 acres del Parque de Investigación de Stanford albergan la sede mundial de Hewlett-Packard. En 1912, Lee de Forest inventó el tubo de vacío en Palo Alto, lanzando la industria de la radio. El profesor Louis Term an de Stanford inventó la prueba de coeficiente intelectual Stanford-Binet; su hijo Fred se convirtió en profesor de ingeniería eléctrica en Stanford, y persuadió a dos de sus estudiantes, Bill Hewlett y Dave Packard, para iniciar una empresa de electrónica. Hewlett-Packard tiene ahora 4.400 millones de dólares de ventas anuales, 68.000 empleados. La fortuna dice que Bill Hewlett vale 1.045 millones de dólares, Dave Packard vale 2.115 millones de dólares.

El profesor William Shockley inventó el transistor aquí, lanzando el complejo de Silicon Valley. Su invento fue posteriormente adquirido por Fairchild Semiconductor, que ahora es propiedad de Schlumberger Inc. Shockley recibió poco o nada por su descubrimiento.

Stanford recibió 3 millones de dólares de la Fundación Ford para un centro médico, y en septiembre de 1959, la Fundación Ford le dio a Stanford 25 millones de dólares, su mayor donación a cualquier institución educativa. El *New York Times* señaló el 10 de octubre de 1977 que Stanford, "conocida como la Harvard del Oeste", había completado una campaña de recaudación de fondos de 300 millones de dólares encabezada por Arjay Miller, ex presidente de Ford Motor Co. La influencia de Harvard siempre ha sido fuerte en Stanford y en la Institución Hoover. Donald Kennedy, que se convirtió en presidente de Stanford en 1980, se casó con Jeanne Dewey y obtuvo su licenciatura. MA. y su doctorado en Harvard, y sirvió en la Junta de Supervisores de Harvard de 1970 a 1976. Fue Comisionado de Alimentos y Drogas del Presidente Carter de 1977 a 1979, antes de convertirse en presidente de Stanford.

Stanford tiene otras importantes propiedades inmobiliarias. *Time*, el 14 de enero de 1966 señaló que Stanford tiene un castillo alemán en Beutelsbach, una villa en Florencia, un hotel en Tours, y ocupa Harlaxton Manor, una mansión de piedra de 365 habitaciones en Lincolnshire arrendada a Stanford por los jesuitas.

La Guía de la Institución Hoover, publicada en 1980, señala que Rita Campbell es Archivera; Robert Hessen es Archivero Adjunto. La colección está compuesta por 24% de América del Norte, 26% de Rusia y Europa Oriental; 27% de Europa Occidental y 1,8% de América Latina. La página 5 de la Guía señala que la colección fue inspirada por dos historiadores, Andrew D. White, presidente de Cornell, y Ephraim Adams de Stanford. En la colección figuran los archivos de París de la Policía Secreta Zarista; el N° 2373, los archivos de la Imperial Okhrana Rusa (policía secreta); el N° 2382, una lista de las atrocidades cometidas por los agentes políticos soviéticos en Kiev.

El 25 de junio de 1962 murió Alfred Kohlberg (conocido como el jefe del lobby de China); dejó 15 gabinetes de papeles que están restringidos hasta 1991. El Max. E. Fleischmann Foundation gastó 250.000 dólares en la colección de 40 años de documentos rusos de Boris Nikolaevsky, que luego fueron presentados a la Hoover Institution. La colección Hoover también incluye los diarios personales de Joseph Goebbels y Heinrich Himmler, los archivos de Basil Malakoff, embajador soviético en Washington entre 1919 y 26, los archivos del Banco de Pagos Internacionales y los registros oficiales japoneses del ataque a Pearl Harbor.

En 1966, Alan H. Belmont se unió a la Hoover como asistente ejecutivo del director. Había estado en el FBI de 1936 a 1965, sirviendo como asistente personal de J. Edgar Hoover. También en el Hoover estaba Stefan Possony, educado en la Universidad de Viena, vino a los EE.UU. en 1940, fue asesor del Departamento de Guerra 1943-46, y fue nombrado director de estudios políticos internacionales en el Hoover en 1961.

En 1963, entre los directores de la Hoover Institution figuraban Richard Amberg, editor del St. Louis Post-Dispatch; Clarence Bamberger, ingeniero de minas; William J. Baroody, que había fundado el American Enterprise Institute y era presidente del Woodrow Wilson International Center for Scholars; Karl R. Bendetsen, presidente de Champion Paper, fue representante especial del Departamento de Guerra ante el general MacArthur en 1941, asesor del Secretario del Ejército, Secretario Adjunto de Defensa en 1948-52, presidente de la Compañía del Canal de Panamá y embajador en Alemania Occidental y las Islas Filipinas; James B. Black Jr. de Lehman Bros; Arthur Curtice, de General Motors; Paul L. Davies Jr., que dirigió la evacuación de los japoneses de la costa occidental a los campos de concentración en 1941, dirige el importante bufete de abogados de la costa occidental Pillsbury Madison & Sutro, el socio Lehman Bros. , director de IBM, Southern Pacific y Caterpillar; el abogado de Northcutt Ely Washington que representó a la Sec. Wilbur en la negociación de los contratos de la presa Hoover 1930-33; Richard E. Guggenheim, presidente de la Fundación Rosenberg; Harold H. Helm, chmn Chemical Bank, director de Westinghouse, Uniroyal, Colgate, Wool worth, Bethlehem Steel, Equitable, McDonnell Douglas y Cummins Engine; John A. McCone de Bechtel-McCone 1937-45, Und. Sec. AF 1950-51, Chmn AEC 1958-60, director de la CIA 1961-65; N. Loyall McLaren, presidente de la millonaria Fundación James Irvine, fue tesorero de la Conferencia de las Naciones Unidas en San Francisco en 1945 bajo el mandato de Alger Hiss, también fue nombrado miembro de la Comisión Aliada de Reparaciones de 1945; Jeremiah Milbank, financiero de Nueva

York, jefe de la Fundación Milbank y director del Chase Manhattan Bank; George C. Montgomery, presidente de Kern County Land Co.; William I. Nichols, editor de ESTA SEMANA, sirvió en la Junta de Producción de Guerra 1942-45; David Packard, chmn Hewlett-Packard - su fortuna personal aumentó en 1.000 millones de dólares en 1983; Richard M. Scaife, vice presidente de la Comisión de Reparaciones. Mellon Natl Bank; el Almirante L.L. Strauss, de Kuhn, Loeb Co, chmn AEC 1946-50, se menciona en Who's Who como "asesor financiero de los Sres. Rockefeller"; R. Douglas Stewart, Ford, Rockefeller, & Guggenheim; Thomas Gale Moore fue el experto de Reagan en política energética; Paul Craig Roberts se convirtió en asistente del Tesoro; Richard V. Allen, que había formado parte del personal de la Hoover Institution desde 1966, fue miembro del Consejo de Seguridad Nacional en 1969, asistente del Presidente en 1969-70, y ahora se convirtió en asistente de Reagan para asuntos de seguridad nacional; Martin Anderson, investigador principal de la Hoover Institution en 1971-81, se convirtió en asistente de Reagan para el desarrollo de políticas; se le ocurrió el ridículo despilfarro de las "Urban Enterprise Zones".

Uno de los "Hoover Hotshots" del equipo de Reagan fue descrito en el *Omni March* 1984 Continuum:

> "Línea directa de Honegger": "La asistente presidencial Barbara Honegger fue contratada por Martin Anderson en la Institución Hoover mientras escribía un libro sobre el borrador; llevaba un collar de escarabajos y era la primera graduada en psicología experimental en la Universidad John F. Kennedy, Olinda, California; había aconsejado a Reagan que se decidiera en contra de los proyectiles subterráneos de los misiles MX porque los psíquicos los atacarían; le hizo poner 5500 ojivas adicionales en nuestros 33 submarinos nucleares porque las ondas cerebrales de los psíquicos son absorbidas por el mar agitado. A pesar de las protestas de Anderson, finalmente fue expulsada de la Casa Blanca."

Demasiado para "la extrema derecha" en los collares de escarabajo y esquivando las ondas cerebrales psíquicas.

El Equipo de Transición Presidencial de Campbell gastó 1 millón de dólares de los donantes más 2 millones de dólares proporcionados por el Congreso, pero no pudo conseguir que se instalara un solo "derechista" en el personal de Reagan. El pago más grande fue para el liberal de larga data Joseph Califano, a quien se le pagó $86,047.93 por representar a Alexander Haig en sus audiencias de confirmación en el Senado como Secretario de Estado. El "derechista" Haig dijo que Califano era un viejo amigo. El subdirector del Equipo de Transición, Verne Orr, se desempeñó como contralor de la campaña de Reagan, y ahora es Secretario de la Fuerza Aérea.

Seymour Martin Lipset, que votó por John Anderson en 1980, realizó una encuesta entre los 25 becarios de Hoover en 1984; encontró 11 demócratas, 10 republicanos, 3 independientes y uno que no era ciudadano. Los tres miembros honorarios de la Institución Hoover son Ronald Reagan, Alexander Solzhenitsyn y Frederick von Hayek. Reagan está en Washington, Solzhenitsyn vive en Vermont; von Hayek está retirado en Salzburgo. Ninguno de ellos tiene ninguna conexión con la administración de la Institución Hoover. Reagan ya ha donado sus papeles a la Institución Hoover.

En junio de 1981, la Institución Hoover celebró una recepción de gala en el Sheraton Carlton de Washington, con la presencia de muchos funcionarios de la Casa Blanca. Ellos efectivamente cortocircuitaron todas las promesas de campaña de Reagan de bajar los impuestos, disminuir el gasto del gobierno, y el objetivo de "quitarnos el gobierno de encima".

La actual estrella de la Institución Hoover es Milton Friedman, a quien se le atribuye el haber llevado el desastre económico a Chile, Israel, los Estados Unidos y otros países en los que se han introducido sus teorías "monetarias". El "monetarismo" de Friedman es la misma vieja estafa de los banqueros de la creación interminable de más dinero de la deuda que devenga intereses, que requiere impuestos cada vez mayores simplemente para satisfacer los pagos de intereses. Él y Jack Kemp ahora están presionando por un "impuesto fijo" para encerrar a los americanos en un corral fiscal del que nunca pueden esperar escapar. Friedman llegó a la Hoover en 1977 como investigador principal, aceptando simultáneamente un puesto como consultor económico del Banco de la Reserva Federal de San Francisco. Él y su consorte, Murray Rothbard, dominan una red estrechamente entrelazada de grupos "conservadores" de "dinero duro", que incluye la Fundación Heritage, la Sociedad Mont Pelerin, el Instituto Cato, el Instituto Ludwig von Mises y el Instituto Americano de la Empresa, que celebran reuniones de banquete, siempre sin resultado visible. Su mentor es el difunto Ludwig von Mises, nacido en Austria, y fundador de la "Escuela Austríaca de Economía", que enseñó en la Universidad de Nueva York desde 1946 hasta su muerte. El Instituto está ahora dirigido por su viuda, Margit Herzfeld, a quien el Presidente Reagan dijo, en una cena de homenaje a su marido: "No sabe con qué frecuencia consulto los libros de su marido antes de tomar una decisión". Ella todavía no lo sabe.

A la edad de 16 años, Milton Friedman se convirtió en el protegido de Arthur Burns en Rutgers y Columbia. Sus principios económicos surgieron de la "Escuela Vienesa" fundada por Karl Menger y Eugen Böhm von Bawerk presidente de Quaker Oats; Gardner Simonds, chmn Tenneco, Kern County Land Co.; Robert C. Tyson, chmn U.S. Steel, director del Chemical Bank, Uniroyal; Thos. J. Watson Jr. chmn de IBM, director de la Fundación Rockefeller; Stephen Duggan chmn. Instituto emérito de Educación Internacional - padre del difunto Laurence Duggan que murió misteriosamente, miembro de la Fundación para la Paz Mundial, Asociación de la Liga de Naciones; John Foster Dulles; Anson Phelps Stokes, del Instituto de Educación Internacional, director de la Junta General de Educación; Harold H. Swift, chmn Swift Packing Co. chmn Comité de Finanzas de Guerra Departamento del Tesoro 1941-44; Augustus Trowbidge director de inteligencia de American Exped. Force bajo el mando de Pershing en la Primera Guerra Mundial.

En 1980, los directores de la Institución Hoover incluían a Bendetsen, Black, Philip Habib, de Bechtel, y el Embajador Especial de Reagan en el Medio Oriente; Henry T. Bodman, presidente del Banco Nacional de Detroit, director y vicepresidente del Instituto de la Empresa Americana - su hijo Richard sirvió en el Departamento del Tesoro, fue Secretario del

Interior, ahora presidente de COMSAT; David Tennant Bryan, casado con la familia Harkness, chmn Media General; Willard C. Butcher, ex chmn Chase Manhattan, ahora director del American Enterprise Institute; Joseph Coors, director de la Heritage Foundation; Charles A. Dana Jr., director del Manufacturers Hanover Trust, Dana Foundation; Shelby Cullon Davis, trabajó en CBS 1932-34, asesor económico de Dewey en sus campañas presidenciales, embajador en Suiza 1969-75, fideicomisario de Princeton, Heritage Foundation; Maurice Greenberg, presidente del American International Group; Alan Greenspan, presidente de Asesores Económicos desde 1981, consultor de la U.S. Treasury and Federal Reserve Board 1971-74, director de *Time*, General Foods, J.P. Morgan, Morgan Guaranty Trust; Bryce Harlow, asistente del Presidente de los Estados Unidos 1959-61, y 1969-70, actualmente cabildero en Washington de Proctor & Gamble; A. Carol Kotchian, presidente Lockheed; J. Claybum La Force, decano de la Graduate School of Management Univ. de California, becario Fulbright, director de la Oficina Nacional de Investigación Económica de la Sociedad Mont Pelerin; William B. Macomber Jr., presidente del Museo Metropolitano, trabajó en la CIA de 1951 a 1953, como asistente de inteligencia en el Departamento de Estado de 1953 a 1954, como asistente de la Subsecretaría de Estado Herbert Hoover Jr. y como Secretario de Estado John Foster Dulles de 1955 a 1957, embajador en Teherán y Jordania;

Emil Mosbacher Jr. conocido como "Kingmaker", fue jefe de protocolo del Departamento de Estado 1969-72, director de Chubb, Chemial Bank, Avon, AM AX - su hermano Robert fue el presidente nacional de Bush, la fracasada campaña electoral de Gerald Ford, el Comité Nacional Republicano; David Packard, de Hewlett Packard, American Enterprise Institute; Donald Rumsfeld, presidente de la Cámara de Comercio e Industria de Estados Unidos. Rand Corp., pres. G.D. Searle, asistente del presidente Nixon 1969-73, representante permanente ante la OTAN 1973-74, director de Sears, e Instituto de Estudios Estratégicos, Londres.

Aunque los "semanarios de papel de carnicero" como The Nation emiten advertencias sombrías de que la Institución

Hoover está profundamente comprometida con la práctica del "anticomunismo de la guerra fría", el *New York Times* ha señalado que la Hoover es sorprendentemente liberal. Su colaborador de larga data es Sidney Hook, socialista de la vieja guardia que guarda un retrato de George Meany en la pared de su oficina; Seymour Martin Lipset, liberal de larga data estrechamente identificado con las oficinas de los senadores demócratas Henry Jackson y Daniel Moynihan, enseñó en Harvard, Univ. de Calif. B'Nai B'Rith Hillel y United Jewish Appeal; John Bunzel, liberal demócrata ahora asociado al Partido Libertario; Stanley Fischer, liberal del MIT; Joseph Pechman, el experto en impuestos residente de la Institución Hoover, que había sido experto en impuestos en la Institución Brookings de Washington durante muchos años antes de venir a Hoover; otros liberales residentes son Dennis J. Dollin, Theodore Draper y Peter Duignan. Lipset fue citado en una entrevista en el *New York Times* de la siguiente manera:

> "Más de la mitad de los veteranos aquí no son de derecha, ni siquiera conservadores; son demócratas y socialistas de izquierda."

Estos son los arquitectos de la administración de "derecha" de Reagan, la usual fogata en la que los mismos viejos y cansados marxistas son presentados como los inspirados libertarios de un mundo dirigido por la "Derecha Dura"! El jefe del Equipo de Transición Presidencial de Reagan en los nombramientos del gabinete en 1980 fue. W. Glenn Campbell, graduado de Harvard y jefe de la Institución Hoover; el asesor de Reagan en seguridad social era su esposa, Rita Ricardo Campbell. Más de la mitad del personal de Hoover fue a Washington con Reagan. Richard Starr y Peter Duignan eran sus asesores en política exterior; Duignan había recibido becas de Bauwerk. Mengertaught von Hayek, Eric Voegelin y Fritz Machluys. En ese momento, Viena estaba dominada por la Casa de Rothschild, que había controlado la deuda nacional de Austria desde el Congreso de Viena en 1815. Las minas de plata del Tirol austriaco eran propiedad de los Rothschild, al igual que sus ferrocarriles. La mejor amiga de la emperatriz Isabel era Julie de Rothschild, hermana del Barón Alberto, jefe de la Casa de Austria. El Conde Richard

Coudenhove-Kalergi, que fundó la Unión[4]Paneuropea, fue nombrado en honor a Richard Wagner, uno de cuyos estudiantes fue Gustav Mahler. Los estudios de Mahler con Wagner fueron financiados por el Barón Albert de Rothschild. El padre de Coudenhove Kalergi era amigo íntimo de Theodor Herzl, fundador del sionismo. Coudenhove-Kalergi escribe en sus Memorias,

"A principios de 1924 recibimos una llamada del barón Louis de Rothschild; uno de sus amigos, Max Warburg de Hamburgo, había leído mi libro y quería conocernos. Para mi gran sorpresa, Warburg nos ofreció espontáneamente 60.000 marcos de oro, para que el movimiento se mantuviera durante los tres primeros años. Max Warburg, que era uno de los hombres más distinguidos y sabios con los que he estado en contacto, tenía como principio financiar estos movimientos. Permaneció sinceramente interesado en Pan-Europa durante toda su vida. Max Warburg organizó su viaje de 1925 a los Estados Unidos para presentarme a Paul Warburg y al financiero Bernard Baruch."

En Chicago, Jane Adams de Hull House había sido durante cinco años una protegida de Beatrice Webb, fundadora de la Sociedad Fabiana. En 1892, la Universidad de Chicago se organizó como el centro del programa Socialista Fabiano en América, con J. Laurence Laughlin, portavoz del programa de "libre comercio" del Club Cobden en Inglaterra; Laughlin se convirtió más tarde en el principal propagandista de Paul Warburg para impulsar la aprobación de la Ley de la Reserva Federal. John Dewey se convirtió en jefe del departamento de sociología de la Universidad de Chicago; Wesley Clair Mitchell fue jefe del departamento de economía. En 1913, se mudaron a la Universidad de Columbia. Más tarde fueron contratados por Baruch en la Junta de Industrias de Guerra, y prepararon todas las estadísticas para los representantes americanos en la

---

[4] Véase *Practical Idealism, the Kalergi Plan to destroy European peoples*, Omnia Veritas Ltd, www.omnia-veritas.com.

Conferencia de Paz de Versalles. En febrero de 1920, Mitchell se reunió con el resto del personal de la Junta de Industrias de Guerra de Baruch en Nueva York con un grupo de la Mesa Redonda financiado por Kuhn Loeb & Co. y Lazard Freres, para fundar la Oficina Nacional de Investigación Económica, de la cual Mitchell se convirtió en director. Su protegido fue Arthur Burns, más tarde chmn del Natl Buro, chmn Gobernador de la Reserva Federal, socio de Lazard Freres, y Embajador de los Estados Unidos en Alemania Occidental.

Burns trajo entonces a su protegido, Milton Friedman, quien ha propuesto que legalizemos la venta de droga para recaudar 100.000 millones de dólares al año para el PNB.

La carrera de Wesley Clair Mitchell se dedicó a unir las escuelas de economía austriaca y británica en una sola fuerza para dirigir la economía americana. Logró el éxito a través de las carreras de sus protegidos, Burns y Friedman, que nos ofrecen el impuesto de "tasa plana" para pagar los intereses de su dinero de la deuda creada por el banco. Es el antiguo sistema europeo introducido por la Casa de Rothschild para saquear las economías nacionales por el sistema de rentas de la deuda nacional.

Una piedra angular de la red Friedman-Burns es la Sociedad Mont Pelerin, un grupo secreto de economistas que se reúne cada dos años, pero que no emite conclusiones ni recomendaciones. Estos economistas supuestamente conservadores de dinero duro se reunieron por primera vez en Mont Pelerin, Suiza, en 1947 para oponerse a los economistas estatistas de izquierda que habían dominado el campo durante cincuenta años. Fueron dirigidos por Frederick von Hayek, graduado de la escuela de economía de Viena, que se convirtió en ciudadano británico en 1938. Fue profesor de economía de la Universidad de Londres 1931-50, profesor de ciencias sociales y morales en la Universidad de Chicago 1950-62, y profesor de economía en la Universidad de Friburgo 1926-69, cuando se retiró a Salzburgo. Fue discípulo de Ludwig von Mises, quien enseñó a Henry Hazlitt, otro fundador de Mont Pelerin. Hazlitt informó de la reunión fundacional en *Newsweek*, el 25 de septiembre de 1961, enumerando entre los presentes a Jacques Rueff, director económico de Francia, Pedro Beltrán, presidente del Perú, el

EL ORDEN MUNDIAL - nuestros gobernantes secretos

senador Luigi Einaudi, prof. Ludwig Erhard, Ministro de Economía de Alemania, director del Banco Mundial; Wilhelm Roepke, asesor económico de Erhard; Trygve Hoff, Noruega; Muller-Armack y William Rappard de Alemania; Ludwig von Mises; Frank Knight; Milton Friedman y Henry Hazlitt.

En 1962, la Sociedad Mont Pelerin se reunió en Knokke, Bélgica, anunciando que

> "La Sociedad Mont Pelerin no toma ninguna acción formal, no aprueba ninguna resolución, y no busca publicidad."

En 1970, la Sociedad se reunió en Munich, donde Milton Friedman fue elegido presidente. Estuvieron presentes Wesley Campbell y Martin Anderson de la Institución Hoover. En 1974, 300 miembros de la Sociedad se reunieron en Bruselas, donde se dirigieron a Milton Friedman y su protegido Murray Rothbard. Rothbard fue patrocinado por el Instituto Cato, un grupo "conservador" cuyo director, Earl C. Ravenel, es también director del Instituto de Estudios Políticos, la organización de izquierdas para la elaboración de políticas fundada por James Paul Warburg. Cato está financiado por Charles Koch de Kansas, jefe de Industrias Koch, que amasó una fortuna de 700 millones de dólares. También financia el Partido Libertario, que aboga por la apertura de las fronteras de EE.UU. a todos los inmigrantes ilegales, la legalización de las drogas y otras recomendaciones alarmantes. Koch financia estos grupos a través de su banco, Morgan Guaranty Trust de N.Y. Cato dio una subvención de dos años a Rothbard para escribir un libro, *For a New Liberty*, que dice,

> "Antes de la Segunda Guerra Mundial, Stalin era tan devoto de la paz que no hizo las provisiones adecuadas contra el ataque nazi."

Rothbard debería haber dicho,

> "Stalin era tan devoto del asesinato que mató a la mayoría de sus oficiales del ejército, dejándolo vulnerable al ataque nazi."

Rothbard afirma que los Estados Unidos son imperialistas y belicosos, mientras que la Unión Soviética es pacífica, racional e incomprendida. La revista del Instituto Cato *Inquiry* lista 9 escritores del personal, entre ellos Natl Hentoff del Village Voice, Marcus Raskin, jefe del Instituto de Estudios Políticos, y Penny Lernoux, corresponsal de la *Nación*, todos los cuales se verían perjudicados si no fueran descritos como liberales extremos.

En 1975, George Roche III, que se había convertido en miembro de la Sociedad en 1971, acogió la reunión en el Hillsdale College, del que es presidente. William Buckley, también miembro, se dirigió al grupo con un elogio rutinario para von Hayek.

En 1980, la Sociedad Mont Pelerin se reunió en la Institución Hoover, con 600 miembros e invitados presentes. Ralph Harris fue el orador invitado. Como director de economía de Margaret Thatcher, había sido nombrado Barón Harris de High Cross en 1979. El Conde Max Thurn, secretario permanente de la Sociedad, también se dirigió a la reunión. Es miembro de la acaudalada familia Thurn und Taxis, estrechamente relacionada con la familia real británica.

La Enciclopedia de Asociaciones lista la Sociedad Mont Pelerin c/o Edwin Feulner, tesorero, Box 7031, Alexandria, Va; secretario Dr. Max Thurn, Elizabethstrasse 4, Viena. Feulner es presidente de la Fundación Heritage, fue asistente confidencial del Secretario de Defensa 1969-70; asistente administrativo Phil Crane 1940-44, becario de asuntos públicos de la Institución Hoover 1965-67, Instituto chmn de Estrategia Europea y Estudios de Defensa de Londres desde 1979.

La Fundación Heritage, que forma parte de la red de grupos "conservadores", patrocinó la concesión póstuma por parte de Reagan de la Medalla de la Libertad a Whittaker Chambers en marzo de 1984. Sus directores son Shelby Cullom Davis, director de Hoover; Joseph Coors, director de Hoover; Midge Decter, ejecutivo, director del Comité para un Mundo Libre; su marido es el "neoconservador" Norman Podhoretz, editor de la revista Commentary; Robert Dee, firma farmacéutica chmn Smith

Kline, director de United Technologies con William Simon; William Simon, director del Citibank, ex Secretario del Tesoro; Lewis E. Lehman, director del Instituto Lehman; John D. Wrather, heredero de una fortuna petrolera, director del conglomerado de entretenimiento Wrather Inc. y director de Hoover.

Feulner afirma que Heritage coopera con más de 400 grupos en los EE.UU. y 100 en el extranjero. El presidente honorario es Frank Shakespeare. El presidente del consejo editorial es David Meiselman de la Sociedad Mont Pelerin. Richard Reeves menciona en la revista del *N.Y. Times*, el 15 de julio de 1984,

"Edwin J. Feulner es presidente de la Fundación Heritage, una de las fábricas de ideas más productivas de la derecha."

No citó ni una sola "idea" producida por esta fábrica. La estrella de Heritage y su estrechamente afiliado American Enterprise Institute es Jeane Kirkpatrick, embajadora de EE.UU. en la ONU. Se la menciona rutinariamente en términos de elogios fulminantes como el que el Partido Comunista solía reservar para Stalin; la *National Review* se desborda sobre ella, y también delira sobre "el siempre galante, encantador, amante de la libertad Friedmans" cuya "energía, lucidez y paciencia" asombra a los propagandistas de Buckley.

Jeane Kirkpatrick ha sido profesora en la Universidad de Georgetown desde 1967, jefa de investigación del American Enterprise Institute desde 1977, directora del Centro de Estudios Estratégicos e Internacionales de Georgetown. Es la esposa del veterano agente de inteligencia Evron Kirkpatrick, OSS 1945, especialista en inteligencia del Departamento de Estado 1946-54 como jefe del personal de investigación de inteligencia psicológica especializada en ciencias del comportamiento (control de personas). Ha sido jefe de la Asociación Americana de Ciencias Políticas desde 1954, y es presidente de la Sociedad Americana de la Paz, que publica un boletín trimestral llamado World Affairs.

Jeane Kirkpatrick es conocida como "la Reina del Derecho Americano". Durante su servicio como Embajadora de los Estados Unidos ante las Naciones Unidas, defendió a Israel tan furiosamente que recibió un regalo de 100.000 dólares de Raymond y Miriam Klein como recompensa por su "compromiso personal con Israel". No tenemos conocimiento de ninguna recompensa que se le haya dado por su compromiso con los Estados Unidos. Debido a su lealtad a Israel, se le pagan habitualmente 25.000 dólares por hablar ante grupos pro sionistas. Durante años fue asesora apolítica del Comité Nacional Demócrata, pero en 1985 se convirtió repentinamente en republicana. Forma parte de la junta de un grupo trotskista conocido como la Liga para la Democracia Industrial, que está financiada por los Rockefeller y es el último suspiro del antiguo Partido Socialista de los Trabajadores. Personalidades políticas polifacéticas como Kirkpatrick desconciertan a muchos observadores, que no entienden que ella es de esa extraña raza conocida como "neoconservadores". Se distinguen de los verdaderos conservadores americanos por una serie de señales de advertencia, pero dejemos que Peter Steinfels, en su obra definitiva, *Los neoconservadores*, lo explique.

"Los principales neoconservadores que eran socialistas en esos años (los años 30) eran virtualmente todos anti-estalinistas (trotskistas). Bien entrenados en los textos marxistas y en la historia socialista, ensangrentados en las guerras tribales entre comunistas, socialistas democráticos y cincuenta y siete variedades de trotskistas, ya estaban entrenados y en movimiento cuando la Guerra Fría puso sus habilidades a prueba."

Steinfels continúa señalando (p. 50) que

"Los neoconservadores han sido fuertes partidarios de Israel."

Jeane Kirkpatrick escribe periódicamente columnas que podrían ser fácilmente escritas por el Mossad, como su columna del 20 de enero de 1992 en el *Washington Post*, en la que solloza que Israel está siendo socavado en Washington, y que la administración Bush es anti-Israel. "¿Es esto parte del nuevo orden mundial? " ella gime, atormentada por la visión de otro Holocausto. Steinfels cita a un neoconservador líder, Irving Kristol que "El neoconservadurismo no es en absoluto hostil a la idea del estado de bienestar. "De hecho, los neoconservadores son todos estadísticas, lo que los hace servidores ideales del Orden Mundial. Tienen un número de publicaciones de think-tank, como Commentary, financiado por el Comité Judío Americano, Partisan Review, New Leader, y Public Interest, muchas de las cuales son financiadas con fondos de la CIA.

Otro frente neoconservador es la Iglesia de Unificación del Rev. Sun Moon, financiada por la CIA coreana con nuestros propios fondos de la CIA. Gasta miles de millones de dólares en publicaciones "conservadoras" como el *Washington Times*, que es editado por Arnold de Borchgrave, un pariente de los Rothschild. En el FBI, J. Edgar Hoover también se metió en el acto "neoconservador" al contratar a Roy Godson, un autodenominado "socialdemócrata", para educar a los agentes del FBI en la ideología marxista. Era el hijo de Joseph Godson, que ayudó a Jay Lovestone a fundar el Partido Comunista de América. Roy Godson es ahora consultor del Consejo de Seguridad Nacional, contratado a instancias de Henry Kissinger. J. Edgar Hoover estaba fascinado por los comunistas; contrató a Jay Lovestone, fundador del Partido Comunista Americano, para escribir sus best-sellers *Masters of Deceit*. Era una obra maestra del engaño, ya que nadie sabía que había sido escrita por un comunista.

Una fuerza importante en la propaganda de la CIA, las promociones israelíes y la agitación "neoconservadora" es la Revista *Nacional*. Fue incorporada para William Buckely en 1955 por William Casey, más tarde director de la CIA, y pasó a formar parte de la red de organizaciones de falsa "derecha" de los Estados Unidos que promueven el movimiento trotskista en el comunismo, como la Heritage Foundation, dirigida por un socialista fabiano británico con las ganancias de la cerveza de Coors, el American Enterprise Institute y muchos otros engaños similares del orden mundial. Debido a que los neoconservadores siempre se apiñan de la "democracia", mientras que ruidosamente se dirigen al público a través de ella, su golpe maestro ha sido un boondoggle llamado Proyecto Democracia. Los neoconservadores convencieron al Congreso de que debían financiar un proyecto que promoviera la democracia en todos los países del mundo. Fue idea de Lane Kirkpatrick, socialista veterano, con Jay Lovestone, el Padre Jesuita Edmund Walsh de la Universidad de Georgetown y el severo Senador Orrin Hatch, un obispo de la Iglesia Mormona. Hatch maniobró la Ley del Fondo Nacional para la Democracia a través del Congreso en 1983. Carl Gershman, director de la Liga Antidifamación, fue elegido como su presidente. Ha financiado un número de grupos neoconservadores mascota, todos los cuales han demostrado ser desastres. En 1990 y 1991, la Fundación Nacional para la Democracia repartió sobornos a funcionarios rusos para "alentar la democracia" y sumas enormes, imposibles de rastrear, a diversos grupos rusos, ninguno de los cuales desempeñó ningún papel en la caída del sistema comunista.

El padrino de los neoconservadores es Henry Kissinger. De nacionalidad alemana, Kissinger regresó a su lugar de nacimiento como sargento del ejército de los EE.UU., pronto identificado como un recluta de la KGB con el nombre en clave de "Bor". Se convirtió en un estudiante de la Universidad de Harvard, y pronto fue contratado por los Rockefeller como protegido de un personaje aún más misterioso, un tal Helmut Sonnenfeldt, que sigue siendo un informante de Washington. Hizo campaña por la candidatura presidencial de Nelson Rockefeller, y cuando Nixon ganó, Kissinger se burló públicamente de él como un ignorante. Unos días más tarde, Nixon, actuando bajo órdenes, lo nombró Secretario de Estado. El embajador israelí en los Estados Unidos, Abba Eban, citó al terrorista Menachem Begin,

> "El nombramiento del Dr. Kissinger como secretario de estado tiene tanta importancia como el voto de las Naciones Unidas para crear el Estado de Israel."

Kissinger apareció más tarde como orador en más de veinticinco eventos de la Liga Antidifamación durante su mandato. Colocó a sionistas de alto nivel en muchas agencias gubernamentales, desarrolló el apoyo de la ADL en grupos evangélicos clave como Jerry Falwell y Pat Robertson, y persuadió a Sheldon Cohen, ex comisionado del Servicio de Impuestos Internos, para que reescribiera las regulaciones del IRS que aseguraban que la ADL y cientos de otras organizaciones sionistas tendrían un estatus permanente de exención de impuestos. Concibió el Proyecto Democracia como un proyecto trotskista y lo guió a través del Congreso. Sin embargo, su principal compromiso fue con el Servicio Secreto Británico, como se jactó en un discurso en Chatham House, sede del Instituto Real de Asuntos Internacionales, en Londres, el 10 de mayo de 1982,

"En mi encarnación en la Casa Blanca, mantuve al Ministerio de Asuntos Exteriores británico mejor informado y más involucrado que el Departamento de Estado americano."

¿Por qué Kissinger, el sionista, trabajó tan estrechamente con el Ministerio de Asuntos Exteriores británico? La respuesta está en el origen de la Liga Antidifamación, que generalmente se considera una operación estrictamente judía. En realidad es una rama del SIS, que fue fundada por Henry Lord Palmerston, Ministro de Relaciones Exteriores Británico, quien también creó todo el movimiento sionista como un arma de espionaje británico de 1843 a 1860. La ADL comenzó como B'Nai B'Rith, y fue modelada en el culto a la muerte de Isis del Egipto Ptolemaico. Palmerston lo formuló como un brazo de la inteligencia británica que tenía la misión específica de subvertir y destruir la República Americana. Esta sigue siendo su misión hoy en día. Palmerston fue ayudado en el desarrollo de B'Nai B'Rith como una potencia mundial por Baruch Rothschild. Posteriormente dirigió el movimiento abolicionista en el norte de EE.UU., la Secesión del Sur y la Guerra Civil, que culminó con el asesinato del Presidente Abraham Lincoln. El arma favorita de la ADL para desacreditar a sus oponentes es la acusación de antisemitismo, que recientemente se le imputó al columnista Pat Buchanan por su candidatura presidencial. Es ridículo que un brazo de la inteligencia británica denuncie a alguien como "antisemita".

B'Nai B'Rith lanzó su objetivo de desestabilizar permanentemente el Medio Oriente con una carta del Secretario Balfour a Lord Rothschild el 2 de noviembre de 1917, durante la Primera Guerra Mundial:

"Querido Lord Rothschild: Tengo el placer de transmitirle, en nombre del Gobierno de Su Majestad, la siguiente declaración de simpatía por las aspiraciones judías sionistas, que han sido presentadas y aprobadas por el

Gabinete. El Gobierno de Su Majestad ve con agrado el establecimiento en Palestina de un hogar nacional para el pueblo judío y hará todo lo posible por facilitar este objetivo, quedando claramente entendido que no se hará nada que perjudique los derechos civiles y religiosos de las comunidades no judías existentes en Palestina ni los derechos y el estatuto político de que disfrutan los judíos en cualquier otro país."

Como agente de estos intereses, Kissinger es el autor del programa del nuevo orden mundial de Bush, afirmando que es el heredero de la política de "Equilibrio de poder" de Lord Castlereagh que él originó en el Congreso de Viena en 1815. Sin embargo, Pat Buchanan señala que el equilibrio de poder llevó a Inglaterra a la Primera y Segunda Guerra Mundial (que fue, después de todo, el programa), y que este orden mundial está llegando a su fin. Después de dejar el cargo, Kissinger instaló a sus protegidos en posiciones clave en Washington. Formó una firma llamada Kissinger Associates con un pariente de Rothschild, Lord Carrington, y contrató a las principales corporaciones de América para promover sus intereses internacionales. Como presidente nombró a Lawrence Eagleburger, que ahora es el Secretario de Estado en funciones de Bush, y como presidente, al General Brent Scowcroft, que es el director del Consejo de Seguridad Nacional de Bush. Otros protegidos de Kissinger en Washington son el Coronel Oliver North y el General Alexander Haig. Kissinger tiene amplios intereses comerciales en la China comunista, con un grupo llamado China Ventures. Él y Bush defendieron valientemente la masacre china de estudiantes desarmados en la Plaza Tiananmen de Pekín, y abogaron por que no interfiriera con empresas de negocios como el intento de Prescott Bush de construir inmuebles de lujo en China. Es el hermano del Presidente. Deng Ziaoping, el dictador chino, explicó las masacres de estudiantes,

"Los recientes disturbios nos dieron una gran iluminación y refrescaron nuestras mentes. Sin el camino socialista, China no tiene futuro, y sin él no habría el gran triángulo China-Estados Unidos-Rusia de poder mundial. Les digo a los americanos, el mayor activo de China es su estabilidad."

Tal vez el objetivo de la Trilateral es el triángulo de lo que serían las tres grandes potencias comunistas del mundo.

El American Enterprise Institute fue fundado por William J. Baroody y Milton Friedman en 1943; Baroody se fue en 1978 para hacerse cargo del Centro de Estudios Estratégicos e Internacionales de Georgetown, con un presupuesto de 7 millones de dólares al año. Su hijo, William Jr. ex asesor del presidente Nixon, se hizo cargo de AEI y su personal. Jr. fue el congresista Melvin Laird 1961-68, quien luego se convirtió en Secretario de Defensa; Baroody fue asesor de Defensa 1969-73, asesor del Presidente de EE.UU. 1973-74, y es presidente del Centro Internacional Woodrow Wilson para académicos. Entre los directores del American Enterprise Institute figuran Edward Bernstein; James S. Duesenberg, miembro del Consejo Presidencial de Asesores Económicos de 1966 a 1968, profesor de Harvard, director del Banco de la Reserva Federal de Boston, becario Fulbright de Cambridge (Inglaterra) de 1954 a 1955; Frederick A. Praeger, editor emigrante de Nueva York que publicó varias obras de propaganda para la CIA; Herbert Stein, profesor de economía de la Universidad de Virginia de A. Willis Robertson. The Economist desde 1977, fue miembro de la War Production Board 1941-44, miembro de la Brookings Institution 1967-69, miembro del Consejo de Asesores Económicos 1969, presidente 1972-74; Robert H. Bork, profesor de derecho en Yale, ex Procurador General y Abogado en funciones. Gen. de los Estados Unidos 1973-77; Kenneth W. Daum, ex socio de Cravath Swaine & Moore, bufete de abogados de Wall Street, ahora profesor de derecho, Univ. de Chicago; D. Gale Johnson, profesor de economía en la Univ. de Chicago desde 1944, economista de la OPA 1942, Departamento de Estado 1946, economista del Ejército de los Estados Unidos. 1948, asesor del Congreso 1974-76, consultor de TVA, Rand Corp. y AID, director William Benton Fndtn; Robert Nisbet, profesor de John Dewey en la John Dewey Society, beca de la Fundación Rockefeller 1975-78, becario de la AEL desde 1978; James D. Wilson, profesor de Shattuck, en Harvard; Richard B. Madden, comité ejecutivo de la AEI, presidente de Socony Mobil desde 1956, director de Pacific Gas & Electric, Del Monte y Weyerhauser; Willard. Butcher, ex chmn Chase Manhattan

Bank; Charles T. Fisher III, presidente del Natl Bank de Detroit, director de General Motors, Detroit Edison; Richard D. Wood, presidente de Eli Lilly drugs desde 1961, director de Standard Oil de Indiana, y Chemical Bank.

Así, la bien financiada junta directiva del Instituto de la Empresa Americana "Derecha Dura" se parece mucho a la de la Fundación Rockefeller o la Institución Hoover, los habituales bancos de Nueva York, la Standard Oil, la multitud de General Motors. El Orden Mundial mantiene el control.

Lewis Lehman, director de la Fundación Heritage y fundador de la cadena de tiendas Rite Aid, creó su propia fundación en 1978. Después de agonizar por un nombre que llamaba mucho la atención, eligió el obvio "Instituto Lewis Lehman". Su presidente es Robert W. Tucker, miembro del Consejo de Relaciones Exteriores, profesor de la Escuela de Estudios Internacionales John Hopkins, que se hizo famoso por el mandato de Owen Lattimore, denunciado por el senador McCarthy como uno de los principales agentes soviéticos. El director del Instituto Lehman es Barton Biggs de la Institución Brookings. Lehman gastó 13,9 millones de dólares en la campaña para ser elegido gobernador de Nueva York, pero fue fácilmente vencido por Mario Cuomo, que sólo gastó 4,8 millones de dólares. El 5 de diciembre de 1983, The *New Republic publicó* un artículo de Sidney Blumenthal, "How Lewis Lehman Plans to Take Over America"."

Después de examinar la red de fundaciones de pseudo-derecha, es casi un alivio volver a la franca tendencia marxista del movimiento de las fundaciones, como lo ejemplifica la Fundación Ford. El Comité Especial de Investigación de la Fundación Exenta de Impuestos informó en 1954,

> "La Fundación Ford ofrece un buen ejemplo del uso de una fundación para resolver el problema del impuesto de muerte, y, al mismo tiempo, el problema de cómo retener el control de una gran empresa en manos de una familia. El noventa por ciento de la propiedad de la Ford Motor Co. fue transferida a la Fundación Ford, creada con este propósito. De no haber sido así, era casi seguro que la familia habría perdido el control."

La familia Ford pagó un precio terrible para salvar la compañía. Para evitar que se dividiera, tuvieron que entregarla a los elementos más izquierdistas de los EE.UU. Norman Dodd afirma que mientras investigaba las fundaciones exentas de impuestos, entrevistó a H. Rowan Gaither, presidente de la Fundación Ford. Gaither se quejó de la "mala prensa" que recibía la Fundación Ford, y explicó a Dodd,

> "La mayoría de nosotros aquí fuimos, en un momento u otro, activos en la OSS o en el Departamento de Estado, o en la Administración Económica Europea. Durante esos tiempos, y sin excepción, operábamos bajo directivas emitidas por la Casa Blanca, cuya sustancia era que debíamos hacer todos los esfuerzos para alterar la vida en los EE.UU. para hacer posible una cómoda fusión con la Unión Soviética."

Este sigue siendo el objetivo del movimiento de la fundación.

En 1953, la Fundación Ford creó el Fondo de 15 millones de dólares para la República, con Paul Hoffman, ex jefe de la ECA, casado con la secretaria de Baruch, Anna Rosenberg. Los directores del Fondo eran el ex sionista y líder laboral Arthur Goldberg, y Henry Luce, de quien H.L. Mencken dijo, "Sé por qué Henry contrata a tantos comunistas en sus revistas. Es porque trabajan barato."

El Fondo para la República contrató a Earl Browder, jefe del Partido Comunista "para estudiar la influencia del comunismo en la América contemporánea". En 1968, el Fondo concedió 215.000 dólares para "promover en los EE.UU. el conocimiento de la Cuba contemporánea". Los fondos apoyarán los gastos de las personas invitadas por el gobierno de Castro para hacer investigaciones en Cuba. El National Guardian del 13 de enero de 1968 señaló que "La Fundación Ford juega un papel clave en el financiamiento e influencia de casi todos los principales grupos de derechos civiles, incluyendo el Congreso de Igualdad Racial, el Liderazgo Cristiano del Sur, la Liga Urbana Nacional y la NAACP."

La Fundación Ford ha gastado muchos millones para promover la agitación racial y la posible guerra civil en América, polarizando completamente las razas. En este esfuerzo, simplemente está llevando a cabo el plan inaugurado por los Rothschild en 1865 con el Fondo Peabody, el Fondo Slater, y más tarde el Consejo de Educación General, que ahora es la Fundación Rockefeller. Se necesita dinero para promover una guerra civil. La Fundación Ford entró en el campo hispano al donar 600.000 dólares al abiertamente revolucionario Consejo del Suroeste de La Raza en 1968, y otros 545.717 dólares en 1969. El congresista Henry González, él mismo hispano, denunció que La Raza fomentaba "un odio ciego y estúpido".

El dinero de Ford ha respaldado a muchos grupos revolucionarios en los EE.UU. que se dedican a dinamitar y quemar edificios, incitar disturbios, secuestros y asesinatos. Todos estos son delitos penales, pero nadie es arrestado. La Ford Motor Co. también construyó la enorme fábrica de camiones del río Kama en la Rusia Soviética, que proporcionó los camiones para que el Ejército Rojo atacara Afganistán. Llegaron al país casi indefenso en una moderna autopista, que había sido construida por AID con el dinero de los contribuyentes americanos.

La Fundación Ford tiene muchas conexiones capitalistas y de la CIA. Stephen Bechtel y el abogado de Chase John J. McCloy han sido miembros de la junta por años, también Frank Abrams, chmn Standard Oil Co. de Nueva Jersey. El presidente de la Fundación Ford es Franklin Thomas, un negro simbólico; también es director de la Fundación John Hay Whitney de 348 millones de dólares. Whitney fue embajador en Inglaterra 1956-61, Orden del Imperio Británico, presidente de Freeport Sulphur, editor del *N.Y. Tribune*; se casó con Betsy Cushing Roosevelt. Su hija Kate se casó con William Haddad, del *New York Post,* que creó el Cuerpo de Paz para Kennedy en 1961, es gobernador del Congreso Judío Americano, de la Corporación Yale y del Museo de Arte Moderno; otros directores de la Fundación J.H. Whitney son Harold Howe, también director de la Fundación Ford, Vernon Jordan, director de la Fundación Rockefeller, y James F. Brownlee, socio de J.H. Whitney Co. y director del Chase Manhattan Bank, R.H. Macy Co. y chmn Minute Maid Corp.

Otros directores de la Fundación Ford incluyen a su director europeo, Ralf Dahrendorf, admirador de las políticas "utópicas" de Marx. En su trabajo, *Marx in Perspective*, afirmó que Marx es el mayor factor en el surgimiento de la sociedad moderna. Dahrendorf fue becario del Centro de Estudios Avanzados 1957-58, profesor de sociología en Hamburgo, 1958-60, en la Universidad de Columbia 1960, en la Universidad de Tubinga 1960-64, y en la Secretaría de Estado de Asuntos Exteriores de Alemania 1969-70. Como profesor de sociología, creó el concepto de un "hombre nuevo", al que denominó "homo sociologicus", hombre transformado por el socialismo, en el que han desaparecido todas las distinciones de raza, y presumiblemente, todas las demás distinciones. Dahrendorf niega que existan diferencias entre las razas de la humanidad, y denuncia cualquier idea de "superioridad" o habilidades diferentes como "distorsión ideológica". "Homo Sociologicus" es la criatura de las ciencias sociales, el hombre socializado que puede ser completamente controlado por las fuerzas de la sociedad.

La Fundación Ford introdujo el "conductismo" o control de personas en los planes de estudio de la Escuela de Negocios de Harvard a través de su director, Donald K. David, en 1956. David recibió una subvención de 2 millones de dólares de la Fundación Ford para este programa, mientras era director de la fundación. En 1970, la Fundación Ford estableció la Fundación de la Policía, dirigida por Pat Murphy, para entrenar a la policía en conductismo y "relaciones humanas".

Otros directores de la Fundación Ford son Harriet S. Rabb, decana adjunta de la Facultad de Derecho de la Universidad de Columbia, directora del Fondo Legal de la NAACP desde 1978. Su esposo Bruce Rabb es socio del bufete de abogados de Wall Street, Stroock Stroock & Lavan, organizó el Instituto Lehrman y ha sido secretario del mismo desde 1978; su padre, Maxwell Rabb, también es socio de este bufete de abogados - fue adm. asst. del Senador Henry Cabot Lodge 1937-43, secretario del gabinete 1953-58 bajo el mandato de Eisenhower, se unió a Stroock Stroock & Lavan en 1958, ahora Embajador en Italia, chmn de la U.S. en la UNESCO; otros socios de este bufete son

William J. van den Heuvel, antiguo socio del general Donovan, y su asistente cuando fue embajador en Tailandia, director de campaña de Jimmy Carter 1976; Rita Hauser, directora de la Brookings Institution; y Robert B. Anderson, antiguo Secretario de Marina y Secretario del Tesoro. Stroock Stroock & Lavan se especializa en el manejo de las finanzas familiares de familias judías ricas de línea antigua, y es fideicomisario de las tres fundaciones de Warburg.

El presidente de la Fundación Ford es Alex Heard, que estuvo en el Departamento de Guerra de 1939-43, espec., asesor Presidente de los EE.UU. 1970, director de *Time* desde 1968; otros directores son Hedley Donovan, editor en jefe de *Time*, director de la Comisión Trilateral; Walter A. Haas, presidente de Levi Strauss, director del Bank of America, NAACP Legal Fund, chmn de United Jewish Appeal, y Alliance Israelite Universelle; Donald S. Perkins, de J.P. Morgan; Irving S. Shapiro, ex presidente de DuPont, director de Citicorp y Citibank, IBM, director del USUSSR Trade & Economic Council; Glen E. Watt, de AFL-CIO, miembro del Club de Roma, de la Comisión Trilateral y del Aspen Institute.

El propósito de la Unión Pan-Europea, fundada por el Conde Coudenhove-Kalergi, y financiada por los Rothschild y los Warburgs, era restaurar el control oligárquico sobre Europa. Para lograr este objetivo, era necesario castrar y derrotar las poderosas corrientes republicanas que tuvieron su origen en el Renacimiento del siglo XIV, que, con su énfasis en la libertad del espíritu humano, produjo la mayor efusión cultural de la historia de la humanidad. Este individualismo se expresó inmediatamente en el nacionalismo; su espíritu republicano se dedicó a poner fin al control hereditario y arbitrario y a la dictadura sobre la vida del pueblo, alcanzando su máxima expresión en la Constitución de los Estados Unidos, que fue el resultado de la rebelión.

Debido a que las familias gobernantes de Europa son los descendientes directos de Guillermo de Orange, quien fundó el Banco de Inglaterra en 1694, el movimiento para destruir el nacionalismo y el individualismo ha sido dirigido desde Inglaterra, pero expresado en el movimiento comunista. El Orden Mundial ha planeado y ejecutado dos Guerras Mundiales para restaurar el dominio mundial de la oligarquía, un dominio mundial llamado de manera variada Bolchevismo, la Liga de las Naciones, o las Naciones Unidas, pero nunca el Orden Mundial.

El control inglés de este movimiento mundial queda demostrado por la ideología de las fundaciones americanas, creada por el Instituto Tavistock de Relaciones Humanas de Londres. En 1921, el Duque de Bedford, Marqués de Tavistock, el 11º Duque, cedió un edificio al Instituto para estudiar el efecto del choque de los proyectiles en los soldados británicos que sobrevivieron a la Primera Guerra Mundial.

El Instituto Tavistock tiene su sede en Londres, porque su profeta, Sigmund Freud, se estableció aquí en Maresfield Gardens cuando se mudó a Inglaterra. Le fue dada una mansión por la Princesa Bonaparte. El trabajo pionero de Tavistock en la ciencia del comportamiento según las líneas freudianas de "controlar" a los humanos lo estableció como el centro mundial de la ideología fundacional. Su red se extiende ahora desde la Universidad de Sussex a los Estados Unidos a través del Instituto de Investigación de Stanford, Esalen, MIT, Instituto Hudson, Fundación Heritage, Centro de Estudios Estratégicos e Internacionales de Georgetown, donde se entrena al personal del Departamento de Estado, la Inteligencia de la Fuerza Aérea de los Estados Unidos y las corporaciones Rand y Mitre. El personal de las fundaciones debe someterse a un adoctrinamiento en una o más de estas instituciones controladas por Tavistock. Una red de grupos secretos, la Sociedad Mont Pelerin, la Comisión Trilateral, la Fundación Ditchley, y el Club de Roma es el conducto para las instrucciones a la red de Tavistock.

El Instituto Tavistock desarrolló las técnicas de lavado masivo de cerebro que se utilizaron por primera vez experimentalmente en los prisioneros de guerra americanos en Corea. Sus experimentos con métodos de control de multitudes han sido ampliamente utilizados en el público americano, un subrepticio pero sin embargo indignante asalto a la libertad humana modificando el comportamiento individual a través de la psicología tópica. Un refugiado alemán, Kurt Lewin, se convirtió en director de Tavistock en 1932. Llegó a los Estados Unidos en 1933 como "refugiado", el primero de muchos infiltrados, y creó la Clínica de Psicología de Harvard, que originó la campaña de propaganda para poner al público estadounidense en contra de Alemania y para involucrarnos en la Segunda Guerra Mundial. En 1938, Roosevelt ejecutó un acuerdo secreto con Churchill que, en efecto, cedió la soberanía de EE.UU. a Inglaterra, porque accedió a dejar que el Ejecutivo de Operaciones Especiales controlara las políticas estadounidenses. Para implementar este acuerdo, Roosevelt envió al General Donovan a Londres para su adoctrinamiento antes de establecer la OSS (ahora la CIA) bajo la égida de la SOE-SIS. Todo el programa de OSS, así como la CIA siempre ha trabajado en las directrices establecidas por el Instituto Tavistock.

El Instituto Tavistock originó los bombardeos masivos de civiles llevados a cabo por Roosevelt y Churchill puramente como un experimento clínico de terror masivo, manteniendo registros de los resultados mientras observaban a los "conejillos de indias" reaccionar bajo "condiciones de laboratorio controladas". Todas las técnicas de Tavistock y de la fundación americana tienen un único objetivo: romper la fuerza psicológica del individuo y dejarlo indefenso para oponerse a los dictadores del Orden Mundial. Cualquier técnica que ayude a romper la unidad familiar, y los principios familiares inculcados de religión, honor, patriotismo y comportamiento sexual, es usada por los científicos de Tavistock como armas de control de multitudes. Los métodos de la psicoterapia freudiana inducen una enfermedad mental permanente en aquellos que se someten a este tratamiento, desestabilizando su carácter. Se aconseja entonces a la víctima que "establezca nuevos rituales de interacción personal", es decir, que se entregue a breves encuentros sexuales que en realidad dejan a los participantes a la deriva sin relaciones personales estables en sus vidas, destruyendo su capacidad de establecer o mantener una familia.

El Instituto Tavistock ha desarrollado tal poder en los Estados Unidos que nadie alcanza la prominencia en ningún campo a menos que haya sido entrenado en ciencias del comportamiento en Tavistock o en una de sus subsidiarias. Henry Kissinger, cuyo meteórico ascenso al poder es por otra parte inexplicable, fue un refugiado alemán y estudiante de Sir John Rawlings Reese en el

SHAEF. El Dr. Peter Bourne, un psicólogo del Instituto Tavistock, eligió a Carter para presidente de los EE.UU. sólo porque Carter se había sometido a un programa intensivo de lavado de cerebro administrado por el Almirante Hyman Rickover en Annapolis. La Fundación del Antiguo Dominio de Paul Mellon le dio a Tavistock 97.000 dólares en 1956, y 12.000 dólares durante cada uno de los tres años siguientes. El Viejo Dominio también dio a la Fundación Anna Freud 8.000 dólares al año. Tavistock mantiene dos escuelas en Frankfort, lugar de nacimiento de los Rothschild, la Escuela de Frankfurt, y el Instituto Sigmund Freud.

El "experimento" de integración racial obligatoria en los Estados Unidos fue organizado por Ronald Lippert, de la OSS y del Congreso Judío Americano, y director de formación de niños en la Comisión de Relaciones Comunitarias. El programa fue diseñado para romper el sentido de conocimiento personal del individuo en su identidad, su herencia racial. A través del Instituto de Investigación de Stanford, Tavistock controla la Asociación Nacional de Educación. El Instituto de Investigación Social del Laboratorio de Entrenamiento Nacional lava el cerebro de los principales ejecutivos de negocios y del gobierno. Tal es el poder de Tavistock que todo nuestro programa espacial fue desechado durante nueve años para que los soviéticos pudieran ponerse al día. El parón fue exigido en un artículo escrito por el Dr. Anatol Rapport, y fue concedido rápidamente por el gobierno, para la completa mistificación de todos los relacionados con la NASA. Otra operación prominente de Tavistock es la Escuela de Finanzas Wharton.

Un único denominador común identifica la estrategia común de Tavistock: el uso de drogas. El infame programa MK Ultra de la CIA, dirigido por el Dr. Sidney Gottlieb, en el que se administró LSD a oficiales desprevenidos de la CIA y se estudió su reacción como conejillos de indias, resultó en varias muertes. El gobierno de los EE.UU. tuvo que pagar millones en daños a las familias de las víctimas, pero los culpables nunca fueron acusados. El programa se originó cuando Sandoz AG, una empresa farmacéutica suiza, propiedad de S.G. Warburg Co. de Londres, desarrolló el ácido lisérgico. El asesor de Roosevelt,

James Paul Warburg, hijo de Paul Warburg, quien escribió el Acta de la Reserva Federal, y sobrino de Max Warburg, quien había financiado a Hitler, creó el Instituto de Estudios Políticos para promover la droga. El resultado fue la "contracultura" del LSD de los años 60, la "revolución estudiantil", que fue financiada por 25 millones de dólares de la CIA.

Una parte de MK Ultra era el Fondo de Ecología Humana; la CIA también pagó al Dr. Herbert Kelman de Harvard para llevar a cabo más experimentos sobre el control mental. En los años 50, la CIA financió amplios experimentos de LSD en Canadá. El Dr. D. Ewen Cameron, presidente de la Asociación Psicológica Canadiense y director del Hospital Real Victoriano de Montreal, recibió grandes pagos de la CIA para dar a 53 pacientes grandes dosis de LSD y registrar sus reacciones; los pacientes fueron drogados hasta semanas de sueño y luego se les dio tratamientos de choque eléctrico. Una de las víctimas, la esposa de un miembro del Parlamento canadiense, está demandando a las empresas estadounidenses que suministraron el medicamento a la CIA. En su biografía de Helms, Powers afirma que en sus últimos días de trabajo, Helms ordenó al Dr. Sidney Gottlieb, jefe de MK Ultra, que destruyera todos los registros del programa de pruebas de drogas de la CIA, y que para el 14 de enero de 1973, Helms había destruido cinco mil páginas de notas tomadas en su oficina durante sus seis años y medio como director de la CIA!

Debido a que todos los esfuerzos del Instituto Tavistock están dirigidos a producir un colapso cíclico, el efecto de los programas de la CIA son trágicamente aparentes. R. Emmett Tyrell Jr., escribiendo en el *Washington Post el* 20 de agosto de 1984, cita las "escuálidas consecuencias de los radicales de los 60 en el SDS" como resultado de "la creciente tasa de ilegitimidad, anarquía, drogadicción, bienestar, enfermedades venéreas y enfermedades mentales". Este es el legado de los Warburgs y la CIA. Su principal agencia, el Instituto de Estudios Políticos, fue fundada por James Paul Warburg; su cofundador fue Marcus Raskin, protegido de McGeorge Bundy, presidente de la Ford Foundalion. Bundy hizo que Raskin fuera nombrado representante personal del presidente Kennedy en el Consejo de Seguridad Nacional y en 1963 financió el programa Students for

Democratic Society, a través del cual la CIA operaba la cultura de la droga.

Hoy en día, el Instituto Tavistock opera una red de fundaciones de 6 mil millones de dólares al año en los EE.UU., todo ello financiado con el dinero de los contribuyentes de EE.UU. Diez grandes instituciones están bajo su control directo, con 400 subsidiarias, y otros 3000 grupos de estudio y think tanks que originan muchos tipos de programas para aumentar el control del Orden Mundial sobre el pueblo americano. Típico es el Instituto Hudson, una operación de 193 millones de dólares al año con 120 empleados, fundado en 1965 por Herman Kahn de la Rand Corp. y el Instituto de Investigación de Stanford; sus directores incluyen a Alexander Haig, presidente de United Technologies; Frank Carlucci, subsecretario de Defensa, y ahora presidente de Sears World Trade Corp.; Daniel C. Searle, chmn de G.D. Searle Drug Co. y el Gobernador Pierre DuPont de Delaware. El principal arquitecto de Hudson fue Frank Altschul, director de la Fundación Ford, socio de Lazard Freres, que se casó con la familia Lehman, presidente de General American Investors, director de U.S. Leather, Banco Internacional de Amsterdam, American Eagle Fire Insurance, Yale Corp. el Instituto de Estudios Internacionales, el Instituto de China en América, cuyo obituario en el Times en 1981 lo llamó "un hombre del Renacimiento" que dotó a la Biblioteca de Yale y a la Overbrook Press. Otros asociados de Hudson son Leo Cherne, de la Junta de Inteligencia de Asesoramiento en Asuntos Exteriores, y Sidney Hook, de la Institución Hoover.

El Instituto de Investigación de Stanford, adyacente a la Institución Hoover, es una operación de 150 millones de dólares al año con 3300 empleados. Lleva a cabo programas de vigilancia para Bechtel, Kaiser y otras 400 empresas, y extensas operaciones de inteligencia para la CIA. Es la mayor institución de la costa oeste que promueve el control mental y las ciencias del comportamiento.

Una de las agencias clave como conducto para las instrucciones secretas de Tavistock es la Fundación Ditchley, fundada en 1957 por Sir Philip Adams. Durante mucho tiempo funcionario del Servicio Exterior, Adams fue ministro en Jartum en 1954, embajador en Jordania durante 1966-70 y en Egipto en 1973-75; se casó con la hija del barón Trevethin (la familia Lawrence, que incluye a varios jefes de justicia de Gran Bretaña).

La Fundación Ditchley tiene su sede en Ditchley Park, cerca de Oxford, en un castillo construido para el Conde de Lichfield en el siglo XVI; el actual Conde de Lichfield es primo de la Reina Isabel, y es conocido como fotógrafo de mujeres hermosas. Ditchley Park fue cedido a la fundación por Ronald y Marietta Tree. Ronald Tree, ahijado de Marshall Field, fue durante muchos años un alto funcionario de la inteligencia británica. Fue nombrado Secretario Privado Parlamentario del Ministro de Pensiones, del Ministro de Información y del Ministro de Planificación. Se casó por primera vez con Nancy Moncure Perkins, de una antigua familia de Virginia. Se divorciaron, y él se casó con Marietta Peabody, nieta de Endicott Peabody, director de Groton, donde se formó la élite americana. Su carrera dio lugar al término "gente bella", el brillante conjunto internacional dedicado a las causas de la izquierda. Comenzó su carrera como una joven y hermosa "anfitriona" de Nelson Rockefeller en 1942, se convirtió en administradora del Newspaper Guild en la revista *Life*, del Comité de Prácticas de Vivienda Equitativa de Nueva York, en 1958 fue voluntaria de Stevenson, de la Comisión de Derechos Humanos de las Naciones Unidas de 1959 a 1961, de la Comisión de Derechos Humanos de las Naciones Unidas de 1961 a 1964, y fue embajadora ante las Naciones Unidas de 1961 a 1964. Los artículos de la revista ofrecían brillantes informes de la vida de una "persona hermosa" en Nueva York, su casa en el 123 E. 79th St. llena de mobiliario antiguo y tesoros de arte de Ditchley Park, la casa dirigida impecablemente por un mayordomo inglés, así como su casa de verano en Barbados, donde recibieron a Winston Churchill en 1960. La rama estadounidense de la Fundación Ditchley está dirigida por Cyrus Vance, ex Secretario de Estado y director de la Fundación Rockefeller; Alan Pifer, presidente de la Fundación Carnegie, y Winston Lord, presidente del Consejo de Relaciones Exteriores. Lord fue oficial político y militar del Departamento de Estado de 1961 a 1964, oficial de seguridad internacional del Departamento de Defensa de 1969 a 1973, asistente especial del Presidente de los Estados Unidos de 1970 a 1973, director de planificación de políticas del Departamento de Estado de 1973 a 1977, miembro del Consejo Atlántico y del Instituto Atlántico. Otros miembros de Ditchley han sido Wallace Sterling, presidente de la Universidad de Stanford, Richard Steadman del German Marshall Fund y Donald Perkins de la Brookings Institution. Perkins es director de *Time*, Thyssen Bornemitza, ATT, Corning, Cummins Engine, Freeport Moran, G.D. Searle, y Morgan Guaranty Trust Bank, y presidente de Jewel Tea Co.

Una de las principales operaciones, aunque poco conocida, de la Fundación Rockefeller ha sido sus técnicas para controlar la agricultura mundial. Su director, Kenneth Wernimont, estableció programas de agricultura controlada por Rockefeller en todo México y América Latina. El agricultor independiente es una gran amenaza para el orden mundial, porque produce para sí mismo, y porque sus productos pueden ser convertidos en capital, lo que le da independencia. En la Rusia soviética, los bolcheviques creían que habían alcanzado el control total del pueblo; estaban consternados al ver sus planes amenazados por la obstinada independencia de los pequeños agricultores, los kulaks. Stalin ordenó a la OGPU confiscar todos los alimentos y animales de los kulaks, y matarlos de hambre. El 25 de febrero de 1935, el *Chicago American publicó en primera plana*, SEIS MILLONES DE PERROS EN LA HAMBRE SOVIÉTICA: Los cultivos de los campesinos son confiscados, ellos y sus animales mueren de hambre. Para llamar la atención sobre esta atrocidad, se alegó más tarde que los alemanes, no los soviéticos, habían matado a seis millones de personas, el número tomado del titular del Chicago American por un publicista de Chicago.

El Partido Comunista, el Partido de los Campesinos y Obreros, exterminó a los campesinos y esclavizó a los trabajadores. Muchos regímenes totalitarios han encontrado en el pequeño campesino su mayor obstáculo. El Reino del Terror francés se dirigió, no contra los aristócratas, muchos de los cuales simpatizaban con él, sino contra los pequeños agricultores que se negaban a entregar su grano a los tribunales revolucionarios a cambio de los inútiles cesionarios. En los Estados Unidos, las fundaciones están actualmente comprometidas en el mismo tipo de guerra de exterminio contra el agricultor americano. La fórmula tradicional de tierra más mano de obra para el agricultor ha sido alterada debido a la necesidad del agricultor de poder adquisitivo, de comprar los bienes industriales necesarios en sus operaciones agrícolas. Debido a esta necesidad de capital, el agricultor es especialmente vulnerable a la manipulación de las tasas de interés por parte del Orden Mundial, que lo está llevando a la bancarrota. Al igual que en la Unión Soviética, a principios del decenio de 1930, cuando Stalin ordenó a los kulaks que renunciaran a sus pequeñas parcelas de tierra para vivir y trabajar en las granjas colectivas, el pequeño agricultor estadounidense se enfrenta al mismo tipo de exterminio, ya que se ve obligado a renunciar a su pequeña parcela de tierra para convertirse en un asalariado de los grandes soviéticos agrícolas o de los fideicomisos. La Institución Brookings y otras fundaciones originaron los programas monetarios implementados por el Sistema de la Reserva Federal para destruir al granjero americano, una repetición de la tragedia soviética en Rusia, con la única condición de que se le permita al granjero sobrevivir si se convierte en un trabajador esclavo de los grandes fideicomisos.

Una vez que el ciudadano se da cuenta del verdadero papel de las fundaciones, puede entender las altas tasas de interés, los altos impuestos, la destrucción de la familia, la degradación de las iglesias en foros para la revolución, la subversión de las universidades en pozos negros de la CIA de la adicción a las drogas, y los salones del gobierno en alcantarillas de espionaje e intriga internacional. El ciudadano americano puede entender ahora por qué todos los agentes del gobierno federal están en su contra; las agencias del alfabeto, el FBI, el IRS, la CIA y el BATF deben hacer la guerra al ciudadano para llevar a cabo los programas de las fundaciones.

Hemos visto el estrecho entrelazamiento de las fundaciones con los bancos y corporaciones internacionales, todo ello derivado del Fondo Peabody de 1865, y de la Junta de Industrias de Guerra de Bernard Baruch en la Primera Guerra Mundial. Se ha acusado, y nunca se ha negado, que la red Heritage AEI tiene al menos dos topos de la KGB en su personal. El empleo de operativos profesionales de inteligencia como trabajadores "caritativos", como se hizo en la Misión de la Cruz Roja a Rusia en 1917, expone los siniestros objetivos políticos, económicos y sociales que el Orden Mundial exige a las fundaciones que logren a través de sus "legados".

No sólo se trata de un fraude fiscal, ya que las fundaciones reciben la exención de impuestos únicamente para realizar obras de beneficencia, sino que es sindicación criminal, conspiración para cometer delitos contra los Estados Unidos de América, Ley Constitucional 213, Corpus Juris Secundum 16. Por primera vez, el estrecho entrelazamiento del "sindicato" de fundaciones ha sido revelado por los nombres de sus principales incorporadores - Daniel Coit Gilman, que incorporó el Fondo Peabody y el Fondo John Slater, y se convirtió en incorporador de la Junta de Educación General (actualmente la Fundación Rockefeller); Gilman, que también incorporó el Russell Trust en 1856, se convirtió más tarde en incorporador de la Institución Carnegie con Andrew Dickson White (Russell Trust) y Frederic A. Delano. Delano también fue un incorporador original de la Institución Brookings y la Dotación Carnegie para la Paz Internacional. Daniel Coit Gilman incorporó la Fundación Russell Sage con Cleveland H. Dodge del National City Bank. Estos incorporadores de fundaciones han estado estrechamente vinculados con el Sistema de la Reserva Federal, la Junta de Industrias de Guerra de la Primera Guerra Mundial, la OSS de la Segunda Guerra Mundial y la CIA. También han estado estrechamente vinculados con la Corporación Internacional Americana, que se formó para instigar la Revolución Bolchevique en Rusia. Delano, un tío de Franklin Delano Roosevelt, estuvo en la Junta de Gobernadores original del Sistema de la Reserva Federal en 1914. Su cuñado fundó el influyente bufete de abogados de Covington y Burling en Washington. Los Delano y otras familias gobernantes del Orden Mundial remontan su linaje directamente a Guillermo de Orange y al régimen que otorgó la carta del Banco de Inglaterra. Su Majestad la Reina Isabel la Reina Madre, Lady Elizabeth Bowes-Lyon, es la hija del 14° Conde de Strathmore. Cuando Guillermo de Orange invadió Inglaterra en 1688, los señores escoceses, que habían sido leales a Jaime II, fueron los últimos en capitular.

Patrick Lyon tomó el juramento de lealtad a Guillermo en 1690, y se convirtió en el primer Conde de Strathmore. La familia reside en el Castillo Glamis, que se hizo famoso por la obra de Shakespeare, *Macbeth*. El actual Lord Glamis es Michael Fergus Bowes-Lyon, heredero del 17° Conde de Strathmore, que tiene otros títulos de Conde de Kinghorne, Vizconde de Lyon, Farnedyce, Sydlaw y Strathdichtie.

APÉNDICE I

D espués de obtener el control del gobierno nacional, la Fundación Rockefeller se movió para tomar el control de las legislaturas estatales. El movimiento comenzó en Colorado, donde los Rockefellers habían perpetrado la infame "Masacre de Ludlow" de los trabajadores de su planta de combustible y hierro en Colorado. El senador estatal Henry Wolcott Toll, abogado de Denver y graduado de la Facultad de Derecho de Harvard, encabezó la organización de la Asociación de Legisladores Americanos en 1925.

Time, el 27 de abril de 1936, señaló que Toll en 1930 obtuvo ayuda financiera del Fondo Spelman Rockefeller y trasladó la organización al campus de la Universidad Rockefeller de Chicago. *Time* señaló,

"Hoy en día el Capitolio de los EE.UU. sigue en Washington, pero en la medida en que los estados individualmente tienen algún punto de contacto, es el edificio de oficinas del Sr. Toll en Chicago. Actualmente el dinero de Rockefeller es para erigir un edificio de 500.000 dólares en el Midway de Chicago para albergar estas secretarías, una especie de Palacio de la Liga de Naciones para los gobiernos locales de los 48 estados."

Esto se convirtió en el Consejo de Gobiernos Estatales en el 1313 de la calle 60 de Chicago, desde cuya dirección la Fundación Rockefeller controlaba las legislaturas estatales y llevaba a cabo sus programas a través de organismos estatales en su mayoría desprevenidos.

El tiempo también señaló que los planes de Toll fueron aprobados por un personaje principal de esta historia, Frederick A. Delano.

"Sus sentimientos se hicieron eco con aprobación del tío de Franklin Roosevelt, Frederick A. Delano, quien, como presidente del Comité de Recursos Nacionales del Presidente, estaba allí para prestar su consejo."

Así, tenemos al fundador de la Institución Brookings guiando el control de la fundación de las legislaturas estatales. El Consejo de Gobiernos Estatales se ha trasladado ahora a Lexington (Kentucky), donde actualmente está integrado por la Conferencia de Presidentes de Tribunales, la Conferencia de Administradores de Tribunales Estatales y las Asociaciones Nacionales de Fiscales Generales, Secretarios de Estado y Auditores Estatales, Oficinas de Compras Estatales, Vicegobernadores y Legisladores Estatales. Los gobernadores de los 50 estados forman parte del Consejo de Gobiernos Estatales.

CAPÍTULO NUEVE

LA REGLA DEL ORDEN

"Y he aquí que al atardecer hay problemas con la marea,
y antes de la mañana no los hay. Esta es la parte de los
que nos echan a perder y la suerte de los que nos roban."
- Isaías 17; 14.

Cinco hombres gobiernan el mundo. Este Consejo de los Cinco está formado por el Barón Guy de Rothschild, Evelyn de Rothschild, George Pratt Shultz, Robert Roosa (de la empresa familiar de Bush, Brown Brothers Harriman) y una vacante, en el momento de escribir estas líneas. En los últimos años, entre los miembros del Consejo que han fallecido se encuentran Averill Harriman, Lord Victor Rothschild y el Príncipe Thurn und Taxis de Ratisbona (Alemania). Ninguno de ellos ocupa un cargo público, pero eligen quiénes ocuparán el cargo en las naciones. Estos cinco hombres forman la cúspide de la pirámide del poder, el Orden Mundial. Podemos preguntarnos, ¿Por qué debería haber un Orden Mundial? ¿No es suficiente tener el poder absoluto en una sola nación, o en un grupo de naciones? La respuesta es no, debido a la naturaleza de los viajes internacionales, el comercio internacional y las finanzas internacionales. Los viajes internacionales requieren que una persona pueda viajar en paz de una nación a otra, sin ser molestada. Excepto en casos de anarquía, revolución o guerra, este requisito puede cumplirse normalmente. El comercio internacional requiere que los comerciantes de una nación puedan ir a otra nación, realizar transacciones comerciales y regresar con sus bienes o sus ganancias. Este requisito también se suele cumplir. Si no, la nación ofendida puede ejercer la fuerza militar, como hizo Gran Bretaña en sus Guerras del Opio.

Es el tercer requisito, la financiación internacional, que dio origen al Orden Mundial. Antes, cuando el comercio internacional consistía en el trueque, el pago en oro o plata o la piratería, la confiscación de bienes por la fuerza, no era necesario un árbitro mundial para determinar el valor de los instrumentos de comercio. El desarrollo del papel moneda, las acciones, los bonos, las aceptaciones y otros instrumentos negociables exigía que una potencia, capaz de ejercer influencia en cualquier parte del mundo, declarara que un trozo de papel representaba mil millones de dólares de riqueza real, o incluso un dólar de riqueza real. Una entrada en una computadora, que se muestra desde Londres a Nueva York, declara que alguien debe cinco mil millones de dólares a otra persona. Sin un verdadero respaldo de poder, no se podría cobrar tal suma, sin importar la facticidad o moralidad de la deuda. Como cualquiera en la mafia puede decir, no se cobra a menos que se esté dispuesto a romper las piernas. El Orden Mundial siempre está dispuesto a romper piernas, y las rompen por millones.

¿Qué habría pasado con los primeros colonos de América si hubieran ido a los indios y hubieran dicho,

> "Dadnos vuestros bienes y las escrituras de vuestras casas y tierras. A cambio, les daremos este hermoso papel impreso."

Los indios los atacaban y los atacaban. Si los colonos llegaban con un ejército liderado por un Pizarrón o un Cortés, tomaban las tierras sin un pedazo de papel.

El Orden Mundial gobierna con sus pedazos de papel, pero detrás de cada papel hay una fuerza que puede ser empleada en cualquier parte del mundo. La fuerza puede ser disfrazada por varios subterfugios como acuerdos internacionales, asociaciones u otro camuflaje, pero su base es siempre la fuerza.

El Orden Mundial rige a través de una simple técnica, Divide y Conquista (*Divide et impera*). Cada división natural o no natural entre las personas, cada ocasión de odio o avaricia, es explotada y exacerbada hasta el límite. La polarización de los grupos raciales y étnicos en los Estados Unidos se ve acelerada por una avalancha de decretos gubernamentales, originados en "estudios" de fundación, que tienen por objeto únicamente poner a los americanos contra los americanos. Sólo de esta manera el Orden Mundial puede mantener su férreo control sobre la vida diaria de la gente. El Orden Mundial también rige por el principio de *1984* - no se permite que grupos de dos o más personas se reúnan a menos que el Orden Mundial tenga un representante presente. Si se inicia un club de coleccionistas de dientes de león, la Orden enviará a alguien que será silenciosamente útil, evitará tomar la posición delantera, y que se ofrecerá a pagar el alquiler de un lugar de reunión o la impresión de las actas. En grupos más radicales, el representante de la Orden será el primero en sugerir dinamitar un edificio, asesinar a un oficial, u otra acción violenta.

El terrorismo internacional del Partido Comunista se originó en un pequeño club de obreros alemanes y franceses en París, dedicado a la lectura tranquila y la discusión, hasta que Karl Marx se unió. Se convirtió entonces en un grupo revolucionario. Este ejemplo explica la determinación de la Orden de no permitir que ningún grupo, por insignificante que sea, quede sin vigilancia. El Orden Mundial adoptó la dialéctica hegeliana, la dialéctica del materialismo, que considera al mundo como una potencia y al mundo como una realidad. Niega todos los demás poderes y todas las demás realidades. Funciona sobre el principio de la tesis, la antítesis y una síntesis que resulta cuando la tesis y la antítesis son lanzadas una contra la otra para un resultado predeterminado. Así, el Orden Mundial organiza y financia grupos judíos; luego organiza y financia grupos antijudíos; organiza grupos comunistas; luego organiza y financia grupos anticomunistas. No es necesario que la Orden lance estos grupos unos contra otros; se buscan unos a otros como misiles buscadores de calor, y tratan de destruirse unos a otros. Al controlar el tamaño y los recursos de cada grupo, el Orden Mundial siempre puede predeterminar el resultado.

En esta técnica, los miembros del Orden Mundial a menudo se identifican con un lado o el otro. John Foster Dulles arregló la financiación de Hitler, pero nunca fue un nazi. David Rockefeller puede ser vitoreado en Moscú, pero no es un comunista. Sin embargo, la Orden siempre aparece en el lado ganador. Un rasgo distintivo de un miembro de la Orden Mundial, aunque no se admita, es que no cree en nada más que en la Orden Mundial. Otro rasgo distintivo es su absoluto desprecio por cualquiera que realmente crea en los principios del comunismo, el sionismo, el cristianismo, o cualquier grupo nacional, religioso o fraternal, aunque la Orden tenga miembros en posiciones de control en todos estos grupos. Si eres un cristiano, sionista o musulmán sincero, la Orden Mundial te considera un imbécil indigno de respeto. Puedes y serás usado, pero nunca serás respetado.

Se han necesitado siglos de paciente esfuerzo para que el Orden Mundial alcance el poder que ejerce hoy en día. Sus orígenes como fuerza internacional se remontan a los traficantes de esclavos fenicios, continúa a través de las familias fanáticas del Imperio Bizantino, luego los comerciantes y banqueros venecianos y genoveses de la Edad Media, que se trasladaron a España y Portugal, y más tarde a Inglaterra y Escocia. En el siglo XIV, los genoveses controlaban a los terratenientes escoceses. La familia imperial del Imperio Bizantino, los paleólogos (que significa "la palabra") fueron atacados por la facción gnóstica, cuya filosofía materialista aristotélica fue la precursora de la dialéctica hegeliana y el marxismo. Los Paleólogos creían fervientemente en la fe cristiana, tal y como la expresaba el Rito Ortodoxo. Los ejércitos materialistas venecianos y genoveses, con la ayuda de los "infieles" turcos, saquearon y conquistaron Constantinopla, la legendaria "Ciudad de Dios". Los supervivientes bizantinos recrearon su cultura en Rusia, con Moscú como "la tercera Roma". El plan para destruir la Iglesia Ortodoxa y su líder Romanov (nueva Roma) fue el objetivo oculto de la Primera Guerra Mundial. Los vencedores se llevaron mil millones de dólares de la fortuna de los Romanov, después de lograr la derrota de su odiado enemigo, la Iglesia Ortodoxa.

Durante la Edad Media, los centros de poder europeos se unieron en dos bandos, los gibelinos, los que apoyaban a la familia Hohenstaufen del Emperador, (una adaptación italiana de Weinblingen, el nombre de la finca Hohenstaufen), y los güelfos, de Welf, el príncipe alemán que compitió con Federico por el control del Sacro Imperio Romano Germánico. El Papa se alió con los güelfos contra los gibelinos, lo que resultó en su victoria. Toda la historia moderna proviene directamente de la lucha entre estas dos potencias. Los güelfos, también llamados los Neri, o Guelfos Negros, y la Nobleza Negra, fueron los normandos que conquistaron Inglaterra en el siglo XI; los genoveses que apoyaron a Robert Bruce en su conquista de Escocia, y que apoyaron a Guillermo de Orange en su toma del trono de Inglaterra. La victoria de Guillermo dio lugar a la formación del Banco de Inglaterra y la Compañía de las Indias Orientales, que han gobernado el mundo desde el siglo 17. Cada golpe de estado, revolución y guerra subsiguiente se ha centrado en la batalla de los güelfos para mantener y aumentar su poder, que ahora es el Orden Mundial.

El poder de los güelfos creció a través de su control de la banca y el comercio internacional. Se extendió a través de los centros italianos al norte de Florencia, en Lombardía, que se convirtieron en grandes centros financieros. Todos los banqueros italianos, incluyendo los genoveses, los venecianos y los milaneses, eran conocidos como "lombardos"; Lombardo, en alemán, significa "banco de depósito"; los lombardos eran banqueros de todo el mundo medieval. La historia moderna comienza con el traslado de sus operaciones al norte, a Hamburgo, Ámsterdam y finalmente a Londres.

Las grandes fortunas americanas se originaron con el comercio de esclavos de Guelph a las colonias. Muchos de los traficantes de esclavos duplicaron la piratería. La Iglesia de la Trinidad, cuyo líder vestuario más tarde fue J.P. Morgan, fue originalmente conocida como "la iglesia de los piratas". El capitán William Kidd proporcionó el material para construirla en 1697, y se le reservó un banco. Fue arrestado al año siguiente, y colgado en cadenas en Newgate. En 1711, un mercado de esclavos se estableció en Wall Street cerca de la iglesia, y funcionó allí durante muchos años.

Dos de las influencias más poderosas del mundo actual son el comercio internacional de drogas, que comenzó con la East India Co. , y el espionaje internacional, que comenzó con el Banco de

Inglaterra. La East India Co. recibió un estatuto en 1600 en los últimos días del reinado de la Reina Isabel. En 1622, bajo el reinado de Jaime I, se convirtió en una sociedad anónima. En 1661, en un intento de retener su trono, Carlos II concedió a la East India Co. el poder de hacer la guerra. De 1700 a 1830, la Compañía de las Indias Orientales obtuvo el control de toda la India y le arrebató el monopolio histórico del opio a los grandes mogoles.

La Corona intentaba periódicamente mantener el control del monstruo que había desatado. Documentos de Estado (Doméstico) Interregnum, xvi, No. 97 (1649-51) estados,

"Considerando que la Compañía de las Indias Orientales ha obtenido varias órdenes judiciales para el transporte de varias grandes cantidades de oro y plata, la Ilksom tymes se concede a varios comerciantes y a otros a petición y sugerencia de éstos, y que, en virtud de esta orden judicial, se conceden otras grandes sumas de dinero, tanto el oro como la plata ingleses son transportados fuera de la nación, lo que podría ser impedido por el estado nombraría a un controlado juramentado experto en este asunto, para ver y buscar todas las insignias y cajas de tesoros, que son transportadas fuera de la nación, y para ver el embalaje y la composición de dicho tesoro, y que no se envíe más, entonces, de lo que el estatuto da licencia, tanto por cantidad como por calidad, y registrado, y devuelto anualmente al consejo de estado, y que el controlador para su vista y búsqueda y sellado y marcado exigirá y tendrá chelines de remolque por cada cien libras esterlinas por taylor, o el valor de cada cien libras esterlinas, si es que el Oro o la Plata debe estar en barras o lingotes, para todo el Oro y la Plata que se exportará con licencia, ya sea la Compañía de las Indias Orientales o cualquier otra persona que sea, y que no será legal para ningún hombre transportar el Oro o la Plata antes de que sea visto y examinado por Tho. Violeta o su suficiente debito, y registrado."

La supervisión gubernamental del control de los movimientos internacionales de oro y plata ha sido un problema nacional desde que Cicerón se enfrentó a él en el Foro Romano. Sir Walter Raleigh señaló, en sus selectas *observaciones del incomparable Sir Walter Raleigh*, MDCXCVI p.6,

"1. Esa Nación sólo puede estar en un Estado próspero que tenga una cantidad proporcional de Plata u Oro para equilibrar la Fuerza y el comercio de sus Naciones vecinas. 2. Que mientras el efectivo actual de este Reino puede ser convertido en lingotes de oro, y por lo tanto convertido en una mercancía comercial (como se ha practicado durante estos cien años), o bien sea llevado al mejor mercado, o forjado en plato en casa, a pesar del máximo rigor y vigilancia, para el gran consumo diario de la moneda, y el detrimento de la nación. Que elevar el valor de nuestra Moneda, es el único medio seguro de mantenerla en la Nación para hacernos un Estado rico y próspero, para recuperar nuestro Comercio perdido, y el mejor Baluarte y Defensa contra todos los Ataques de nuestros Enemigos. Que contrariamente a la Política de las Naciones, nuestra Moneda estándar es de mayor valor en todos los lugares que en casa (con excepción de España) por lo que traemos aquí el Dinero Español, y por la misma razón nuestro Dinero es transportado a otros lugares, al gran Empobrecimiento de la Nación."

Sir Walter Raleigh, un patriota, vio que las maquinaciones de los traficantes de dinero internacionales estaban llevando a la ruina a muchos ingleses, y trató de detenerlo. Ellos, a su vez, conspiraron contra él y lo decapitaron. La Orden invariablemente alista a "la ley" contra sus enemigos.

La East India Co. se originó como las Engrapadoras de Londres, fue más tarde conocida como la London Mercers Co. ...gremios de mercaderes que tenían el monopolio de ciertas vías de comercio. Era una rama directa de los establecimientos bancarios comerciales del norte de Italia, Venecia y Génova. Las empresas relacionadas eran la Hansa alemana, y la Hanse de los Países Bajos, que tenía su sede en Brujas. También se alió con la Levant Co. y la Anglo-Muscovy Co. Sebastian Cabot, cuyos descendientes son prominentes en la banca y la inteligencia americana, recaudó el capital inicial para la Anglo-Muscovy en Italia y Londres. La compañía operaba las rutas comerciales terrestres del norte desde el Báltico a la India y China. Otras empresas relacionadas fueron la London Company, constituida en 1606 para establecer The Virginian Plantation sobre una base comunista, y la Plymouth Company, cuyos descendientes controlan el mundo de los negocios de Nueva Inglaterra.

Los bancos de la "City", que dominan las finanzas y la política estadounidenses (nombre en clave de los bancos de la "City", distrito financiero de Londres), descienden directamente de las operaciones de la India oriental y del Banco de Inglaterra. El Imperio Rockefeller es el vástago más prominente de esta dinastía.

Para ayudar a su control de las finanzas y la política, los güelfos perpetuaron una serie de cultos derivados de los maniqueos, que a su vez derivaron de los cultos de Babilonia e Ira, del culto de Atys de la zona del Cáucaso, y del panteísmo hindú. Sus ramificaciones incluyen a los bogomilos de los Balcanes, los paulinos de Asia Menor, los anabaptistas, los comunistas y los antinomianos, centrados en los (cataristas, los albigenses del sur de Francia, los patarenos del norte de Italia y los saboyanos ingleses). Estos credos gnósticos se desarrollaron en los rosacruces, los sueco-borgianos, los unitarios, la Sociedad Fabiana y el Consejo Mundial de Iglesias. Los saboyanos ingleses se activaron en las grapadoras de Londres y en el auge del comercio oceánico, utilizando la galera de Venecia-Flandes, que trajo la vela latina a Europa desde el sudeste asiático. Los saboyanos formaron un partido de extrema izquierda, liderado por John Ball, que pedía la nacionalización de toda la tierra. Los Wycliffe-Lollards-Savoyards-Staplers formaron el Partido del Rey contra la nobleza terrateniente (republicanismo) y el parlamento. Entonces como ahora, la izquierda buscaba la propiedad de todas las tierras a través de un gobernante absoluto y un gobierno centralizado totalitario.

Esta alianza de izquierda culminó en la Universidad de Londres. La Universidad de Londres, que recibió una subvención de 2 millones de dólares en 1924 de Beardsley Ruml como jefe del Fondo Rockefeller Laura Spelman, y muchas otras subvenciones de fundaciones americanas alberga el Gresham College y la London School of Economics, donde Harold Laski enseñó a John F. Kennedy y David Rockefeller los principios del Orden Mundial. La Universidad de Londres fue financiada originalmente por Jeremy Bentham de la East India Co. , y John

Stuart Mill, cuyo amigo, el banquero de inversiones George Grote, dio a la Universidad de Londres 6000 libras para estudiar la salud mental, el origen del actual movimiento mundial de "salud mental". Grote también contribuyó con 500 libras para financiar la Revolución de Julio en Francia en 1830, que puso a Louis Philippe en el trono.

Fue Bentham quien primero acuñó el lema que más tarde retomó Karl Marx, "el mayor bien para el mayor número", que ha sido tan útil para inflamar a las masas, la llama del marxismo que mejor puede servir a sus intereses sirviendo a los demás. El socio de Bentham era el fabricante Robert Owen, un ateo que enseñaba el amor libre. Como la mayoría de los bienhechores, los molinos de algodón de Owen en Asia, asociados con la East India Co., causaron bancarrotas y gran miseria en la India. En 1824, Owen compró la comuna anabaptista del Padre Rapp en América, Harmonie on the Wabash, rebautizándola como Nueva Armonía. La asociada de Owen en New Harmony fue Frances (Fanny) Wright, quien inició la práctica del amor libre en América. También inició el Movimiento por la Igualdad de Derechos de la Mujer, que pretendía romper familias incitando a la guerra entre marido y mujer. Viajó por el Sur, predicando la amalgama de las razas, y fundó una comuna en Tennessee para los libertos negros. En 1829, ayudó a fundar el Partido de los Trabajadores en la ciudad de Nueva York, que más tarde se convirtió en el Partido Comunista. Su nieto, el reverendo Wm. Norman Guthrie, que se casó con Anne Norton Stuart, se hizo conocido como el Vicario Rojo en su iglesia, St. Marks in the Bowerie, que acogía a los luciferinos en sus servicios.

Uno de los principales vástagos de la East India Co. fue la Fabian Society, fundada por Sidney y Beatrice Potter Webb, (cuyo padre, Richard Potter, era amigo íntimo de John Stuart Mill). La hermana de Beatrice, Georgina, se casó con Daniel Meinertzhagen, presidente de Lazard Bros. London; otra hermana, Theresa, se casó con Sir Alfred Cripps. El padre de John Stuart Mill, James, que trabajaba en la East India Co., nombró a su hijo en honor a John Stuart, jefe de la East India Co. John Stuart Mill fue secretario de la East India Co. desde 1856 hasta su disolución. Uno de los más famosos discípulos de Mill,

David Ricardo, originó la Teoría de las Rentas, más tarde expuesta por los marxistas, y la ley de salarios de "mera subsistencia", Su descendiente, Rita Ricardo, casada con Wesley Campbell, jefe de la Institución Hoover, ahora asesora al Presidente Reagan sobre la seguridad social.

Robert Owen, promotor de la comuna Nueva Armonía, fue uno de los principales patrocinadores de la campaña presidencial de John Quincy Adams. Adams había retenido el apoyo de Madison durante la Guerra de 1812, y había amenazado con la secesión de la Unión. Como Secretario de Estado, Adams había redactado la Doctrina Monroe, que daba a la British East India Co. el control de todos los mercados de América Latina, mientras mantenía fuera a todos sus competidores! T.D. Allman, en *The Doctrine That Never Was*, *Harper's*, enero de 1984, reveló que Monroe en realidad se comprometió a no interferir con ninguna potencia europea, a menos que establecieran "nuevas" colonias. El acuerdo, que ni siquiera se denominó "Doctrina Monroe" hasta muchos años después, garantizó a la East India Company sus mercados en este hemisferio. Cuando Gran Bretaña violó el acuerdo en 1833 al apoderarse de las Malvinas, los Estados Unidos no hicieron nada.

Los intereses bancarios y navieros de Nueva Inglaterra, controlados por el grupo de Adams, crearon el Segundo Banco de los Estados Unidos mediante repetidas campañas de especulación bursátil, caracterizadas por los típicos episodios de hiperinflación y deflación repentina, que les dieron el control de millones de acres de tierras agrícolas en todo el Valle del Misisipi, desde los Grandes Lagos hasta el Golfo de México. Esto les dio una enorme influencia política en toda esta región, permitiéndoles sembrar el sur del valle del Mississippi con fanáticos secesionistas y abolicionistas, cuyos actos revolucionarios hicieron inevitable la Guerra Civil. Owen también acuñó el término Socialismo; fue socio de un fabricante de algodón llamado Engels, cuyo hijo se convirtió más tarde en su discípulo político, y aún más tarde se convirtió en el socio de Carlos Marx en la fundación del movimiento comunista mundial.

El rastro de los conspiradores ha sido evidente a lo largo de la historia de Europa desde la Edad Media. En 1547, la República de Venecia se enteró de una conspiración anticristiana y estranguló a sus líderes, Julián Trevisano y Francisco de Rugo.

Los conspiradores supervivientes, Ochinus, Laelius Socinus, Peruta, Gentilis, Jacques Chiari, Francis Lenoir, Darius Socinus, Alicas y el Abbe Leonard, ahora difunden sus venenosas doctrinas de odio por toda Europa. Su mensaje de anarquía, ateísmo e inmoralidad, nivelación y revolución trajo consigo el derramamiento de sangre en cada agitación posterior en el continente. En Alemania, Adam Weishaupt, profesor de derecho canónico en la Universidad de Munich, y más tarde en Coburg-Gotha, se convirtió en el jefe nominal de los Illuminati; su rama correspondiente en Italia fue la Alta Vendita, cuyo primer líder fue un noble italiano, B. Nubius. Su principal agente fue Piccolo Tigre, un banquero y joyero judío que viajó para la Alta Vendita por toda Europa. En 1822, sus instrucciones a los capítulos fueron confiscadas y publicadas, de las cuales extraemos:

"No dejamos de recomendarle, para afiliar a personas de toda clase y forma de asociación, no importa de qué tipo, sólo con la condición de que el misterio y el secreto sean la característica dominante. Con el pretexto más inútil, pero nunca político o religioso, creado por vosotros mismos, o mejor aún, hacer que sea creado por otros, asociaciones, teniendo en común la música, las bellas artes por objeto. Luego infiltrad el veneno en esas artes elegidas; infiltradlo en pequeñas dosis. Un príncipe que no tiene un reino que esperar, es una buena fortuna para nosotros. Hay muchos de ellos en esa situación. Estos pobres príncipes servirán a nuestros fines, mientras que piensan trabajar sólo para los suyos. Forman un magnífico cartel, y siempre hay suficientes tontos que están dispuestos a comprometerse al servicio de una conspiración, de la que algún príncipe parece ser el líder. Hay poca moralidad incluso entre los más morales del mundo, y uno va rápido en el camino de ese progreso. Un buen odio, completamente frío, completamente calculado, vale más que todos estos fuegos artificiales y todas estas declaraciones en la plataforma. En este momento, tendremos una imprenta en Malta a nuestra disposición. Entonces podremos impunemente, con un golpe seguro, y bajo la bandera británica, esparcir de un extremo a otro de Italia, libros, panfletos, etc. que la Alta Vendita juzgará oportuno poner en circulación."

Karl Rothschild, hijo de Mayer Amschel, se convirtió en el jefe de la Alta Vendita.

El 1 de mayo de 1776, Adam Weishaupt dio más instrucciones a los Illuminati en Baviera,

"Trabajamos en primer lugar para atraer a nuestra Asociación a todos los buenos y doctos escritores. Esto que imaginamos será lo más fácil de conseguir, ya que deben obtener una ventaja evidente de ello. Junto a estos hombres buscamos a los maestros y secretarios de las oficinas de correos, para facilitar nuestra correspondencia."

La familia Tasso de Bolonia, más tarde Thurn und Taxis, obtuvo el control de las oficinas de correos y de la labor de inteligencia en Europa y mantuvo ese poder durante cinco siglos. Aunque estos grupos surgieron como organizaciones caritativas o de bellas artes, sus objetivos de anarquía se ocultaron en todos sus esfuerzos. En el siglo XX, culminaron en la Sociedad de Naciones, las Naciones Unidas, el Partido Comunista, el Instituto Real de Asuntos Internacionales, el Consejo de Relaciones Exteriores, las fundaciones y una serie de grupos menores. El Movimiento Paneuropeo del Conde Coudenhove-kalergi, con su poderoso respaldo de aristócratas y financieros internacionales, estaba representado en los Estados Unidos por su rama americana, fundada por Herbert Hoover y el Coronel House, que también estaban impulsando a los Estados Unidos a ratificar la Sociedad de Naciones. Coundenhove-Kalergi mencionó en su autobiografía que había sido financiado por los Rothschilds y los Warburgs, y en los EE.UU., por Paul Warburg y Bernard Baruch. Estaba conectado con la familia Thurn und Taxis. Su abuelo, el Conde Francis Coudenhove-Kalergi, embajador austriaco en París, se había casado con Marie Kalergi en 1850. Ella era una de las herederas más ricas de Europa, descendiente del emperador bizantino Nikophor Phikas; en 1300, cuando Venecia era la potencia dominante en el Mediterráneo, Alexios Kalergis había firmado el tratado que convertía a Creta en un dominio de Venecia. Un reciente premier de Grecia, Emmanuel Tsouderos, era un Kalergi.

Melchior Palyi, en *El crepúsculo del oro*, revela los juegos de poder del Orden Mundial en las finanzas internacionales, cuando cita el Diario del Gobernador Emile Moreau del Banco de Francia. Palyi dice,

> "En octubre de 1926, el Gobernador Emile Moreau del Banco de Francia envió a su colaborador más cercano a Londres para explorar las intenciones de Montagu Norman, Gobernador del Banco de Inglaterra. Pierre Quesnay, entonces director general del Banco de Francia 1926-30, y del Banco de Pagos Internacionales 1930-37, trajo un informe que fue registrado por Moreau: "Quesnay también me da interesantes puntos de vista sobre las ambiciones de Montagu Norman y el grupo de financieros que lo rodean: Sir Otto Niemeyer, Sir Arthur Salter, Sir Henry Strakosch, Sir Robert Kindersley se esfuerzan por hacer de Londres el gran centro financiero internacional. Pero los allegados a Norman afirman que no es éste su objetivo, sino que quiere más que nada ser testigo del establecimiento de vínculos entre los distintos bancos de Issue. La organización económica y financiera del mundo le parece al Gobernador del Banco de Inglaterra la mayor tarea del siglo XX. En su opinión, los políticos y las instituciones políticas no están en condiciones de dirigir con la competencia y la continuidad necesarias esta tarea de organización que le gustaría ver realizada por los bancos centrales, independientes a la vez de los gobiernos y de la financiación privada. De ahí su campaña a favor de unos bancos centrales completamente autónomos, que dominen sus propios mercados financieros y que obtengan su poder de común acuerdo entre ellos. Conseguirían sacar de la esfera política los problemas esenciales para el desarrollo y la prosperidad de la seguridad financiera nacional, la distribución del crédito, la evolución de los precios. De este modo, evitarían que las luchas políticas internas perjudiquen la riqueza y el progreso económico de las naciones."

En resumen, Norman deseaba ver la imposición del Orden Mundial sobre los asuntos financieros de las naciones. Fue este acuerdo entre los bancos centrales, en lugar de la organización frontal, la Sociedad de Naciones, que se convirtió en su último instrumento de poder. Crucial para estos acuerdos fue la escuela monetarista, la Escuela Austriaca de Economía, un derivado del movimiento Pan-Europeo. Margit Herzfeld señala en su biografía de Ludwig von Mises que éste participó en el movimiento paneuropeo del Conde Coudenhove-Kalergi en 1943, había sido traído a los Estados Unidos en 1940 por una subvención de la Fundación Rockefeller de 2.500 dólares anuales para trabajar en la Oficina Nacional de Investigación Económica, subvención que fue renovada en 1943. Los alumnos de Von Mises, Arthur B urns y Milton Friedman ahora exponen la teoría monetarista a través de una red de think tanks "conservadores" súper secretos dirigidos por la Sociedad Mont Pelerin. Herzfeld dice que el protegido más famoso de von Mises fue el apologista soviético Murray Rothbard.

Uno de los conspiradores más influyentes fue Walter Rathenau de Alemania. Saludó la Primera Guerra Mundial con entusiasmo como la oportunidad de oro para establecer el socialismo mundial. Escribió el 31 de julio de 1916,

> "Durante años había previsto el crepúsculo de las naciones que había anunciado en mis discursos y escritos. (*Un Estado del Pueblo*, por Rathenau). Se estableció la noción de que el estado ya no debe ser considerado como el pariente pobre importuno y engatusado a regañadientes con un diezmo, sino que tiene derecho a disponer del capital y los ingresos de todos sus miembros por su propia voluntad."

El dictamen de Rathenau fue promulgado como ley por los programas de derechos de gran alcance y multimillonarios de la Gran Sociedad de Lyndon B. Johnson, cuando persuadió al Congreso para que impusiera un gravamen contra todo el capital y los ingresos del pueblo estadounidense poniéndolos a su disposición para lograr los objetivos políticos del Orden Mundial, y finalmente forzando a la nación al borde de la bancarrota.

Rathenau escribió "*En los días venideros*", 1921,

> "Ninguna parte del mundo está ahora cerrada para nosotros. Ninguna tarea material está más allá de nuestros poderes. Todos los tesoros de la tierra están a nuestro alcance. Ningún pensamiento permanece oculto. Cada tarea puede ser puesta en marcha y realizada. La distribución fecunda de las posesiones del mundo es nuestra tarea. Debemos descubrir la

fuerza que hará que las masas se muevan hacia arriba y hacia abajo."

En *La Nueva Sociedad*, 1921, Rathenau escribió,

"Una política de socialización de gran alcance es necesaria y urgente... El objetivo de la revolución mundial en la que hemos entrado significa en su aspecto material la fusión de toda la sociedad en una sola."

Este fue el efecto de "nivelación" que fue un objetivo clave de los conspiradores, los Illuminati y los Alta Vendita, que dio lugar a la anarquía y a la ruptura de las fronteras nacionales y de clase. Antes de que pudiera realizar su sueño del Socialismo Mundial, Rathenau fue asesinado.

Ortega señaló el fenómeno de la nivelación en *La Revuelta de las Masas*,

"Un huracán de farsa, en todas partes y en todas las formas, está actualmente azotando las tierras de Europa. Casi todas las posiciones tomadas y proclamadas son falsas. Vivimos en una moda cómica, tanto más cómica cuanto más aparentemente trágica es la máscara adoptada puesta. El cómic existe donde la vida no tiene una base de inevitabilidad sobre la cual se toma una posición sin reservas. Nunca como ahora tenemos estas vidas sin sustancia ni arte - deracines de su propio destino - que se dejan flotar en la corriente más ligera."

Ortega comentaba el fenómeno más sorprendente del siglo XX, la hegemonía del parasitismo que se alcanzó a través del Orden Mundial. Fue el Congreso de 1815 en Viena el que desató a las ratas de sus nidos, y no es casualidad que la Escuela de Economía de Viena se haya convertido en el principal vehículo a través del cual el Orden Mundial mantiene su poder político y financiero. Después de aplastar a Napoleón, la oligarquía emergente, que no debía ninguna lealtad a ninguna nación ni a ninguna filosofía de vida, alcanzó el poder porque sabía cómo derrotar a sus enemigos, los republicanos y los individualistas de Europa; pero sus enemigos no tenían ni idea de cómo combatir, ni siquiera de identificar, a su enemigo inteligentemente camuflado, porque estas personas eran un retroceso biológico en el continuo desarrollo de la humanidad. Eran personas que no podían convertirse en miembros productivos de ninguna sociedad y que sólo podían existir manteniendo un vínculo parasitario con un huésped. Increíblemente, se aferraron a esta diferencia llamativa como una señal de que habían sido elegidos para gobernar a toda la humanidad! Inicialmente no más que una ilusión inofensiva, este autoengaño se transformó en una evidencia de "superioridad". Su singularidad biológica, su compromiso con un modo de vida parasitario, se convirtió en su principal ventaja para alcanzar sus objetivos. Establecieron técnicas de reconocimiento inmediato en cualquier parte del mundo. Resolvieron actuar siempre coherentemente como una falange bien entrenada y determinada contra su oposición involuntaria. Hicieron pleno uso de sus cualidades de no lealtad y no alineamiento, lo que en realidad era enemistad, odio eterno hacia todas las naciones, razas y credos de los pueblos anfitriones que toleraban su presencia. Esta libertad de todas las lealtades y códigos morales del tipo que gobernaba a todos los demás grupos les dio una enorme ventaja táctica sobre aquellos a los que planeaban esclavizar y destruir.

Los conspiradores sabían que su forma de vida parasitaria no sería soportada por ningún huésped. Tenían que establecer un programa para someter y superar todos los gobiernos, todos los credos religiosos, todas las lealtades de grupo, y reemplazarlos con su propio Orden Mundial, que permitiría cualquier tipo de perversión, siempre y cuando los pueblos anfitriones toleraran la presencia del parásito. La antigua moralidad se había basado en los deberes y responsabilidades del ciudadano de criar una familia, asistir a la iglesia y apoyar a su nación. La "nueva moral", la "teología de la liberación", barrió con todos los deberes del ciudadano. Ahora sólo tenía un único deber, obedecer el Orden Mundial. A cambio, fue relevado de sus deberes, y fue libre de satisfacer sus "necesidades", sus deseos sexuales, gratificaciones pervertidas con niños y animales, abandono de la vida monógama. La nueva moralidad reducía al ciudadano a un mero animal, que era lo que el Orden Mundial requería para perpetuar su forma de vida parasitaria.

La sociedad fue reemplazada por una mera fachada de la sociedad. Sólo un crimen sería severamente castigado - cualquier resistencia al Orden Mundial. Asesinato, violación, incendio, robo a mano armada, incesto, abuso sexual infantil, alcoholismo, drogadicción, homosexualidad - todos serían excusados como aberraciones menores, siempre y cuando se le permitiera al Orden Mundial funcionar sin obstáculos. Un antiguo crimen, la traición, ahora se ha desvanecido, porque las lealtades nacionales ya no existen. No se esperaba que nadie fuera "leal" al Orden Mundial, excepto sus propios miembros. A los pueblos anfitriones, los esclavos, nunca se les pediría lealtad, sólo obediencia.

A pesar de esta nueva "tolerancia", que fue en sí misma una revolución contra los códigos morales innatos de todos los pueblos, muchos ciudadanos continuaron resistiendo la esclavitud del Orden Mundial. Se instigaron hambrunas, disturbios, revoluciones y guerras para deshacerse de los alborotadores, pero se requería una restricción más universal. Esto se encontró en las drogas. En Asia, durante siglos se había enviado a asesinos para que cumplieran con su deber después de recibir cantidades de drogas (asesino viene de la palabra "hasheesh"). El Orden Mundial se dio cuenta de que las drogas proporcionarían los medios de "psicología conductual" o de control de personas, que habían estado buscando. Los cortadores de opio comenzaron a navegar desde Inglaterra hasta el Lejano Oriente. Al empujar las drogas entre las masas asiáticas, las atontaron y las controlaron, cosechando no sólo una importante corriente de dinero en efectivo, sino también las materias primas necesarias para su Revolución Industrial. En el siglo XX, los cimientos comenzaron a aturdir a la población europea y americana con drogas, el paso final en la entronización del Orden Mundial. Habían erradicado la última resistencia seria a su programa.

Todas las sociedades conspirativas de los últimos mil años han buscado un único objetivo: la hegemonía del parasitismo. Bharati Darma sostiene que el mundo es un orden o el Cosmos - que no es el caos - no está unido. La filosofía existencial del parasitismo sostiene que el hombre es lanzado al mundo sin un plan o programa. Este es el concepto básico del parasitismo, que se encuentra en el mundo con una sola misión: encontrar un huésped o perecer. Muchos físicos afirman ahora que el universo es el resultado de una explosión accidental que arrojó sus componentes aquí y allá, sin ningún plan ni orden, un concepto ateo que niega que exista una Lógica o Lógica en el universo. Dar Darma afirma que es el deseo de la vida de la forma lo que produce el universo, que hay un Orden Mundial por el cual el universo se sostiene.

El parásito niega que exista un orden mundial del universo, o cualquier deseo de forma en el universo, o que exista cualquier forma. Por lo tanto, el parásito es libre de imponer su propio orden mundial, que no tiene ninguna relación orgánica con el universo o con la forma. La hegemonía del parasitismo se dedica únicamente a mantener su posición en el huésped del que extrae todo su sustento. El huésped es el universo entero del parásito; no conoce nada más allá de él, y no desea conocer nada más allá de él. Geoffrey LaPage escribe en *Parasitic Animals,*

> "Algunas especies de animales parásitos están entre los enemigos más poderosos del hombre y su civilización."

Plantea una Ley de la Naturaleza - que el parásito es siempre más pequeño y débil que su huésped, y que el parásito siempre se disfraza a sí mismo y a su objetivo para llevar a cabo su misión parasitaria. LaPage dice,

> "La lucha entre el huésped y el parásito se llevó a cabo de acuerdo con las leyes de la evolución, y esta batalla se libra constantemente hoy en día."

LaPage señala que el parásito puede causar cambios biológicos, citando especies particulares que causan cambios en las glándulas reproductivas del huésped. El parásito a veces castra al huésped para debilitarlo, como el crustáceo parásito Sacculina, que destruye los órganos reproductivos de su huésped, el cangrejo araña de cola corta, Inacus Mautitanicus. Hoy vemos el mismo proceso en el que la hegemonía del parasitismo busca alterar el proceso reproductivo del huésped convirtiendo a la generación más joven a la unisex y a la homosexualidad, y haciendo ineficaces las características sexuales distintivas del macho y la hembra. Este es un caso clásico de castración por el parásito.

El Orden Mundial natural, que se basa en las leyes irrevocables del universo, ha sido reemplazado temporalmente en la Tierra por el Orden Mundial antinatural del parásito. Todos los programas y energías del parásito se dedican a un solo objetivo, mantener su posición de alimentación sobre el huésped. La psicología freudiana fue desarrollada por el orden parasitario para neutralizar los incesantes esfuerzos del huésped para expulsar o desalojar al parásito. Cualquier movimiento para desalojar al parásito es denunciado como "reaccionario". Se define y proscribe como un acto de agresión, hostilidad y alienación. De hecho, el huésped sólo intenta sobrevivir expulsando el parásito. Otra ley de la naturaleza es que el parásito, no sólo al chupar el sustento vital del huésped, sino también al alterar su ciclo de vida, inevitablemente matará al huésped. Este proceso se denomina "la decadencia y caída de la civilización".

LaPage señala que un parásito no es una especie en particular, sino una que ha adoptado un cierto modo de vida, el modo del parásito. Sea o no un virus, el parásito tiene un efecto viral en el huésped, envenenándolo y destruyéndolo lentamente. Los virus son parásitos clásicos. La espiroqueta, virus de la sífilis, es un organismo parásito clásico. En lenguaje biológico, una colección de espiroquetas se conoce como "Congreso".

El Congreso de los EE.UU. ha encargado específicamente muchas funciones parasitarias a las fundaciones filantrópicas. Estos grupos dominan ahora las instituciones educativas y gubernamentales, estableciendo objetivos financieros y sociales que están diseñados únicamente para mantener la hegemonía del parasitismo a través de su Orden Mundial. Las fundaciones estadounidenses ni siquiera son dirigidas por estadounidenses; sus políticas son formuladas en Londres por los financieros y transmitidas a este país a través de la Oficina de Guerra Psicológica del Ejército Británico frente al Instituto Tavistock. Esta es una típica operación parasitaria disfrazada.

La censura y la observancia de sus tabúes biológicos son la base de la regla tribal del parasitismo. El tabú más estricto, que nunca ha sido violado, es el tabú contra cualquier mención del parasitismo como fuerza o poder en la sociedad. ¡Ningún periódico, revista, programa de radio o televisión, o curso escolar o universitario ha sido autorizado a mencionar el impacto social del parasitismo! Es el mayor y más universal tabú del mundo hoy en día. *NOMENKLATURA* de Michael Voslensky, *La élite soviética* identifica a la "nueva clase" comunista como un grupo parasitario. Al revisar este trabajo en *Fortune* 15 de octubre de 1984, Daniel Seligman señala,

> "El retrato de Voslensky nos deja pensando que la Nomenklatura es una operación totalmente parasitaria. Sus intereses no son claramente los de la mayoría de los ciudadanos soviéticos."

La misma observación se puede hacer del grupo gobernante del Orden Mundial en cualquier nación hoy en día, y en particular en los Estados Unidos.

A pesar de su actual hegemonía, el Orden Mundial del Parasitismo se da cuenta de que siempre está sujeto a ser desalojado, lo que, en efecto, significaría su destrucción. Por lo tanto, es necesario controlar no sólo los canales de comunicación del huésped, sino también sus propios procesos de pensamiento; mantener una vigilancia constante para que el huésped no desarrolle ningún concepto del peligro de su situación, ni ningún poder para desalojar al parásito. Por lo tanto, el parásito instruye cuidadosamente al huésped de que él existe sólo por la presencia "benigna" del parásito - que todo se debe a la presencia del parásito, su religión, su orden social, su sistema monetario y su sistema educativo. El parásito inculca deliberadamente en el huésped el temor de que si el parásito es desalojado, el huésped perderá todas estas cosas y se quedará sin nada.

Aunque el Orden Mundial tiene el control del sistema jurídico y de los tribunales, sigue siendo vulnerable a cualquier aplicación del cuerpo de leyes preexistente que el anfitrión haya formulado para proteger a su sociedad. Este cuerpo de leyes prohíbe todo lo que el parásito está haciendo, y obliga al parásito a mantener una existencia precaria fuera de la ley. Si la ley se aplicara en cualquier momento, el parásito sería desalojado. El cuerpo de leyes existente prohíbe claramente el funcionamiento de los sindicatos criminales, que es precisamente lo que la hegemonía del parasitismo y su Orden Mundial es. El sindicalismo criminalista niega la protección igualitaria de la ley a los ciudadanos. Sólo actuando contra el sindicalismo criminal puede el Estado proteger a sus ciudadanos.

Corpus Juris Secundum 16: La Ley Constitucional 213 (10) establece:

"La garantía constitucional de la libertad de expresión no incluye el derecho a abogar o conspirar para llevar a cabo la destrucción violenta o el derrocamiento del gobierno o la destrucción criminal de la propiedad. 214. La garantía constitucional del derecho de reunión nunca se concibió como una licencia para la ilegalidad o una invitación al fraude: el derecho de libertad de reunión puede ser objeto de abuso al utilizar la reunión para incitar a la violencia y el delito, y el pueblo, a través de sus legislaturas, puede protegerse contra el abuso."

La asamblea de cualquier organización del Orden Mundial, como el Consejo de Relaciones Exteriores o cualquier fundación, está sujeta a las leyes contra el fraude (sus estatutos afirman que se dedican a la filantropía), y la aplicación de las leyes contra el sindicalismo criminal pondría fin a las instituciones a través de las cuales el Orden Mundial gobierna ilegalmente al pueblo de los Estados Unidos, a las conspiraciones ilegales y a la introducción de leyes de extranjería en nuestro sistema por las instrucciones de las fundaciones al Congreso.

Ya hemos demostrado que la Fundación Rockefeller y otras organizaciones clave del Orden Mundial son "Sindicatos", que se dedican a la práctica del sindicalismo criminal. ¿Pero qué es un "sindicato"? El Diccionario de Inglés de Oxford señala que la palabra proviene de "syndic". Un sindicato se define como "un oficial de gobierno, un magistrado principal, un diputado". En 1601 R. Johnson escribió en King and common "hombres especiales, llamados Syndiques, que se encargan de la administración de toda la mancomunidad. "Así pues, la Fundación Rockefeller y sus grupos asociados están llevando a cabo su función delegada de administrar toda la mancomunidad, pero no para el beneficio del pueblo, o de cualquier gobierno excepto el supergobierno secreto, el Orden Mundial, al que sirven. La OED define además un sindicato como "un censor de las acciones de otro". Acusar. "Aquí también, el sindicato funciona de acuerdo a su definición - el sindicato censura todo el pensamiento y los medios, principalmente para proteger su propio poder. También trae acusaciones - como muchos ciudadanos americanos han encontrado para su dolor. Ni siquiera Sir Walter Raleigh era inmune. Cuando interfirió en el comercio internacional de dinero, fue acusado de "traición" y decapitado.

La OED define un "sindicato" de la siguiente manera:

"3. Una combinación de capitalistas y financieros que se ha establecido con el fin de perseguir un plan que requiere grandes fuentes de capital, especialmente uno que tiene por objeto obtener el control del mercado de un producto básico determinado. Para controlar, gestionar o efectuar por un sindicato."

Fíjese en las palabras clave de esta definición - una combinación - perseguir - obtener el control. El esquema no requiere "gran capital" - requiere "grandes fuentes de capital", el banco de Inglaterra o el Sistema de la Reserva Federal.

El Corpus Juris Secundum 22 A dice de Sindicalismo Criminal,

"En un enjuiciamiento por ser miembro de una organización que enseña e instiga el sindicalismo delictivo, las pruebas de los delitos cometidos por miembros pasados o presentes de la organización en su calidad de miembros son admisibles para demostrar su carácter."

El pueblo contra LaRue 216 P 627 C.A. 276. Así pues, el testimonio sobre John Foster Dulles financiando el gobierno nazi de Alemania, su telegrama iniciando la guerra de Corea y otras pruebas pueden utilizarse para acusar a cualquier miembro de la Fundación Rockefeller en cualquier estado o localidad en el que la Fundación Rockefeller haya estado activa de alguna manera. Dado que estas organizaciones están todas estrechamente entrelazadas y que hay tantas pruebas disponibles de sus operaciones ilegales, será relativamente sencillo obtener condenas penales contra ellas por sus operaciones sindicales delictivas.

Corpus Juris Secundum 22, Ley Penal 185 (10); Conspiración y Monopolios:

> "Cuando el estatuto tipifica como delito la mera pertenencia a una organización formada para promover el sindicalismo, sin un acto manifiesto, este delito es imputable en cualquier condado al que un miembro pueda entrar durante la permanencia de su pertenencia, y esto es así aunque dicho miembro entre en un condado involuntariamente. El pueblo contra Johansen, 226 P 634, 66 C.A.343."

Corpus Juris Secundum 22, Criminal Law sec. 182 (3) establece,

> "El enjuiciamiento por conspiración para cometer un delito contra los Estados Unidos también puede llevarse a cabo en cualquier distrito en el que se realice cualquier acto manifiesto de fomento de la conspiración. EE.UU. contra Cohen C. A.N.J. 197 F 2d 26."

Así, una publicación del Consejo de Relaciones Exteriores que promueve la desposesión de la soberanía de los Estados Unidos de América, enviada por correo a cualquier condado de los Estados Unidos; las autoridades del condado pueden llevar al Consejo de Relaciones Exteriores, o a cualquier miembro del mismo, a juicio en ese condado, y cualquier acción de cualquier miembro del Consejo de Relaciones Exteriores en el pasado es admisible como prueba, como el inicio de la Segunda Guerra Mundial, el subsidio al Gobierno nazi o el subsidio a la URSS.

El sindicalismo criminal también puede ser procesado de acuerdo con el Corpus Juris Secundum 46, Insurrección y Sedición: sec. 461c.

> "Sabotaje y sindicalismo con el objetivo de abolir el actual sistema político y social, incluyendo la acción directa o el sabotaje."

Así, cualquier programa de una fundación que busque abolir el actual sistema político o social de los Estados Unidos puede ser procesado. Por supuesto que cada programa de una fundación busca lograr justamente eso, y es procesable.

No sólo los individuos, sino cualquier corporación que apoye el sindicalismo criminal puede ser procesada, según el Corpus Juris Secundum 46 462b. Sindicalismo criminal.

"Los estatutos contra el sindicalismo criminal se aplican tanto a las corporaciones como a los individuos que organizan o pertenecen a la sociedad sindicalista criminal; son admisibles las pruebas del carácter y las actividades de otras organizaciones a las que esté afiliada la organización a la que pertenece el acusado."

Los miembros del Orden Mundial no sólo pueden ser arrestados y juzgados en cualquier lugar, ya que actúan en todo el mundo en sus actividades conspirativas para socavar y derrocar a todos los gobiernos y naciones, sino que como sus organizaciones están tan estrechamente entrelazadas, cualquier evidencia sobre cualquiera de ellas puede ser introducida en el enjuiciamiento de cualquier miembro de otras organizaciones en cualquier parte de los EE.UU. o del mundo. Sus intentos de socavar el orden político y social de todos los pueblos los hace sujetos a represalias legales. El pueblo de los Estados Unidos debe comenzar de inmediato a hacer cumplir las leyes que prohíben las actividades sindicales criminales y llevar a los criminales ante la justicia.

Consciente de su peligro, el Orden Mundial está trabajando frenéticamente para lograr mayores poderes dictatoriales sobre las naciones del mundo. Constantemente intensifican todos los problemas a través de las fundaciones, de modo que las crisis políticas y económicas impiden a los pueblos del mundo organizarse contra ellas. El Orden Mundial debe paralizar a sus oponentes. Aterrorizan al mundo con propaganda sobre la aproximación a una guerra nuclear internacional, aunque las bombas atómicas sólo se han utilizado una vez, en 1945, cuando el director de la Fundación Rockefeller, Karl T. Compton, ordenó a Truman que lanzara la bomba atómica sobre Japón.

Debido a los miles de millones de vidas que han sido arruinadas y destruidas por las conspiraciones del Orden Mundial a través de su hegemonía del parasitismo, la venganza por estas atrocidades exige la más completa e implacable retribución contra los sindicalistas criminales. Su historial es claro.

En 1984, tal como están escritas estas palabras, estamos observando el Año de *1984*. El libro de George Orwell, escrito en 1949, se pensó que era sólo una advertencia contra lo que estaba por venir. No era una advertencia. *¡1984* es el Programa! Orwell, un socialista de toda la vida, luchó durante muchos días en el frente de batalla de los comunistas en España. Fue herido, pero esto no disminuyó su dedicación a los objetivos del Socialismo Mundial. La forma más práctica de lograr estos objetivos fue formular el programa, como lo había hecho el Cnel. House en *Philip Dru, Administrador*. Orwell estableció el dictado de que los eslóganes deben estar en Newspeak, "La guerra es la paz, la libertad es la esclavitud, la ignorancia es la fuerza". Este es el programa de la hegemonía del parasitismo a través del Orden Mundial. Orwell postuló tres superestados, Eurasia, Oceanía, y Eastasia, "permanentemente en guerra en una combinación u otra". Continúa,

"La guerra, sin embargo, ya no es la desesperada lucha aniquiladora que era en las primeras décadas del siglo XXI. Es una guerra de objetivos limitados, entre combatientes que son incapaces de destruirse unos a otros, no tienen ninguna causa material para luchar, y no están divididos por ninguna diferencia ideológica genuina... Ya no hay en un sentido material nada por lo que pelear, el balance de poder siempre permanecerá más o menos parejo, y el territorio que forma el corazón de cada superestado siempre permanece inviolado (NOTA: El presente escritor ha señalado que la CIA no comete sabotaje en Rusia, y la KGB no comete sabotaje en los EE.UU.)... El objetivo principal de la guerra moderna (de acuerdo con el principio del doble pensamiento, el objetivo es reconocido y no reconocido simultáneamente por los cerebros directivos del Partido) es agotar los productos de la máquina sin elevar el nivel de vida general... el acto esencial de la guerra es la destrucción, no necesariamente de vidas humanas, sino de los productos del trabajo humano. Los dos objetivos del partido son conquistar toda la superficie de la tierra y extinguir de una vez por todas la posibilidad de un pensamiento independiente."

Orwell concluye *1984* con la negación de que las víctimas del Orden Mundial tengan alguna esperanza. Afirma que el Orden Mundial siempre triunfará, lo cual es un gran logro de propaganda para la hegemonía del parasitismo. Escribe,

"Si quieres una imagen del futuro, imagina una bota estampada en un rostro humano - para siempre."

Se deshace de su "héroe", un ciudadano que había intentado en vano oponerse al Partido, terminando el libro con el "héroe" lloriqueando que "Amaba al Gran Hermano".

Los pueblos del mundo no sólo nunca amarán al Gran Hermano, sino que pronto se desharán de él para siempre.

El programa del Orden Mundial sigue siendo el mismo; Dividir y Conquistar.

"Y pondré a los egipcios contra los egipcios, y pelearán cada uno contra su hermano, y cada uno contra su vecino: ciudad contra ciudad, y reino contra reino." Isaías XIX: 2.

Al mismo tiempo que los funcionarios del gobierno están promoviendo sigilosamente la discordia en cada región de la tierra, también están estableciendo programas de gobierno que intervendrán para establecer una dictadura total sobre las facciones en guerra. La Agencia Federal de Manejo de Emergencias, FEMA, ahora controla el FBI, los departamentos de policía estatales y locales, y tiene extensos planes para campos de concentración nacionales a través de los Estados Unidos. George Bush y el Coronel North en 1984 dirigieron el Ejercicio de Preparación Rex 84 en 1984 como un simulacro de una dictadura nacional. El investigador de Houston William Pabst publicó un panfleto en 1983, Planes de Campos *de Concentración para Ciudadanos Estadounidenses*, formulado bajo un plan de operaciones llamado GARDEN PLOT y Cable Splicer, llamando a la ley marcial. Bush tiene ahora un escondite secreto, el Monte Weather, cerca de Berryville, Va. que está a trescientos pies bajo tierra, como sede del Nuevo Orden Mundial. Ya tiene 240 trabajadores. El búnker del Sistema de la Reserva

Federal en Culpeper, Virginia, fue construido hace 22 años como un Centro de Comunicaciones y Registros. Anteriormente contenía enormes cantidades de dinero en efectivo, que han sido retiradas silenciosamente.

Estas son las manifestaciones físicas de los preparativos para una dictadura mundial, que el Informe de la Comisión Trilateral, redactado en una reunión de la Comisión en Washington, el 22 de abril de 1990, llama Más allá de la interdependencia, la malla de la economía mundial y la ecología de la Tierra. David Rockefeller, en su prefacio a este informe, afirma,

"Los autores demuestran que el mundo ha pasado ahora de la interdependencia económica a la interdependencia ecológica, una mezcla de ambas. Jim McNeill (autor del informe) me aconseja ahora en el camino a Río. Río será la mayor conferencia cumbre jamás celebrada, y tendrá la capacidad política de producir los cambios básicos necesarios en nuestros programas económicos nacionales e internacionales y en nuestras instituciones de gobierno para garantizar un futuro seguro y sostenible para la comunidad mundial. Para el año 2012, estos cambios deben estar plenamente integrados en nuestra vida económica y política."

Lo que Rockefeller exige es que cambiemos nuestras instituciones de gobierno para el 2012 para abarcar todos los objetivos del Orden Mundial. La Comisión Trilateral: Preguntas y Respuestas (1990. obtenibles en la oficina de Norteamérica, 345 E.46th st. NY 10017, tel. 2 12 66 11180) pregunta:

"¿Cuáles son los objetivos de la Comisión Trilateral? La creciente interdependencia es un hecho en el mundo contemporáneo. Trasciende e influye en los sistemas nacionales. Requiere formas nuevas y más intensas de cooperación internacional para hacer realidad sus beneficios y contrarrestar el nacionalismo económico y político."

También se propone una nueva Constitución para los Estados Unidos. El arte. VIII Sec 12. Ninguna persona podrá portar armas o poseer armas letales excepto la policía, los miembros de las fuerzas armadas o aquellos con licencia de la ley.

Esta ha sido la ley en todos los países comunistas durante muchos años. Los dictadores esperan confiscar los 200.000.000 de armas que están en manos privadas en los Estados Unidos. La sección 8 de la nueva Constitución establece,

"El uso de las tierras, el aire o las aguas públicas es un privilegio que se concede únicamente en interés nacional y con restricciones impuestas por los organismos autorizados."

El artículo II, la Junta Electoral, prevé un supervisor para supervisar todos los partidos políticos y los candidatos. Este es el mismo supervisor que tenía el poder absoluto en las plantaciones de antes de la Guerra Civil. La historia se repite.

Desafortunadamente para los planes megalómanos de los secuaces del Orden Mundial, están luchando una batalla perdida. El tiempo se les está acabando. Su orden mundial, que trataron de revivir llamándolo rápidamente "un nuevo orden mundial", se está derrumbando lentamente, acelerado en su desaparición por el rápido aumento de las comunicaciones, la computadora, la televisión y otros factores de la vida moderna. El Orden Mundial, que siempre se ha basado en la fuerza bruta, funcionó mejor en la era preindustrial. Debido a que depende de la planificación y el control total de la economía, los programas del Orden Mundial son demasiado inflexibles para sobrevivir en el rápido mundo de hoy. Dentro de los próximos años, si no, de hecho, en los próximos meses, veremos a un público exasperado y excitado completar lo que ya ha tenido lugar en los satélites comunistas y en la Rusia soviética, el desmantelamiento final del sistema comunista del Orden Mundial en los propios Estados Unidos. Esto no es romanticismo ni optimismo; es el resultado de muchos años de estudio de los acontecimientos actuales, y de una evaluación realista de la perspectiva que tenemos ante nosotros. Será muy gratificante, excepto para los parásitos cuya maldición sobre la humanidad será finalmente eliminada. Este es el siglo XXI tal como lo veo.

OTROS TÍTULOS